CLAUDIA KÜPPER

Verbreitung und Akzeptanz von e-Learning

Betriebswirtschaftliche Forschungsergebnisse

Begründet von

Professor Dr. Dr. h. c. mult. Erich Kosiol (1899 – 1990)

Fortgeführt von dessen Schülerkreis

Herausgegeben von

Prof. Dr. Ernst Troßmann
Universität Hohenheim

in Gemeinschaft mit

Professor Dr. Oskar Grün
Wirtschaftsuniversität Wien

Professor Dr. Wilfried Krüger
Justus-Liebig-Universität Gießen

Professor Dr. Hans-Ulrich Küpper
Ludwig-Maximilians-Universität München

Professor Dr. Gerhard Schewe
Westfälische Wilhelms-Universität Münster

Professor Dr. Axel von Werder
Technische Universität Berlin

Band 128

Verbreitung und Akzeptanz von e-Learning

Eine theoretische und empirische Untersuchung

Von

Claudia Küpper

Duncker & Humblot · Berlin

Die wirtschaftswissenschaftliche Fakultät
der Ludwig-Maximilians-Universität München hat diese Arbeit
im Jahre 2003 als Dissertation angenommen.

Bibliografische Information Der Deutschen Bibliothek

Die Deutsche Bibliothek verzeichnet diese Publikation in
der Deutschen Nationalbibliografie; detaillierte bibliografische
Daten sind im Internet über <http://dnb.ddb.de> abrufbar.

Alle Rechte vorbehalten
© 2005 Duncker & Humblot GmbH, Berlin
Fotoprint: Berliner Buchdruckerei Union GmbH, Berlin
Printed in Germany

ISSN 0523-1027
ISBN 3-428-11429-9

Gedruckt auf alterungsbeständigem (säurefreiem) Papier
entsprechend ISO 9706 ♾

Internet: http://www.duncker-humblot.de

Geleitwort

Der Handlungsspielraum von Akteuren in Unternehmen wird laufend durch neue technische Mittel erweitert. Digitale Medien stehen dabei häufig im Mittelpunkt des Interesses. Die Nutzung digitaler Technologien im Weiterbildungsbereich stellt ein wichtiges Teilkapitel in diesem Themennexus dar. e-Learning – die Unterstützung von Lern- und Weiterbildungsprozessen durch elektronische Medien – gehört zu den technischen Instrumenten, denen in den letzten Jahren besonders viel Aufmerksamkeit zuteil geworden ist. Wie in vielen anderen Fällen hat die wissenschaftsferne Managementliteratur dem Instrument revolutionierende Wirkungskraft zugesprochen, die aber – bei nüchterner Betrachtung – wohl bisher ausgeblieben ist. Auch die vielfach prognostizierte breite Durchdringung von Weiterbildungsprozessen in Unternehmen durch e-Learning ist wissenschaftlich bisher nicht belegt worden. Dennoch scheint Einvernehmen zu bestehen, dass e-Learning eine wichtige Ergänzung für die Weiterbildung im Unternehmen darstellt. Um die Potenziale aber voll ausschöpfen zu können, sind noch etliche Frage zu beantworten.

Es ist daher sehr zu begrüßen, dass die Nutzung von e-Learning in Unternehmen in dieser Arbeit von Claudia Küpper objektiv und theoretisch fundiert im Detail untersucht wird. Die Arbeit verfolgt das Ziel, sowohl die Verbreitung als auch die Akzeptanz von e-Learning im Unternehmen zu untersuchen. Die Studie kommt zum richtigen Zeitpunkt, um die Diskussionen über e-Learning zu versachlichen. Vergleichbar breit angelegte und sorgfältig durchgeführte Studien gibt es bisher nicht.

Frau Küpper stellt in ihrer Arbeit zunächst verschiedene theoretische Ansätze vor, auf deren Basis eine empirische Analyse von Verbreitung und Akzeptanz des e-Learning erfolgen kann. Diese theoretischen Arbeiten liefern einen sehr umfangreichen Überblick und bilden eine solide Grundlage für die empirischen Arbeiten, bei denen neben der Häufigkeit der Nutzung vor allem die Schulungsinhalte, Zielgruppen und der Erfolg von e-Learning-Maßnahmen im Vordergrund stehen. In der ersten empirischen Untersuchung wird zunächst der Einsatz von e-Learning bei C-Dax-Unternehmen dokumentiert. Die Datenanalyse fördert eine ganze Reihe von interessanten und neuen Ergebnissen zutage. Insbesondere stellt sich heraus, dass die Akzeptanz von e-Learning bei den Mitarbeitern der befragten Unternehmen nach wie vor schwach ausgeprägt ist. Frau Küpper nimmt dieses Ergebnis zum Anlaß, in einer großzahligen Befragung von Schulungsteilnehmern deren Wahrnehmungen des Nutzens und der

Kosten von e-Learning-Techniken genauer zu untersuchen. Die Studie kann zeigen, dass e-Learning wie vermutet hohe Nutzenpotenziale aufweist, dass deren Erschließung aber vom Management vor allem ein Eingehen auf die Bedürfnisse und Motive der betroffenen Mitarbeiter verlangen wird.

Die konzeptionellen Überlegungen und die empirischen Befunde der Dissertation werden die weitere wissenschaftliche Diskussion sicherlich anregen. Aber auch die praktische Umsetzung von e-Learning-Ansätzen in der Praxis wird von dieser Studie profitieren können. Dem Buch ist eine weite Verbreitung in Wissenschaft und Praxis zu wünschen.

München, im April 2004 *Prof. Dietmar Harhoff, Ph.D.*

Vorwort

Die Vermittlung von Lerninhalten mittels elektronischer Medien hat unter dem Schlagwort „e-Learning" in den letzten Jahren ein starkes Interesse in Wissenschaft und Praxis erfahren. Ähnlich dem „e-commerce" werden auch dem e-Learning hohe Wachstumspotentiale vorausgesagt. So bietet e-Learning als räumlich und zeitlich flexibles Lernen Mitarbeitern und Unternehmen deutliche Effizienzvorteile, beinhaltet aber auch Nachteile z.B. durch das Wegfallen sozialer Kontakte etc. Gerade Innovationen im Dienstleistungsbereich hängen in hohem Maße von der Akzeptanz der beteiligten Akteure ab. Vorteile können nur realisiert werden, wenn Lehrende und Lernende bereit sind, die Bildungsinnovationen auch zu nutzen. Gegenstand der vorliegenden Arbeit ist es daher, ein Bild über die tatsächliche Verbreitung von e-Learning zu geben und gleichzeitig entscheidende Einflussfaktoren der Akzeptanz von e-Learning darzustellen.

Die Arbeit wurde im Juli 2003 von der Fakultät für Betriebswirtschaft der Ludwig-Maximilians-Universität München als Dissertation angenommen. Der Entstehungsprozeß einer solchen Arbeit von der Themenfindung, über die Datensammlung bis zur Niederschrift ist mit vielen Höhen und Tiefen verbunden. Ich empfand es als Privileg, diesen Weg gehen zu können und dabei meine eigenen Möglichkeiten und Grenzen zu erfahren und zu erweitern. Diese Arbeit ist das Produkt eines Reifungsprozesses, den ich in den Jahren der Promotion durchlebte und der für mich eine große Bedeutung hat. Auf diesem Weg haben mich viele Menschen begleitet und gefördert. Ihnen möchte ich hier danken.

Meinem Doktorvater, Herrn Prof. Dietmar Harhoff, Ph.D., bin ich für seine fachliche und vor allem menschliche Unterstützung zu großem Dank verpflichtet. Immer wieder hat er mich ermuntert, eingeschlagene Wege weiterzugehen, mir aber auch neue Richtungen aufgezeigt und mich für diese begeistert. Herrn Prof. Dr. Manfred Schwaiger danke ich sehr für die Bereitschaft zur Übernahme des Korreferats und für die Begleitung meiner Promotionszeit vor allem im Forschungsstudium. Meine Kollegen am Institut haben mich neben inhaltlichen Anregungen insbesondere durch ihr freundschaftliches Verhalten immer wieder motiviert und unterstützt. Besonders den Herren Dr. Georg Altmann, Prof. Dr. Nikolaus Franke, Dr. Marc Gruber, PD Dr. Joachim Henkel und meinem langjährigen Zimmergenossen, Dr. Heinrich Arnold, möchte ich sehr danken. Stellvertretend für die studentischen Hilfskräfte danke ich Frau Dipl.-Kffr. Verena

Markart und Frau Dipl.-Kffr. Natalia Ponomareva, die am Entstehen dieser Arbeit beteiligt waren.

Meinen Eltern und Großeltern möchte ich von tiefstem Herzen für Ihre liebevolle Begleitung und Unterstützung danken. Sie alle haben mich von Anfang an in jeglicher Hinsicht gefördert und mir den Rücken gestärkt. Ihnen ist diese Arbeit gewidmet.

München, im Frühjahr 2004 *Claudia Küpper*

Inhaltsverzeichnis

A. e-Learning als Innovation im Bildungsbereich 21

    I. e-Learning als neuer Antriebsmotor in der Bildungsbranche 21

    II. Verbreitung und Akzeptanz als Gegenstand der Arbeit 23

        1. e-Learning und elektronische Bildungsmaßnahmen 25

        2. Weiterbildung in Wirtschaftsunternehmen 28

        3. Verbreitung und Akzeptanz 29

    III. Ziele und Aufbau der Arbeit 34

B. Die Verbreitung von e-Learning in Wirtschaftsunternehmen 37

    I. Eigenschaften und Formen von e-Learning 37

        1. Strukturierungsraster und Eigenschaften von e-Learning-Formen 38

        2. Darstellung ausgewählter e-Learning-Formen 41

            a) Computer Based Training (CBT) 42

            b) Web Based Training (WBT) 43

            c) Virtual Classroom 44

            d) Business TV 45

    II. Weiterbildung als Einsatzfeld von e-Learning 46

        1. Qualifikation als entscheidendes Ziel betrieblicher Weiterbildung 46

        2. Weiterbildungsformen und zukünftige Entwicklungen der Weiterbildung 48

        3. „Corporate Universities" als maßgebliche Einsatzbereiche von e-Learning in Wirtschaftsunternehmen 53

C. Empirische Analysen der Verbreitung von e-Learning 59

    I. Bisherige empirische Befunde zur Verbreitung 59

Inhaltsverzeichnis

    1. Darstellung bisheriger empirischer Forschungsergebnisse 59

    2. Analyse der bisherigen empirischen Forschungsergebnisse zur Verbreitung von e-Learning und Ableitung von Forschungsfragen 71

  II. Verbreitung von e-Learning bei CDAX-Unternehmen 74

    1. Darstellung des Forschungsdesigns 74

        a) Fragebogenaufbau und Grundgesamtheit 75

        b) Vorbereitung und Durchführung der Erhebung 77

        c) Datenaufbereitung und Rücklaufanalyse 81

    2. Vergleich der Einsatzfelder von e-Learning zwischen großen und kleinen CDAX-Unternehmen 90

        a) Charakteristika der befragten Unternehmen 91

        b) Unterschiede zwischen großen und kleinen Unternehmen bezüglich Lernformen, Zielgruppen und Schulungsinhalten des Einsatzes 91

        c) Der Entstehungsprozess 98

        d) Erwartungen und Probleme der Einführung 103

    3. Erfolgsanalyse des e-Learning-Einsatzes 107

        a) Analyse erfolgsbeeinflussender Faktoren in der Innovationsforschung 107

        b) Operationalisierung der abhängigen Variablen „Erfolg des e-Learning-Einsatzes" und ihre Ausprägung bei großen und kleinen Unternehmen 109

        c) Determinanten des Einsatzerfolgs von e-Learning 111

        d) Empirische Ergebnisse und Ableitung von Forschungshypothesen 118

D. Theoretische Analyse der Akzeptanz von e-Learning 123

  I. Mangelnde Akzeptanz als Innovationshemmnis 123

  II. Dimensionen der Akzeptanz 126

    1. Darstellung des Akzeptanzbegriffs 126

        a) Arbeitswissenschaftliche und betriebswirtschaftliche Ansätze 126

        b) Eine ökonomische Begriffsbestimmung im Hinblick auf elektronische Weiterbildung 129

    2. Analyse von Akzeptanzmodellen 132

a) Input-Modelle der Akzeptanz 133

b) Input/Output-Modelle der Akzeptanz 136

c) Rückkopplungsmodelle der Akzeptanz 140

III. Modell zur systematischen Analyse der Akzeptanz von e-Learning 144

1. Darstellung von Einflussgrößen auf die Akzeptanz von e-Learning 144

    a) Personenbezogene Einflussgrößen der Akzeptanz von e-Learning 145

    b) Unternehmensbezogene Einflussgrößen der Akzeptanz von e-Learning 146

    c) Innovationsbezogene Einflussgrößen der Akzeptanz von e-Learning 149

2. Gesamtmodell der Akzeptanz von e-Learning in Wirtschaftsunternehmen als Basis zur Ableitung von Hypothesen 151

E. Empirische Analyse der Akzeptanz von e-Learning 159

I. Darstellung des Forschungsdesigns 159

1. Fragebogenaufbau und Grundgesamtheit 159

2. Vorbereitung und Durchführung der Erhebung 163

3. Datenaufbereitung und Rücklaufanalyse 165

II. Deskriptive Analyse der befragten Zielgruppe 169

1. Deskription personenbezogener Einflussgrößen 170

    a) Allgemeine Persönlichkeitsmerkmale sowie Aspekte der Technikaffinität 170

    b) Lernstil und sonstige entscheidungsbestimmende Faktoren bei einem Lernvorhaben 172

2. Deskription unternehmensbezogener Einflussgrößen 175

    a) Allgemeine Unternehmensmerkmale sowie generelle Weiterbildungsaspekte im befragten Personenkreis 175

    b) Einführungs- und Unterstützungsmaßnahmen der Unternehmen sowie Anwendungssituation von e-Learning 178

3. Deskription innovationsbezogener Einflussgrößen 181

4. Akzeptanz von e-Learning bei den Befragten 183

III. Multivariate Analyse des Akzeptanzmodells von e-Learning 186

1. Darstellung der Operationalisierung und Indexbildung 186
   a) Operationalisierung und Indexbildung auf Seiten der abhängigen Variablen 187
   b) Operationalisierung und Indexbildung auf Seiten der unabhängigen Variablen 189
2. Multivariate Analyse 197
   a) Die Methodik geordneter Wahrscheinlichkeitsmodelle 199
   b) Multivariate Analyse der derzeitigen Nutzung von CBT/WBT 202
   c) Interpretation der Ergebnisse zur derzeitigen Nutzung von CBT/WBT 211
   d) Multivariate Analyse der Nutzungsabsicht von CBT/WBT 221
   e) Interpretation der Ergebnisse zur Nutzungsabsicht von CBT/WBT 229
3. Zusammenfassung der multivariaten Ergebnisse 239

F. Fazit und Ausblick 244

Anhang 247

Literaturverzeichnis 303

Sachregister 319

Tabellenverzeichnis

Tabelle 1	Spektrum der betrieblichen Weiterbildung	51
Tabelle 2	Überblick über Studien zur Verbreitung von e-Learning (bis Februar 2003)	60
Tabelle 3	Probit-Modell zur Erklärung der Teilnahmewahrscheinlichkeit	88
Tabelle 4	Deskriptive Statistiken der befragten Unternehmen	91
Tabelle 5	Messung des Zusammenhangs mit dem Gesamterfolg elektronischer Weiterbildungsmaßnahmen	119
Tabelle 6	Korrelationen zwischen der Nutzung bzw. der Nutzungsabsicht der elektronischen Lernformen	188
Tabelle 7	Bildung des Index „Bedürfnis nach Gruppen-/Präsenzlernen"	191
Tabelle 8	Bildung des Index „Bedeutung der Verfügbarkeit eines Experten"	192
Tabelle 9	Bildung des Index „Weiterbildungsunterstützung"	194
Tabelle 10	Bildung des Index „e-Learning-Einführungs- und Unterstützungsmaßnahmen"	194
Tabelle 11	Bildung des Index „Innovationseignung"	197
Tabelle 12	Erklärung der Nutzung von CBT/WBT (Reduktion des Ausgangsmodells)	206
Tabelle 13	Erklärung der Nutzung von CBT/WBT (Optimiertes Modell mit geordneter Probit-Schätzung und OLS-Schätzung)	213
Tabelle 14	Erklärung des Nutzungsabsicht von CBT/WBT (Reduktion des Ausgangsmodells)	224
Tabelle 15	Erklärung der Nutzungsabsicht von CBT/WBT (Optimiertes Modell mit geordneter Probit-Schätzung und OLS-Schätzung)	231

Abbildungsverzeichnis

Abbildung 1	e-Learning-Formen im Rahmen des „distance learning"	26
Abbildung 2	Treibende Faktoren von e-Learning im Weiterbildungsbereich	28
Abbildung 3	Unterscheidung nach subfinaler und finaler Zielgruppe	32
Abbildung 4	Prototypischer Ablauf des Adoptions- sowie Akzeptanzprozesses innerhalb des Unternehmenskontextes	33
Abbildung 5	Aufbau der Arbeit	34
Abbildung 6	Analyseraster für e-Learning-Formen	38
Abbildung 7	Arten der Kommunikationsbeziehung (Sender-Empfänger-Verhältnis)	39
Abbildung 8	Charakterisierung der fünf Typen von Corporate Universities	55
Abbildung 9	Fragebogenaufbau	76
Abbildung 10	Ablauf der Hauptbefragung	79
Abbildung 11	Zeitlicher Verlauf des Rücklaufeingangs	80
Abbildung 12	Kumulierter Rücklauf	81
Abbildung 13	Vergleich „e-Learner" – „traditionelle Weiterbilder" im Jahre 2000 bezüglich Mitarbeiterzahl	92
Abbildung 14	Vergleich „e-Learner" und „traditionelle Weiterbilder" bezüglich der Branche	93
Abbildung 15	Vergleich der Dauer der routinemäßigen Nutzung elektronischer Lernformen nach Unternehmensgröße	94
Abbildung 16	Häufigkeit der Nutzung im ersten Halbjahr 2001	95
Abbildung 17	Zielgruppen von e-Learning-Maßnahmen nach Unternehmensgröße	97
Abbildung 18	Inhalte von e-Learning-Schulungen nach Unternehmensgröße	98
Abbildung 19	Die wichtigsten Impulsgeber und Entscheidungsträger für den erstmaligen e-Learning-Einsatz nach Unternehmensgröße	99

Abbildungsverzeichnis 15

Abbildung 20	Jahr des Vorschlags für den e-Learning-Einsatz nach Unternehmensgröße	102
Abbildung 21	Entwickler der angewendeten Lernform nach Unternehmensgröße	103
Abbildung 22	Vergleich der erwarteten Vorteile sowie der erfüllten Erwartungen	104
Abbildung 23	Aufgetretene Probleme bei der Einführung	105
Abbildung 24	Einschätzung des Gesamterfolges elektronischer Weiterbildungsmaßnahmen im Vergleich großer (> 500 Mitarbeiter) zu kleinen Unternehmen (< 500 Mitarbeiter)	111
Abbildung 25	Gruppen von Einflussfaktoren auf den Erfolg elektronischer Weiterbildungsmaßnahmen	113
Abbildung 26	System von Arbeitshypothesen zum Erfolg elektronischer Weiterbildungsmaßnahmen	118
Abbildung 27	System von Forschungshypothesen zum Erfolg elektronischer Weiterbildungsmaßnahmen	121
Abbildung 28	Benutzertypen entsprechend der Akzeptanzkomponenten „Einstellung (E)" und „Nutzung (N)"	131
Abbildung 29	Akzeptanzmodell von Allerbeck/Helmreich	134
Abbildung 30	Akzeptanzmodell von Eidenmüller	135
Abbildung 31	Akzeptanzmodell von Joseph	136
Abbildung 32	Akzeptanzmodell von Hilbig	138
Abbildung 33	Technology Acceptance Modell von Davis	138
Abbildung 34	Akzeptanzmodell von Agarwal/Prasad	139
Abbildung 35	Akzeptanzmodell von Reichwald	141
Abbildung 36	Akzeptanzmodell von Filipp	142
Abbildung 37	Akzeptanzmodell von Kollmann	143
Abbildung 38	Personenbezogene Einflussgrößen der Akzeptanz von e-Learning	145
Abbildung 39	Unternehmensbezogene Einflussgrößen der Akzeptanz von e-Learning	147
Abbildung 40	Innovationsbezogene Einflussgrößen der Akzeptanz von e-Learning	150
Abbildung 41	Gesamtmodell der Akzeptanz von e-Learning	152

Abbildungsverzeichnis

Abbildung 42	Fragebogenaufbau	161
Abbildung 43	Ablauf der Hauptbefragung	164
Abbildung 44	Zeitlicher Verlauf des Rücklaufeingangs	165
Abbildung 45	Altersstruktur und Position der befragten Personen	170
Abbildung 46	Tätigkeitsfelder der befragten Personen	171
Abbildung 47	Parameter des Lernstils: Präferenz für Gruppenlernen	172
Abbildung 48	Aspekte des Lernstils: Bedeutung des persönlichen Kontakts, der Kenntnis der Fragen anderer Teilnehmer sowie des Lerntempos	173
Abbildung 49	Sonstige entscheidungsbestimmende Faktoren bei einem Lernvorhaben	174
Abbildung 50	Größe der Unternehmen, in denen die befragten Personen arbeiten	175
Abbildung 51	Hauptgeschäftsfelder der Unternehmen, in denen die befragten Personen arbeiten	176
Abbildung 52	Generelle Weiterbildungsaspekte in den Unternehmen	177
Abbildung 53	Information über Weiterbildungsmaßnahmen in den Unternehmen	178
Abbildung 54	Unterstützungsmaßnahmen zu e-Learning in den Unternehmen	179
Abbildung 55	Häufigste Lernorte der Befragten und Eignung der Lernorte für e-Learning	180
Abbildung 56	Wahrnehmung des relativen Vorteils von CBT/WBT als höhere Lerngeschwindigkeit	181
Abbildung 57	Wahrnehmung der Kompatibilität als Eignung für die Weiterbildung in der derzeitigen Tätigkeit	182
Abbildung 58	Nutzung von elektronischen Lernformen	183
Abbildung 59	Nutzungsabsicht bezüglich der unterschiedlichen Lernformen	185
Abbildung 60	Operationalisierung der personenbezogenen Einflussgrößen in der multivariaten Analyse	190
Abbildung 61	Operationalisierung der unternehmensbezogenen Einflussgrößen in der multivariaten Analyse	193
Abbildung 62	Operationalisierung der innovationsbezogenen Einflussgrößen in der multivariaten Analyse	195

Abbildung 63 Visualisierung der marginalen Effekte der unabhängigen Variablen „Bei letzten WB-Maßnahme: an Wahl Lernform beteiligt".. 218

Abbildung 64 Visualisierung der marginalen Effekte der unabhängigen Variablen „e-Learning-Unterstützung" 219

Abbildung 65 Visualisierung der marginalen Effekte der unabhängigen Variablen „Bei letzten WB-Maßnahme: nicht an Planung beteiligt" 235

Abbildung 66 Visualisierung der marginalen Effekte der unabhängigen Variablen „Weiterbildungs-Unterstützung" 237

Abbildung 67 Visualisierung der marginalen Effekte der unabhängigen Variablen „Innovationseignung" 238

Abbildung 68 Determinanten der Nutzung sowie Nutzungsabsicht von CBT/WBT 240

Abkürzungsverzeichnis

Abb.	Abbildung
AG	Aktiengesellschaft
allg.	allgemein
Aufl.	Auflage
Bd.	Band
BTV	Business TV
BWL	Betriebswirtschaftslehre
bzgl.	bezüglich
bzw.	beziehungsweise
CBT	Computer Based Training
CDAX	Composite Dax
DBW	Die Betriebswirtschaft (Zeitschrift)
d. h.	das heißt
Diss.	Dissertation
durchges.	durchgesehene
erg.	ergänzte
et al.	et alteri
etc.	et cetera
e.V.	eingetragener Verein
evt.	eventuell
f.	folgende
ff.	fortfolgend
FWB	Frankfurter Wertpapierbörse
HJ	Halbjahr
HRG	Hochschulrahmengesetz
hrsg.	herausgegeben
Hrsg.	Herausgeber

HWB	Handwörterbuch der Betriebswirtschaft
HWK	Handwerkskammer
IfMF	Institut für Mittelstandsforschung
IHK	Industrie- und Handelskammer
IMD	International Institute for Management Development, Lausanne
IT	Information and technology
ITS	Intelligente tutorielle Systeme
IuK	Information und Kommunikation
Jg	Jahrgang
k.A.	keine Angabe
Max	Maximum
m.E.	meines Erachtens
MIS	Management-Informationssystem
Min	Minimum
MW	Mittelwert (arithmeth.)
Nr.	Nummer
o.ä.	oder ähnliche(s)
o.J.	ohne Jahresangabe
OLS	Ordinary Least Square
o.O.	ohne Ortsangabe
o.V.	ohne Verfasser
ROE	Return on Equity
ROI	Return on Investment
ROS	Return on Sales
S.	Seite
s.	siehe
SH	Sonderheft
sog.	so genannte(s)/(r)
Sp.	Spalte
u.	und
u.a.	und andere
u.ä.	und ähnliche(s)
überarb.	überarbeitete

usw.	und so weiter
VC	Virtual Classroom
verb.	verbesserte
vgl.	vergleiche
vs.	versus (gegenüber)
WB	Weiterbildung
WBT	Web Based Training
WHU	Wissenschaftliche Hochschule für Unternehmensführung – Otto-Beisheim-Hochschule, Vallendar
ZEW	Zentrum für Europäische Wirtschaftsforschung
ZfB	Zeitschrift für Betriebswirtschaft
ZfbF	Zeitschrift für betriebswirtschaftliche Forschung
z.T.	zum Teil

> *„Eine Nation, worin eine Menge von Musikern,
> Priestern und Beamten lebte, könnte sehr gut
> belustigt, belehrt und herrlich regiert seyn;
> aber dies wäre auch Alles. Ihr Capital würde
> durch die Arbeit aller dieser Industriemänner
> durchaus keinen unmittelbaren Zuwachs
> gewinnen, weil deren Producte sogleich wie sie
> erzeugt würden, sich auch consumirten."*[1]

A. e-Learning als Innovation im Bildungsbereich

I. e-Learning als neuer Antriebsmotor in der Bildungsbranche

In den Augen heutiger Wirtschaftshistoriker hat Jean Baptiste Say (1776-1832) einen Grundbaustein für die Dienstleistungsforschung gelegt, indem er Nicht-Sachgüter als spezielle immaterielle Güter in die ökonomische Forschung einführte.[2] Wie das Zitat aber auch zeigt, ist seine Sicht von Dienstleistungen geprägt durch die vorherrschende Meinung seiner Zeit und durch damalige Ökonomen. Man war der Meinung, dass immaterielle Produkte sich nicht anhäufen lassen könnten und somit auch nicht zur Vermehrung des Nationalkapitals beitragen würden.[3] Für Adam Smith, der die Arbeit von Say sehr stark beeinflusste, galten Dienstleistungen gar als unproduktiv.[4]

Zweihundert Jahre später ist der Dienstleistungssektor zu einer dominanten Wirtschaftskraft geworden. So betrug z.B. in Deutschland der Anteil der Dienstleistungen an der gesamten Bruttowertschöpfung 1999 bereits 67,9%,

---

[1] *Say* (1830), S. 172.
[2] Vgl. *Meyer* (1998), S. 6; *Löbbe* (1992), S. 23.
[3] Vgl. *Löbbe* (1992), S. 23.
[4] Vgl. *Löbbe* (1992), S. 21.

während er 1991 noch bei 62,4% lag.[5] Neue Dienstleistungen stellen einen Antriebsmotor dieser Veränderungen dar. Dabei sind es insbesondere Informations- und Kommunikationstechnologien, die Innovationsaktivitäten von Dienstleistungsunternehmen prägen.[6] Die steigende Bedeutung von IuK-Technologien zeigt sich derzeit insbesondere in einem klassischen Dienstleistungssektor, der zunehmend wichtiger wird, dem Bildungssektor. Dieser Bereich stellt in den USA bereits heute mit einem Umsatzvolumen von 772 Milliarden US-Dollar den zweitgrößten Wirtschaftssektor dar.[7] Seine steigende Bedeutung beruht insbesondere darauf, dass Unternehmen immer stärker die Erfolgswirkung des Faktors „Wissen" bewusst wird. So stellen Fachkräftemangel und unzureichende Qualifizierung inzwischen entscheidende Innovationshemmnisse dar.[8] Aspekte sowohl des „Lebenslangen Lernens" als auch des „just-in-time"-Lernens im Vergleich zur „Bildung auf Vorrat" treten immer stärker in den Vordergrund.[9] Hier bieten die neuen Informations- und Kommunikationstechnologien wie Computer, Inter- und Intranet etc. ein hohes Innovationspotential, um Bedürfnissen gerecht zu werden. Sowohl Unternehmen als auch Hochschulen versuchen dabei immer stärker, unter dem Begriff „e-Learning" eine Virtualisierung der Aus- und Weiterbildung voranzutreiben.[10] Experten prognostizieren dem globalen Markt mit e-Learning ein Wachstum auf über 23 Milliarden US-Dollar im Jahre 2004 im Vergleich zu 1,78 Milliarden US-Dollar noch im Jahre 1999.[11] Insbesondere Unternehmen erhoffen sich durch den Einsatz von e-Learning Effizienzgewinne. Auch die Europäische Union hat das Thema e-Learning in die europäische Beschäftigungsstrategie aufgenommen, die vorsieht, e-Learning „für alle Bürgerinnen und Bürger voranzutreiben".[12] Die Vergangenheit hat jedoch gezeigt, dass hohe Investitionen in die Informationstechnologie nicht automatisch zu einem Produktivitäts-

---

[5] Vgl. *Institut der Deutschen Wirtschaft Köln* (2000), S. 82.

[6] Vgl. *Janz* (1999), S. 4.

[7] Vgl. *Urdan/Weggen* (2000), S. 2.

[8] Das Mannheimer Innovationspanel für den Dienstleistungssektor zeigte 1999, dass bei jedem siebten Dienstleister der Mangel an geeignet qualifiziertem Fachpersonal die Innovationsaktivitäten behindert und damit häufiger als Hemmnis genannt wird als der Mangel an Finanzierungsquellen. Vgl. *Janz* (2000), S. 1.

[9] Vgl. *Center for Educational Research and Innovation* (2001), S. 7.

[10] 46% der befragten 604 Personalverantwortlichen aus Unternehmen über 1.000 Mitarbeiter geben in einer Studie der Michel Medienforschung und Beratung MMB sowie PSEPHOS Institut für Wahlforschung und Sozialwissenschaft an, dass in ihrem Unternehmen bereits e-Learning eingesetzt wird. Vgl. *Michel et al.* (2001), S. 3. Zur Charakterisierung internetbasierter Studienangebote vgl. z.B. *Hutzschenreuter/Enders* (2002), S. 550ff.

[11] Vgl. *Kelly* (2001).

[12] *Mc Cullough et al.* (2002), S. 3.

gewinn führen.[13] Dabei wurde immer wieder mangelnde Akzeptanz der Anwender als mögliche Ursache identifiziert.[14] Werden Systeme von der Zielgruppe nicht akzeptiert und angewendet, lassen sich auch keine Effizienzgewinne erzielen. Gerade Innovationen im Bereich der Aus- und Weiterbildung sind sehr stark auf die Akzeptanz bei den Anwendern angewiesen. Kosteneinsparungen lassen sich beispielsweise nur verwirklichen, wenn Mitarbeiter e-Learning-Angebote auch nutzen.

Ziel dieser Arbeit soll es daher sein, die Verbreitung und die Akzeptanz von e-Learning zu untersuchen. Mit Hilfe theoretischer Überlegungen sowie der Durchführung einer Erhebung bei Unternehmen des CDAX[15] und einer zweiten Erhebung bei Kunden eines Weiterbildungsanbieters sollen Determinanten für den erfolgreichen Einsatz elektronischer Bildungsinstrumente sowie entscheidende Bestimmungsgrößen für die Akzeptanz der Mitarbeiter identifiziert werden. Bevor der Aufbau der Arbeit erläutert wird, folgt zunächst eine Abgrenzung wichtiger Begriffe.

II. Verbreitung und Akzeptanz als Gegenstand der Arbeit

Technischer und ökonomischer Wandel vollzieht sich insbesondere dadurch, dass neue Sachgüter und Dienstleistungen, d. h. Innovationen, erfunden, entwickelt, in den Markt eingeführt und dort verbreitet werden. Für den Begriff der „Innovation" lässt sich bislang keine einheitliche Definition finden; sowohl in der Wissenschaft wie auch in der Praxis werden sehr unterschiedliche Inhalte damit verknüpft.[16] Allenfalls besteht Übereinstimmung darüber, dass es sich bei Innovationen um etwas „Neues" handelt.[17] Aus den unterschiedlichen Definitionsansätzen lassen sich jedoch drei Dimensionsebenen aufzeigen, mit deren Hilfe der Innovations-Begriff näher präzisiert werden kann:[18]

1. *Subjektive Ebene:* Auf ihr wird bestimmt, welches Subjekt für die Einschätzung des innovativen Zustandes maßgeblich ist. Im Hinblick auf die The-

---

[13] Vgl. *Agarwal/Prasad* (1997), S. 557, *Davis* (1993), S. 475.
[14] Vgl. z.B. *Nickerson* (1981), S. 469ff., *Gould et al.* (1991), S. 75ff.
[15] Der CDAX ist ein minütlich ermittelter Index der Deutschen Börse, der sich aus allen an der FWB Frankfurter Wertpapierbörse im Amtlichen Handel, Geregelten Markt oder Neuen Markt notierten deutschen Aktien zusammensetzt. Vgl. *Deutsche Börse* (2002), S. 2.
[16] Vgl. *Schneider* (1999), S. 7. Einen sehr guten Überblick liefert neben *Hauschildt* (1997), S. 3ff. Mueser, der in einer Gegenüberstellung 39 verschiedene Innovationsdefinitionen aufzeigt in *Mueser* (1985), S. 163ff.
[17] Vgl. dies und Folgendes in: *Schneider* (1999), S. 7f.
[18] Vgl. dies und Folgendes in: *Hauschildt* (1997), S. 7ff., *Schneider* (1999), S. 7ff.

matik der Verbreitung und Akzeptanz einer Innovation wird in dieser Arbeit der Nachfrager als Entscheidungssubjekt gewählt. „It matters little, so far as human behavior is concerned, whether or not an idea is objectively new as measured by the lapse of time since its first use or discovery. The perceived newness of the idea for the individual determines his or her reaction to it. If the idea seems new to the individual, it is an innovation."[19]

2. *Inhaltliche Ebene:* Hier stellt sich die Frage nach der Innovationsart sowie dem Innovationsgrad. Die Innovationsart richtet sich dabei in der Regel auf das Objekt und unterscheidet Produkt- und Prozessinnovationen sowie sonstige Innovationsgegenstände (z.B. Soziale Innovationen). Die Frage nach dem Innovationsgrad betrifft das Kriterium der Neuheit. Generell weisen Innovationen einen „(...),qualitativen' Unterschied[20], d. h. einen Unterschied egal welchen Ausmaßes, gegenüber dem bisherigen Zustand" auf.[21]

3. *Prozess-Ebene:* Sie betrifft den zeitlichen Verlauf des Innovationsprozesses. Idealtypisch umfasst der Innovationsprozess die Schritte: Idee, Entdeckung, Forschung, Entwicklung, Erfindung, Einführung und laufende Verwertung.[22] In der Literatur kann ein engeres Verständnis des Innovationsbegriffs von einem weiteren Verständnis unterschieden werden.[23] „Innovation im engeren Sinne" umfasst nur die Invention sowie die folgende Markteinführung. „Innovation im weiteren Sinne" hingegen bezieht alle Phasen des Innovationsprozesses von der F&E bis zur Markteinführung mit Marktdurchsetzung ein. Im Folgenden soll auf der ganzheitlichen Fassung aufgebaut werden, die sich als zweckmäßiger Ansatz für die Innovationsforschung erwiesen hat.[24]

Unter dem Begriff e-Learning kommt es derzeit zur Verbreitung einer Bildungsinnovation in Unternehmen. Sowohl aus Anbieter- als auch aus Nachfragersicht handelt es sich dabei um eine Innovation, die eine deutliche Neuerung im Bildungsangebot darstellt. Sie hat Charakteristiken einer Produkt- wie einer Prozessinnovation. Aufgrund der Kombination von Schulungsinhalten und elektronischen Medien kann auf Nachfragerseite in Unternehmen die Aus- und Weiterbildung im Sinne einer Effizienzsteigerung unter Umständen schneller und kostengünstiger erfolgen; sie entspricht somit einer Prozessinnovation. Gleichzeitig handelt es sich aus Sicht des anbietenden Unternehmens um eine

---

[19] *Rogers* (1995), S. 11.
[20] Im Original fett, Anmerkung der Verfasserin.
[21] *Schneider* (1999), S. 11.
[22] Vgl. *Hauschildt* (1997), S. 19ff.
[23] Vgl. dies und Folgendes in: *Schneider* (1999), S. 11f.
[24] Vgl. z.B. *Booz, Allen & Hamilton* (1982), *Scheuing/Johnson* (1987), *Hauschildt* (1997), *Schneider* (1999).

Produktinnovation, indem eine Leistung offeriert wird, „die dem Benutzer erlaubt, neue Zwecke zu erfüllen oder vorhandene Zwecke in einer völlig neuartigen Weise zu erfüllen."[25] Es kann somit neben Effizienzgewinnen auch eine Steigerung der Effektivität erzielt werden. e-Learning entspricht damit einer typischen Dienstleistungsinnovation, bei der Produkt- und Prozessinnovation zusammenfallen.[26]

1. e-Learning und elektronische Bildungsmaßnahmen

Bereits seit vielen Jahren lässt sich unter dem Begriff „distance learning" das Phänomen von räumlich bzw. zeitlich verteiltem Lernen beobachten. Erst durch die Möglichkeit der intensiveren Nutzung elektronischer Technologien mit Computer, Internet und Intranet, Fernsehen und einer Virtualisierung der Bildung kommt es aber zu einem deutlich verstärkten Interesse in Wissenschaft und Praxis. Unter dem Begriff des „e-Learning" werden dabei verschiedene Formen des Lehren und Lernens mit elektronischen Medien bezeichnet. Die Definitionen des Begriffs unterscheiden sich dabei darin, inwieweit sie bestimmte Lehr- und Lernformen mit einbeziehen. Ihnen gemeinsam ist, e-Learning als Element des „distance learning" zu sehen. Dies bezeichnet Lernprozesse eines oder mehrerer Individuen, die über Distanzen hinweg auf einen oder mehrere Orte verteilt sind.[27] Es umfasst sämtliche Lehrmedien zur Überbrückung der räumlichen oder zeitlichen Distanz und neben den e-Learning-Formen auch Bücher, Texte, geschriebene Korrespondenz mit Briefen etc.

e-Learning als Teilbereich des „distance learning" wird unterschiedlich weit aufgefasst. Einige Autoren fassen den Begriff sehr eng und beziehen e-Learning nur auf die Nutzung von Internet-Technologien.[28] Rosenberg z.B. sieht drei definitorische Merkmale von e-Learning:

1. „E-Learning is networked, which makes it capable of instant updating, storage/retrieval, distribution and sharing of instruction or information.[29] (...) So while CD-ROMs are indeed technology-based learning systems, they should not be classified as e-learning.

---

[25] *Hauschildt* (1997), S. 10.
[26] Vgl. *Hauschildt* (1997), S. 11.
[27] Vgl. *Lewis et al.* (1999), S. 2.
[28] Vgl. *Rosenberg* (2001), S. 28f.
[29] Im Original hervorgehoben, Anmerkung der Verfasserin.

2. It is delivered to the end-user via a computer using standard Internet technology.[30]
3. It focuses on the broadest view of learning-learning solutions that go beyond the tradition paradigms of training."[31]

Wenn e-Learning jedoch verstanden wird als „Lernen, das mit Informations- und Kommunikationstechnologien unterstützt bzw. ermöglicht wird"[32], umfasst es sämtliche Lehrinhalte, die mittels elektronischer Medien wie Computer oder TV vermittelt werden. Eine Definition, die allein auf den Aspekt des „Online Learnings" eingeht, greift zu kurz. Es erscheint sinnvoll, eine breitere Begriffsform zu wählen, wie sie von vielen Autoren wie z.B. Urdan/Weggen oder der American Association for Training and Development benutzt wird: *„(e-Learning,* Anm.d.Verf.) *covers a wide set of applications and processes such as Web-based learning, computer-based learning, virtual classrooms, and digital collaboration. It includes the delivery of content via Internet, intranet/extranet (LAN/WAN), audio/video tape, satellite broadcast, interactive TV, and CD-Rom."*[33] e-Learning kann somit begriffen werden als „elektronisches Lernen", d. h. die Vermittlung von Lehrinhalten mittels sämtlicher elektronischer Medien. Diese umfassende Definition soll Grundlage der Arbeit sein.

Die folgende Abbildung stellt die Einordnung ausgewählter Formen des e-Learning als Teilbereich des „distance learning" zusammenfassend dar.

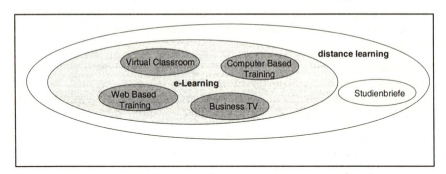

Abbildung 1: e-Learning-Formen im Rahmen des „distance learning"[34]

---

[30] Dies und Folgendes im Original hervorgehoben, Anmerkung der Verfasserin.
[31] *Rosenberg* (2001), S. 28f.
[32] *Seufert et al.* (2001), S. 13, vgl. auch *Breuer* (2000) und *Mc Cullough et al.* (2002), S. 6.
[33] *Urdan/Weggen* (2000), S. 88, Hervorhebung durch Verfasserin.
[34] Eigene Darstellung in Anlehnung an *Urdan/Weggen* (2000), S. 9.

II. Verbreitung und Akzeptanz als Gegenstand der Arbeit

e-Learning-Aktivitäten erfassen unterschiedliche Personengruppen, welche diese Bildungsinnovation nützen. Anhand des Ausbildungsweges lassen sich vier große Wirkungsfelder unterscheiden, für die e-Learning eine besondere Rolle spielt: Schulen für die primäre Ausbildung, Universitäten/Fachhochschulen, private Schulungsanbieter und Wirtschaftsunternehmen mit interner Aus- und Weiterbildung ihrer Mitarbeiter für die sekundäre Ausbildung. Insbesondere der Weiterbildungsbereich gewinnt dabei eine besondere Bedeutung. So ist der Anteil der Beschäftigen, die an einer betrieblichen oder außerbetrieblichen Fortbildungsmaßnahme teilgenommen haben, in Deutschland deutlich angestiegen.[35] 9,4 Mrd. Euro wurden 1999 von Unternehmen, privaten Organisationen ohne Erwerbszweck und Gebietskörperschaften für die betriebliche Weiterbildung ausgegeben.[36] Gerade im Weiterbildungsbereich für Wirtschaftsunternehmen bietet e-Learning besondere Vorteile. Zum einen wird darin ein deutliches Kosteneinsparungspotential gesehen. So spricht eine Marktstudie von Mummert+Partner von bis zu 30%, die Unternehmen bei den Weiterbildungskosten in Form wegfallender Reisekosten sowie nicht ausfallender Arbeitszeit der Mitarbeiter einsparen können.[37] Zum anderen besteht die Hoffnung, durch e-Learning auch stärker als in der klassischen Präsenzschulung die selbständige, permanente Weiterbildung am Arbeitsplatz zu fördern. Insbesondere wenn Lernpotentiale am Arbeitsplatz verfügbar gemacht werden sollen, d. h. arbeitsplatznahe Qualifizierung möglich sein soll, sind Lernmedien am Arbeitsplatz notwendig.[38] Die nachfolgenden Untersuchungen fokussieren sich daher auf den Weiterbildungsbereich in erwerbswirtschaftlichen Unternehmungen in Abgrenzung zu nicht-erwerbstätigen Institutionen wie z.B. Schulen oder Universitäten. Abbildung 2 veranschaulicht nochmals die treibenden Faktoren von e-Learning im Weiterbildungsbereich von Wirtschaftsunternehmen.

---

[35] Vgl. *Arthur Andersen Management-Beratung* (2000), S. 69.
[36] *Statistisches Bundesamt* (2002).
[37] *o.V.* (2001).
[38] Vgl. *Severing* (1998), S. 134.

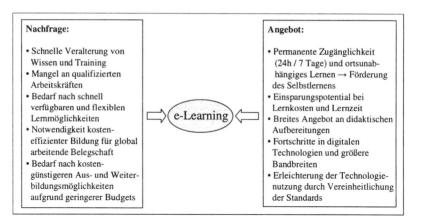

Abbildung 2: Treibende Faktoren von e-Learning im Weiterbildungsbereich[39]

2. Weiterbildung in Wirtschaftsunternehmen

„Die stärkere Ausschöpfung humaner Ressourcen gilt als eine wichtige Voraussetzung zur Schaffung von Wettbewerbsvorteilen unter den Bedingungen einer steigenden Wissensbasierung von Produktion."[40] Technologischer Wandel erfordert immer mehr ein kontinuierliches Lernen auch im Unternehmen. Damit eine bestmögliche Nutzung des Humankapitals möglich ist, müssen Unternehmen daher immer stärker in die Aus- und Weiterbildung ihrer Mitarbeiter investieren. „Der qualifizierte Mitarbeiter stellt häufig den limitationalen Faktor bei der Leistungserstellung und -verwertung dar. Um diesen Engpass zu vermeiden bzw. zu beseitigen, steht vor allem das personalpolitische Instrument der Aus- und Weiterbildung zur Verfügung."[41] Die Weiterbildung baut auf der abgeschlossenen Berufsausbildung oder einer angemessenen Berufserfahrung auf.[42] Gelegentlich wird dabei zwischen den Begriffen „Fortbildung" und „Weiterbildung" unterschieden, wobei unter Fortbildung der Erwerb von Fachqualifikationen während der Berufsausübung verstanden wird, während Weiterbildung über die Vermittlung rein fachlicher Qualifikationen hinaus den Erwerb von allgemeinen, überfachlichen Kenntnissen, Fertigkeiten und Fähigkeiten einschließt.[43] Diese Differenzierung scheint jedoch nicht zweckmäßig,

---

[39] Eigene Darstellung in Anlehnung an *Urdan/Weggen* (2000), vgl. S. 4, *Back et al.* (2001), S. 41 und *Kraemer et al.* (2002), S. 602.

[40] *Wagner* (2001), S. 17.

[41] *Gaugler/Mungenast* (1992), S. 237.

[42] Vgl. *Gaugler/Mungenast* (1992), S. 238.

[43] Vgl. dies und Folgendes in: *Berthel* (1992), S. 883f.

da sich die gleichbedeutende Verwendung von Fort- und Weiterbildung in der wissenschaftlichen Literatur und in bildungspolitischen Veröffentlichungen durchgesetzt hat. Als Weiterbildung wird daher im Folgenden in Anlehnung an die Definition des Deutschen Bildungsrates die „Fortsetzung oder Wiederaufnahme organisierten Lernens nach Abschluss einer unterschiedlich ausgedehnten Bildungsphase" verstanden.[44] Diese lässt sich aufteilen in allgemeine, berufliche, politische, kulturelle und wissenschaftliche Weiterbildung.[45]

Eine vom Bundesministerium für Bildung und Forschung in Auftrag gegebene Studie zum europäischen und internationalen Weiterbildungsmarkt hat gezeigt, dass sich die Teilnahmequote an Weiterbildungsmaßnahmen insgesamt[46] in Deutschland von 1979 bis 1997 von 23% auf 48% etwas mehr als verdoppelt hat, während bei der Teilnahme an beruflichen Weiterbildungsmaßnahmen im gleichen Zeitraum sogar eine Verdreifachung von 10% auf 30% zu beobachten ist.[47] In dieser Arbeit wird daher das Augenmerk auf die betriebliche Weiterbildung als Teil der beruflichen Weiterbildung gelegt, die von den Unternehmen durchgeführt und/oder veranlasst sowie in der Regel finanziert wird.[48] Mittels e-Learning-Maßnahmen können den Mitarbeitern parallel oder substituierend zu klassischer Präsenzschulung Kenntnisse, Fähigkeiten und Verhaltensweisen vermittelt werden, mit denen die Qualifikation der Mitarbeiter erhalten und/oder verbessert werden kann.[49] Gleichzeitig stellt die Erstellung und Pflege von e-Learning-Schulungsmaßnahmen einen deutlichen Kostenfaktor dar, welcher die Entwicklungskosten von herkömmlichen Seminaren deutlich übersteigt.[50] Ihr Einsatz ist daher nur sinnvoll, wenn Kosten und Nutzen in vernünftigem Verhältnis stehen, wobei die Akzeptanz der Mitarbeiter eine entscheidende Determinante des Nutzens der Unternehmen darstellt.

3. Verbreitung und Akzeptanz

Während sich die klassische Innovationsforschung insbesondere dem Prozess der Erfindung und Entwicklung von Innovationen auf Innovatorseite zugewandt hat, beschäftigt sich eine Vielzahl unterschiedlicher Disziplinen mit

---

[44] *Deutscher Bildungsrat* (1973), S. 197.
[45] Vgl. dazu auch *Wagner* (2001), S. 35.
[46] Teilnahme an allgemeinen sowie beruflichen Weiterbildungsmaßnahmen.
[47] Vgl. *Arthur Andersen Management-Beratung* (2000), S. 69, vgl. zu diesen Zahlen auch *Jonen et al.* (2002), S. 183f. Zur Bedeutung der auch als „Continuous training" bezeichneten Weiterbildung vgl. auch *Pischke* (2001), S. 524.
[48] Vgl. dazu auch *Pawlowsky/Bäumer* (1996), S. 9.
[49] Vgl. *Berthel* (1992), S. 884.
[50] Vgl. *Severing* (1998), S. 135.

der Nachfragerseite sowie der „Übernahme" und Verbreitung, d. h. Diffusion von Innovationen. Ihren Ursprung findet die Diffusionsforschung zu Beginn des 20. Jahrhunderts in der Anthropologie, die sich zunächst insbesondere mit der Frage beschäftigte, inwieweit bei Wandlungsprozessen Kulturen und Werteordnungen eine Filterfunktion ausüben, sowie in der Soziologie.[51] Daneben haben Disziplinen wie die Medizin-, Bildungs- und Agrarwissenschaften, die Kommunikationswissenschaften oder die Marketing- und Managementforschung die Diffusion von Innovationen analysiert.[52] Auch wenn immer noch Forscher aus unterschiedlichen Blickwinkeln das Thema „Übernahme und Verbreitung von Innovation" untersuchen, hat sich in den letzten Jahren stärker eine vereinheitlichte, gemeinsame Forschungsrichtung entwickelt. *Verbreitung einer Innovation im Sinne von Diffusion* wird dabei als *Prozess* verstanden, *bei dem sich eine Innovation über einen gewissen Zeitraum mittels unterschiedlicher Kanäle in einem sozialen System ausbreitet.*[53] Aus ökonomischer Sicht ist dabei insbesondere die Verbreitung von neuen Produkten und Technologien in Märkten und Branchen interessant.[54]

Ein entscheidender Aspekt der Verbreitung einer Innovation ist die Akzeptanz der die Innovation nutzenden Personen.[55] „Der Begriff „Akzeptanz" ist zu einem Schlüsselbegriff innerhalb der gesellschaftlichen und sozialwissenschaftlichen Diskussion geworden. (...) Wenn innovative Produkte kurz nach der Einführung wieder vom Markt genommen werden, städtebauliche Fehlplanungen zu Ablehnung innerhalb der Bevölkerung führen, (...) dann wird dies aus den jeweiligen Blickwinkeln der Akteure anhand der Variablen „akzeptiert" oder „inakzeptabel" erklärt bzw. entschuldigt. (...) Der Begriff der „Akzeptanz" hat vor diesem Hintergrund inzwischen in allen gesellschaftlichen Bereichen einen usuellen Charakter, ohne jedoch in einer einheitlichen Art und Weise verwendet zu werden."[56] Betrachtet man sowohl die bisherige Akzeptanz- als auch die Adoptionsforschung, so zeigt sich, dass diese Begriffe z.T. sehr ähnlich oder sogar identisch verwendet werden.[57] So bezeichnet Wiendieck Akzeptanz als „positive Annahme oder Übernahme einer Idee, eines Sachverhalts, eines Gegenstandes oder einer Person".[58] Simon nennt Akzeptanz „die positive

---

[51] Vgl. *Bock* (1987), S. 9, *Rogers* (1995), S. 39ff., *Rogers* (1976), S. 290f.

[52] Vgl. dies und Folgendes in: *Rogers* (1995), S. 94.

[53] Vgl. *Rogers* (1995), S. 5.

[54] Vgl. dies und Folgendes in: *Schmalen* (1993), Sp. 776.

[55] Vgl. z.B. *Kollmann* (1999), S. 126ff., *Wiendieck* (1992), Sp. 91ff.

[56] *Kollmann* (1998), S. 37. So konnte Pressmar anhand einer eigenen Untersuchung von über 50 Nachschlagewerken und Wörterbüchern feststellen, dass sich die Definitionen zum Stichwort „Akzeptanz" stark unterscheiden. Vgl. *Pressmar* (1982), S. 324ff.

[57] Vgl. z.B. *Dunphy/Herbig* (1995), *Zeithaml/Gilly* (1987).

[58] *Wiendieck* (1992), Sp. 91.

II. Verbreitung und Akzeptanz als Gegenstand der Arbeit

Annahmeentscheidung einer Innovation durch die Anwender"[59], wobei bezüglich des Begriffs „Anwender" nicht eindeutig zwischen einer Organisation und einem Individuum unterschieden wird. Damit ist man schon sehr nahe am Begriff der Adoption, die Roger versteht als „a decision to make full use of an innovation as the best course of action available."[60] Deshalb erscheint es sinnvoll, die Begriffe Akzeptanz und Adoption näher zu beleuchten. Da jedoch in Kapitel D. eine genauere Analyse des Begriffs der Akzeptanz stattfindet, soll an dieser Stelle nur eine erste Abgrenzung erfolgen, die Grundlage ist für die weiteren Ausführungen dieser Arbeit.

Mehrere Autoren verstehen unter Akzeptanz „eine zu einem bestimmten Zeitpunkt festzustellende und sich in bestimmten Meinungs- und Verhaltensformen äußernde *Einstellung*"[61]. Eine Reihe von insbesondere neueren Autoren sieht daneben auch die *Handlungs- und Nutzungsebene* als notwendige Bestandteile der Akzeptanz.[62] Akzeptanz geht damit über die reine „Annahme" eines Objektes hinaus und bezieht dessen Nutzung mit ein. Kollmann spricht vom Akzeptanzprozess als dem „verlängerten Arm" des Adoptionsprozesses, wodurch die Adoptionstheorie (Endpunkt Kauf) durch die Akzeptanztheorie (Endpunkt Nutzung) quasi „assimiliert" wird.[63] Diese Sichtweise der Akzeptanz sowohl mit dem Einstellungs- als auch dem Nutzungsaspekt soll auch für die vorliegende Arbeit gelten. Übertragen auf den Kontext des Unternehmens, der in dieser Arbeit in Form der betrieblichen Weiterbildung in Zusammenhang mit e-Learning näher beleuchtet wird, lassen sich zwei Ebenen unterscheiden: zum einen die Unternehmensebene, zum anderen die Mitarbeiterebene. Die Unternehmensebene umfasst die Unternehmenseinheit, die für die Weiterbildung zuständig ist und den Einsatz von e-Learning für das Unternehmen beschließt wie z.B. die Personalabteilung. Sie ist somit entsprechend Abbildung 3 die *subfinale Zielgruppe*, da sie als Zwischennachfrager gegenüber externen Anbietern auftritt und die e-Learning-Schulungsmaßnahme für das Unternehmen erwirbt. Gegenüber den einzelnen Mitarbeitern, die schließlich die Weiterbildungsmaßnahmen in Anspruch nehmen, tritt sie als Zwischenanbieter auf.[64] Die Mitarbeiter sind *finale Zielgruppe*, da sie Letztnachfrager der Weiterbil-

---

[59] *Simon* (2001), S. 89.
[60] *Rogers* (1995), S. 21.
[61] *Dierkes/Thienen* (1982), S. 1, Hervorhebung durch die Verfasserin.
[62] Vgl. z.B. *Kollmann* (1999), S. 129: „Akzeptanz bildet die Verknüpfung einer inneren Begutachtung und Erwartungsbildung (Einstellungsebene), einer Übernahme der Nutzungsinnovation (Handlungsebene) und einer freiwilligen problemorientierten Nutzung (Nutzungsebene) bis zum Ende des gesamten Nutzungsprozesses (...)",*Wiendieck* (1992), Sp. 91ff.
[63] Vgl. *Kollmann* (1998), S. 146.
[64] Vgl. *Meyer* (1996), S. 70.

32 A. e-Learning als Innovation im Bildungsbereich

dungsmaßnahmen sind und bei der Unternehmenseinheit Weiterbildungsmaßnahmen anfordern/bestellen. Abbildung 3 verdeutlicht den Zusammenhang.

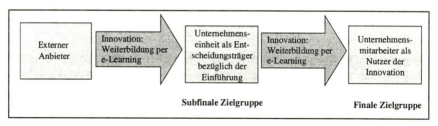

Abbildung 3: Unterscheidung nach subfinaler und finaler Zielgruppe

Auf Unternehmensebene vollzieht sich ein Adoptionsprozess mit der Übernahme der Bildungsinnovation e-Learning durch die Kauf-/Einführungsentscheidung oder deren Ablehnung. Dabei umfasst der Adoptionsprozess auf Unternehmensebene zum einen die Ideengenerierungsphase, in welcher die zuständige Unternehmenseinheit das e-Learning-Angebot erhält und sich für oder gegen die Initialisierung im Unternehmen entscheidet.[65] Zum anderen wird in der Regel eine Evaluierungsphase durchlaufen, in der die Unternehmenseinheit das e-Learning-Angebot bei Mitarbeitern intern testet. Diese Evaluierung führt schließlich zur Adoption oder Ablehnung des e-Learning-Angebotes für das Unternehmen. Wie Abbildung 4 in einem prototypischen Ablauf verdeutlicht, findet daneben auf Mitarbeiterebene ein Akzeptanzprozess bezüglich e-Learning statt.[66] Hier durchläuft der individuelle Mitarbeiter auch zunächst eine Phase der Ideengenerierung, in der er Informationen zu e-Learning bekommt. Nach der Entscheidung zur Initialisierung probiert er die neue Lernform aus und trifft eine Einsatzentscheidung für oder gegen diese Form der Weiterbildung. Die eigentliche Akzeptanz findet hingegen erst statt, wenn er e-Learning auch tatsächlich nutzt bzw. die Absicht hat, es zu nutzen, d. h. wenn sich sowohl eine positive Einstellung gegenüber e-Learning gebildet hat als auch eine Verhaltenskomponente bezüglich der Nutzung besteht.

---

[65] Vgl. zu den Phasen des Adoptionsprozesses *Rogers* (1995), S. 20f. und 161ff. sowie *Schmalen/Pechtl* (1992), S. 10ff.

[66] Ahire/Ravichandran wählen in ihrer Untersuchung zur Diffusion von Total Quality Management in Unternehmen ein ähnliches Model, indem sie ebenfalls Adoption und Akzeptanz trennen und diese einmal auf die Top Management-Ebene und einmal auf die Mitarbeiterebene beziehen. Sie sprechen dabei zunächst von einer ersten Stufe, genannt „adoption", in der die Zustimmung des Top Managements erfolgt und es zur Einführung des Programms kommt. Nach einer zweiten Stufe, „adaptation", sprechen die Autoren von einer dritten Stufe, „acceptance", in der eine Verhaltensänderung bei den Mitarbeitern erfolgt. Vgl. *Ahire/Ravichandran* (2001), S.447ff.

II. Verbreitung und Akzeptanz als Gegenstand der Arbeit

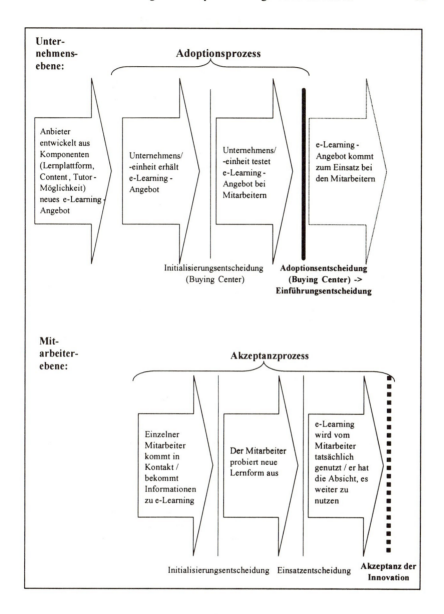

Abbildung 4: Prototypischer Ablauf des Adoptions- sowie Akzeptanzprozesses innerhalb des Unternehmenskontextes

III. Ziele und Aufbau der Arbeit

Die vorliegende Arbeit verfolgt zwei Ziele. Sie möchte zum einen darstellen, inwieweit bereits eine Verbreitung von e-Learning stattgefunden hat, zum anderen soll die Akzeptanz von e-Learning bei Mitarbeitern als eine entscheidende Einflussgröße der Verbreitung untersucht werden. Abbildung 5 verdeutlicht den Aufbau der Arbeit.

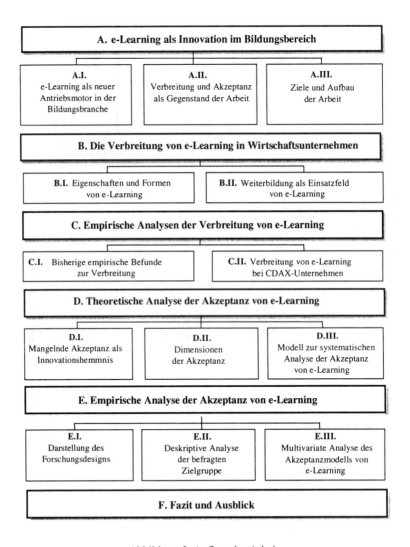

Abbildung 5: Aufbau der Arbeit

III. Ziele und Aufbau der Arbeit 35

Die Kapitel B. und C. decken den ersten großen Bereich der Arbeit, die Untersuchung der Verbreitung von e-Learning, ab. Hierin wird dargestellt, inwieweit bereits eine Verbreitung von e-Learning als Bildungsinnovation in Unternehmen stattgefunden hat. Kapitel B. beleuchtet die *Verbreitung* zunächst *aus theoretischer Perspektive*. Da e-Learning zum einen ein sehr neuartiges Phänomen darstellt, gleichzeitig aber in seinen Ausprägungen sehr weitläufig ist, werden in Kapitel B.I. Eigenschaften und Formen von e-Learning aufgezeigt. Für die Unternehmensseite sind insbesondere die angewendeten Lernformen relevant. Daher wird zunächst ein Strukturierungsraster der Eigenschaften von e-Learning-Formen entwickelt, in das im Folgenden ausgewählte e-Learning-Formen eingeordnet werden. Ein entscheidendes Einsatzfeld von e-Learning ist der Weiterbildungsbereich in Wirtschaftsunternehmen. Dieser wird in Kapitel B.II. auf Basis eines Überblicks über den betrieblichen Lernprozess sowie über die Motivation des Einsatzes von e-Learning in der Weiterbildung analysiert. Dem folgen eine Darstellung verschiedener Weiterbildungsformen sowie ein Ausblick auf die zukünftige Entwicklung der Weiterbildung. Kapitel B. schließt mit einer Untersuchung von Weiterbildungszentren, wobei ein Schwerpunkt auf „Corporate Universities" gelegt wird, die sich in vielen Unternehmen zu einem Haupteinsatzbereich von e-Learning entwickelt haben.

Kapitel C. stellt *empirische Ergebnisse* früherer Studien sowie einer eigenen empirischen Untersuchung *zur Verbreitung von e-Learning* dar. Zunächst werden in Kapitel C.I. bisherige empirische Befunde früherer Studien erläutert. Daran schließt sich in Kapitel C.II. die Analyse einer eigenen Untersuchung zur Verbreitung von e-Learning bei Unternehmen des CDAX an. Ziel dieser Analyse ist es zum einen, Unterschiede in den Einsatzfeldern von e-Learning in großen und kleinen Unternehmen aufzuzeigen. Dies erfolgt nach einer Darstellung des Forschungsdesigns sowie zentraler Fragestellungen anhand der eingesetzten Lernformen, Zielgruppen und Inhalte sowie anhand von Aspekten des Entstehungsprozesses und der Erwartungen und Probleme bei der Einführung. Ein zweites großes Ziel der eigenen Untersuchung ist es, den Erfolg des e-Learning-Einsatzes sowie entscheidende Einflussgrößen des Erfolges zu analysieren. Dies erfolgt in Kapitel C.II.3. Da es sich hierbei um eine explorative Analyse handelt, ist das Ziel die Generierung von Forschungshypothesen, welche die Grundlage weiterer Studien darstellen können.

Die Kapitel D. und E. decken den zweiten großen Bereich der Arbeit ab, die Akzeptanz von e-Learning in Wirtschaftsunternehmen. In Kapitel D. wird eine *theoretische Analyse der Akzeptanz* mit dem Ziel durchgeführt, ein Gesamtmodell für die empirische Untersuchung zu entwickeln. Dazu wird zunächst der Zusammenhang von Akzeptanz und Widerstand von Innovationen in Unternehmen dargestellt. Daran schließt sich in Kapitel D.II. eine Analyse der Akzeptanzdimensionen an. Nach einer Darstellung des Akzeptanzbegriffs im ökonomischen Umfeld erfolgt eine Analyse bisheriger Akzeptanzmodelle. Diese bilden die Basis für die Entwicklung eines eigenen Akzeptanzmodells von e-Learning in Kapitel D.III. Dabei werden zunächst Einflussgrößen aufgezeigt sowie anschließend das Gesamtmodell und darauf basierende Hypothesen abgeleitet.

In Kapitel E. erfolgt die *empirische Überprüfung des Akzeptanzmodells*. Nach einer Darstellung des Forschungsdesigns wird hierzu in Kapitel E.II. zunächst der Datensatz beschrieben. Ziel ist dabei einerseits, dem Leser einen Eindruck des befragten Personenkreises und seiner Unternehmen zu geben. Andererseits sollen mögliche Zusammenhänge zwischen den verschiedenen Einflussgrößen der Akzeptanz aufgedeckt werden. In Kapitel E.III. folgt die multivariate Analyse des Akzeptanzmodells. Dazu wird zunächst die vorgenommene Operationalisierung und Indexbildung dargestellt sowie die Methodik geordneter Wahrscheinlichkeitsmodelle erläutert. Es folgen schließlich die Durchführung der multivariaten Analysen sowie die Optimierung der Modellstruktur.

Im Fazit (Kapitel F.) werden die wichtigsten Ergebnisse der Arbeit zusammengestellt und ein Ausblick auf mögliche zukünftige Entwicklungen gegeben.

B. Die Verbreitung von e-Learning in Wirtschaftsunternehmen

Ziel des zweiten Kapitels ist es, die Verbreitung von e-Learning in Wirtschaftsunternehmen aus theoretischer Perspektive zu beleuchten. Zunächst werden in *Kapitel B.I.* Eigenschaften und Formen von e-Learning aufgezeigt. In *Kapitel B.II.* erfolgt eine Analyse des Weiterbildungsbereichs in Wirtschaftsunternehmen als Einsatzfeld von e-Learning. Dabei wird ein besonderes Augenmerk auf „Corporate Universities" gelegt, die sich in vielen Unternehmen zu einem Haupteinsatzbereich von e-Learning entwickelt haben.

I. Eigenschaften und Formen von e-Learning

Der zunehmende Einsatz von Informations- und Kommunikationstechnologien führt verstärkt zu einer Virtualisierung des gesamten Bildungsbereiches. Auch bei einer Fokussierung auf den Weiterbildungsbereich von Wirtschaftsunternehmen umfasst e-Learning ein äußerst breites Spektrum an Ausgestaltungsmöglichkeiten. Auf Anbieterseite lassen sich Lerninhalte-Anbieter (Content-Provider), Anbieter von Technologien und Systemen sowie Service-Anbieter (Learning Service Providing) unterscheiden.[1] Für den Nachfrager, d.h. die Wirtschaftsunternehmen, zählen insbesondere die Anwendungsmöglichkeiten des e-Learning, wobei die im Unternehmen einsetzbaren e-Learning-Formen im Vordergrund stehen. In Unternehmen, die bereits in stärkerem Maße elektronische Lernformen einsetzen und über eine große Menge zu verwaltender und koordinierender Instrumente für die Mitarbeiterschulung verfügen, wird häufig eine elektronische Lernplattform als „Knotenpunkt" dafür eingesetzt. Diese Plattformen verwalten und koordinieren nicht nur die Elemente aller Instrumente und Module (z.B. Kursunterlagen), sondern verwalten und koordinieren auch sämtliche Aus- und Weiterbildungsabläufe bis hin zu mehrmonatigen oder mehrjährigen Studiengängen.[2] Um sich einen Einblick in die verschiedenen Eigenschaften und Funktionalitäten von e-Learning-Formen zu verschaffen, wird im Folgenden ein Analyseraster zu ihrer Strukturierung entwickelt.

---

[1] Vgl. *Back et al.* (2001), S. 44ff.
[2] Vgl. *Seibt* (2001), S. 286.

38   B. Die Verbreitung von e-Learning in Wirtschaftsunternehmen

1. Strukturierungsraster und Eigenschaften von e-Learning-Formen

Maßgebend für eine Systematisierung von e-Learning-Formen sind deren unterschiedliche Eigenschaften mit ihren jeweiligen Ausprägungen. Diese lassen sich nach den *technischen Voraussetzungen,* dem *Kommunikationszeitbezug,* der *Kommunikationsbeziehung,* der *Lernebene,* den *Lernmethoden* sowie dem *Ausmaß der Interaktivität* differenzieren wie Abbildung 6 verdeutlicht.[3]

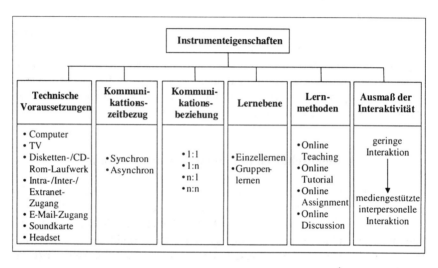

Abbildung 6: Analyseraster für e-Learning-Formen[4]

e-Learning-Formen können zunächst dahingehend unterschieden werden, welche *technischen Voraussetzungen* für den Einsatz der Lernform beim Lernenden notwendig sind. Dabei ist für die Mehrzahl der e-Learning-Formen ein Computer mit ausreichendem Prozessor sowie Arbeits- und Festplattenspeicher nötig. Bei Business-TV wird ein Fernsehgerät benötigt, wobei durch die zunehmende Digitalisierung die Verschmelzung von Fernsehgerät und Computer voranschreitet.[5] Zu den weiteren technischen Voraussetzungen gehören bei einigen Formen ein Disketten-, CD-Rom- oder DVD-Laufwerk, die Client-Software eines Training-on-Demand-Systems und/oder der Anschluss über

---

[3] Das Analyseraster basiert auf Arbeiten von *Breuer* (2000), *Kremer* (1997), *Markart* (2001), *Schäfer* (1997), *Seufert et al.* (2001) und *Wagner* (2001) wobei vor allem Letztgenannte nur Teilaspekte des Analyserasters verwenden.

[4] Eigene Darstellung in Anlehnung an *Markart* (2001), S. 4.

[5] Vgl. *Schäfer* (1997), S. 38ff.

einen Web Browser an Intra-/Inter- oder Extranet sowie Soundkarte mit Lautsprechern und Headset.[6]

Des Weiteren lassen sich die e-Learning-Formen nach dem *Zeitbezug* bei der Kommunikation unterscheiden. Bei einer synchronen Kommunikation findet ein zeitgleiches gemeinsames Bearbeiten von Informationen durch die Lernenden bzw. Interagieren in denselben Informationsbeständen sowie zeitgleiches Kommunizieren statt wie z.B. bei Online Chat, Application Sharing oder Whiteboard.[7] Dadurch können Lerninhalte in Echtzeit interaktiv diskutiert werden. Dem gegenüber unterstützt asynchrone Kommunikation zeitlich voneinander getrennte Bearbeitungs- und Lernschritte, z.B. Bulletin Board Systeme und asynchrone Diskussionsforen.

Ein weiteres Unterscheidungskriterium der e-Learning-Formen ist die Art der *Kommunikationsbeziehung*. Hierbei lassen sich die in Abbildung 7 angegebenen Formen unterscheiden:[8]

• *Punkt-zu-Punkt-Kommunikation (1:19):*	Bidirektionaler Informationsaustausch zwischen zwei beliebigen Teilnehmern
• *Punkt-zu-Mehrpunkt-Kommunikation (1:n):*	Informationsverteilung von einer Quelle gleichzeitig an verschiedene Empfänger
• *Mehrpunkt-zu-Punkt-Kommunikation (n:1):*	Zugriff von mehreren Teilnehmern auf dieselbe Information
• *Mehrpunkt-zu-Mehrpunkt-Kommunikation (n:n):*	Bidirektionaler Informationsaustausch bzw. Kommunikation zwischen mehreren Teilnehmern

Abbildung 7: Arten der Kommunikationsbeziehung (Sender-Empfänger-Verhältnis)[9]

---

[6] Vgl. *Hornung et al.* (1998), S. 21ff., o.V. (2002), S. 2.
[7] Vgl. dies und Folgendes in: *Bodendorf* (2000), S.74, *Schäfer* (1997), S. 43, *Seufert et al.* (2001), S. 38.
[8] Vgl. dazu *Schäfer* (1997), S. 43 und *Breuer* (2000), S. 70.
[9] In Anlehnung an *Schäfer* (1997), S. 43.

Ferner stellt die *Lernebene* ein wichtiges Unterscheidungsmerkmal dar. Die Formen können danach differenziert werden, ob sie auf das „Einzellernen" (individuelles Lernen) oder auf das „Gruppenlernen" (kollaboratives Lernen) ausgerichtet sind, d. h. ob einzelne Personen, mehrere Personen oder ganze Organisationen in einem gemeinschaftlichen Prozess lernen.[10]

Im Hinblick auf die *Lernmethode* lassen sich „Online Teaching", „Online Tutorials", „Online Assignments" sowie „Online Discussions" unterscheiden.[11] Unter *„Online Teaching"* werden lehrerzentrierte Methoden verstanden, bei denen ein Dozent oder Fachexperte insbesondere Faktenwissen vermittelt. Der Lernende ist eher passiv und konsumiert Informationen über das Transportmittel Computer oder Fernsehen. Unterformen bilden synchrone oder asynchrone „Online Lectures", „Online Symposien", „Online Coaching" sowie der „Sokratische Dialog".[12] *„Online Tutorials"* stellen Lernprogramme dar, die es dem Lernenden erlauben, sich eigenverantwortlich und in selbst bestimmtem Lerntempo Fähigkeiten und Kenntnisse anzueignen.[13] Die Interaktion findet allein zwischen dem System und dem Lernenden statt, wobei ein Tutor zusätzlich als Supportstelle zur Verfügung stehen kann.[14] Als Extremformen lassen sich einerseits „geführte Tutorials", bei denen der Lernende Informationen aufnimmt und auf Anfragen sowie Vorgaben des Systems reagiert, und andererseits „flexible, webbasierte Tutorials" unterscheiden, bei denen der Lernende frei agieren und sich nach seinen Vorstellungen im System bewegen bzw. dieses manipulieren kann.[15] *„Online Assignments"* geben Teilnehmern die Möglichkeit zum intensiven Selbststudium, indem die Lernenden komplexe Aufgabenstellungen lösen müssen und dazu Lernmaterialien heranziehen können.[16] Im Unterschied zum „Online Tutorial" bekommen die Lernenden individuelles Feedback von einem Tutor, das somit nicht fest im System vorgegeben ist. Als „Online Assignments" werden insbesondere Fallbearbeitungen/Korrespondenzstudien und Online Assessments (Überprüfung des Wissens- und Kenntnisstandes) bezeichnet.[17] Bei der Lernmethode der *„Online Discussions"* steht der Dozent eher im Hintergrund, während die Teilnehmer aktiv ihr Wissen austau-

---

[10] Vgl. *Wagner* (2001), S. 111, *Seufert et al.* (2001), S. 13.

[11] Vgl. *Seufert et al.* (2001), S. 58f. Eine etwas andere Unterscheidungsform schlägt beispielsweise Bodendorf vor, der im Zusammenhang mit virtuellen Universitäten von „Televorlesung", „Teleübung", „Teleexkursion", „Teleseminar" sowie „Lecture on Demand" spricht. Vgl. *Bodendorf* (2000), S. 80ff.

[12] Vgl. *Seufert et al.* (2001), S. 72ff.

[13] Vgl. *Seufert et al.* (2001), S. 92ff.

[14] Vgl. *Seufert et al.* (2001), S. 59.

[15] Vgl. *Seufert et al.* (2001), S. 93ff. und S. 107ff.

[16] Vgl. *Seufert et al.* (2001), S. 59.

[17] Vgl. *Seufert et al.* (2001), S. 114ff.

I. Eigenschaften und Formen von e-Learning

schen.[18] Die Ausprägungen reichen hier von einfachen Online-Umfragen (Voting Funktionen) über freie oder geschlossene Diskussionen bis hin zu projektbegleitenden Learning Cycles. Bei der Ausgestaltung des e-Learning-Formen kann es dabei zu einer vielfältigen Kombination der verschiedenen Lernmethoden kommen.

e-Learning-Formen lassen sich schließlich hinsichtlich ihres *Ausmaßes an Interaktivität* unterscheiden. „Der Begriff ‚Interaktivität' lässt sich als abgeleiteter Begriff verstehen, der in Bezug auf Computersysteme die Eigenschaften von Software beschreibt, dem Benutzer eine Reihe von Eingriffs- und Steuerungsmöglichkeiten zu eröffnen."[19] Interaktivität steht somit in engem Zusammenhang mit der Adaptierbarkeit eines Systems, d. h. der Fähigkeit, den Lernstand eines Teilnehmers zu erkennen und sich verändertem Bedarf anzupassen.[20] Es lassen sich dabei verschiedene Stufen der Interaktivität einer Lernform unterscheiden.[21] So liegt lediglich ein geringes Maß an Interaktivität beim sog. „reaktiven Modell" vor, bei dem der Lernende lediglich auf einfache „Manipulationen" der Lernform in Form von passivem Rezipieren, Lesen, Zuhören und Anschauen reagiert. Hierbei hat der Lernende keinen Einfluss auf die Reihenfolge des Informationsablaufs oder die Auswahl bestimmter Informationen. Das Ausmaß an Interaktivität steigt, je differenzierter die Eingriffs- und Entscheidungsspielräume werden bis hin zu mediengestützter interpersoneller Interaktion. Hierbei ist auch ein inhaltlicher Eingriff in das Medium möglich; diese Form kann als sog. „interaktives Modell" bzw. „Intaktivität im engeren Sinne" bezeichnet werden.[22]

2. Darstellung ausgewählter e-Learning-Formen

Basierend auf diesem Analyseraster werden im Folgenden ausgewählte e-Learning-Formen dargestellt.[23] Sie sind vielfach in ein Learning-Management-System eingebettet, das für die Administration, z.B. die Teilnehmerverwaltung etc., zuständig ist.[24] Wie Expertengespräche[25] und empirische

---

[18] Vgl. dies und Folgendes in: *Seufert et al.* (2001), S. 59.
[19] *Haack* (2002), S. 128.
[20] Vgl. *Kremer* (1997), S. 40.
[21] Vgl. dies und Folgendes in: *Haack* (2002) ,S. 128f. und *Kremer* (1997), S. 44f.
[22] Vgl. *Kremer* (1997), S. 45.
[23] Vgl. dazu *Markart* (2001), S. 7ff.
[24] Vgl. *Back* (1999), S. 363.
[25] Es wurden Gespräche geführt mit Personalleitern der *Allianz Versicherungs-AG* (Fachbereich Bildung), der *Siemens AG* [Management Learning und Siemens Qualification and Training (SQT)], der *Münchner Rückversicherungsgesellschaft AG* (Zentralbereich Personalentwicklung), der *BSH Bosch und Siemens Hausgeräte GmbH* (Zentrale

42   B. Die Verbreitung von e-Learning in Wirtschaftsunternehmen

Studien zeigen, finden insbesondere das Computer Based Training (CBT), das Web Based Training (WBT), der Virtual Classroom, Business-TV sowie Schulungsvideos Anwendung als elektronische Bildungsmaßnahmen und sollen daher anhand ihrer Eigenschaften skizziert werden.[26]

a) Computer Based Training (CBT)

Beim Computer Based Training findet die Vermittlung von Lehrinhalten mittels CD-Rom, DVD, Diskette oder Training-on-Demand-Systemen an einem Computer statt.[27] *Technische Voraussetzungen* sind ein Computer mit Disketten-, CD-Rom-, DVD-Laufwerk oder spezieller Client-Software eines Training-on-Demand-Systems sowie den dazugehörigen Speichermedien und einem für das Lernprogramm kompatiblen Betriebssystem.[28] Abhängig vom Lernprogramm kann auch eine Soundkarte mit Lautsprechern erforderlich sein. Bezüglich des *Kommunikationszeitbezugs* findet beim CBT ein asynchrones Lernen statt, da zeitlich voneinander getrennte Bearbeitungs- und Lernschritte vorliegen. Die Lerneinheiten sowie Lehrmaterialien werden auf dem Übertragungsmedium (CD-Rom etc.) gespeichert und können zu einem späteren Zeitpunkt vom Lernenden abgefragt werden. CBT ermöglicht dabei bezüglich der *Kommunikationsbeziehung* nur eine Punkt-zu-Mehrpunkt-Kommunikation (1:n), da Informationen einmal vom Hersteller auf dem Übertragungsmedium abgespeichert und später von einem oder mehreren Lernenden abgerufen werden.

Im Hinblick auf die *Lernebene* wird CBT in der Regel zum Selbststudium genutzt, indem individuell Lernprogramme durchlaufen werden. In den meisten Fällen findet somit ein Einzellernen statt, da auch nicht die Möglichkeit zum synchronen Kommunikationsaustausch über das CBT-System mit anderen Lernenden gegeben ist. Als *Lernmethode* werden mittels CBT insbesondere Online Tutorials vermittelt. Die Lernprogramme erlauben es dem Lernenden, sich eigenverantwortlich und in selbst bestimmtem Lerntempo Fähigkeiten und

---

Personal Qualifizierung, BSH Academy) der *KPMG Deutsche Treuhand-Gesellschaft AG* (Business Incubation Services), mit Prof. Dr. Mandl (Lehrstuhl für empirische Pädagogik und pädagogische Psychologie) sowie Mitarbeitern seines Lehrstuhls, Ausstellern und Besuchern der Learntec 2001 in Karlsruhe sowie Teilnehmern der e-Learning-Tagung des Münchner Kreises und des e-Learning-Presseclubs.

[26] Vgl. *Lewis et al.* (1999), S. 38ff., *Schüle* (2001), S. 12, *Urdan/Weggen* (2000), S. 26.

[27] Vgl. *Hornung* (1998), S. 21f. Vgl. z.B. die medizinischen Lernprogramme DERMA2000 und THYROIDEA, die als Bindeglied zwischen theoretischen Lehrveranstaltungen und Unterricht am Krankenbett in der Medizinerausbildung entwickelt wurden, vgl. *Mandl et al.* (2002), S.147f.

[28] Vgl. *Markart* (2001), S. 7, *Urdan/Weggen* (2000), S. 87.

Kenntnisse anzueignen.[29] Zum Teil findet auch Online Teaching in Form von asynchronen Online Lectures Anwendung, indem ein Dozent Lehrinhalte als Präsentationen aufzeichnet, die der Lernende später abrufen kann.[30] Ein entscheidender Vorteil des CBT gegenüber dem Buch als klassischem Selbstlernmedium zeigt sich hinsichtlich der Möglichkeit zur *Interaktivität*, die jedoch bei den verschiedenen CBT-Angeboten stark variiert.[31] Es lassen sich tutorielle Systeme sowie adaptive bzw. intelligente tutorielle Systeme (ITS) unterscheiden.[32] Bei tutoriellen Systemen legt der Autor des CBT bereits die Reihenfolge des Lernablaufs fest, und der Lernende arbeitet das Programm nur ab. Hier liegt nur eine sehr geringe Interaktivität vor. Die ITS erlauben hingegen einen flexiblen Dialog mit dem Lernenden und stellen somit eine höhere Interaktivitätsstufe dar. Jedoch ermöglichen auch sie nur Einfluss auf Auswahl sowie Zugriff von Informationen und nicht auf die Information selbst; sie stellen somit nicht die höchste Stufe der Interaktivität dar.

b) Web Based Training (WBT)

Beim Web Based Training findet die Vermittlung von Lehrinhalten mittels eines Web Browsers über Internet, Intranet oder Extranet statt. Der Begriff „Web Based Training" wird häufig auch synonym verwendet mit dem Begriff „Internet-based Training" oder „Online Training".[33] Ein WBT bietet oft Links zu anderen Lernquellen außerhalb des Kurses wie z.B. Referenzen, e-Mail, Bulletin Boards, Diskussionsgruppen etc. *Technische Voraussetzung* ist ein Computer mit Zugang über einen Web Browser zum Inter-, Intra- oder Extranet. Teilweise ist auch der Anschluss an ein Netzwerk erforderlich.[34] Dabei können Lernprogramme online bearbeitet werden oder zunächst heruntergeladen und anschließend offline durchlaufen werden. Abhängig vom Lernprogramm kann auch eine Soundkarte mit Lautsprechern erforderlich sein. Im Hinblick auf den *Kommunikationszeitbezug* kann WBT sowohl als synchrones Lernmedium als auch als asynchrones Medium genutzt werden. Grundsätzlich werden Lerneinheiten ins Netz gestellt, die der Lernende zeitlich versetzt bearbeiten kann. Der Vorteil gegenüber CBT ist die laufende Aktualisierbarkeit. Dazu können weitere asynchrone Medien wie e-Mail, Threaded Discussions, Online-Datenbanken etc. verwendet werden.[35] Als synchrones Lernmedium

---

[29] Vgl. *Seufert et al.* (2001), S. 59.
[30] Vgl. *Seufert et al.* (2001), S. 75.
[31] Vgl. *Geyken et al.* (1998), S. 183, *Fandel/Hegener* (2001), S. 118.
[32] Vgl. dies und Folgendes in: *Kammerl* (2000), S. 15.
[33] Vgl. dies und Folgendes in: *Urdan/Weggen* (2000), S. 89.
[34] Vgl. *Winkler/Mandl* (2002), S. 206, *Kerres* (1997), S. 41ff.
[35] Vgl. dies und Folgendes in: *Seufert et al.* (2001), S. 38.

kann WBT zusammen mit Online Chats, Application Sharing etc. eingesetzt werden, indem ein zeitgleiches gemeinsames Bearbeiten von Informationen durch die Lernenden stattfindet. Asynchrone WBT bieten bezüglich des *Kommunikationsbeziehung* wie beim CBT nur eine Punkt-zu-Mehrpunkt-Kommunikation (1:n). In dem Moment, wo jedoch im Rahmen des WBT zusätzliche Medien wie e-Mail (1:1), News Groups (n:n) oder Online Chat (n:n) genutzt werden, sind weitere Kommunikationsbeziehungen möglich.

Auf der *Lernebene* ermöglicht WBT sowohl individuelles Lernen als auch über synchrone Medien wie z.B. das White Board ein Gruppenlernen. Daher können hier sämtliche *Lernmethoden* von Online Tutorials bis hin zu Online Discussions durchgeführt werden. Im Unterschied zum Virtual Classroom wird das Lehrmaterial jedoch nicht synchron von einem Dozenten den Lernenden in einem Kurs vermittelt. Auch beim WBT finden tutorielle sowie intelligente tutorielle Systeme (ITS) Anwendung. Hier ist ebenfalls nur Einfluss auf Auswahl sowie Zugriff von Informationen und nicht auf die Information selbst möglich und die *Interaktivität* somit beschränkt. Durch die Verwendung von zusätzlichen synchronen und asynchronen Informations- und Kommunikationsmedien wie Online Chat etc. bietet sich jedoch ein hohes Maß an Interaktivität an.

c) *Virtual Classroom*

Bei einem Virtual Classroom findet die Vermittlung von Lehrinhalten in einem Online-Kurs statt, wobei Teilnehmer und Tutor in der Regel zwar räumlich getrennt, aber alle gleichzeitig dem Kurs zugeschaltet sind.[36] Als *technische Voraussetzungen* sind ein Computer mit entsprechendem Prozessor, Festplatten- und Arbeitsspeicher, Internet-, Intra- oder Extranet (abhängig davon, wo der Kurs angeboten wird), e-Mail-Adresse sowie in der Regel Soundkarte mit Lautsprechern und Headset erforderlich.[37] Dabei funktioniert der Virtual Classroom bezüglich des *Kommunikationszeitbezugs* wie ein traditionelles Klassenzimmer als synchrones Lernmedium. Hinsichtlich der *Kommunikationsbeziehung* ist der „Klassenraum" auf eine bestimmte Zahl von Teilnehmern begrenzt.[38] Dabei kann sowohl eine Punkt-zu-Punkt-Kommunikation (1:1) in Form eines Einzelunterrichts, eine Punkt-zu-Mehrpunkt- (1:n) als auch eine Mehrpunkt-zu-Mehrpunkt-Kommunikation (n:n) stattfinden, wenn mehrere Tutoren gleichzeitig einen Kurs leiten.

---

[36] Vgl. z.B. das virtuelle Seminar „Arztrecht im Internet" der ArztPartner almeda AG in: *Bruhn* (2002), S. 226ff.
[37] Vgl. *Schweizer* (2002), S. 239ff. und *o.V.* (2002), S. 2.
[38] Vgl. dies und Folgendess in: *Markart* (2001), S. 10.

I. Eigenschaften und Formen von e-Learning   45

In einem Virtual Classroom findet im Hinblick auf die *Lernebene* wie im traditionellen Klassenzimmer ein Gruppenlernen statt. Dabei spielen Technologien wie das White Board oder Application Sharing sowie Online Chats etc. eine wichtige Rolle. Hauptanwendungsgebiet des Virtual Classroom ist bezüglich der *Lernmethode* das Online Teaching. Dabei bedient sich der Tutor sowohl Online Assignments, um den Wissensstand der Teilnehmer abzufragen, als auch Online Discussions, bei welchen die Interaktion und Diskussion der Lerninhalte im Vordergrund stehen.[39] Der Virtual Classroom bietet die höchste Form der mediengestützten interpersonellen *Interaktion,* da der Tutor wie im traditionellen Klassenzimmer auf Wissensstand und Bedürfnisse der Teilnehmer reagieren kann und den Unterricht dahingehend anpasst. Daneben findet auch zwischen den Teilnehmern eine hohe Interaktion statt.

d) Business TV

Bei Business TV erfolgt die Vermittlung von Lehrinhalten mittels unternehmenseigenem TV-Programms.[40] Ihren Ursprung hatte diese Form des e-Learning Mitte der achtziger Jahre in den USA als Weiterentwicklung von Telefon- und Videokonferenzen.[41] Zielgruppen und Ausrichtungen von Business TV sind Mitarbeiter-TV, Kunden-TV, Branchen-TV (Erreichen von Mitgliedern), Event-TV und Corporate-TV. *Technische Voraussetzungen* von Business-TV, das in der Regel über Satellit ausgestrahlt wird, sind ein Downlink in Form einer Satellitenempfangsantenne und ein Receiver.[42] Da die Information meist an einen geschlossenen Nutzerkreis adressiert ist, werden die Fernsehsignale codiert. Nach der Decodierung werden die Daten beim Empfänger auf einen Fernseher oder Computer übertragen. Bezüglich des *Kommunikationszeitbezugs* bietet Business-TV in der Form eines reinen Broadcast-Mediums lediglich eine asynchrone Kommunikation. Werden jedoch auch Rückkanäle eingesetzt und Business-TV als „kommunikatives Fernsehen" genutzt, kann eine synchrone Kommunikation stattfinden.[43] Daher ist im Hinblick auf die *Kommunikationsbeziehung* neben der reinen Punkt-zu-Mehrpunkt-Kommunikation (1:n) eine Mehrpunkt-zu-Punkt-Kommunikation (n:1) als interaktives Fernsehen über Rückkanäle durch die Nutzung telekooperativer Systeme möglich.[44]

---

[39] Vgl. *Seufert et al.* (2001), S. 59.
[40] Vgl. z.B. Schwäbisch Hall TV in: *Hinterberger* (2000), S. 181ff.
[41] Vgl. dies und Folgendes in: *Michel et al.* (2000b), S. 3.
[42] Vgl. dies und Folgendes in: *Tölg/Schäfer* (2000), S. 124.
[43] Vgl. *Schäfer* (1997), S. 42.
[44] Vgl. *Broßmann* (1997), S. 21.

Business-TV kann auf der *Lernebene* sowohl zum Einzellernen als auch zum Gruppenlernen genutzt werden, wobei das Online Teaching die *Lernmethode* darstellt und sowohl synchron als auch asynchron stattfinden kann. Im Hinblick auf die *Interaktion* kann Business-TV als reines Broadcast-Medium lediglich der Kategorie „reaktives Modell" zugeordnet werden.[45] Zukünftig spielen jedoch Verteildienste mit Interaktion beim interaktiven Fernsehen eine besondere Rolle.[46] Dabei lassen sich vier Formen dieser Interaktivität unterscheiden: Beim „parallelen Fernsehen" wird auf mehreren Kanälen das gleiche Programm in verschiedenen Ausprägungen ausgestrahlt, beim „additiven Fernsehen" können hingegen digitale Zusatzinformationen abgerufen werden, während beim „media on demand" der Nutzer innerhalb vordefinierter Wege selbständig in einer interaktiven Benutzeroberfläche (Front-end-Programm) navigieren kann. Die höchste Interaktivitätsstufe ist das „kommunikative Fernsehen", bei dem über einen Rückkanal Einfluss auf Inhalte und Informationen genommen werden kann.

II. Weiterbildung als Einsatzfeld von e-Learning

1. Qualifikation als entscheidendes Ziel betrieblicher Weiterbildung

Um sich einen Einblick in das Einsatzfeld von e-Learning für die Weiterbildung in Wirtschaftsunternehmen zu verschaffen, sind zunächst die Ziele der Weiterbildung zu untersuchen. „Das Ziel betrieblicher Weiterbildung bzw. Qualifizierung ist (...) die Entwicklung von Qualifikationen für die Ausübung konkreter Tätigkeiten (Orientierung am Bedarf des Unternehmens und/oder der Mitarbeiter), die Aktualisierung von zur Verfügung stehenden Handlungsdispositionen (Orientierung an den *vorhandenen* Mitarbeiterpotenzialen bzw. -kompetenzen) sowie die Transformation von Wissensbeständen auf aktuelle und zukünftige betriebliche Aufgaben- und Problemstellungen hin."[47] Mittels der Weiterbildung sollen somit sowohl institutionelle Ziele als auch individuelle Ziele erreicht werden.[48] Zu den wichtigsten institutionellen, d. h. vom Weiterbildung betreibenden Unternehmen verfolgten Zielen gehören neben der Sicherung des notwendigen Bestandes an Fach- und Führungskräften, der Förderung des beruflichen Fortkommens der Mitarbeiter, größerer Unabhängigkeit vom externen Arbeitsmarkt die Anpassung der Mitarbeiter-Qualifikationen an veränderte Arbeitsplatz-Anforderungen. Individuelle, vom Mitarbeiter empfundene Ziele sollten nach Möglichkeit berücksichtigt und mit den betrieblichen

---

[45] Vgl. *Kremer* (1997), S.44.
[46] Vgl. dies und Folgendes in: *Schäfer* (1997), S. 42.
[47] *Wagner* (2001), S. 44.
[48] Vgl. dies und Folgendes in: *Berthel* (1992), S. 885f.

Erfordernissen in Einklang gebracht werden. Zu den individuellen Zielsetzungen gehört dabei neben der Erhöhung von Arbeitsplatzsicherheit, von eignungsgerechter Arbeitszuweisung sowie von persönlichem Prestige vor allem die Anpassung der persönlichen Qualifikationen an die Arbeitsplatz-Anforderungen mit der Möglichkeit des Weiteren beruflichen Aufstiegs.[49] Maßgebliches institutionelles wie individuelles Ziel ist somit die Qualifikation des Mitarbeiters. Die Zielgröße „Qualifikation" lässt sich von den Begriffen „Wissen", „Bildung" und „Kompetenz" abgrenzen, jedoch sind die Grenzen fließend.[50] Wissen kann verstanden werden als „Obermenge von Erfahrungen, Kenntnissen, Fähigkeiten, Fertigkeiten, Einstellungen usw."[51] *Qualifikation* ist dagegen ein *aus den speziellen Tätigkeitsanforderungen abgeleitetes* und im *Wertschöpfungsprozess nachgefragtes Wissen*, also nur eine Teilmenge des prinzipiell verfügbaren Wissens eines Mitarbeiters.[52] Es beinhaltet eine *der Allgemeinbildung nachgeordnete spezielle Bildung* und impliziert die Anpassung des Menschen an gegebene Anforderungen. Gegenüber der Kompetenz zeichnet sich die Qualifikation einer Person dadurch aus, dass sie direkt mit Hilfe bestimmter Qualifikationsprofile *gemessen* und *zertifiziert* werden kann. Qualifikation ist somit stark an den Aufgaben- und Problemstellungen der Unternehmung orientiert, wie bestehende Handlungsdispositionen aktualisiert und vorhandenes Wissen auf betriebliche Problemstellungen hin transformiert werden.[53]

Jedoch ist es schwierig, diesen Weiterbildungs-, d. h. Qualifizierungsbedarf der Mitarbeiter zu konkretisieren. „Die Ermittlung des qualitativen Personalbedarfs und damit auch des Weiterbildungsbedarfs gehört zu den schwierigsten Aufgaben der betrieblichen Personalwirtschaft."[54] Zur Aufdeckung des Weiterbildungsbedarfs lassen sich Befragungen der Vorgesetzten oder Mitarbeiter selbst, Leistungs- und Potentialbeurteilungen, Verhaltensbeobachtungen am Arbeitsplatz, Prüfungen und Assessment-Center, aber auch die Dokumentenanalysen (z.B. Personalakte) einsetzen.[55] Während früher insbesondere das „Lückenkonzept" im Sinne einer „deterministischen Fortbildung" vorherrschte, d. h. die Weiterbildung zur Deckung von Lücken in der Qualifikation eingesetzt wurde, zeigen neuere Entwicklungen einen Wandel zur „katalytischen Fortbildung". In ihr wird nicht nur der Qualifizierungsbedarf einzelner Mitarbeiter betrachtet, sondern auch nach den für interpersonale Beziehungen und Interak-

---

[49] Vgl. *Berthel* (1992), S. 887.
[50] Vgl. *Wagner* (2001), S. 41.
[51] *Pawlowsky/Bäumer* (1996), S. 7.
[52] Vgl. dies und Folgendes in: *Wagner* (2001), S. 43.
[53] Vgl. *Wagner* (2001), S. 44.
[54] *Fackinger* (1995), S. 40.
[55] Vgl. dies und Folgendes in: *Berthel* (1992), S. 888.

tionen in sowie von Gruppen erforderlichen Qualifikationen gefragt. Es wird eine Unternehmenssicht eingenommen, die notwendig ist, weil häufig Weiterbildungsbedarf besteht, der nicht direkt auf individuelle oder gruppenbezogene Defizite zurückführbar ist, sondern z.B. der Implementierung einer neuen Unternehmenspolitik dient.[56]

2. Weiterbildungsformen und zukünftige Entwicklungen der Weiterbildung

Obwohl es verschiedene Formen der Weiterbildung gibt, mangelt es an systematischen Untersuchungen und gesicherten Erkenntnissen über ihre jeweilige Eignung zur Erreichung festgelegter Ziele.[57] Kriterien einer Form wie z.b. die Anzahl zu trainierender Teilnehmer, spezifische Lehrinhalte, die Möglichkeit zur Berücksichtigung des Eingangs-Bildungsniveaus der Teilnehmer oder zur Teilnehmeraktivierung geben lediglich Anhaltspunkte bei der Auswahl. Eine Möglichkeit der Einteilung von Weiterbildungsformen, die sowohl Einzel-/ Gruppenfortbildungen als auch aktive/passive Lehrmethoden einschließt, ist die Unterscheidung zwischen der Weiterbildung in und außerhalb der Arbeitssituation. Als Weiterbildung in der Arbeitssituation wird dabei die Fortbildung in der konkreten Arbeitstätigkeit bezeichnet. Dabei können folgende Formen der *Weiterbildung in der Arbeitssituation*[58] unterschieden werden[59]:

- *Persönliche oder schriftliche Unterweisung in die eigene Tätigkeit*: Systematisch gelenkte Vermittlung von Kenntnissen, Fähigkeiten und Erfahrungen am eigenen Arbeitsplatz persönlich durch Vorgesetzte, Kollegen, Trainer (Arbeitsunterweisung) oder schriftlich mittels einer Arbeitsmappe, die

---

[56] Vgl. *Berthel* (1992), S. 889.

[57] Vgl. dies und Folgendes in Anlehnung an: *Berthel* (1992), S. 896.

[58] In der Literatur wird hierbei von der Fortbildung bzw. dem Lernen „am Arbeitsplatz" gesprochen, vgl. *Berthel* (1992), S. 892f., *Weiß* (2000), S. 9f. Inhaltlich subsumieren die Autoren unter diesem Begriff jedoch Aspekte des Lernens in der Arbeitssituation gegenüber dem Lernen außerhalb der Arbeitssituation. Daneben bieten gerade elektronische Lernformen die Möglichkeiten zum Lernen z.B. in Gruppenweiterbildungsformen wie Virtual Classroom am Arbeitsplatz; es wird dabei jedoch nicht in der Arbeitssituation gelernt. Daher wurde an dieser Stelle die Unterscheidung Weiterbildung bzw. Lernen „in der Arbeitssituation" gegenüber „außerhalb der Arbeitssituation" gewählt.

[59] Vgl. dies und Folgendes in Anlehnung an: *Berthel* (1992), S. 892f. und *Wagner* (2001), S. 53. Die Bedeutung des „On-the-job learning" wird schon seit langem deutlich. So nannten 58% der befragten Arbeiter mit Ausbildung in der Studie „Qualifikation und Karriere" des Instituts für Arbeitsmarkt- und Berufsforschung (IAB) sowie des Bundesinstituts für Berufsbildung (BIBB) 1979, dass „On-the-job learning" sowie formelle Weiterbildung für sie die wichtigsten Quellen seien, um sich Job-Kenntnisse anzueignen, vgl. *Pischke* (2001), S. 524.

Anleitungen für sämtliche Arbeiten an einem bestimmten Projekt enthält (Leittextmethode).

- *Arbeitsplatzringtausch mit Unterweisung (job-rotation):* Aneignung von neuen Kenntnissen, Fähigkeiten und Erfahrungen mittels Übernahme vorübergehend bestehender, anderer Arbeitsaufgaben im Rahmen eines systematischen Arbeitsplatzwechsels.

- *Einsatz als Assistent, Nachfolger, Stellvertreter mit Unterweisung:* Wissensvermittlung durch aktive Beteiligung des Mitarbeiters an den Aufgaben des Vorgesetzten zur Vorbereitung auf Führungsaufgaben.

Daneben hat vor allem die *Weiterbildung außerhalb der Arbeitssituation* besondere Relevanz, da sie sowohl am Arbeitsplatz als auch außerhalb dessen stattfinden kann. Folgende Formen bieten sich hierfür an:

- *Vortrag/Lehrgespräch*: Systematische Wissensvermittlung als Vortrag eines Dozenten vor einer Zuhörerschaft oder als Lehrgespräch mit Austausch zwischen Dozent und Teilnehmer und aktiver Einbeziehung des Teilnehmers in die Erarbeitung der zu vermittelnden Inhalte.

- *Gruppenweiterbildungsformen:* Wissensvermittlung innerhalb einer Gruppe durch Ausnutzen gruppendynamischer Aspekte wie z.B. Erfahrungen aus Gruppenkontakten, die zu Veränderungen von Einstellungen und Verhaltensweisen führen können. Hierunter fallen gruppendynamische Trainings wie z.B. T-Groups.[60]

- *Action Learning*: Weiterbildung von Führungskräften, die für einige Monate ein konkretes Problem für einen Kunden z.B. eine Tochterfirma oder ein fremdes Unternehmen bearbeiten.

- *Programmierte Unterweisung*: Form des Selbststudiums, bei dem an die Stelle des Lehrenden ein schriftliches Programm tritt. Der Lernstoff ist in kleinste Einheiten aufgegliedert und wird mit Hilfe von Selbstlernprogrammen als computerunterstütztes Lernen und Lernen mit Multimedia-Systemen vermittelt.

Die dargestellten Weiterbildungsformen und ihr Erfolg bezüglich des Oberziels der „Qualifizierung" des Mitarbeiters werden von einer Reihe von Deter-

---

[60] T-Groups (Laboratory Training): „The core of most laboratories is the T (for Training) group. (...) Basically it is a group experience designed to provide maximum possible opportunity for the individuals to expose their behavior, give and receive feedback, experiment with new behavior, and develop everlasting awareness and acceptance of self and others. The T-group, when effective, also provides individuals with the opportunity to learn the nature of effective group functioning." *Argyris* (1964), S. 63, *Gallagher* (2000).

minanten beeinflusst. Hierzu gehören der Zeitpunkt der Weiterbildung, der Lernort, das Maß an Freiwilligkeit bzw. der Zwang zur Schulung, die Finanzierung der Schulung sowie die Lerninhalte.[61] Im Hinblick auf den Zeitpunkt der Weiterbildung stellt sich die Frage, ob der Mitarbeiter die Möglichkeit hat, während seiner Arbeitszeit zu lernen, oder ob er hierfür seine Freizeit verwenden muss. Kommt die Weiterbildung dem Unternehmen unmittelbar zugute und deckt sie betriebliche Bedarfe ab, so erfolgt sie überwiegend als bezahlte Arbeitszeit.[62] Die Teilnahme an externen berufsqualifizierenden und aufstiegsorientierten Weiterbildungen fällt hingegen in der Regel in die Freizeit des Mitarbeiters. Dies hat Auswirkungen auf den Lernort, welcher der Arbeitsplatz des Mitarbeiters, Schulungsräume innerhalb oder außerhalb des Unternehmens oder auch das eigene Zuhause sein kann. Eine wichtige Rolle spielt gleichzeitig, inwieweit der Mitarbeiter freiwillig eine bestimmte Lernform gewählt hat und an einer speziellen Weiterbildung teilnimmt. Daneben hat auch die Finanzierung der Weiterbildung Gewicht. Betrieblich veranlasste Weiterbildung wird überwiegend vom Unternehmen bezahlt, bei externen berufsqualifizierenden Weiterbildungen trägt der Mitarbeiter auch die finanziellen Aufwendungen für die Weiterbildung.[63] Häufig steht den Mitarbeitern ein bestimmtes Weiterbildungsbudget pro Jahr zu Verfügung, über das sie mehr oder weniger frei verfügen können. Eine entscheidende Determinante der Weiterbildungsform bilden schließlich die zu lernenden Inhalte. Die am weitesten verbreiteten Bildungsthemen sind nach einer Studie von KPMG/MMB/PSEPHOS bei Personalverantwortlichen derzeit IT-Standardanwendungen, kaufmännische Fachkompetenz, personale Softskills (Verhaltens- und Kommunikationskompetenz) sowie soziale Softskills (Konfliktlösung, Teamkompetenz).[64]

Um einen Einblick in die tatsächliche Nutzung der verschiedenen Weiterbildungsformen zu erhalten, führt das Institut der Deutschen Wirtschaft seit 1992 regelmäßig Studien zum Einsatz verschiedener Weiterbildungsmaßnahmen durch. Dabei werden folgende Weiterbildungsformen unterschieden: das Lernen am Arbeitsplatz[65], selbstgesteuertes Lernen, interne und externe Lehrveranstaltungen, Informationsveranstaltungen sowie Umschulungen.[66] Problematisch scheint bei dieser Abgrenzung, dass sich die einzelnen Formen nicht eindeutig voneinander differenzieren lassen, weil sie sich auf nebeneinander anwendbare Kriterien beziehen, so z.B. selbstgesteuertes Lernen mit Hilfe einer CD-Rom,

---

[61] Vgl. dazu auch *Ponomareva* (2002), S. 7f.
[62] Vgl. dies und Folgendes in: *Ochs* (1998), S. 108.
[63] Vgl. *Ochs* (1998), S. 108.
[64] Vgl. *Michel et al.* (2001), S. 2.
[65] Zur Problematik „Lernen am Arbeitsplatz" versus „Lernen in der Arbeitssituation" siehe oben.
[66] Vgl. *Weiß* (1994), S. 46f., *Weiß* (1997), S. 3f. und *Weiß* (2000), S. 9f.

mit der am Arbeitsplatz gelernt wird. Dennoch geben die Daten interessante Hinweise zur Verbreitung der unterschiedlichen Formen, wie Tabelle 1 zeigt. Während 1992 97,2% der Unternehmen Weiterbildungsmaßnahmen „ständig" oder „häufig" zur Qualifizierung ihrer Mitarbeiter eingesetzt haben, sind es 1995 bereits 97,6% und 1998 99,7% der Unternehmen.[67]

Tabelle 1
Spektrum der betrieblichen Weiterbildung[68]

Weiterbildungformen	Anteil der Betriebe in Prozent, die diese Maßnahmen „ständig" oder „häufig" einsetzen		
	1992	1995	1998
Lernen am Arbeitsplatz	92,2%	91,4%	95,7%
Selbstgesteuertes Lernen	84,0%	87,0%	95,5%
Lehrveranstaltungen (nicht exklusiv): - intern - extern	55,9% 59,9%	57,6% 58,8%	79,0% 88,5%
Informationsveranstaltungen	75,2%	75,8%	95,1%
Umschulungsmaßnahmen	8,5%	6,4%	19,3%

Die Entwicklung zeigt, dass das Lernen am Arbeitsplatz, selbstgesteuertes Lernen sowie Informationsveranstaltungen einen breiten Raum in der Weiterbildung von Unternehmen einnehmen. Zugleich wird erkennbar, dass die Unternehmen kürzere (kurzzeitige Veranstaltungen der gezielten Informationsvermittlung) und anwendungsorientierte Schulungsmaßnahmen (Lernen am Arbeitsplatz gegenüber externen Lehrveranstaltungen) präferieren.[69] Bei der Interpretation dieser Daten ist gleichzeitig zu beachten, dass Weiterbildung nicht über alle Berufsgruppen gleichverteilt ist, sondern insbesondere höher Qualifizierten zugute kommt, wie Ergebnisse des Sozio-ökonomischen Panels

---

[67] Eigene Darstellung in Anlehnung an *Weiß* (1994), S. 46f., *Weiß* (1997), S. 3f. und *Weiß* (2000), S. 9f. Dabei haben 1992 1450 IHK (Industrie- und Handelskammer)- und HWK (Handwerkskammer)-Betriebe an der Befragung teilgenommen, 1995 1369 IHK-, HWK- sowie land- und forstwirtschaftliche Betriebe und 1998 1048 IHK-, HWK- sowie land- und forstwirtschaftliche Betriebe.

[68] Vgl. *Weiß* (1994), S. 46, *Weiß* (1997), S. 3 und *Weiß* (2000), S. 10.

[69] Vgl. *Weiß* (2000), S. 11f.

aus dem Jahr 1989 zeigen.[70] So kann Pischke auf Basis dieser Daten signifikante Zusammenhänge zwischen dem Qualifikationsgrad (z.B. ausgebildete Angestellte, Manager etc.) und der Teilnahme an Weiterbildungsmaßnahmen feststellen. Wie auch die Erhebungen des Instituts der Deutschen Wirtschaft zeigen, scheint sich diese Tendenz zu verstärken, indem insbesondere selbstgesteuertes Lernen, Lehrveranstaltungen sowie Informationsveranstaltungen in den letzten Jahren zugenommen haben, die vor allem auch von höher Qualifizierten genutzt werden. Aus den empirischen Untersuchungen zur Weiterbildung lassen sich insbesondere fünf große Entwicklungstendenzen ableiten:[71]

Verstärkung der...

> ...*Informationsvermittlung* durch Weiterbildung
> ...*Ausdifferenzierung* von Weiterbildungsformen & *Dezentralisierung* der Weiterbildung
> ...*Integration* von Arbeiten und Lernen
> ...*Selbststeuerung* von Lernprozessen
> ...*Ökonomisierung* der Weiterbildung

Diese Entwicklungstendenzen zeigen auf, dass von Unternehmensseite verstärkt die Bedeutung der Selbstlernfähigkeit des Mitarbeiters in den Vordergrund rückt. Neue Informations- und Kommunikationstechnologien sind dabei häufig Auslöser eines gesteigerten Lernbedarfs der Mitarbeiter. Gleichzeitig bieten sie aber auch neue Potentiale in Form von e-Learning für die Unterstützung der Lernprozesse an, womit sowohl die Integration von Arbeiten und Lernen als auch die Selbststeuerung und Informationsvermittlung in der Weiterbildung der Mitarbeiter gefördert werden. Welche Einsatzbereiche für e-Learning in der Weiterbildung in Unternehmen in Frage kommen, ist im Folgenden zu analysieren.

---

[70] Vgl. dies und Folgendes in: *Pischke* (1996), S. 9f. und Tabelle 6. Eine zunehmende Teilnahme an Weiterbildungen mit steigender beruflicher Qualifikation bestätigt auch ein Bericht der Ständigen Konferenz der Kultusminister der Länder zum Bildungswesen in Deutschland 2001. Während 43% der Personen mit Hochschulabschluss 2000 an beruflicher Weiterbildung teilgenommen haben, waren es nur 9% der Befragten ohne Berufsausbildung. Diese Tendenz lässt sich auch bezüglich der beruflichen Stellung feststellen, so haben nur 15% der un- und angelernten Arbeiter an beruflicher Weiterbildung teilgenommen gegenüber 52% der leitenden Angestellten, vgl. *Jonen et al.* (2002), S. 184.

[71] Vgl. *Wagner* (2001), S. 57ff.

3. „Corporate Universities" als maßgebliche Einsatzbereiche von e-Learning in Wirtschaftsunternehmen

Im Hinblick auf die Verankerung der Weiterbildung im Unternehmen lassen sich verschiedene Organisationsformen identifizieren. Klassische Formen der Aufbauorganisation sind zum einen die zentrale Bildungsorganisation im Sinne einer funktionalen Organisation, in der die Weiterbildung im zentralen Personalwesen angesiedelt ist.[72] Zum anderen gibt es die divisionale Organisation mit einem Bildungsreferat pro Werk, Abteilung o.ä., aber auch die Matrixform, in der Mitarbeiter des zentralen Bildungsbereichs mit Mitarbeitern der Divisionen koordiniert werden. Daneben entwickelt sich verstärkt eine weitere Form der Weiterbildungsorganisation: das Lernzentrum, welches vielfach als „Corporate University" bezeichnet wird. Unter dem Begriff „Corporate University" werden im weitesten Sinne Aus- und Weiterbildungsorganisationen verstanden, die von einem Unternehmen unterhalten werden.[73] Dabei ist jedoch zu beachten, dass diese Bildungsinstitutionen klar vom traditionellen Begriff der „Universität" bzw. dem übergeordneten Rechtsbegriff der „Hochschule" zu trennen sind, da es sich bei ihnen um keine Einrichtungen des Bildungswesens handelt, die nach Landesrecht staatliche Hochschulen sind oder die Eigenschaft einer staatlichen Hochschule haben wie z.B. staatlich anerkannte private Hochschulen.[74] So ist Ziel einer „Corporate University" im weitesten Sinne nicht die „Ausrichtung von Lehre und Studium am Ziel der Vorbereitung auf ein berufliches Tätigkeitsfeld"[75], sondern die unternehmensinterne Weiterbildung der Mitarbeiter.[76] Ca. 40% der 500 weltweit größten Unternehmen betreiben bereits ein eigenes institutionalisiertes Lernzentrum. Eine Reihe von Verfassern erwar-

---

[72] Vgl. dies und Folgendes in: *Gaugler/Mungenast* (1992), 242ff. und *Pawlowsky/Bäumer* (1996), S. 84ff.

[73] Vgl. *Meister* (1998b), S. 52.

[74] Vgl. *Wissenschaftsrat* (2000), S. 7f. Die staatliche Anerkennung ist die rechtliche Grundlage für private Hochschulen, Hochschulprüfungen abzunehmen, Hochschulgrade nach §§ 18 und 19 HRG zu verleihen und gegebenenfalls Habilitationen durchzuführen.

[75] Dies ist eine der Voraussetzungen für die staatliche Anerkennung einer privaten Hochschule nach § 7 HRG, vgl. *Wissenschaftsrat* (2000), S. 8. Gleichzeitig haben „Corporate Universities" auch nicht als Ziel, Forschung und Lehre zu erzeugen und diese an Forschungspartner und Studierende abzugeben, wie es Ziel traditioneller Universitäten ist, vgl. *Sinz* (1998), S. 13.

[76] Gleichzeitig ist der Begriff „Corporate University" umstritten, da sich die in der Literatur verwendete breite Definition auf eine Fülle von Aus- und Weiterbildungsinstitutionen anwenden lässt, die sich in Quantität, Differenzierungsgrad und insbesondere Qualität des Bildungsangebots fundamental unterscheiden. So beschränken sich manche Firmen lediglich auf die Entwicklung eines neuen Logos ihrer modifizierten Weiterbildungsabteilung. „Diesen Corporate Universities als Etikettenschwindel stehen jedoch bei anderen Firmen seriöse, umfassende und innovative Weiterbildungsprogramme gegenüber." *Stauss* (1999), S. 124.

tet einen Zuwachs von derzeit ca. 2000 so genannten „Corporate Universities" weltweit auf über 3700 zu Ende der Dekade.[77]

Die „Corporate University" hat sich dabei in vielen Unternehmen bereits zum Haupteinsatzfeld von e-Learning entwickelt.[78] Dies ist darin begründet, dass der Aufbau und Einsatz einer virtuellen Lernumgebung mit e-Learning Anforderungen stellt, welche die Möglichkeiten einer herkömmlichen Trainingsabteilung meist übersteigen. So sind sowohl organisatorische, mediendidaktische, Personalentwicklungs- als auch informationstechnologische Kenntnisse und Fähigkeiten notwendig.[79] Beispielsweise ist es neben der Auswahl der Inhalte sowie der didaktischen Aufbereitung erforderlich, diese technisch zu realisieren und für eine laufende EDV-Unterstützung der Lernenden zu sorgen. Viele Unternehmen institutionalisieren ihre Weiterbildungsmaßnahmen in einer „Corporate University", die – aufgrund des zunehmenden Einsatzes elektronischer Bildungsinstrumente – selbst häufig virtuellen Charakter hat. Im Folgenden wird daher die „Corporate University" näher analysiert.

Zu den Bausteinen einer „Corporate University" gehören der Aufbau eines Verwaltungsapparats, die Entwicklung einer Vision, die Empfehlung einer Finanzierungsstrategie, der Aufbau einer internen Organisation, die Identifizierung von Stakeholdern, die Entwicklung von Bildungsprodukten, die Auswahl von Lernpartnern, der Entwurf einer Technologiestrategie, die Einführung eines Bewertungssystems und die Kommunikation der Angebote in und über die Organisation hinaus.[80] Aufbauend auf den möglichen Entwicklungsstufen einer „Corporate University" unterscheidet Fresina drei Ausprägungsformen: *Prototyp I: Reinforce and Perpetuate, Prototyp II: Manage Change* und *Prototyp III: Drive and Shape*.[81] Zentrale Aufgabe einer „Corporate University" vom Typ I ist es, die Unternehmensphilosophie und bestehende Geschäftspraktiken zu verstärken und aufrechtzuerhalten wie z.B. beim Federal Express Leadership Institute. Hingegen ist es Aufgabe des Typs II, einen Wandel im Management zu unterstützen oder sogar anzuführen wie z.B. das Amoco Management Learning Center. Noch einen Schritt weiter geht nach Fresina eine „Corporate University" vom Prototyp III. Deren Ziel ist es, eine entscheidende Kraft bei der Bestimmung des zukünftigen Unternehmensprofils zu sein und neue Richtungen für das Unternehmen aufzuzeigen. Als Beispiel führt er hierzu die Motorola University an. Bei allen drei Typen handelt es sich jedoch um Idealzustände,

---

[77] Vgl. *Töpfer* (2001), S. 68 und *Kelly* (2001), S. I.

[78] Vgl. z.B. die Lufthansa School of Business mit ihrem Schulungsmanagement-System „Nessy" und der Lernplattform „LearnWay", vgl. *Sonne et al.* (2001). S. 503ff.

[79] Vgl. *Kraemer et al.* (2002), S. 606.

[80] Vgl. *Meister* (1998a), S. 60.

[81] Vgl. dies und Folgendes in: *Fresina* (1997), S. 3ff.

II. Weiterbildung als Einsatzfeld von e-Learning

wie es sie in der Praxis kaum gibt, da real existierende Corporate Universities in der Regel mehrere Typen enthalten.[82]

Eine andere Möglichkeit zur Kennzeichnung und Systematisierung zeigt Stauss auf, der prototypisch fünf Typen von „Corporate Universities" unterscheidet. Er charakterisiert diese entsprechend Abbildung 8 anhand der Kriterien Ziele, Zielgruppen, Inhalte, Methodik, Virtualitätsgrad, Kooperation mit realen Universitäten und der Vergabe von Abschluss-Zertifikaten.

Kriterium/Typ	Top-Management Lesson	Training Department	Organizational Development	Learning Lab	Educational Vendor
Ziele	Einbindung in den Weiterbildungsprozess	Fachliche Weiterqualifikation	Durchsetzung und Weiterentwicklung einer strategiegerechten Unternehmenskultur	Unternehmerische Flexibilität, Innovations- und Anpassungsfähigkeit stärken	Vermarktung unternehmerischen Wissens
Zielgruppen	Top-Management	Führungskräfte/ alle Mitarbeiter	Alle Mitarbeiter	Alle Mitarbeiter, Teams, Arbeitsgruppen	Externe Zielgruppen
Inhalte	Generelles und aktuelles Managementwissen	Allgemeines Managementwissen/Fachwissen	Unternehmensbezogenes Managementwissen	Aktuelle Themen und problemorientiertes Wissen	Unternehmensbezogenes und generelles Managementwissen
Methodik	Class Room, Diskussionsforen	Steigender Anteil an technologieunterstützten Selbstlernprogrammen	Betonung von „On-the-job"- und „Near-by-the-job"-Methoden	Betonung direkter Kommunikationsformen, auch durch IT	Class Room, technologieunterstützt
Virtualitätsgrad	Gering	Relativ hoch, steigender Anteil	Eher hoch	Mittel bis hoch	Gering bis hoch
Kooperation mit Universitäten	Einzelprogramme mit ausgewählten Elite-Universitäten	Mittel bis hoch	Gering bis mittel	Mittel bis hoch	Prinzipiell eher gering, bei Zertifizierung evtl. hoch
Vergabe von Abschluss-Zertifikaten	Nicht relevant	Relevant	Wenig relevant	Nicht relevant	Einige Zertifikate von Universitäten

Abbildung 8: Charakterisierung der fünf Typen von Corporate Universities[83]

Die dargestellten fünf Typen stellen prototypische Modelle dar; in der Realität sind jedoch auch häufig Mischformen zu beobachten, wodurch die Typen nicht überschneidungsfrei sind.[84] Daher erscheint es sinnvoller, stärker auf die von Stauss identifizierten Charakteristika einzugehen und Beispiele dazu zu erläutern.

---

[82] Vgl. *Kraemer* (2000), S. 115.
[83] Leicht veränderte Darstellung nach *Stauss* (1999), S. 138.
[84] Vgl. dies und Folgendes in: *Kraemer* (2001), S. 17ff.

Zu den wichtigsten *Zielen von "Corporate Universities"* gehören u.a. die Verknüpfung von Lernprogrammen mit Unternehmenszielen (84% der Befragten nennen dieses als Ziel zur Gründung einer „Corporate University" beim „Corporate University Survey" aus dem Jahre 1998[85]), die Förderung von Veränderungen im Unternehmen (von 61% der Befragten genannt), die innerbetriebliche Aufwertung des Lernens (von 59% der Befragten genannt) sowie die bessere Koordinierung aller Trainingsprogramme unter einem Dach (von 48% genannt). Daneben werden in der Literatur auch die Durchsetzung und Weiterentwicklung einer strategiegerechten Organisationskultur, die Einbindung von Top-Managern in den Weiterbildungsprozess, die Erhöhung der Unternehmensattraktivität für Nachwuchs, die erhöhte Effizienz der internen Weiterbildung, die globale Vernetzung und interne Kommunikationsförderung sowie die generelle Förderung der Mitarbeiterqualifikation und -entwicklung genannt.[86]

Zielgruppen einer „Corporate University" können sowohl interne als auch externe Kunden sein. Hauptzielgruppe sind zunächst die Mitarbeiter eines Unternehmens, wobei sämtliche Mitarbeiter oder nur ausgewählte Mitarbeitergruppen einbezogen werden können.[87] So richten sich beispielsweise die Angebote der DaimlerChrysler University und des mg-Konzern nur an die leitenden Führungskräfte des Konzerns bzw. an Führungskräfte, Potenzialkandidaten und Nachwuchskräfte, während die Lufthansa School of Business und die DB University alle Mitarbeiter über die „Corporate University" schulen.[88] Neben den Mitarbeitern als „interne Kunden" der „Corporate University" können auch externe Personen geschult werden. Hier bieten sich Kunden des Unternehmens (werden von 18% der Befragten des „Corporate University Surveys" genannt[89]), Händler (von 11% der Befragten genannt), Zulieferer (von 8% der Befragten genannt), aber auch sonstige externe Lernende (von 19% der Befragten genannt) an.

Das Spektrum der *Inhalte bei „Corporate Universities"* reicht wie bei generellen Weiterbildungsmaßnahmen von verschiedenen Formen des Managementwissens über unternehmensspezifisches und methodisches Wissen bis hin zu beruflich relevanten Fertigkeiten und Fähigkeiten.[90] Bezüglich der *Lernformen bei „Corporate Universities"* ist immer noch eine starke Dominanz der traditionellen Präsenzveranstaltungen zu beobachten, wobei eine besondere

---

[85] Vgl. dazu *Densford* (1998), S. 2.
[86] Vgl. *Kraemer* (2001), S. 19, *Stauss* (1999), S. 125ff.
[87] Vgl. *Stauss* (1999), S. 128.
[88] Vgl. *Kraemer* (2001), S. 25.
[89] Vgl. dazu *Densford* (1998), S. 2.
[90] Vgl. *Kraemer* (2001), S. 38f., *Stauss* (1999), S. 129.

Bedeutung Unterrichtsmethoden zugeschrieben wird, die stark durch den Einsatz von e-Learning geprägt sind.[91]

„Corporate Universities werden häufig in den Zusammenhang von virtuellen Universitäten gestellt, weil sie prinzipiell keineswegs auf die Existenz eines Campus, die Errichtung von Gebäuden oder den Aufbau eines fest angestellten Lehrkollegiums angewiesen sind."[92] Jedoch lassen sich ganz unterschiedliche *Virtualisierungsgrade* feststellen. Diese reichen vom Campus-Konzept mit eigenen Gebäuden wie bei der Motorola University mit Niederlassungen in 21 Ländern oder der Hamburger University von McDonalds in Oak Brook/USA bis hin zur rein virtuellen Universität wie z.B. der virtuellen „Corporate University" von Bertelsmann, die zusammen mit den Business Schools Harvard und IMD aufgebaut wurde.[93] Gleichzeitig gibt es Zwischenformen mit der Kombination „virtuell – nicht-virtuell" wie bei der Cap Gemini Ernst&Young University in Behoust/Frankreich, die zusätzlich eine Virtual Business School zusammen mit dem Henley Management College eingerichtet hat.[94]

Das Beispiel von Bertelsmann zeigt, dass Unternehmen beim Aufbau ihrer „Corporate Universities" gerne *Kooperationen mit Universitäten* eingehen.[95] So hat das Allianz Management Institute beispielsweise INSEAD, die Universität St. Gallen und das Universitätsseminar der deutschen Wirtschaft gewählt.[96] Andere deutsche „Corporate Universities" bevorzugen hingegen Partnerschaften auch mit weltweiten, insbesondere angloamerikanischen Business Schools wie z.B. die Firmenuniversität von Merck neben der WHU die Kellogg School der Northwestern University, die Hong Kong University of Science and Technology und die London Business School gewählt hat oder die DaimlerChrysler University neben INSEAD, Universität St. Gallen und IMD mit der Harvard University zusammenarbeitet.[97] In der Praxis ist zu beobachten, dass die Planung des Curriculums durch die „Corporate University" geschieht, während die konkrete Ausarbeitung der Inhalte, die Durchführung der Programme und die Teilnehmerbetreuung häufig beim Kooperationspartner, der Universität oder der Business School, liegt.[98] Die Kooperation hat dabei insbesondere auch zum

---

[91] Vgl. *Stauss* (1999), S. 129.
[92] *Stauss* (1999), S. 130.
[93] Vgl. Motorola University: *Schütte* (2000), S. 3, Mc Donalds Hamburger University: *Hein* (1999), S. 75ff., Bertelsmann University: *o.V.* (1998).
[94] Vgl. Cap Gemini Ernst & Young University: *o.V.* (2000).
[95] So verfügen „Corporate Universities" häufig nur über eine kleine Dozentenschaft, ein Großteil der Lehrkräfte wird von traditionellen Universitäten und Business Schools für die jeweiligen Ausbildungsmodule verpflichtet, vgl. *Scheidegger* (2001), S. 140.
[96] Vgl. dies und Folgendes in: *Kraemer* (2001), S. 35.
[97] Vgl. *Baum* (2001), S. 32.
[98] Vgl. *Kraemer* (2001), S. 35.

Ziel, die eigene Weiterbildung mit einem anerkannten Titel zu bestätigen und aufzuwerten. Im Corporate University Survey gaben 42% der Befragten an, Kurse anzubieten, in denen akademische Credits erreichbar sind.[99]

Zwei Extremformen lassen sich bezüglich der *Finanzierung der „Corporate University"* unterscheiden: „Corporate Universities" als Cost- oder als Profit-Center.[100] Während eine als Cost-Center geführte „Corporate University" die Kontrollmöglichkeiten des Mutterunternehmens erhöht und das Bildungsangebot auf das Unternehmen als Zielgruppe ausrichtet, stellt ein Profit-Center eine eigenständige Dienstleistungseinheit dar, in der Leistungen an unternehmensinterne wie -externe Kunden verkauft werden. Die Wahl der Finanzierungsform hängt dabei mit dem Entwicklungsstadium zusammen: die überwiegende Zahl der „Corporate Universities" beginnt als Cost-Center, um sich ein Namen als kompetentes Bildungsinstitut aufzubauen und finanziert sich – wie die zunehmende Zahl von „Corporate Universities" in den USA – später selbst.[101]

Die bisherigen Ausführungen haben wichtige Bestimmungsgrößen der Verbreitung von e-Learning wie einerseits die Eigenschaften und Formen und andererseits das Einsatzfeld von e-Learning, die betriebliche Weiterbildung mit der „Corporate University" als Haupteinsatzgebiet, aufgezeigt. Es erfolgt nun eine empirische Analyse der gegenwärtigen Verbreitung von e-Learning. Dazu werden zunächst bisherige empirische Befunde untersucht, um anschließend Ergebnisse einer eigenen Untersuchung zur Verbreitung bei Unternehmen des deutschen CDAX darzustellen.

---

[99] Vgl. *Densford* (1998), S. 2.
[100] Vgl. dies und Folgendes in: *Kraemer* (2001), S. 31.
[101] Vgl. *Kraemer* (2001), S. 31.

C. Empirische Analysen der Verbreitung von e-Learning

Kapitel B. hat die Verbreitung von e-Learning aus theoretischer Sichtweise betrachtet. Kapitel C. stellt nun empirische Analysen zum gegenwärtigen Einsatz dar. Dazu werden zunächst in *Kapitel C.I.* bisherige empirische Befunde früherer Studien erläutert. Daran schließt sich in *Kapitel C.II.* die Analyse einer eigenen Untersuchung zur Verbreitung von e-Learning an.

I. Bisherige empirische Befunde zur Verbreitung

1. Darstellung bisheriger empirischer Forschungsergebnisse

Der Neuigkeitsgrad und die Bedeutung von e-Learning werden u.a. in der Anzahl veröffentlichter empirischer Studien deutlich. Die Studien, die in den 90er Jahren erschienen sind, legen ihren Fokus auf Computer Based Training (CBT), da andere Formen zu diesem Zeitpunkt praktisch noch nicht existierten. Seit dem Jahre 2000 rücken auch andere e-Learning-Formen wie Business TV oder Web Based Training (WBT) stärker in das wissenschaftliche Blickfeld. Ein deutlich gesteigertes Forschungsinteresse ist hier insbesondere seit 2001 zu beobachten. Bevor die wichtigsten Ergebnisse der nationalen wie internationalen Arbeiten analysiert werden, sollen diese zunächst in einer Übersicht in Tabelle 1 dargestellt werden.

Da die vorliegende Arbeit ihren Schwerpunkt in der betriebswirtschaftlichen Analyse zur Verbreitung der Bildungsinnovation e-Learning hat, sind nur Studien aufgeführt, welche die Verbreitung von e-Learning bzw. einzelner e-Learning-Formen auf Nachfragerseite untersuchen. Nicht dargestellt sind aufgrund der Fülle von Untersuchungen Fallstudien einzelner Unternehmen, Untersuchungen und Experimente bezüglich pädagogisch-didaktischer oder EDV-spezifischer Fragestellungen, wie z.B. *Hinterberger* (2000), *Hasenbach-Wolff* (1992), oder die bei *Russell* (1999) aufgeführten Forschungspapiere zu „distance education".

Tabelle 2

Überblick über Studien zur Verbreitung von e-Learning (bis Februar 2003)

Autor	Veröffentlichungsjahr	Zielsetzung der Studie	Untersuchungsobjekt und Stichprobengröße (Zahl der Antworten)	Wichtige Ergebnisse
Brunn, Froböse	2002	Nutzung von e-Learning bei Kunden von WEBA-CAD sowie Management Circle	Schriftliche Befragung und Online-Befragung von 92 Kunden von WEBACAD sowie Management Circle	**Einsatz:** 50% der befragten Kunden setzt bereits e-Learning ein, wobei mit 40% der Nennungen WBT bereits CBT (36%) hier überholt hat. Bei 27% der Kunden wurde e-Learning aktiv im Unternehmen beworben, was sich auf die Nutzung auswirkt. So nutzen 80% der Personen, wo im Unternehmen aktiv dafür geworben wird, e-Learning gegenüber 33% der Personen, wo keine aktive Werbung stattfindet. **Ziele:** 96% der Befragten empfinden die Zeit- und Ortsabhängigkeit sowie das individuelle Lerntempo von e-Learning als sehr/ziemlich wichtig.
Passens, Rudolf, Schnoor	2002	Nachfragepotenzial für Telelernen/e-Learning in der deutschen Bevölkerung	Telefoninterviews von 1000 Bundesbürgern über 14 Jahre	Ca. 30% der Befragten sind an Telelernen interessiert. Mit 50% der unter 30jährigen spricht sich insbesondere die junge Generation deutlich für das Telelernen aus. Telelernangebote, die auf eine Kombination von Präsenz- und Onlinephasen („Blended Learning") setzen, werden von der Mehrheit der Lerninteressierten gewünscht.

Forts. nächste Seite

I. Bisherige empirische Befunde zur Verbreitung

Forts. Tabelle 2

Mc Cullough, Smirli, Ward, Harrison, Massy	2002	e-Learning-Einsatz in der beruflichen Aus- und Weiterbildung in der Europäischen Union	Schriftliche Befragung von 800 Einrichtungen/ Organisationen aus EU-Mitgliedsstaaten sowie anderen Teilen Europas	**Einsatz:** In Schweden, Griechenland und Italien wird bereits viel Zeit für e-Learning aufgewendet, Deutschland liegt eher im Mittelfeld. In den meisten Ländern nutzen vor allem große Einrichtungen e-Learning-Angebote. Für e-Learning wurden 2001 ca. 14% der Gesamtausgaben der Ausbildungsabnehmer auf e-Learning-bezogene Lerninhalte verwendet. **Themen:** 43% der von Ausbildungsabnehmern aufgewendeten Zeit auf e-Learning-Methoden entfallen auf den Bereich „Informations- und Kommunikationstechnologien", den geringsten Anteil haben mit 24% die Fachgebiete „Verarbeitung/Produktion" und „Vertrieb/Marketing".
Michel	2002	Weiterbildungsorientierung und e-Learning-Interesse der Bürger von Nordrhein-Westfalen	Interviews mit 803 NRW-Bürgern ab 16 Jahren	Mehr als zwei Drittel der Befragten kann sich vorstellen, e-Learning zu intensiven allgemeinen oder beruflichen Weiterbildung zu nutzen oder nutzt es bereits. Dabei spielt der Schulabschluss keine Rolle für die Bereitschaft zur e-Learning-Nutzung. Die Befragten wünschen kein „pures" e-Learning, sondern Ergänzungen wie eine flexible Betreuung (70%), Wechsel zwischen virtuellem Lernort und Lernen in der Gruppe (63%) oder begleitende Fernsehsendungen (29%).
Zinke	2002	Nutzungsgrad von e-Learning und Gründe des Einsatzes	Schriftliche Befragung von 68 ausgewählten Unternehmen	Nur in 16% der befragten Unternehmen kommt e-Learning zum Einsatz. **Hauptproblem** ist die mangelnde Eignung vieler Arbeitsplätze für e-Learning.

Forts. nächste Seite

Forts. Tabelle 2

			Es fehlen zeitliche Freiräume, geeignete Lernumgebungund vor allem aber Zugriff zum Internet. Die Entscheidung für den Einsatz ist vorwiegend personenabhängig.
Schüle	2002	Nutzung von e-Learning-Content bei den 350 größten deutschen Unternehmen	Schriftliche Befragung und Telefoninterviews von 108 Unternehmen	**Einsatz:** Die stärkste Verbreitung von e-Learning-Content findet sich zum Thema „Office Software" (61% der befragten Unternehmen), gefolgt von Sprachen (55%). Sachbearbeiter sind die wichtigste Zielgruppe von e-Learning (79%), gefolgt vom mittleren Management (73%). **Herkunft und Kosten:** 61% der Befragten kaufen lediglich „Standard-Content". Nur jedes siebte Unternehmen gab an, bis Ende 2001 mehr als 1 Mio. Euro in e-Learning insgesamt investiert zu haben.
Freyssinet, Parmentier, Morin	2002	e-Learning-Nutzung in französischen Unternehmen	Frankreich, Telefonbefragung von 100 französischen Unternehmen	66 % der befragten Unternehmen über 1000 Mitarbeitern setzen e-Learning ein, aber nur 14% der KMU. Zielgruppen sind insbesondere der Vertrieb und die Verwaltung. Hauptvorteil wird in der größeren Flexibilität gesehen, gefolgt von den Kosten.
Littig	2002	Verbreitung von e-Learning in deutschen Dienstleistungsunternehmen	Telefonische Befragung von 265 gezielt ausgewählten Unternehmen	**Einsatz:** e-Learning-Verbreitungsgrad unter 50%, es dient als Ergänzung konventioneller Weiterbildungsmethoden. Nur bei 12% vollständige Substitution anderer Methoden geplant. Die Anwender arbeiten mind. 60 Minuten pro Tag mit e-Learning-Programmen. Positive Erfahrungen, jedoch problematisch

Forts. nächste Seite

I. Bisherige empirische Befunde zur Verbreitung

Forts. Tabelle 2

Boulton, McKeown	2002	Verbreitung von e-Learning in australischen Organisationen	Australien, schriftliche Befragung von 44 australischen Unternehmen der produzierenden Industrie	ist isolierte Lernsituation, auch Implementierung & Pflege oft teurer als erwartet, Erfolg der Methode nur schwer messbar. **Themen und Ziele:** Ausgesuchte Fachthemen werden damit geschult, selten bei Softskills-Vermittlung. Ziel des e-Learning-Einsatzes von Mitarbeitern ist Erwerb von Informationen. Daneben wird es v.a. eingesetzt, um Kosten zu verringern & Arbeitszeitverlust zu minimieren. **Einsatz:** 45% geben an, dass 25% und mehr der Mitarbeiter schon e-Learning genutzt haben, jedoch beträgt bei 76% der Nutzer der Anteil von e-Learning unter 25% am gesamten Training. Dabei werden insbesondere Online Kurse und Kataloge genützt. Wichtigste Lerninhalte mit e-Learning sind IT- und Job-Kenntnisse. **Wichtigste Ziele mit e-Learning:** Kostenreduzierung (64% der Befragten), größere Flexibilität (58%), besserer Zugang (42%).
Hagedorn, Michel, Heddergott, Behrendt	2001	Einsatzes von WBT in der Weiterbildung von deutschen KMU	17 Interviews mit anwendenden KMU und begleitende Interviews mit Anbietern, Intermediären, Experten und	Qualität bisheriger Angebote sehr kritisch beurteilt; Markttransparenz kaum vorhanden; Nachholbedarf bei technischen Voraussetzungen; Kostenfaktoren nicht ausschlaggebend; mangelnde Selbstlern-Fähigkeiten der Lerner; betriebliche Machtverhältnisse, Hierarchien, Kontrollen oder das generell geringe Ansehen des

Forts. nächste Seite

Forts. Tabelle 2

			Großunternehmen	betrieblichen Lernens in KMU als entscheidende Hinderungsfaktoren für WBT-Nutzung.
Thompson	2001	Allgemeine Verbreitung von e-Learning in US-Bundesstaaten	USA, Befragung von Gouverneuren und ihren politischen Beratern von 39 US-Bundesstaaten	In zwei Drittel der Staaten gibt es eine virtuelle Universität oder virtuelle „Community College Systeme", um e-Learning anzubieten. 84% aller Colleges in den USA werden 2002 e-Learning-Kurse anbieten. In 30 Einzelstaaten gibt es Behördenstellen, die den Ausbau technologiegestützten Lernens im Hochschulbereich ihres Staates koordinieren.
Weiß	2001	Weiterbildung in Eigenverantwortung	Telefonische Befragung von 1003 repräsentativ ausgewählten Personen	Für das Lernen mit dem PC werden im Durchschnitt 26 Stunden eingesetzt. Vom Zeitbudget hat das Lernen mit dem PC somit bereits das Lernen mithilfe schriftlicher Medien überholt. Der Unterschied der Anwender zwischen den Älteren und den Jüngeren ist überraschend gering.
Freyssinet, Parmentier, Morin	2001	e-Learning-Nutzung in französischen Unternehmen	Frankreich, Telefonbefragung von 193 französischen Unternehmen	26,9 % der befragten Unternehmen setzen e-Learning ein, 52,3% denken über eine Einführung nach. 19% der Befragten berichten über Kosteneinsparungen.
Michel, Hoffmann, Haben, Heddergott	2001	Bestandsaufnahme zum e-Learning in deutschen Großunternehmen (Unternehmen ab 1000 Mitarbeitern)	Telefonbefragung: n= 604 Personalverantwortliche. Zusätzliche Online-Erhebung: n= 102 der zuvor befragten	**Einsatz:** 46% der Unternehmen bieten e-Learning an, den größten Anteil weisen Kredit- und Versicherungsgewerbe auf. Bei Firmen mit mehr als 5000 Beschäftigten bietet die Mehrzahl e-Learning an (60%). Hauptsächlich sind es CBT-Schulungen mit den Themengebieten IT-Anwendungen (67%), kaufmännische Fachkompetenz & Fremdsprachen (jeweils 37%) und

Forts. nächste Seite

I. Bisherige empirische Befunde zur Verbreitung

Forts. Tabelle 2

			Produktschulungen (33%). **Ziele und Erwartungserfüllung:** Stärkstes Motiv bei Mehrzahl ist „schnelles Update für fachliches Know-how". Erfüllte Erwartungen bei Flexibilisierung und Individualisierung des Lernens (58% bzw. 55%), Nachholbedarf bei Qualitätsverbesserung. Derzeit betragen e-Learning-Ausgaben 12,2% an laufenden Gesamtkosten für Weiterbildung.
Schüle	2001	Aktivitäten und Erfahrungen mit e-Learning und Online-Wissensmanagement bei den 300 größten Unternehmen der deutschen Wirtschaft	Telefon- und Mailbefragung von 102 Unternehmen	**Einsatz:** 88% der Unternehmen nützen e-Learning, wobei am häufigsten CBT (93%) eingesetzt werden. Bei jedem fünften Unternehmen liegt der Anteil e-Learning am Gesamtbildungsbudget bei mehr als 20%. An erster Stelle liegen EDV-spezifische Themen, gefolgt von Produktschulungen und sonstigen BWL-Themen, die zukünftig mehr Raum einnehmen sollen. **Chancen und Hemmnisse:** Chancen werden gesehen v.a. in: Kostensenkung (70%), Schulung aktueller Themen (46%), hoher Aktualität (37%). Haupthemmnisse sind mit deutlichem Abstand: Wegfall der social effects (53%), Aufwand für Lernsysteme (46%) und mangelnde Akzeptanz (41%).
Stille	2001	Analyse wesentlicher Aspekte „bester Verfahrensweisen" (best practice) von lebenslangem Lernen	USA, Interviews mit 9 Unternehmen der Informations- und Kommunikationstechno-	**Online-Weiterbildung** hauptsächlich als Erweiterung und Ergänzung des Präsenzunterrichts, weniger als Ersatz. Hybridformen und Sicherung von Interaktivität in Web-basierten Angeboten als Ansätze eines best

Forts. nächste Seite

Forts. Tabelle 2

		in führenden Hightech-Unternehmen der USA	logie, 3 Biotechnologie-Unternehmen sowie 7 Weiterbildungsorganisationen	practice bei kontinuierlicher Weiterbildung. Einrichtung von „**Corporate Universities**" bei gleichzeitiger Dezentralisierung von Bedarfsermittlung und Verantwortlichkeit führt zu organisatorischer Zentralisierung mit Transparenzerhöhung. Mittels virtueller „Corporate Universities" werden Kosteneinsparungen erzielt, der globale Zugriff der Mitarbeiter ermöglicht und Teilnahmequoten erhöht.
RH Info	2001	e-Learning-Nutzung in Frankreich	Frankreich, Online-Befragung von 194 Personalmanager	In rund 24% der befragten Unternehmen wird e-Learning über das Internet oder Intranet angeboten. Über 80% vertreten die Auffassung, dass e-Learning. Von denjenigen, die e-Learning-Lösungen eingeführt haben, konnten 24% eine Kostensenkung feststellen.
Weiß	2000	Stand der Weiterbildung in Deutschland 1998	Schriftliche Befragung von 1048 kleinen wie großen Unternehmen	27,9% der befragten Unternehmen geben an selbstgesteuertes Lernen mit Hilfe von CBT/Multimedia-Systemen durchzuführen. 1995 waren es noch 8,8%.
RH Info	2000	e-Learning-Nutzung in französischen Unternehmen	Frankreich, Telefonbefragung von 364 französischen Unternehmen	Bei 62% der befragten Unternehmen findet e-Learning noch keine Anwendung in ihrem Beruf. 48% der Befragten sind auch der Meinung, dass ihr Unternehmen/Kollegen noch nicht bereit sind, e-Learning-Methoden anzuwenden.
Greany	2000	e-Learning-Nutzung in Großbritannien	Großbritannien, Direktbefragung in 183 Lernenden, 44 Arbeitgeber und 103	**Einsatz:** In den meisten Fällen findet e-Learning im Betrieb statt, ein Drittel der befragten Lernenden nutzt e-Learning-Methoden größtenteils zu Hause. **Kosten:** Die Mehrheit der Arbeitgeber wenden

Forts. nächste Seite

I. Bisherige empirische Befunde zur Verbreitung 67

Forts. Tabelle 2

Michel, Heddergott, Hoffmann	2000	Einflussfaktoren auf den Einsatz computergestützter Aus- und Fortbildung in deutschen KMU	e-Learning-Anbietern mittels Fragebögen	weniger als 5% der für Ausbildungszwecke bestimmten Mittel für e-Learning auf.
			Telefonbefragung von 800 KMU aufbauend auf 13 Experteninterviews und 16 Fallstudien	**Einsatz von multimedialem Lernen:** 24% der Unternehmen setzt es ein, vor allem zum Erlernen von Office-Software, Vermittlung von EDV-Kenntnissen und Produktinformationen. Arbeitsplatz als wichtigster Lernort. Dabei ist der Anteil netzgestützten Lernens mit 7% noch nicht sehr gering. EDV-Nähe einer Branche spielt keine zentrale Rolle. Die Kosten sind kein entscheidendes Hindernis der Einführung. Kaum vorhandene Branchenlösungen und Poolbildungen als unverzichtbare Voraussetzungen für größeres Lernpotential in KMU. **Erwartungen:** Flexibilität, Zeitersparnis und individuelles Lernen, 66% sehen ihre Erwartungen erfüllt.
Michel, Wegener, Baiocco, Baum	2000	Business TV-Schulungen in Deutschland	Befragung von 16 Unternehmen, Dokumentenanalyse, Expertenworkshops	Es besteht Bedarf an BTV-spezifischen Qualifizierungsangeboten, vor allem für Redaktionsleiter, Redakteure und Produktionsleiter.
Michel	1998	Kenntnisse und Nutzung von PC-Lernprogrammen/ CBT in Deutschland	Telefonbefragung von 1001 Bundesbürgern über 18 Jahren	55% der Befragten kennen CBT, 11% nutzt es bereits, Gruppe der in Ausbildung stehenden Personen ist am größten, 6% nutzen es im beruflichen Alltag, 5% im privaten Bereich. Themen sind insbesondere „PCs und Computerprogramme trainieren" sowie „Sprachen lernen".

Forts. nächste Seite

Forts. Tabelle 2

Kailer	1998	Untersuchung des Stellenwertes von CBT im Rahmen der betrieblichen Bildungsarbeit in fünf EU-Mitgliedstaaten	Schriftliche Befragung von 470 mittleren und größeren Unternehmen in Finnland, Österreich, Deutschland, Dänemark, Großbritannien	**Einsatz:** 33% der Befragten setzen CBT in der Weiterbildung ein, wobei die Verbreitung bei Dienstleistungsunternehmen mit 50% hoch ist. Unternehmen, die CBT einsetzen, sind häufiger multinational, größer, haben höhere Trainingsbudgets & höhere Nutzung des Computers generell in der WB. **Vor- und Nachteile:** Wichtigste Vorteile sind die Freiheit bei Lerntempo/Zeiteinteilung/-punkt. Anwender sehen die größten Probleme bei den Entwicklungskosten, techn. Problemen sowie fehlender persönlicher Atmosphäre.
Weiß	1997	Stand der Weiterbildung in Deutschland 1995	Schriftliche Befragung von 1369 kleinen wie großen Unternehmen	8,8% der befragten Unternehmen geben an selbstgesteuertes Lernen mit Hilfe von CBT und Multimedia Systemen durchzuführen gegenüber 17,6% im Jahre 1992.
Kaden, Kirsten, Laske	1996	Rolle von Multimedia in der betrieblichen Weiterbildung von KMU	Schriftliche Befragung von 30 KMU	**Vor- und Nachteile:** 60% der KMU gaben als mögliche Vorteile bessere Lerneffekte, Kosteneinsparungen uns weniger Arbeitsaufwand an. Es wurden keine Nachteile gesehen. **Einsatz:** Über 80% der KMU ziehen den Einsatz multimedialer Lernmethoden zum Befragungszeitpunkt nicht in Erwägung. Haupthindernisse: Kostenfrage, mangelnde Informationen, unzureichende Orientierungshilfen.

Forts. nächste Seite

Forts. Tabelle 2

Niculescu	1995	Einsatz von CBT im Bankgewerbe	Schriftliche Befragung von 34 Banken	10% der Weitbildung findet mittels CBT statt, 22% der befragten Unternehmen können mittels CBT eine Kostenersparnis von über 20% erzielen und 59% sogar eine Zeitersparnis von über 20%, 63% der befragten Institute erwägen eine Ausweitung.
Weiß	1994	Stand der Weiterbildung in Deutschland 1992	Schriftliche Befragung von 1450 Unternehmen	17,6% der befragten Unternehmen geben an selbstgesteuertes Lernen mit Hilfe von CBT und Multimedia-Systemen durchzuführen.
Kramer, Mayer	1992	Einsatz von Multimedia in deutschen Großunternehmen (Unternehmen ab 1000 Mitarbeitern)	Telefonbefragung von 219 Unternehmen (ab 1000 Mitarbeiter)	52,5% der Unternehmen mit mehr als 1000 Mitarbeitern setzt CBT ein. 64% geben an, dass dadurch der Lernerfolg gesteigert wird. Nur 18,4% sind der Meinung, dass der Multimedia-Einsatz hilft, Kosten zu sparen. Themenbereiche der Multimedia-Schulung sind insbesondere EDV-Themen (76,2%).

Neben diesen Studien lassen sich zwei weitere Gruppen von Studien unterscheiden, die für das wissenschaftliche Analyseziel dieser Untersuchung jedoch nicht einschlägig sind.[1] Die eine Gruppe beinhaltet Studien und Analysen über die Anbieter von e-Learning. In ihr werden Merkmale dieser Firmen sowie deren Angebote am Markt analysiert und Positionierungen sowie Empfehlungen vorgenommen. Dazu gehören insbesondere die Studie von Berlecon Research „Wachstumsmarkt E-Learning: Anforderungen, Akteure und Perspektiven im deutschen Markt", von Cap Gemini Ernst & Young „CGE&Y eLearning Marktstudie 2001", des Adolf Grimme Instituts & Institut für Medien und Kommunikation „Marktentwicklung nur durch höhere Akzeptanz selbstorganisierten Lernens" sowie von Philipp Köllinger „Marktanalyse für Deutschland".[2] Für den amerikanischen Markt sind hier insbesondere die ASTD-Studie „A vision of e-Learning for America's Workforce", die WR Hambrecht Studie „Corporate e-Learning: Exploring a new frontier" sowie die Studie von Brandon Hall über Learning Management Systeme zu nennen.[3] Den europäischen Markt mit seinen Anbietern untersucht die Studie „Der europäische Markt für E-Learning 2002" von Thea Payome et al.[4]

Die zweite Gruppe von Studien wirft einen Blick in die Zukunft und versucht, Marktpotentialabschätzungen aufgrund der bisherigen Marktsituation zu geben. Zu ihr gehören insbesondere die Studien von IDC „Worldwide and U.S. Corporate IT Education and Training Services Market Forecast and Analysis" für die Jahre 2000-2005 bzw. 2001-2006, die jährlichen „State of the Industry"-Studien von ASTD z.B. aus dem Jahr 2002, aber auch der Bericht der „Web Based Education Commission to the President and the Congress of the United States" für den amerikanischen Markt.[5] Den deutschen Markt und die Ausblicke darauf untersucht insbesondere der Technologiekompass 2005 der Firmen Mummert + Partner sowie Z_punkt, wobei auch die IDC-Studien Daten zum deutschen Markt beinhalten.[6] Für den Gegenstand dieser Arbeit sind vor allem die Ergebnisse der Studien über die Verbreitung von e-Learning auf

---

[1] Wie die Mehrzahl der Studien zur Verbreitung von e-Learning auf Nachfragerseite sind auch Studien dieser beiden Gruppen dem populärwissenschaftlichen Genre zuzuordnen. Die insgesamt große Zahl an nichtwissenschaftlichen Studien zeigt, wie wichtig in diesem Bereich neutrale, wissenschaftliche Erhebungen sind.

[2] Vgl. dazu *Bock/Spiller* (2001), *Wieneke/Kern* (2001), *Hagedorn/Winter* (1999), *Köllinger* (2001).

[3] Vgl. dazu *Commission* (2001), *Urdan/Weggen* (2000), *Hall* (2001).

[4] Vgl. *Payome et al.* (2002).

[5] Vgl. *Brennan et al.* (2001), *Brennan et al.* (2002), *Van Buren/Erskine* (2002), *Web-Based* (2001).

[6] Vgl. *Mummert + Partner/Z_punkt* (2001), *Brennan et al.* (2001), *Brennan et al.* (2002).

Nachfragerseite relevant. Daher werden die in Tabelle 2 vorgestellten Arbeiten und ihre Ergebnisse im Folgenden näher analysiert.

2. Analyse der bisherigen empirischen Forschungsergebnisse zur Verbreitung von e-Learning und Ableitung von Forschungsfragen

Die Prognosen für den e-Learning-Markt sind sehr viel versprechend. IDC prognostizierte im Jahre 2000 dem europäischen e-Learning-Markt, der 1999 135 Millionen US-$ Umsatz umfasste, einen Anstieg auf rund 4 Milliarden US-$ und dem deutschen Markt ein Wachstum auf 575 Millionen US-$ im Jahre 2004.[7] Diese Zahlen wurden im letzten Jahr von IDC sogar nach oben korrigiert und ein Wachstum des deutschen Marktes auf 748 Millionen US-$ im Jahre 2004 angegeben. Andere Studien sehen noch größere Wachstumspotentiale: Cap Gemini Ernst & Young erwarten einen Zuwachs auf rund 1,3 Milliarden Euro Marktvolumen in 2004 von 118 Millionen Euro in 2000.[8] Berlecon Research kommt in seiner optimistischen Schätzung gar auf einen Anstieg des Marktvolumens von 300 Millionen Euro in 2001 auf 1,6 Milliarden Euro in 2004 mit einem e-Learning-Anteil von 11 bis 15 % an den Weiterbildungskosten der Unternehmen.[9]

Die in Tabelle 2 dargestellten Studien geben Aufschluss, inwieweit diese Zahlen der tatsächlichen Verbreitung von e-Learning entsprechen. Dabei muss man sich bei der Zusammenfassung der einzelnen Ergebnisse jedoch im Klaren sein, dass den Studien sehr unterschiedliche Grundgesamtheiten und Stichproben zugrunde liegen. Daher erscheint es nicht sinnvoll, basierend auf dieser Datenlage beispielsweise Diffusionsgrade oder Adoptionsgeschwindigkeit von e-Learning im Sinne von Rogers quantitativ zu bestimmen.[10] Hierzu wäre eine Langzeitstudie basierend auf der gleichen Grundgesamtheit notwendig.[11] Daher sollen an dieser Stelle qualitativ die wichtigsten Ergebnisse der aufgeführten Studien vorsichtig zusammengefasst werden.

In den Neunziger Jahren ist e-Learning – hier nur in Form von CBT – noch eher gering verbreitet. So setzten es 1995 lediglich 10% der befragten Unter-

---

[7] Vgl. dies und Folgendes in: *Wang/Ross* (2002), S. 2.
[8] Vgl. *Wieneke/Kern* (2001).
[9] Vgl. *Bock/Spiller* (2001).
[10] Vgl. *Rogers* (1995), S. 206ff.
[11] Lediglich die Weiterbildungserhebungen des Instituts der Deutschen Wirtschaft unter Reinhold Weiß könnten Auskunft über Langzeitentwicklungen in der Weiterbildung in Deutschland geben. Sie berücksichtigen bislang jedoch nur am Rande und in sehr kleinem Umfang elektronische Lernformen, vgl. *Weiß* (1994), *Weiß* (1997) und *Weiß* (2000).

nehmen ein.[12] Und auch 1998 gaben lediglich 11% der befragten Bundesbürger an, CBT zu verwenden.[13] Danach hat die Verbreitung von e-Learning – bedingt auch durch den zunehmenden Einsatz weiterer e-Learning-Formen wie WBT und Business TV – in Deutschland deutlich zugenommen. So geben in Studien aus dem Jahr 2001 bereits 46% und mehr der befragten Unternehmen an, e-Learning-Schulungen einzusetzen.[14] Dennoch können diese Zahlen die euphorischen Erwartungen nicht ganz bestätigen. e-Learning scheint seinen Platz in der Weiterbildung gefunden zu haben und sich zu etablieren. Eine Verdrängung klassischer Präsenzveranstaltungen und deren gänzliche Substitution zeichnen sich hingegen nicht ab. Im Vergleich zu anderen europäischen Ländern liegt Deutschland bislang auch eher im Mittelfeld im Hinblick auf den Anteil von e-Learning an der gesamten Ausbildungs- und Weiterbildungszeit.[15] Dabei steht nach wie vor Computer Based Training an erster Stelle, wobei Web Based Training auf dem Vormarsch ist.[16] Die Einsatzhäufigkeit von e-Learning scheint dabei mit der Unternehmensgröße zu steigen. Die Studie von MMB/PSEPHOS, die große Unternehmen untersucht, spricht von 60% der Unternehmen ab 5000 Mitarbeiter, die bereits e-Learning nutzen.[17] Schüle kommt bei seiner Befragung der 350 größten Unternehmen sogar auf 88%.[18] Im Vergleich dazu geben in der Befragung von Michel, Heddergott und Hoffmann bei kleinen und mittleren Firmen nur 24% der Unternehmen an, e-Learning-Schulungen einzusetzen.[19] Dies ist jedoch nicht nur ein deutsches Phänomen, sondern wird z.B. auch in Frankreich erkennbar.[20] Insgesamt zeigt sich in Deutschland, dass der Einsatz insbesondere bei Dienstleistungsunternehmen, und zwar bei Kreditinstituten und Versicherungen, erfolgt, wobei Littig in seiner Studie von Dienstleistungsunternehmen ermittelt, dass auch hier bislang weniger als 50% der Unternehmen e-Learning nutzen.[21]

---

[12] Vgl. *Niculescum* (1995).
[13] Vgl. *Michel* (1998).
[14] Vgl. *Michel et al.* (2001), *Schüle* (2001).
[15] Vgl. *Mc Cullough et al.* (2002), S. 20f.
[16] Vgl. *Michel et al.* (2001), S. 4 *Schüle* (2001), S. 10, *Michel et al.* (2000a), S. 5.
[17] Vgl. *Michel et al.* (2001), S. 3.
[18] Vgl. *Schüle* (2001), S. 11. Dabei ist jedoch zu beachten, dass es sich hierbei um kein repräsentatives Bild (erfolgreicher und weniger erfolgreicher) deutscher Unternehmen handelt. So wurden in dieser Studie auf Basis des „Top 500-Rankings deutscher Unternehmen von 1999 der Tageszeitung DIE WELT" die TOP-350 Unternehmen der deutschen Wirtschaft befragt (102 Unternehmen haben geantwortet). Hiermit ist auch die im Vergleich zu den anderen Studien des Jahres 2001 deutlich nach oben abweichende Zahl von Unternehmen zu begründen, die e-Learning einsetzen.
[19] Vgl. *Michel et al.* (2000a), S. 5.
[20] Vgl. *Freyssinet/Parmentier* (2002), S. 2.
[21] Vgl. *Littig* (2002), S. 1.

I. Bisherige empirische Befunde zur Verbreitung

Klares Haupteinsatzfeld für e-Learning-Maßnahmen sind EDV-spezifische Lernthemen.[22] Danach folgen Bereiche wie Fachkompetenz, Produktschulungen, aber auch Fremdsprachen. Die als Soft Skills bezeichneten Kompetenzen wie Kommunikations- und Sozialkompetenz, Führungsstil etc. werden hingegen bislang kaum durch e-Learning geschult. Mit dem Einsatz von e-Learning-Maßnahmen werden insbesondere Kostensenkungen, eine Minimierung des Arbeitszeitverlustes sowie die schnellere und flexiblere Verfügbarkeit von Schulungsmöglichkeiten verbunden.[23] Problematisch erweist sich vor allem die isolierte Lernsituation, der Aufwand an Kosten und Mühe bei der Einrichtung sowie Pflege der Lernsysteme, aber auch die mangelnde Akzeptanz der Mitarbeiter.[24] Als Hindernis für die Einführung zeigen sich in vielen Fällen die mangelnde Markttransparenz und das Fehlen eines geeigneten Angebots.[25]

e-Learning dient somit derzeit insbesondere der Ergänzung und Erweiterung des klassischen Präsenzunterrichts, weniger dessen Ersatz. Daneben scheinen „Corporate Universities" ein gutes Einsatzfeld für e-Learning zu sein. Stille et al. konnten von Kosteneinsparungen berichten, die durch den Einsatz virtueller „Corporate Universities" erzielt wurden, sowie der Möglichkeit eines globalen Zugriffs der Mitarbeiter und einer Erhöhung der Teilnahmequoten bei führenden US-Hightechfirmen.[26]

Diese Studien geben bereits einen guten Überblick zur derzeitigen Verbreitung von e-Learning. Jedoch hat keine ermittelt, worin zentrale Faktoren für den Erfolg von e-Learning und die Zufriedenheit der Mitarbeiter mit e-Learning liegen. Gleichzeitig liegt ein Mangel der identifizierten Studien darin, dass bezüglich des e-Learning-Einsatzes in Deutschland entweder große Unternehmen (ab 1000 Mitarbeiter oder größer) oder kleine und mittlere Unternehmen untersucht wurden. In keiner deutschen Studie wurde – nach Kenntnisstand der Verfasserin – der komplette Bereich repräsentativ abgedeckt. Daher wird hier eine eigenständige Untersuchung konzipiert, die neben der Erhebung zum Einsatzgrad von e-Learning zum Ziel hat, Unterschiede zwischen großen und kleinen Unternehmen aufzudecken sowie entscheidende Einflussfaktoren des e-Learning-Erfolges zu identifizieren. Für die eigene empirische Untersuchung ergeben sich daher folgende Forschungsfragen:

---

[22] Vgl. *Schüle* (2002), S. 8, *Littig* (2002), S. 2, *Michel et al.* (2001), S. 2, *Schüle* (2001), S. 15, *Michel et al.* (2000a), S. 5.
[23] Vgl. *Littig* (2002), S. 1, *Boulton/McKeown* (2002), S. 2, *Schüle* (2001), S. 17f.
[24] Vgl. *Littig* (2002), S. 3, *Schüle* (2001), S. 17f.
[25] Vgl. *Michel et al.* (2000a), *Hagedorn et al.* (2001).
[26] Vgl. *Stille* (2001), S. 3.

1. *In welcher Kombination treten bestimmte e-Learning-Formen bei welchen Zielgruppen auf?*

2. *Wie variiert die Verbreitung von e-Learning mit der Unternehmensgröße?*

3. *Welche Faktoren haben maßgeblichen Einfluss auf den erfolgreichen Einsatz von e-Learning?*

Untersucht werden diese Fragen anhand einer Befragung von Unternehmen des deutschen CDAX, der sowohl große als auch mittlere und einige kleine Unternehmen enthält, so dass ein breites Spektrum an Firmen abgedeckt werden kann. Weiterhin ist wichtig, einen Einblick in den Adoptionsstatus der verschiedenen Unternehmen und Informationen zum Erstellungsprozess der Bildungsinnovation e-Learning zu erhalten. Methodik und Ergebnisse dieser eigenen Untersuchung werden im Folgenden dargestellt. Um die Arbeit leichter lesbar zu halten, wird zunächst das allgemeine Forschungsdesign erläutert und werden die Einsatzfelder bei großen sowie kleinen CDAX-Unternehmen verglichen. In einem separaten Abschnitt folgt anschließend die Analyse des Einsatzerfolges von e-Learning. Diese Analyse stellt zunächst die Operationalisierung der abhängigen Variablen „e-Learning-Erfolg" sowie mögliche Einflussgrößen auf Basis theoretischer Überlegungen dar. Die Operationalisierung sowie die Herleitung von Einflussgrößen haben bereits vor der Datenerhebung stattgefunden und sind in die Fragebogengestaltung eingeflossen. Um diese Überlegungen jedoch den empirischen Ergebnissen besser gegenüber stellen zu können, werden sie erst im Rahmen der Erfolgsanalyse – nach Darstellung des Forschungsdesigns sowie dem empirischen Vergleich der Einsatzfelder in großen und kleinen Unternehmen – erläutert.

II. Verbreitung von e-Learning bei CDAX-Unternehmen

1. Darstellung des Forschungsdesigns

Ziel der eigenen Untersuchung ist es, Erkenntnisse zur Verbreitung der Bildungsinnovation bei Unternehmen in Deutschland zu gewinnen. Dabei steht zum einen im Vordergrund, Unterschiede zwischen großen und kleinen Unternehmen bezüglich der eingesetzten Methoden, geschulten Inhalte und angesprochen Zielgruppen sowie deren Erwartungen und Problemen zu elektronischen Weiterbildungsmaßnahmen zu ermitteln. Zum anderen ist die Frage nach Einflussgrößen für den erfolgreichen Einsatz von e-Learning relevant. Vorbereitet wurde die großzahlige Befragung mittels einer Pilotstudie, deren Gegenstand in der Exploration des Forschungsfeldes mit Hilfe von Expertenbefragungen lag.[27] Ziel war hier zunächst eine Bestätigung der Themenrelevanz, die sich durch das Literaturstudium ergeben hatte. Zudem war dadurch ein Einblick in derzeit angewandte Einsatzformen von e-Learning möglich. Dazu wurden qualitative Interviews u.a. mit Weiterbildungsverantwortlichen von fünf großen deutschen Unternehmen geführt.[28] Mittels eines Leitfadengesprächs wurden Fragen zum Einsatz von e-Learning und den dabei gemachten Erfahrungen, Vorteilen und Problemen, der Erfolgswirksamkeit sowie der organisatorischen Gestaltung von e-Learning gestellt. Es zeigte sich, dass die Unternehmen teilweise bereits deutliche Investitionen in e-Learning getätigt hatten, alle die Thematik als sehr relevant für ihr Unternehmen einschätzten, es aber auch deutliche Hürden im Blick auf die Akzeptanz der Mitarbeiter etc. gab.

a) Fragebogenaufbau und Grundgesamtheit

Basierend auf den im vorigen Abschnitt erläuterten Gesprächen sowie den in Kapitel C.I. dargestellten Literaturergebnissen wurde ein Fragebogen für die Befragung entwickelt, der in drei Bereiche A, B und C unterteilt wurde. Um eine möglichst hohe Rücklaufquote zu erhalten, wurde dessen Umfang so begrenzt wie möglich gehalten; er umfasste 31 Fragen. Abbildung 9 gibt den Aufbau des Fragebogens wieder. Zu Beginn sollte der Befragte angeben, für welche Unternehmenseinheit die Antworten gelten. Neben der personalisierten Ansprache sollte dies sicherstellen, dass die Fragen konsistent für einen bestimmten Bereich beantwortet werden. Die Befragten konnten hier angeben, ob sie für die Aktiengesellschaft, nur die Holding, eine Tochter, für mehrere Töchter oder den gesamten Konzern antworteten. Im *Block A* wurden die Befragten weiter gebeten, Angaben zur technischen Infrastruktur sowie den Lernorten für Weiterbildungsmaßnahmen der Mitarbeiter zu machen. *Block B* beinhaltete zunächst die Frage nach dem Einsatz elektronischer Weiterbildungsformen.

---

[27] „Die *Expertenbefragung* ist eine spezielle Form des Einzelinterviews, bei der als Auskunftspersonen nur solche Probanden in Frage kommen, denen im Hinblick auf die Problemstellung eine besondere Lösungskompetenz zugetraut wird." *Schwaiger* (1997), S. 62.

[28] Es wurden im Vorfeld der Befragung, für den ersten Pretest sowie im Anschluss an die Datenerhebung Gespräche geführt mit Personalleitern der *Allianz Versicherungs-AG* (Fachbereich Bildung), der *Siemens AG* [Management Learning und Siemens Qualification and Training (SQT)], der *Münchner Rückversicherungsgesellschaft AG* (Zentralbereich Personalentwicklung), der *BSH Bosch und Siemens Hausgeräte GmbH* (Zentrale Personal Qualifizierung, BSH Academy) der *KPMG Deutsche Treuhand-Gesellschaft AG* (Business Incubation Services), mit Prof. Dr. Mandl (Lehrstuhl für empirische Pädagogik und pädagogische Psychologie) sowie Mitarbeitern seines Lehrstuhls, Ausstellern und Besuchern der Learntec 2001 in Karlsruhe sowie Teilnehmern der e-Learning-Tagung des Münchner Kreises und des e-Learning-Presseclubs.

76 C. Empirische Analysen der Verbreitung von e-Learning

Antwortende, die dies verneinten, wurden nach einer Frage zu den zukünftigen Einsatzabsichten direkt in den Fragenblock C weitergeleitet. Die übrigen Befragten wurden dagegen zur Entwicklung und den Entscheidungsträgern des e-Learning-Einsatzes sowie zu eingesetzten Formen, Inhalten sowie Zielgruppen von e-Learning im Unternehmen befragt. Um den Erfolg des e-Learning-Einsatzes messen zu können, wurde nach den Erwartungen und deren Erfüllungsgrad, den Problemen bei der Einführung und nach der Zufriedenheit der Mitarbeiter gefragt. Die Befragten sollten daneben eine Einschätzung des Gesamterfolgs im Vergleich zu Präsenzveranstaltungen geben. *Fragenblock C* umfasste allgemeine Angaben zum Weiterbildungsumfang im Unternehmen sowie Unternehmenscharakteristika wie Umsatz, Mitarbeiterzahl etc.

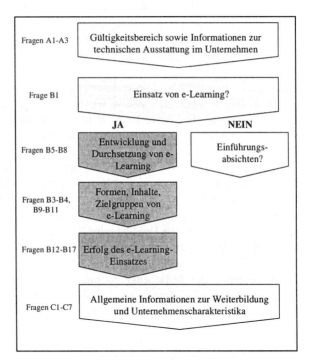

Abbildung 9: Fragebogenaufbau

Da der Begriff „e-Learning" häufig sehr unterschiedlich verstanden wird und gleichzeitig als Modewort möglicherweise bei Befragten zu Reaktanz führen könnte, wurde im Fragebogen der Begriff „elektronische Weiterbildungsmaßnahmen" verwendet, der inhaltlich der in dieser Arbeit verwendeten Definition von e-Learning entspricht. Es wurden dabei die Formen Computer Based Training, Web Based Training, Schulungsvideo, Virtual Classroom sowie Business TV untersucht.

Ziel der Untersuchung ist es, eine repräsentative Abdeckung bezüglich der Größe und des Unternehmenstyps unterschiedlicher Unternehmen in Deutschland zu erreichen. Daher wurden die Unternehmen des Composite Dax (CDAX) als *Grundgesamtheit* ausgewählt. Der CDAX ist ein minütlich ermittelter Index der Deutschen Börse. Er setzt sich aus allen an der FWB Frankfurter Wertpapierbörse im Amtlichen Handel, Geregelten Markt oder Neuen Markt notierten deutschen Aktien zusammen.[29] Diese Grundgesamtheit wurde gewählt, weil das Listing einerseits als Qualitätsindikator gesehen werden kann und andererseits dadurch eine große Spanne an unterschiedlichen Unternehmenstypen abgedeckt werden kann. Zum Zeitpunkt der Hauptbefragung waren 745 Unternehmen im CDAX notiert.[30] Die Unternehmen, deren Adressen über die Deutsche Börse AG ermittelt werden konnten, wurden alle schriftlich bzw. telefonisch kontaktiert mit der Bitte, einen Ansprechpartner für Weiterbildungsfragen bzw. den Personalverantwortlichen zu nennen. 8 Unternehmen waren zu diesem Zeitpunkt jedoch im Insolvenzverfahren, 3 Unternehmen konnten nicht aufgefunden werden, 9 Unternehmen hatten keine zentrale Weiterbildungsabteilung und konnten daher den Fragebogen nicht ausfüllen, bei 3 Unternehmen war ein Ansprechpartner für mehrere Unternehmen zuständig. Daher konnten insgesamt nur 722 Unternehmen als *Auswahlgesamtheit* für die Befragung berücksichtigt werden.

b) Vorbereitung und Durchführung der Erhebung

Die Untersuchung, die im Zeitraum Mai bis September 2001 stattfand, wurde mit Hilfe einer kombinierten Online-/e-Mail-Befragung als Querschnittsanalyse in Form einer Vollerhebung durchgeführt. Diese Befragungsform wurden gewählt, da Online-/e-Mail-Befragungen bislang noch einen gewissen Neuigkeitseffekt haben und somit die Wahrscheinlichkeit, Antworten zu erhalten, etwas höher liegt als bei einer klassischen Brief- oder Faxbefragung. Gleichzeitig kann ein Ansprechpartner direkt persönlich erreicht werden. Zudem verursacht auch die Weiterleitung einen deutlich geringeren Aufwand, falls unter Umständen zunächst ein falscher Ansprechpartner angeschrieben wurde. Von allen 722 Unternehmen wurde ein Ansprechpartner mit e-Mail-Adresse ermittelt. Die angesprochenen Personen konnten in der Befragung zwischen den beiden Befragungsformen Online- sowie e-Mail-Befragung wählen. In der e-Mail war ein Link auf den Fragebogen im Internet angegeben. Der farbig

---

[29] Vgl. *Deutsche Börse* (2002), S. 2.
[30] Stand 27.06.01.

gestaltete Online-Fragenbogen enthielt interaktive Schaltflächen zum Anklicken, so dass der Befragte bei einigen Fragen automatisch weitergeleitet wurde.[31] Personen, die keinen direkten Internetzugang hatten oder den Fragebogen nicht online ausfüllen wollten, konnten den in der e-Mail nach dem Einleitungstext stehenden Fragebogen ausfüllen und zurückschicken.

Zur Vorbereitung der Haupterhebung, deren Ablauf Abbildung 10 darstellt, wurden zwei Pretests durchgeführt. In diesen sollten Verständlichkeit und Vollständigkeit des Fragebogens überprüft werden. Im ersten Pretest wurden nochmals die Experten der Pilotstudie kontaktiert und um Gestaltungshinweise zum Fragebogen gebeten. Anschließend wurde im zweiten Pretest der überarbeitete Fragebogen an 30 zufällig aus der Auswahlgesamtheit gezogene Unternehmen gesandt.[32] Nach Abschluss und erneuter Überarbeitung sowie Kontrolle des Fragebogens wurde die Haupterhebung durchgeführt. Dazu wurde allen Ansprechpartnern der verbliebenen *692 Unternehmen* zunächst eine Ankündigungsmail mit Hinweis auf die Befragung geschickt.[33] Zwei Tage später folgte die Mail mit dem Link auf den Fragebogen und dem angehängten Fragebogen. In einer zweiten Welle wurde zwei Wochen später bei den Unternehmen nachgefasst, die bislang noch nicht geantwortet hatten. Wiederum zwei Wochen später folgte schließlich eine letzte Nachfassaktion.

---

[31] Der Online-Fragebogen wurde mit Hilfe der Software „Perseus" sowie „Dreamweaver" erstellt. Bei der Online-Befragung füllt der Befragte den Fragebogen durch Anklicken per Maus aus. Wenn er den Button „Abschicken" anklickt, werden die Informationen automatisch als e-Mail an den Interviewer zurückgeschickt. Unter Umständen ist es bei bestimmten Internet-Einstellungen des Befragten möglich, dass bereits durch Betätigen der Taste „Return" der Fragebogen abgesandt wird. Damit ist in unserem Fall die hohe Zahl an doppelt zurückgesandten Fragebögen zu erklären.

[32] Die Zufallsstichprobe wurde mit Hilfe des Zufallszahlengenerators von „Excel" generiert. Der Rücklauf des Pretest betrug 11 Fragebögen, die leider für die Haupterhebung nicht berücksichtigt werden konnten, da der Fragebogen aufgrund der gewonnen Erkenntnisse für die Haupterhebung nochmals überarbeitet wurde, d. h. Fragen zum Teil neu formuliert wurden.

[33] Die 30 im Pretest angeschriebenen Unternehmen wurden in der Hauptbefragung nicht mehr berücksichtigt, da dies zu möglichen Verzerrungen geführt hätte.

II. Verbreitung von e-Learning bei CDAX-Unternehmen 79

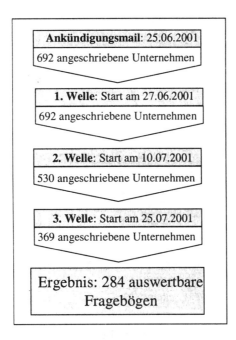

Abbildung 10: Ablauf der Hauptbefragung

Insgesamt wurden 284 auswertbare Fragebögen zurückgesandt.[34] Der zeitliche Verlauf des Eingangs der beantworteten Fragebögen ist in Abbildung 11 dargestellt. Während insbesondere bei Briefbefragung häufig eine Zeitverzerrung nach der Versendung der Fragebögen entsteht[35], zeigt sich hier, dass ein Großteil der Fragebögen bei der Online-/e-Mail-Befragung direkt nach Versendung der e-Mails ausgefüllt und zurückgesandt wurde. Daneben wird deutlich, dass auch nach einem Wochenende die Antwortquote höher liegt als an den darauf folgenden Tagen.

---

[34] Ein Fragebogen konnte nicht berücksichtigt werden, da er keinerlei Angaben enthielt. Weitere 20 Fragebögen konnten nicht berücksichtigt werden, da die Absender den gleichen Fragebogen zweimal online abgeschickt hatten und somit identische Angaben doppelt vorlagen. Es wurde jeweils einmal die komplett ausgefüllte Version berücksichtigt.
[35] Vgl. dazu den Rücklauf einer Briefbefragung von Maschinenbau-Unternehmen in *Altmann* (2002), S. 85.

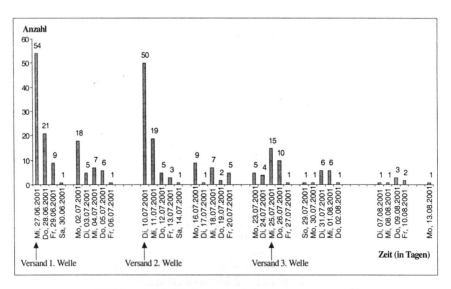

Abbildung 11: Zeitlicher Verlauf des Rücklaufeingangs[36]

Neben der Verteilung bezüglich der Tage ist auch die Verteilung bezüglich der Uhrzeit interessant. In allen drei Wellen wurden die e-Mails mit dem Fragebogen jeweils gegen 13 Uhr verschickt. Es zeigt sich, dass die meisten Antworten um die Mittagszeit desselben Tages bzw. der darauf folgenden Tage zurückgekommen sind. Zum einen wird damit deutlich, dass viele Antwortende direkt den Fragebogen ausgefüllt und zurückgesandt haben. Zum anderen scheint aus Sicht der Befragten die Mittagszeit ein günstiger Zeitpunkt zur Beantwortung von sonstigen, nicht direkt zum Tagesgeschehen gehörenden e-Mails zu sein. Abbildung 12 gibt den Rücklauf kumuliert von 7 bis 20 Uhr wieder.

[36] Aus darstellungstechnischen Gründen wurden in dieser Abbildung nur Rückläufe bis 13.08.01 berücksichtigt. Die zwei danach eingegangen Fragebögen am 03.09.01 und am 26.09.01 wurden hier nicht dargestellt.

II. Verbreitung von e-Learning bei CDAX-Unternehmen

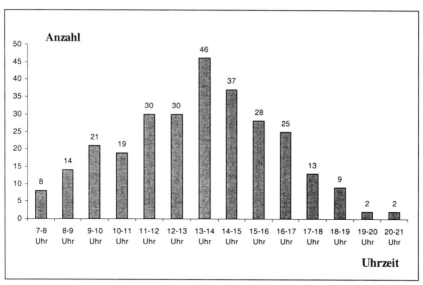

Abbildung 12: Kumulierter Rücklauf

284 der 692 in der Haupterhebung angeschriebenen Unternehmen haben einen Fragebogen zurückgesandt. Dies entspricht einer sehr hohen *Rücklaufquote* von *41,04%*, was die Aktualität und Relevanz der Thematik unterstreicht. Dennoch ist es notwendig zu prüfen, ob die Ausfälle („Non-Response") zufällig erfolgten oder ob systematische Einflüsse auf die Antwortwahrscheinlichkeit bestanden.[37] Erfolgten die Ausfälle zufällig, ist die realisierte Stichprobe eine Zufallsstichprobe der untersuchten Auswahlgesamtheit, und die Ausfälle sind somit nicht kritisch. Problematisch sind hingegen systematische Ausfälle, bei denen Variablen des Untersuchungsgegenstandes mit den Ursachen des Ausfalls zusammenhängen.

c) Datenaufbereitung und Rücklaufanalyse

Neben einer hohen Rücklaufquote zeichnet sich die Befragung durch eine gute Qualität der Beantwortung aus. So sind sowohl die Vollständigkeit[38] als

---

[37] Vgl. dies und Folgendes in: *Schnell et al.* (1999), S. 284ff.

[38] Bezüglich der Item-Non-Response-Rate (Anzahl Missing Values/Anzahl Befragter) zeigen sich lediglich bei Fragen zur *technischen Ausstattung* (Internet-Cafés, Item-Non-Response-Rate: 20%), zur *Einsatzdauer* (Item-Non-Response-Rate: maximal 23%), zur *Entwicklung* (Item-Non-Response-Rate: maximal 22%) sowie beim Fragenblock zum *Umfang* von Weiterbildungsmaßnahmen und den *Weiterbildungsaufwendungen*

auch die Eindeutigkeit[39] des Rohdatensatz bereits zufriedenstellend. Dennoch kann auch eine sorgfältige Vorbereitung mittels Pilotstudie und Pretest nicht verhindern, dass bei einigen Frageblöcken nur einzelne Antworten gegeben oder Fragen offensichtlich falsch verstanden wurden. Um derartige Angaben inhaltlich korrekt in der Auswertung berücksichtigen zu können, ist eine sorgfältige *Datenaufbereitung* notwendig.[40] Ziel ist es, die Aussagekraft der gewonnenen Daten zu steigern. Dabei ist eine genaue Vorgehensweise nötig, damit keine unter wissenschaftlichen Gesichtspunkten problematische Datenmanipulation erfolgt. Daher wird die Datenaufbereitung im Folgenden dokumentiert.

Bei der Datenaufbereitung wurden zunächst *offensichtliche Fehler* korrigiert:

- Die Zuordnung zur Gruppe der e-Learner bzw. Nicht-e-Learner musste in jeweils sechs Fällen geändert werden. In sechs Fragebögen hatten sich die Antwortenden als Nicht-e-Learner bezeichnet, die darauf folgenden Fragen jedoch beantwortet, aus denen hervorgeht, dass sie bereits e-Learning-Maßnahmen durchführen. Sie wurden daher der Gruppe der e-Learner zugeteilt. In weiteren sechs Fällen hatten Antwortende, die den Einsatz planen, bislang aber noch kein e-Learning nutzen, einige Fragen der Gruppe der e-Learner beantwortet. Für die 6 Fälle wurden diese Falschangaben konservativ auf „Missing" gesetzt.

- In einem Fall wurden die Fragen zur Internet-/Intranetausstattung in absoluten Zahlen anstatt in Prozentzahlen angegeben. Da jedoch keine Gesamtzahl vorlag, konnte nicht auf die Prozentzahl geschlossen werden, so dass diese Falschangaben auf „Missing" gesetzt wurden.

- In 12 Fällen wurde die Frage nach der durchschnittlichen Anzahl von Weiterbildungstagen pro Mitarbeiter falsch verstanden. Da die Frage auf das erste Halbjahr 2001 bezogen war, sollten die Antworten im Bereich von 0 bis 182 Tage liegen. In den 12 Fällen überstiegen die Angaben jedoch diesen Bereich. Sie wurden daher auf „Missing" gesetzt, da kein Rückschluss

---

(Item-Non-Response-Rate: maximal 57%) hohe Item-Non-Response-Rates. Bei allen anderen Items liegt dieses Verhältnis bei maximal 13%.

[39] Lediglich bei der Zuordnung zur Gruppe der „e-Learner" bzw. „Nicht-e-Learner", bei der Frage zur Internet/Intranetausstattung, bei den Angaben zum Weiterbildungsumfang sowie bei den Angaben zu Mitarbeiterzahl bzw. Umsatzklasse waren die Antworten nicht eindeutig. Wie in der folgenden Beschreibung der Datenaufbereitung dargestellt, wurden in sämtlichen Fällen, wo auf die richtige Antwort auf Basis der übrigen Antworten geschlossen werden konnte, diese eingefügt. War dies nicht möglich, wurde die Falschangabe auf „Missing" gesetzt.

[40] Vgl. zum Vorgehen der Datenaufbereitung insbesondere *Altmann* (2002), S. 89-91.

II. Verbreitung von e-Learning bei CDAX-Unternehmen

möglich war, ob sich die Angaben auf die durchschnittliche Anzahl von Weiterbildungstagen für alle Mitarbeiter für das erste Halbjahr oder auf die durchschnittliche Anzahl von Tagen pro Mitarbeiter für das gesamte Jahr 2000 bezog.

- In 23 Fällen hatten sich Antwortende als Nicht-e-Learner klassifiziert. Dennoch hatten sie bei der Frage, wie viel Prozent der Weiterbildungstage bzw. der Weiterbildungsbudgets auf elektronische Weiterbildungsmaßnahmen entfielen, Werte größer als Null Prozent angegeben. Diese Angaben wurden auf „Null Prozent" gesetzt.

- In sechs Fällen wichen die von den Befragten genannte Mitarbeiterzahl bzw. die angekreuzte Umsatzklasse drastisch von den externen Daten zu Mitarbeiterzahl bzw. Umsatz des Unternehmens ab.[41] In diesen Fällen wurden die Falschangaben mit Hilfe des externen Datenmaterials korrigiert. Der Vergleich mit der Brancheneinteilung des CDAX, die als Grundlage für den Fragebogen gewählt wurde, zeigte darüber hinaus, dass sich 11 Antwortende einer falschen Branche als Hauptgeschäftsfeld zugeteilt hatten. Nach Überprüfung wurden diese Falschangaben korrigiert.

Anschließend wurden *offene Antworten* in der Kategorie „Sonstiges" soweit wie möglich recodiert:

- Bei der Frage, von wem der Vorschlag zum erstmaligen Einsatz elektronischer Weiterbildungsmaßnahmen in der Unternehmenseinheit gekommen war, wurden zum einen die Antworten „Personalentwicklung", „Aus- & Weiterbildung", „Interne Trainingsabteilung", „interne Trainer", „unternehmenseigene Akademie" sowie „Erstausbildung" mit der bisherigen Variablen „Personalabteilung des Unternehmens" zu einer gemeinsamen Variablen „Personalführung und -entwicklung des Unternehmens" vereint. Hierzu wurden 15 Fälle recodiert. Zum anderen wurden die Antworten „Geschäftsleitung" und „Vorstand" zu einer gemeinsamen Variablen „Vorstand/Geschäftsleitung des Unternehmens" vereint (1 Fall recodiert) sowie die neuen Variablen „IT-Abteilung", „Fachabteilung", „Abteilungsleiter/Fachvorgesetzter" geschaffen. Dazu wurden 15 Fälle recodiert.

- Bei der Frage, wer an der Entscheidung zum erstmaligen Einsatz elektronischer Weiterbildungsmaßnahmen in der Unternehmenseinheit beteiligt gewesen war, wurden zunächst die Antworten „Personalentwicklung", „Aus- & Weiterbildung" und „unternehmenseigene Akademie" mit der bisherigen Variablen „Personalabteilung des Unternehmens" zu einer gemeinsamen

---

[41] Angaben im Geschäftsbericht der Unternehmen sowie Angaben in der CDAX-Liste.

Variablen „Vertreter der Abteilung Personalführung und -entwicklung des Unternehmens" vereint. Hierzu wurden sieben Fälle recodiert. Danach wurde eine Antwort „EDV-Abteilung" der Variablen „Vertreter der IT-Abteilung" zugeordnet sowie die neuen Variablen „Vertreter einer Fachabteilung" und „Abteilungsleiter/Fachvorgesetzter" geschaffen. Dabei wurden weitere 14 Fälle recodiert.

Abschließend wurden *fehlende Antworten („Missings")* soweit wie möglich und eindeutig interpretierbar einzelnen Antworten zugeordnet.

- Es war insbesondere möglich und begründbar, wenn aus Zeitknappheit ein „trifft nicht zu" gemeint war, aber nicht angekreuzt wurde.[42] Kriterium war hierbei, ob ähnliche Fragen in derselben Fragenkategorie beantwortet wurden. In diesen Fällen wurde ein „Missing" durch ein „trifft nicht zu" ersetzt.

- Daneben konnten auch Rückschlüsse aus anderen Fragenkategorien auf die jeweilige Kategorie gezogen werden. So wurden bei der Frage, wie lange eine e-Learning-Form bereits eingesetzt wird, bei 16 Fällen ein „Missing" durch die Angabe „nicht angewendet" ersetzt. Dieser Rückschluss war möglich aufgrund der vorherigen Frage zur Einsatzhäufigkeit der Lernform, bei der in diesen Fällen „nie" geantwortet worden war.

- Dies war ebenso möglich bei der Frage, wer die elektronische Weiterbildungsmaßnahme entwickelt hatte. Auch hier war ein Rückschluss auf die Frage zur Einsatzhäufigkeit der jeweiligen Lernform möglich. Dabei wurde bei 17 Fällen ein „Missing" durch „nicht angewendet" ersetzt, da zuvor „nie" geantwortet worden war.

- Darüber hinaus hatten sieben Antwortende die Frage, ob sie e-Learner sind, nicht beantwortet. Aus dem weiteren Antwortverhalten war jedoch klar ersichtlich, dass sie kein e-Learning einsetzen, also konnte bei ihrer Klassifizierungsfrage ein „Missing" durch „Nicht-e-Learner" ersetzt werden.

- Aufgrund des externen Datenmaterials konnten schließlich fehlende Werte bei Umsatz- und Mitarbeiterangaben sowie der Brancheneinteilung in den Fällen ergänzt werden, wo gesicherte Angaben vorlagen. In sechs Fällen wurde die Mitarbeiterzahl, in 16 Fällen die Umsatzzahl, in fünf Fällen beides und in 18 Fällen die fehlende Brancheneinteilung hinzugefügt. Dies erfolgte jeweils sorgfältig in Übereinstimmung mit den Angaben zum Gültigkeitsbereich des Unternehmens. „Missings" wurden nur ersetzt, wenn sich die Angaben im Fragebogen auf die Aktiengesellschaft bezogen, für die dank externen Datenmaterials Informationen vorlagen.

---

[42] Vgl. dazu *Altmann* (2002), S. 91.

II. Verbreitung von e-Learning bei CDAX-Unternehmen

Nach der Datenaufbereitung erfolgte die *Rücklaufkontrolle* der Datenerhebung. Eine Möglichkeit der Rücklaufkontrolle besteht nach Armstrong/Overton darin, eine Unterschiedskontrolle von Früh- und Spätantwortern durchzuführen.[43] Hierbei wird untersucht, ob es systematische Unterschiede zwischen Befragten gibt, die früh geantwortet haben und solchen, die spät z.B. nach einer Nachfassaktion antworteten. Dahinter steht die Annahme, dass Personen, die spät einen Fragebogen beantworten, große Ähnlichkeit mit Nicht-Antwortern haben.[44] Es wird daher davon ausgegangen, dass für den Fall, dass keine systematischen Unterschiede zwischen Früh- und Spätantwortern bestehen, auch keine systematischen Verzerrungen zwischen Antwortern und Nicht-Antwortern vorliegen. Der wesentliche Vorteil dieses Verfahrens liegt darin, dass es nicht notwendig ist zu wissen, wer nicht geantwortet hat. Gleichzeitig können alle Variablen, für die Antworten vorliegen, in die Analyse einbezogen werden.[45]

In der vorliegenden Untersuchung wurden für die Durchführung dieser Analyse diejenigen Antworten als *Frühantworter* klassifiziert, die auf die erste Zusendung des Fragebogens geantwortet hatten (1. Welle), dies waren 122 von 284 Befragten.[46] Die übrigen 162 Fälle wurden als *Spätantworter* eingestuft. Der statistische Vergleich beider Gruppen im Hinblick auf sämtliche 141 direkt abgefragte Items ergab, dass nur 5 und zudem inhaltlich nachrangige Items auf dem 5%-Niveau Unterschiede aufwiesen.[47] Eine systematische Non-Response-Verzerrung ist nach dieser Analyse somit nicht zu befürchten, da man bei einer 5%-Fehlerwahrscheinlichkeit bei 141 Items 7 falsche Items erwarten würde, tatsächlich lediglich 5 Items signifikante Unterschiede zwischen Früh- und Spätantwortern aufweisen.

Eine weitere Möglichkeit der Non-Response-Kontrolle besteht darin, Unterschiede von Antwortern und Nicht-Antwortern zu untersuchen, indem *externes Datenmaterial* zum Vergleich herangezogen wird. Problematisch ist hierbei oft, dass nicht alle Variablen in die Analyse einbezogen werden können. Zudem ist es hierfür notwendig, äquivalentes externes Datenmaterial für die gesamte Auswahlgesamtheit zu bekommen. Diese Voraussetzung konnte hier weitestgehend erfüllt werden. Für die zweite Non-Response-Analyse lagen für rund

---

[43] Vgl. *Armstrong/Overton* (1977), S. 396ff.
[44] Vgl. *Armstrong/Overton* (1977), S. 397.
[45] Vgl. *Altmann* (2002), S. 92.
[46] Vgl. zu diesem Vorgehen auch *Altmann* (2002), S. 92.
[47] Bei nominalen Daten wurde der Chi-Quadrat-Test nach Pearson, bei ordinalen Daten der Mann-Whitney-Test und bei metrischen Daten der t-Test angewendet. Bei metrischen Daten wurde dabei nach gleichen und ungleichen Varianzen unterschieden. Auf Basis des Tests auf Varianzgleichheit wurde in den Fällen, wo ungleiche Varianzen bestanden (10 Items), der t-Test für ungleiche Varianzen angewandt.

zwei Drittel der Unternehmen der Auswahlgesamtheit Informationen zur Mitarbeiterzahl 1999/2000, zur Branche des Unternehmens (CDAX-Klassifizierung) sowie zum Return on Equity am 14.10.2000 sowie am 14.10.2001 vor.[48] Da 34 der 284 antwortenden Unternehmen den Fragebogen anonym zurücksandten, kann als Teilnehmerzahl für diese Untersuchung nur eine Zahl von 250 teilnehmenden Unternehmen angenommen werden. Bei der Non-Response-Analyse sind diese beiden Einschränkungen bezüglich der Informationslage zu beachten. Dennoch liefert sie Indizien, in welcher Richtung eine Verzerrung in der Stichprobe vorliegen könnte. Mit den vorhandenen Informationen sollen dabei insbesondere zwei Hypothesen geprüft werden.

Es lässt sich einerseits vermuten, dass größere Unternehmen mit einer höheren Wahrscheinlichkeit an der Befragung teilnehmen.[49] Dies scheint einerseits ein generelles Charakteristikum von Betriebsbefragungen zu sein. Andererseits ist zu vermuten, dass größere Unternehmen aufgrund ihrer stärkeren Finanzkraft eher e-Learning einsetzen und aufgrund der höheren Affinität hierzu eher an der Befragung teilnehmen. Eine höhere Teilnahmewahrscheinlichkeit kann aber auch mit dem Erfolg eines Unternehmens zusammenhängen. So ist vorstellbar, dass erfolgreiche Unternehmen gerne über ihren Erfolg berichten und daher Fragebögen ausfüllen, während nicht-erfolgreiche Unternehmen ungern ins öffentliche Licht treten. Es könnte somit auch bezüglich des Unternehmenserfolgs eine systematische Verzerrung bestehen. Im Folgenden sollen daher die beiden Hypothesen getestet werden:

Teilnahme-Hypothese 1: Die Teilnahmewahrscheinlichkeit wird von der Unternehmensgröße beeinflusst.

Teilnahme-Hypothese 2: Die Teilnahmewahrscheinlichkeit wird von der Profitabilität des Unternehmens beeinflusst.

Die Teilnahmewahrscheinlichkeit kann durch ein Probit-Modell geschätzt werden.[50] Als abhängige Variable wird eine dichotome Variable mit den Ausprägungen „Unternehmen hat teilgenommen" bzw. „Unternehmen hat nicht

---

[48] Die Mitarbeiterzahlen wurden mittels Sekundäranalyse aus Geschäftsberichten etc. der Unternehmen ermittelt. Teilweise lagen hier nur Zahlen für 1999, teilweise nur für 2000 vor. Die Branchenzugehörigkeit konnte den Informationen der Deutschen Börse zu CDAX-Unternehmen entnommen werden. Die Daten zum Return on Equity wurden per Datastream ermittelt. Die Abfrage erfolgte hier am 14.10.2002, daher gab das System die RoEs für diesen Tag der Jahre zuvor an.

[49] Vgl. dies und Folgendes in: *Schmidt* (1994), S. 203f.

[50] Das Probit-Modell ist ein Wahrscheinlichkeitsmodell, wobei die abhängige Variable dichotom ist. Zur Methodik vgl. Kapitel E.III.2.a) sowie *Greene* (2003), S. 663ff.

II. Verbreitung von e-Learning bei CDAX-Unternehmen

teilgenommen" gewählt. Die zu untersuchenden Variablen „Unternehmensgröße" sowie „Unternehmenserfolg" werden über die Mitarbeiterzahl sowie den Return on Equity operationalisiert. Als Kontrollvariablen werden daneben noch die Unternehmensbranche sowie ein Interaktionsterm für Größe und Erfolg aufgenommen.[51] Der Analyse liegt dabei folgendes Modell zugrunde:

(1) $$T_i = f\left\{\beta_0 + \sum_{j=1}^{18} \beta_j * D_{ij} + \gamma_1 * E_i + \gamma_2 * ROE_i + \gamma_3 * E_i * ROE_i\right\}$$

mit

T_i	=	Wahrscheinlichkeit für die Teilnahme an der Befragung (dichotome Variable)
β_0	=	Konstante der Regressionsgleichung
β_j	=	Koeffizienten der unabhängigen Dummy-Variablen D_{ij}
γ_1	=	Koeffizient der unabhängigen Variablen E_i
γ_2	=	Koeffizient der unabhängigen Variablen ROE_i
γ_3	=	Koeffizient der unabhängigen Variablen E_i*ROE_i
$D_{i1} - D_{i18}$	=	Branchen-Dummies für die 18 Branchen Rohstoffe, Energie/Wasser, Chemie, Pharma, Automobil, Maschinenbau, Baugewerbe, Technologie, Nahrungsmittel/Getränke, Konsumgüter, Banken, Sonstige Finanz-Dienstleistungen, Versicherungen, Software, Einzelhandel, Medien, Telekommunikation, Transport/Logistik (Referenzgruppe: Beteiligungsunternehmen)
E_i	=	Employment (E) gemessen als ln (Mitarbeiterzahl 1999/2000)
ROE_i	=	Return on Equity (ROE) 2001
E_i*ROE_i	=	Interaktionsterm [ln (Mitarbeiterzahl 1999/2000)*ROE 2001]

Tabelle 3 stellt das Ergebnis der Probit-Schätzung (ohne insignifikante Branchen-Dummies) dar:

---

[51] Für 19 verschiedene CDAX-Branchen wurden 19 Dummies (Ja/Nein) in das Modell aufgenommen. Die Interaktionsvariable wurde gebildet aus der logarithmierten Mitarbeiterzahl multipliziert mit dem Return on Equity.

Tabelle 3
Probit-Modell zur Erklärung der Teilnahmewahrscheinlichkeit[52]

Probit-Schätzung: Erklärung der Teilnahmewahrscheinlichkeit eines angeschriebenen Unternehmens	
Abhängige Variable	**Teilnahme der Erhebung (ja/nein)**
Unabhängige Variabeln	Marg. Effekt dF/dx SF
ln (Mitarbeiterzahl 1999/2000)	0,022* 0,011
Return on Equity (RoE) 2001 #	-0,793* 0,471
Interaktion [ln (Mitarbeiterzahl 1999/2000) * RoE 01] #	0,069 0,046
Branche Chemie (Dummy Ja/Nein)	0,3409** 0,1380
Branche Versicherung (Dummy Ja/Nein)	0,3346* 0,1675
Anpassungsgüte des Modells	LR $\chi 2$=16,77 p($\chi 2$)=0,0049 Pseudo-R^2=0,031 N=411
Datensatz: Alle angeschriebenen Unternehmen, von denen Daten vorlagen; Schätzverfahren: Probit, dF/dx für Dummy-Variablen zeigt die Veränderung der Teilnahmewahrscheinlichkeit der Dummy-Variablen von 0 zu 1. Wald-Test aller Branchen-Dummies: $\chi 2$= 19,97, p($\chi 2$)= 0,33. Signifikanzniveau: ***=p<0,01/**=p<0,05/*=p<0,1, #: Variable durch Faktor Hundert dividiert	

Das Ergebnis der Schätzung zeigt, dass die Nullhypothese zur Teilnahme-Hypothese 1 (keine Wirkung der Unternehmensgröße) auf dem 10%-Signifikanzniveau zurückgewiesen werden kann ebenso wie die Nullhypothese zur Teilnahme-Hypothese 2 (keine Wirkung des Unternehmenserfolgs). Die Wahrscheinlichkeit, dass ein Unternehmen an der Befragung teilgenommen hat, wurde also von der Unternehmensgröße (ln Mitarbeiterzahl) positiv beeinflusst. Negativ hat sich andererseits der Erfolg eines Unternehmens gemessen am Return on Equity 2001 ausgewirkt. Keine Auswirkung hat hingegen die Inter-

---

[52] Der Wald-Test prüft die Nullhypothese, dass alle Koeffizienten der Variablen der jeweiligen Gruppe gleich null sind. Wird diese Nullhypothese nicht abgelehnt, so sind die Variablen gemeinsam nicht signifikant. Vgl. *Judge* (1985), S. 20ff., *Greene* (2003), S. 175ff., *Altmann* (2002), S. 150.

II. Verbreitung von e-Learning bei CDAX-Unternehmen

aktion von Unternehmensgröße und Erfolg des Unternehmens. Daneben zeigt sich, dass Unternehmen der Branchen „Chemie" sowie „Versicherung" eine höhere Teilnahmewahrscheinlichkeit hatten als Unternehmen anderer Branchen.

Somit können systematische Ausfalleffekte für die Erhebung nachgewiesen werden. Dies bedeutet jedoch nicht automatisch eine verzerrte Ergebnisdarstellung.[53] Problematisch wäre es insbesondere gewesen, wenn eine signifikante Interaktion von Größe und Erfolg vorgelegen hätte, indem z.B. besonders erfolgreiche kleine Unternehmen teilgenommen hätten. In diesem Fall wären Aussagen zum Erfolg von e-Learning allein erklärbar durch den Unternehmenserfolg und eine Analyse und Interpretation sonstiger Erfolgsfaktoren für e-Learning fraglich. Die Ergebnisse der Probit-Schätzung zeigen jedoch zum einen, dass die Interaktion Unternehmensgröße/Unternehmenserfolg keinen signifikanten Einfluss auf die Teilnahmewahrscheinlichkeit hat. Zum anderen wird deutlich, dass sich der Unternehmenserfolg sogar negativ auf die Teilnahmewahrscheinlichkeit auswirkt. Somit können die Ergebnisse zum Erfolg von e-Learning ohne Bedenken ausgewertet werden. Das Problem der etwas stärkeren Teilnahme größerer Unternehmen scheint ein grundsätzliches Problem von Betriebsbefragungen zu bilden, da in größeren Unternehmen tendenziell mehr Kapazität für derartige Beantwortungen neben dem Alltagsgeschäft verfügbar ist.[54] Unklar ist jedoch, warum sich die Unternehmenszugehörigkeit zu den Branchen Chemie bzw. Versicherung signifikant positiv auf die Teilnahmewahrscheinlichkeit auswirkt. In der Interpretation der Befragungsergebnisse müssen diese Ergebnisse berücksichtig werden, sie stellen jedoch keine problematischen Verzerrungen bezüglich der Ergebnisdarstellung dar.

Sowohl die Rücklaufanalyse bezüglich Früh- und Spätantworter als auch die Analyse der Teilnahmewahrscheinlichkeit hat gezeigt, dass mit hoher Wahrscheinlichkeit keine problematischen systematischen Verzerrungen vorliegen.

---

[53] Die dargestellte Schätzung weist die meisten signifikanten Koeffizienten bezüglich Mitarbeiterzahl, Return on Equity sowie Interaktion dieser beiden auf. Sie stellt somit die strengste Prüfung der Teilnahmewahrscheinlichkeit bezüglich systematischer Verzerrungen dar. Testet man hingegen anstatt dem RoE 2001 und der Interaktion dieses mit der Mitarbeiterzahl den RoE 2000 oder den Mittelwert der RoE 2000 und 2001, ergeben sich lediglich bei der Mitarbeiterzahl sowie den Branchen-Dummies signifikante Ergebnisse. Wählt man als Größenvariable nicht die logarithmierte Mitarbeiterzahl sondern drei Größenklassen (0-500 Mitarbeiter, 500-5000 Mitarbeiter, über 5000 Mitarbeiter) und die Interaktionen jeweils damit, sind keine dieser Variablen mehr signifikant. Das gleiche gilt ebenfalls für die Wahl der Marktkapitalisierung anstatt der Mitarbeiterzahl als Größenvariable.

[54] Vgl. dies und Folgendes in: *Schmidt* (1994), S. 203f.

Somit stellt die Stichprobe eine repräsentative Auswahl der Grundgesamtheit dar und sind Inferenzschlüsse möglich.[55]

2. Vergleich der Einsatzfelder von e-Learning zwischen großen und kleinen CDAX-Unternehmen

Im Folgenden wird eine deskriptive Analyse der erhobenen Daten zur Verbreitung von e-Learning bei CDAX-Unternehmen durchgeführt.[56] Dabei erfolgt zunächst eine kurze allgemeine Deskription der befragten Unternehmen. Es schließt sich eine Darstellung an, aus der hervorgeht, bei welchen Gruppen mit welchen Inhalten e-Learning bereits in welcher Intensität genutzt wird und ob sich Unterschiede zwischen großen und kleinen Unternehmen feststellen lassen. Für die Analyse bezüglich der Unternehmensgröße werden insbesondere Unternehmen bis 500 Mitarbeiter („kleine Unternehmen") sowie Unternehmen über 500 Mitarbeiter („große Unternehmen") unterschieden. Diese Aufteilung ist nicht nur konzeptionell begründet[57], sondern hat auch aus empirischer Sicht den Vorteil, dass zwei ähnlich große Gruppen verglichen werden.[58]

Neben den Aspekten zu Inhalten und Zielgruppen ist zum anderen zu vermuten, dass sich Unterschiede im Innovationsprozess zwischen großen und kleinen Unternehmen feststellen lassen. Daher sollen die für das Innovationsmanagement und das Marketing interessanten Fragestellungen geklärt werden, wer in den jeweiligen Gruppen Ideengenerierer auf Nachfragerseite für den Einsatz einer Innovation war, wer an der Entscheidung über die Einführung der Innovation im Unternehmen beteiligt war und von wem die Innovation schließlich entwickelt wurde. Abschließend werden erwartete und realisierte Vorteile sowie maßgebliche Problembereiche der Einführung und ihre Unterschiede im Hinblick auf die Unternehmensgröße analysiert, um mögliche Handlungsfelder zur Verbesserung aufzuzeigen.

---

[55] Vgl. *Bortz* (1999), S. 85ff.

[56] Vgl. zu den folgenden Inhalten *Harhoff et al.* (2001) sowie *Markart* (2001), S. 29ff.

[57] Diese Abgrenzung erfolgt in Anlehnung an das Institut für Mittelstandsforschung (IfMF), die Unternehmen bis 500 Mitarbeiter als klein- und mittelständische Unternehmen klassifizieren. Vgl. *Daschmann* (1994), S. 52.

[58] Von 274 Unternehmen, über die Mitarbeiterzahlen vorliegen, sind 153 kleine Unternehmen (bis 500 Mitarbeiter) und 121 große Unternehmen (über 500 Mitarbeitern). Bei 10 der 284 befragten Unternehmen liegen hingegen aufgrund der Anonymität des Fragebogens keine Mitarbeiterzahlen vor – bei den übrigen 274 Unternehmen haben die Befragten freiwillig Hinweise zu ihrer Unternehmenszugehörigkeit gegeben.

II. Verbreitung von e-Learning bei CDAX-Unternehmen

a) Charakteristika der befragten Unternehmen

Die Unternehmen, die an der Befragung teilgenommen haben, beschäftigten im Jahr 2000 im Mittel rund 3.400 Mitarbeiter. Der deutlich niedrigere Median der Mitarbeiterzahl (=395) zeigt, dass die Mehrzahl der Unternehmen kleiner ist, als es der Mittelwert andeutet. Gleichzeitig streuen die Daten recht stark (Standardabweichung der Mitarbeiterzahl= 10.799,2). Der Median der Umsatzklasse liegt bei 100-250 Mio. DM. Der Median der Weiterbildungsaufwendungs-Klasse liegt bei 125.000-250.000 DM, d. h. rund 1 Promille des Umsatzes wird in den befragten Unternehmen für Weiterbildung ausgegeben.

Tabelle 4
Deskriptive Statistiken der befragten Unternehmen

Variable	Minimum	Maximum	Mittelwert	Median	Standardabweichung	N
Anzahl Mitarbeiter im Jahre 2000	1	100.000	3.439,3	395	10.799,2	274
Umsatz-Klasse[59] im Jahre 2000 (in DM)	0-1 Mio.	über 250 Mrd.	-	100-250 Mio.	-	238
Weiterbildungsaufwendungs-Klasse[60] im 1.Halbjahr 2001 (in DM)	0-25.000	250-500 Mio.	-	125.000-250.000	-	224

b) Unterschiede zwischen großen und kleinen Unternehmen bezüglich Lernformen, Zielgruppen und Schulungsinhalten des Einsatzes

Rund 30% der befragten Unternehmen (88 Unternehmen) führen bereits elektronische Weiterbildungsmaßnahmen durch, sie werden im Folgenden als

---

[59] Folgende Umsatzklassen waren im Fragebogen vorgegeben: *1*: 0- 1 Mio. DM, *2*: 1-10 Mio. DM, *3*: 10-50 Mio. DM, *4*: 50-100 Mio. DM, *5*: 100-250 Mio. DM, *6*: 250-500 Mio. DM, *7*: 500 Mio.-1 Mrd. DM, *8*: 1-10 Mrd. DM, *9*: 10-50 Mrd. DM, *10*: 50-100 Mrd. DM, *11*: 100-250 Mrd. DM, *12*: über 250 Mrd. DM.

[60] Folgende Klassen für Weiterbildungsaufwendungen waren im Fragebogen vorgegeben: *1*: 0-25.000 DM, *2*: 25.000-50.000 DM, *3*: 50.000-125.000 DM, *4*: 125.000-250.000 DM, *5*: 250.000-500.000 DM, *6*: 500.000-1 Mio. DM, *7*: 1-5 Mio. DM, *8*: 5-25 Mio. DM, *9*: 25-50 Mio. DM, *10*: 50-250 Mio. DM, *11*: 250-500 Mio. DM, *12*: 500 Mio.-5 Mrd. DM, *13*: über 5 Mrd. DM.

„e-Learner" bezeichnet gegenüber der Gruppe der „traditionellen Weiterbilder".[61] Dabei zeigt sich, dass es insbesondere die größeren Unternehmen sind, die e-Learning schon anwenden. So nutzen 60% der Unternehmen über 500 Mitarbeiter e-Learning, wobei eine größere Gruppe (25 Unternehmen) zwischen 1000 und 5000 Mitarbeitern liegt, wie Abbildung 13 zeigt. Rund 12% der „e-Learner" hatten sogar zwischen 20.000 und 100.000 Mitarbeiter im Jahre 2000. Der Schwerpunkt der Verteilung bei den „traditionellen Weiterbildern" liegt hingegen bei den klein- und mittleren Betrieben. So haben nahezu zwei Drittel der Unternehmen in der Gruppe der „traditionellen Weiterbilder" weniger als 500 Mitarbeiter.

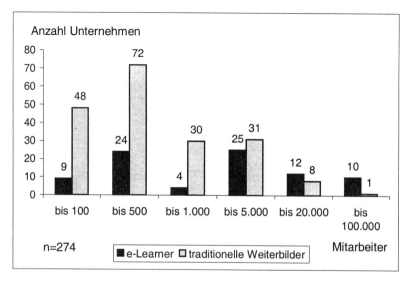

Abbildung 13: Vergleich „e-Learner" – „traditionelle Weiterbilder" im Jahre 2000 bezüglich Mitarbeiterzahl

Wirft man einen Blick auf die Branchen, aus denen die jeweiligen Unternehmen kommen, zeigt sich, dass insbesondere der Finanzdienstleistungssektor im Verhältnis bereits sehr stark e-Learning einsetzt, gefolgt vom Bereich

---

[61] Diese Unterscheidung ist sowohl aus Innovationsmanagement- als auch aus Marketingsicht sinnvoll. Hierdurch können die Charakteristika von Unternehmen erfasst werden, die im Gegensatz zu den Nicht-Adoptoren eine Innovation bereits übernommen haben. Es lassen sich somit mögliche Schlüsse beispielsweise auf die Innovationsfreudigkeit einer Branche oder bestimmter Unternehmenstypen ziehen. Gruppierungsvariable ist die Frage, ob das Unternehmen elektronische Weiterbildungsmaßnahmen durchführt.

II. Verbreitung von e-Learning bei CDAX-Unternehmen

„Grundversorgung, Pharma, Chemie".[62] In beiden Branchen dominieren bei der Gruppe der „e-Learner" die großen Unternehmen, wie Abbildung 14 zeigt. Deutlich anders sieht es hingegen in der Software-Branche aus. Hier sind sowohl bei den „e-Learnern" als auch bei den „traditionellen Weiterbildern" die kleinen Unternehmen sehr stark vertreten. Bezüglich des Verhältnisses Nutzung – Nicht-Nutzung von e-Learning in den Unternehmen liegt die Software-Branche erstaunlicherweise nur im Mittelfeld, was sich jedoch durch den geringen Anteil großer Unternehmen in dieser Branche begründen lässt. Die beiden größten Branchen „Auto, Maschinenbau etc." sowie „Sonstige Dienstleistung" weisen den im Verhältnis geringsten Anteil „e-Learner" auf.

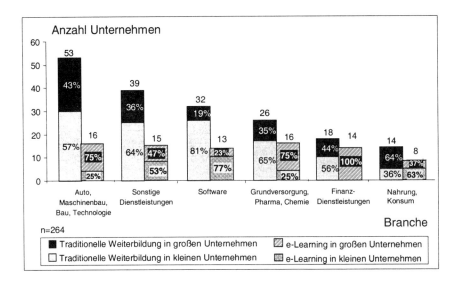

Abbildung 14: Vergleich „e-Learner" und „traditionelle Weiterbilder" bezüglich der Branche

---

[62] Die Einteilung der Branchen war den Befragten im Fragebogen vorgeben. Sie ist der CDAX-Einteilung für diese Unternehmen bei der Deutschen Wertpapierbörse entnommen. Für die Analyse wurden aus den 19 vorgegebenen Branchen folgende sechs Gruppen gebildet (in Klammern: Anzahl der Unternehmen pro Branche in der Befragung): *Branchengruppe 1:* Rohstoffe (4), Energie/Wasser (13), Chemie (12), Pharma (13), *Branchengruppe 2:* Automobil (14), Beteiligungsunternehmen (9), Maschinenbau (13), Baugewerbe (7), Technologie (26), *Branchengruppe 3:* Nahrungsmittel/Getränke (7), Konsumgüter (15), *Branchengruppe 4:* Banken (10), Sonstige Finanz-Dienstleistungen (12), Versicherungen (12), *Branchengruppe 5:* Software (45), *Branchengruppe 6:* Einzelhandel (16), Medien (23), Telekommunikation (13), Transport/Logistik (2).

94   C. Empirische Analysen der Verbreitung von e-Learning

Interessant ist die Frage, welche elektronischen Lernformen von den e-Learning einsetzenden Unternehmen routinemäßig genutzt werden und ob sich auch hier Unterschiede bezüglich der Unternehmensgröße zeigen. Abbildung 15 verdeutlicht, dass bei allen elektronischen Lernformen große Unternehmen die größere Nutzergruppe darstellen. Interessant ist dabei, dass bei den „älteren" Lernformen CBT und Business TV deutlich mehr große Unternehmen (z.B. bei CBT 46 Unternehmen) die Lernform nutzen als kleine (31 Unternehmen), bei WBT und VC die Unterschiede hingegen nicht mehr so stark sind (z.B. bei WBT 27 große Unternehmen gegenüber 21 kleinen). Gleichzeitig ist CBT nach wie vor bei großen wie kleinen Unternehmen die am stärksten genutzte elektronische Lernform. Es wird von nahezu allen e-Learning anwendenden Unternehmen (77 Unternehmen) routinemäßig eingesetzt und ist am ehesten in Unternehmen etabliert. Daneben ist insbesondere WBT auf dem Vormarsch. Bereits mehr als die Hälfte der Unternehmen (48 Unternehmen) führt WBTs durch, wobei insbesondere hier Unterschiede zwischen großen und kleinen Unternehmen bestehen. Während 41% der großen Unternehmen WBTs seit über einem Jahr routinemäßig nutzt, sind es bei den kleinen Unternehmen hingegen nur 29%. Die neueste e-Learning-Form ist das Virtual Classroom, das von 81% der großen bzw. 10% der kleinen Unternehmen erst seit maximal einem Jahr routinemäßig eingesetzt wird, in der Einsatzhäufigkeit aber bereits das schon länger genutzte Business TV überholt hat.

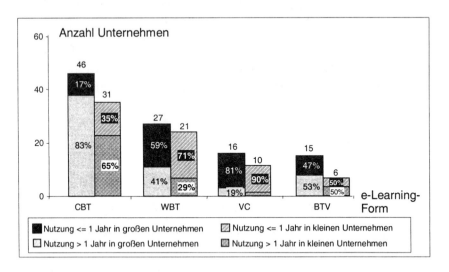

Abbildung 15: Vergleich der Dauer der routinemäßigen Nutzung elektronischer Lernformen nach Unternehmensgröße

II. Verbreitung von e-Learning bei CDAX-Unternehmen

Der Vergleich des Einsatzes der elektronischen Lernformen mit dem Präsenztraining macht deutlich, dass letzteres weiter die wichtigste Weiterbildungsmaßnahme darstellt. So wurden entsprechend Abbildung 16 im ersten Halbjahr 2001 in 71% der befragten Unternehmen Präsenzveranstaltungen oft oder sogar sehr oft durchgeführt. Diese hohe Zahl ist insbesondere auf die großen Unternehmen zurückzuführen. Hier zeigen sich signifikante Unterschiede zwischen großen und kleinen Unternehmen.[63] 90% der Unternehmen über 500 Mitarbeiter geben an, oft oder sehr oft Präsenzveranstaltungen im ersten Halbjahr 2001 durchgeführt zu haben. Bei Unternehmen unter 500 Mitarbeiter sind dies lediglich 41%, 53% der kleinen Unternehmen haben Präsenztraining gelegentlich genutzt. Bezüglich der elektronischen Lernformen werden hingegen keine signifikanten Unterschiede zwischen großen und kleinen Unternehmen erkennbar. Jedoch nutzten auch lediglich 30% bzw. 14% der Unternehmen CBT bzw. WBT oft oder sehr oft. Bei Virtual Classroom sowie Business TV sind es noch weniger.

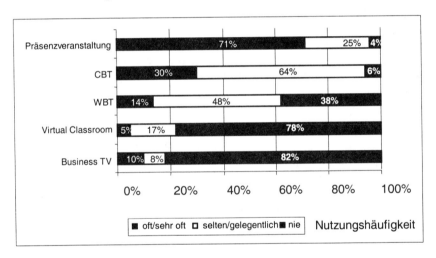

Abbildung 16: Häufigkeit der Nutzung im ersten Halbjahr 2001

Zur Beurteilung der Erfolgsanalyse in Kapitel C.II.3.d) sind die *Zielgruppen* wichtig, die mit elektronischen Weiterbildungsmaßnahmen geschult werden, sowie die Unterschiede zwischen großen und kleinen Unternehmen hierbei. Wie Abbildung 17 zeigt, stehen bei beiden Gruppen vor allem Angestellte gefolgt vom mittleren Management im Vordergrund.[64] Die Gruppe der Angestellten ist insbesondere deshalb für elektronische Weiterbildung sehr geeignet,

---

[63] Mann-Whitney-Test (z=-4,51), signifikant auf dem 1%-Niveau.
[64] Es waren bei der Frage Mehrfachantworten möglich.

da zum einen der Hauptteil der Arbeitszeit am Computer stattfindet. Zum anderen stellen bei dieser Zielgruppe fachliche Kenntnisse und EDV-Kompetenz wichtige Schulungsinhalte dar. Dies trifft teilweise auch auf das mittlere Management zu. Bei der Gruppe der Facharbeiter hingegen ist der Anteil der Arbeitszeit am Computer deutlich geringer als bei Angestellten und daher der Computer nicht unbedingt das wichtigste Schulungsmedium. Gleichzeitig ist zu beachten, dass frühere Weiterbildungserhebungen gezeigt haben, dass Weiterbildungsmaßnahmen generell bei höher Qualifizierten deutlich verbreiteter sind als bei Facharbeitern und sich somit auch ein geringerer Teilnehmeranteil dieser an elektronischen Schulungsmaßnahmen erklären lässt.[65] Andererseits zeigt sich auch beim oberen Management eine geringere Teilnahme an elektronischen Weiterbildungsmaßnahmen. Dies ist jedoch damit erklärbar, dass ein Schwerpunkt der Schulungsinhalte hier auf persönlichkeitsfördernden Inhalten liegt, wie z.B. Führungstraining, das sinnvoller mit Präsenztraining zu vermitteln ist. Daneben sind bei dieser Zielgruppe die Kontaktmöglichkeit und das Knüpfen eines Netzwerkes sehr wichtig, was in elektronischen Weiterbildungsmaßnahmen schwieriger zu leisten ist als bei einer Präsenzschulung. Während Zulieferer bislang kaum mit Hilfe von e-Learning geschult werden, nennt immerhin mehr als ein Viertel der Unternehmen unter 500 Mitarbeitern, die e-Learning verwenden, auch ihre Kunden als Zielgruppe von e-Learning-Maßnahmen.

Insgesamt lassen sich keine signifikanten Unterschiede zwischen großen und kleinen Unternehmen feststellen bezüglich der jeweiligen Personengruppe, z.B. Angestellten, als Zielgruppe für e-Learning-Schulungen.[66] Es zeigen sich jedoch kleinere, nicht-signifikante Unterschiede: So geben im Verhältnis mehr größere Unternehmen an, Angestellte, oberes Management, Zulieferer und insbesondere Facharbeiter mit e-Learning zu schulen. Gleichzeitig schulen im Verhältnis mehr kleine Unternehmen ihr mittleres Management sowie vor allem ihre Kunden mit elektronischen Weiterbildungsmaßnahmen, wie Abbildung 17 zeigt.

---

[65] Vgl. *Pischke* (2001), S. 530 und insbesondere *Pischke* (1996), S. 9f. sowie *Jonen et al.* (2002), S. 184.

[66] Chi-Quadrat-Test nach Pearson: Angestellte: $\chi^2=0,21$; Mittleres Management: $\chi^2=0,09$; Facharbeiter: $\chi^2=1,14$; Oberes Management: $\chi^2=0,75$; Kunden: $\chi^2=2,42$; Zulieferer: $\chi^2=0,31$; nicht signifikant.

II. Verbreitung von e-Learning bei CDAX-Unternehmen

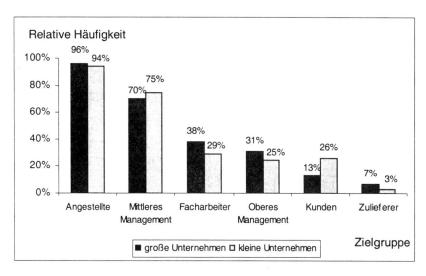

Abbildung 17: Zielgruppen von e-Learning-Maßnahmen nach Unternehmensgröße

Im Hinblick auf die *Schulungsinhalte* betonen Anbieter für e-Learning-Maßnahmen häufig, dass e-Learning geeignet sei, sowohl Faktenwissen als auch soziale Kompetenzen wie z.B. Kommunikationsfähigkeit zu vermitteln. Frühere Studien haben aber herausgefunden, dass nur bei jedem vierten Unternehmen soziale Kompetenzen mittels e-Learning gelehrt werden, dagegen eine Dominanz der IT-Themen bei der Vermittlung von Lehrinhalten mittels elektronischer Weiterbildungsmaßnahmen vorliegt.[67] Die Ergebnisse dieser Studie bestätigen dies. So vermitteln über 80% der großen und kleinen Unternehmen EDV-Kompetenz sowie rund 70% dieser Unternehmen fachspezifisches Wissen mittels elektronischer Weiterbildungsformen, während nur 16% der großen bzw. 26% der kleinen Unternehmen hiermit Kommunikations-/Sozialkompetenz schulen, wie Abbildung 18 zeigt. Signifikante Unterschiede zwischen Unternehmen über 500 und unter 500 Mitarbeitern lassen sich bezüglich der Schulungsinhalte „Sprachen" sowie „Interne Prozessoptimierung (z.B. Projektmanagement)" feststellen.[68] Während in großen Unternehmen gerne e-Learning-Maßnahmen – insbesondere CBT – für die Sprachenweiterbildung der Mitarbeiter eingesetzt werden, ist dies der Schulungsbereich, der in den wenigsten kleinen Unternehmen mit elektronischen Lernformen erfolgt. Auf der anderen Seite nutzt nahezu die Hälfte der kleinen Unternehmen e-Learning

---

[67] Vgl. *Schüle* (2001), S. 15.
[68] Chi-Quadrat-Test nach Pearson: „Sprachen": $\chi^2=9,96$; „Interne Prozessoptimierung": $\chi^2=7,23$; 1%-Signifikanzniveau.

zur Schulung interner Prozessoptimierungs-Maßnahmen, während dies nur 18% der großen Unternehmen machen. Bei den anderen Schulungsinhalten zeigen sich hingegen keine signifikanten Unterschiede.

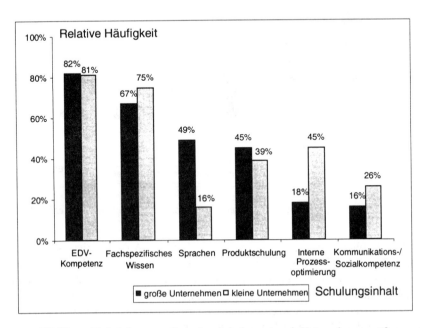

Abbildung 18: Inhalte von e-Learning-Schulungen nach Unternehmensgröße

c) Der Entstehungsprozess

Für das Innovationsmanagement sowie das Marketing ist wichtig, von wem der *Vorschlag zum Einsatz* elektronischer Weiterbildungsformen gemacht wird und wer an der *Entscheidung* zum erstmaligen Einsatz beteiligt ist. Hieraus lassen sich mögliche Schlüsselpersonen ermitteln, d. h. an wen ein Anbieter einer Innovation herantreten sollte. Daneben ist aus wissenschaftlicher Sicht interessant, ob hinter der Entscheidung mehrere Personen unterschiedlicher Hierarchien bzw. Abteilungen stehen, ein so genanntes „Buying Center" vorliegt, oder ob die Entscheidung beispielsweise nur auf die Personalabteilung beschränkt war. Sowohl bei der Frage nach den Impulsgebern als auch nach den Entscheidungsträgern waren Mehrfachantworten möglich. In Abbildung 19 zeigen sich zum Teil deutliche Unterschiede zwischen großen und kleinen Unternehmen. So ist die Abteilung für Personalführung/-entwicklung der wichtigste Impulsgeber und Entscheidungsträger bezüglich des Einsatzes von e-Learning-Maßnahmen in großen Unternehmen. Signifikant unterscheiden sich davon kleine Unternehmen, bei denen der Vorstand den wichtigsten Entscheidungsträger noch vor der Personal- sowie der IT-Abteilung bildet.[69] In großen Unternehmen steht der Vorstand hingegen erst an dritter Stelle als Entscheidungsträger, noch wichtiger ist hier die IT-Abteilung, die dafür in großen wie kleinen Unternehmen nur selten den Impuls zum Einsatz von e-Learning gegeben hat. Teilnehmer von Weiterbildungsmaßnahmen sind hingegen in beiden Gruppen deutlich weniger Impulsgeber und stellen noch seltener Entscheidungsträger dar. Als externe Impulsgeber fungieren Anbieter, die jedoch keinen Einfluss auf die Entscheidung haben.

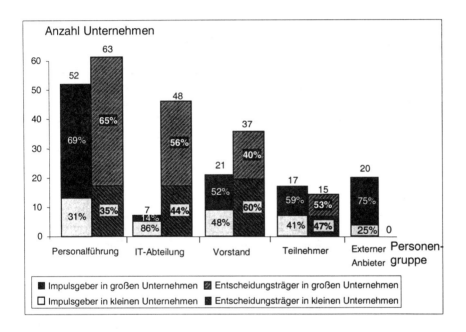

Abbildung 19: Die wichtigsten Impulsgeber und Entscheidungsträger für den erstmaligen e-Learning-Einsatz nach Unternehmensgröße

Es wird deutlich, dass bei großen Unternehmen vor allem die Personalabteilungen bzw. die Aus- und Weiterbildungseinheiten der Unternehmen zentrale Ansprechpartner für Anbieter sowohl hinsichtlich neuer Ideen als auch deren Umsetzung bezüglich Bildungsinnovationen bilden. Bei IT-lastigen Innovatio-

---

[69] Chi-Quadrat-Test nach Pearson: Vorstand als Entscheidungsträger: $\chi^2=8,25$; 1%-Signifikanzniveau.

nen ist daneben der Einfluss der EDV-Abteilung zu berücksichtigen, die in kleinen wie großen Unternehmen insbesondere zur Entscheidungsfindung herangezogen wird. In kleinen Unternehmen spielt der Vorstand eine entscheidende Rolle, er wird aber auch in großen Unternehmen in vielen Fällen in die Entscheidungsfindung einbezogen. So ist er zum einen sehr wichtig für Entscheidungen über größere Summen, die in die Einführung der neuen Innovation gesteckt werden müssen.[70] Zum anderen kommt – wie auch die Expertengespräche zeigen – eine Reihe von Ideen zu Neuerungen im Unternehmen insbesondere aus Vorstandskreisen.

Aus wissenschaftlicher Sicht ist zudem interessant, ob am Prozess der Ideengenerierung sowie Einführungsentscheidung mehrere Personen beteiligt waren und man von einem Buying-Center sprechen kann. Einer klassischen Definition folgend bilden ein Buying Center „...those individuals and groups who participate in the purchasing decision-making process, who share common goals and the risks arising from the decision."[71] Das Buying-Center als Einkaufsgremium ist dabei in vielen Fällen für die Durchführung des Einkaufprozesses verantwortlich.[72] Es zeigt sich, dass die *Ideengenerierung* in der Mehrzahl der Fälle an einer Stelle stattgefunden hat. So sind nur in 11 Fällen die Personalabteilung sowie ein externer Anbieter involviert, in 10 Fällen die Personalabteilung sowie der Vorstand und in 8 Fällen die Personalabteilung und Teilnehmer von Weiterbildungsmaßnahmen. Maximal jeweils in einem Fall haben drei Parteien den Vorschlag zum Einsatz elektronischer Weiterbildungsmaßnahmen unterbreitet. Deutlich anders sieht es hingegen bei der *Entscheidung* über den Einsatz aus. In 37 Fällen waren sowohl die Personalabteilung als auch die IT-Abteilung an der Entscheidung beteiligt, in 29 Fällen bildeten der Vorstand und die Personalabteilung die Entscheidungsträger; in 17 Fällen haben sogar Vertreter aller drei Gruppen über den Einsatz gemeinsam entschieden, und in drei dieser Fälle waren auch Teilnehmer zusätzlich als Entscheidungsträger integriert. Somit lässt sich insbesondere im Hinblick auf die Einführungsentscheidung in fast der Hälfte der Fälle von der Form eines Buying-Centers sprechen. Daraus lässt sich folgern, dass die Initialisierung eher von einer Stelle ausgeht, während die Evaluierung über die Einführungsentscheidung gemeinsam stattfindet.

Dabei stellt sich die Frage, ob es die gleichen Gruppen sind, die sowohl an der Initialisierung als auch der Evaluierung beteiligt sind. Es zeigt sich, dass zwischen den Rollen „Impulsgeber zu sein" sowie „an der Entscheidung betei-

---

[70] Es besteht ein deutlicher Zusammenhang zwischen der Höhe der Weiterbildungsaufwendungen und der Rolle des Vorstands als Entscheidungsträgers, Cramers V beträgt 0,5575, Pearson χ^2 ist signifikant auf dem 5%-Niveau.
[71] *Webster/Wind* (1972), S. 6.
[72] Vgl. *Meffert* (2000), S. 137ff.

ligt gewesen zu sein" ein deutlicher Zusammenhang besteht. So lässt sich zwischen der Rolle des Impulsgebers und des Entscheidungsträgers bei Mitarbeitern der Abteilung Personalführung/-entwicklung eine Korrelation von 0,35, bei Mitgliedern des Vorstands eine Korrelation von 0,38 und bei Teilnehmern von Weiterbildungsmaßnahmen sogar eine Korrelation von 0,50 messen.[73] Fungierte jemand also als Vorschlaggeber, so ist die Wahrscheinlichkeit hoch, dass er auch an der Entscheidung über die Einführung beteiligt war. Daraus kann zum einen geschlossen werden, dass jemand, der einen Vorschlag für eine Neuerung im Unternehmen einbringt, auch Interesse hat, deren Entwicklung weiter zu begleiten und Einfluss auf die Einführungsentscheidung zu nehmen. Zum anderen lässt sich vermuten, dass ein Ideengenerierer von den anderen auch als Experte zu dieser Thematik anerkannt wird und er deshalb in den Prozess der Entscheidungsfindung einbezogen wird. Keine signifikanten Zusammenhänge konnten hingegen bezüglich einer möglichen Promotorenstruktur festgestellt werden in dem Sinne, dass von einer Seite das Fachwissen als Impulsgeber herangetragen wird und eine andere Seite die Funktion des Machtpromotors bei der Entscheidung übernimmt.[74] So lagen keine signifikanten positiven Korrelationen zwischen den unterschiedlichen Kombinationen von Impulsgebern und Entscheidungsträgern vor. Zusammenfassend lässt sich festhalten, dass die Initiierung der Einführung von e-Learning in der Mehrzahl der Fälle von einer Stelle ausgegangen ist, bei der Entscheidung über die Einführung jedoch meist im Verbund als Buying-Center entschieden wurde. Dabei waren die Gruppen, die den Vorschlag eingebracht haben, mit hoher Wahrscheinlichkeit auch an der Entscheidungsfindung beteiligt.

Wie Abbildung 20 zeigt, hat die Zahl der Unternehmen, in denen der *Vorschlag* zum Einsatz von e-Learning vorgebracht wurde, seit 1995 in großen wie kleinen Unternehmen deutlich zugenommen. Davor wurde der Vorschlag nahezu ausschließlich in einigen wenigen großen Unternehmen gemacht. Ein weiteres wichtiges Jahr ist 2000, wo die Zahl der kleinen Unternehmen, in denen der Vorschlag für den Einsatz vorgebracht wurde, zum ersten Mal – und gleich deutlich – die Zahl großer Unternehmen übersteigt. Dies deutet darauf hin, dass die Diffusion von e-Learning bei kleinen Unternehmen zeitlich verzögert ist im Vergleich zur Diffusion bei großen Unternehmen.

---

[73] Der Zusammenhang wurde jeweils gemessen als Cramers V, das getestete χ^2 nach Pearson war jeweils hochsignifikant (Signifikanzniveau von 1%).
[74] Vgl. zum Promotoren-Modell *Witte* (1998), S. 15ff.

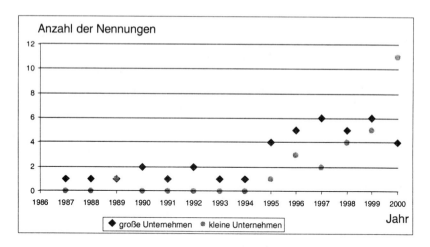

Abbildung 20: Jahr des Vorschlags für den e-Learning-Einsatz nach Unternehmensgröße

Aus Sicht des Innovationsmanagements ist daneben die Frage relevant, von wem die e-Learning-Maßnahmen *entwickelt* wurden. Wenn diese allein im Unternehmen entstanden sind, ist das Unternehmen Hersteller und Nachfrager in einem. Die Mitarbeiter als Nutzer der Lernform wären somit direkte Zielgruppe und hätten möglicherweise stärkeren Einfluss auf die Entwicklung als bei einer Fremdproduktion, was den Erfolg der Maßnahme deutlich beeinflussen könnte. Abbildung 21 veranschaulicht, dass kleine Unternehmen deutlich mehr selbst entwickeln als große.[75] So ist z.B. der Eigenentwicklungs-Anteil bei der e-Learning-Form Virtual Classroom in kleinen Unternehmen gleich groß wie der Fremdentwicklungs-Anteil. Große Unternehmen nützen hingegen vor allem die Kooperation mit einem externen Anbieter zur Erstellung ihrer elektronischen Schulungsmaßnahmen. 57% der e-Learning einsetzenden großen Unternehmen geben an, ihr Web Based Training in Kooperation mit externen Anbietern entwickelt zu haben. Bei Virtual Classroom sowie Business TV ist diese Zahl sogar noch höher. Die am stärksten genutzte e-Learning-Form CBT wiederum wird von der Mehrzahl der großen (68%) wie kleinen Unternehmen (50%) bei einem externen Anbieter gekauft. Dies lässt vermuten, dass hierbei vor allem auf Standardprodukte zurückgegriffen wird.

---

[75] Nach dem Chi-Quadrat-Test nach Pearson zeigen sich sowohl bei CBT ($\chi^2=5{,}47$; 5%-Signifikanzniveau) als auch bei WBT ($\chi^2=7{,}38$; 1%-Signifikanzniveau) signifikante Unterschiede zwischen der Anzahl kleiner Unternehmen, welche diese Lernform selbst entwickeln, und der Anzahl großer selbstentwickelnder Unternehmen. Keine signifikanten Unterschiede zeigen sich hingegen bei Virtual Classroom ($\chi^2=1{,}35$) und Business TV ($\chi^2=0{,}03$).

II. Verbreitung von e-Learning bei CDAX-Unternehmen

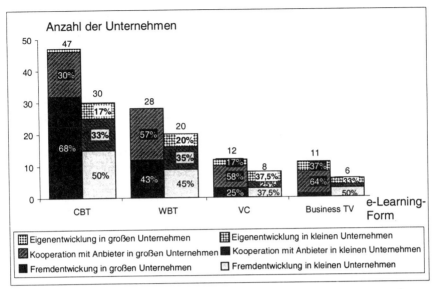

Abbildung 21: Entwickler der angewendeten Lernform nach Unternehmensgröße

d) Erwartungen und Probleme der Einführung

Unterschiedliche Erwartungen führen zu einer unterschiedlichen Beurteilung eines Ergebnisses. Daher ist es im Hinblick auf die Erfolgsabschätzung wichtig zu wissen, welche Erwartungen die Unternehmen mit der Einführung elektronischer Weiterbildungsmaßnahmen verbunden haben. Werden bestehende Erwartungen erfüllt, schätzen die Befragten auch den Erfolg des Einsatzes besser ein.[76] Daher werden die erwarteten Vorteile den realisierten Erwartungen gegenüber gestellt.

Zur Analyse dieses Sachverhaltes wurden den Befragten aufgrund der Expertengespräche eine Reihe möglicher Vorteile von e-Learning-Schulungen im Vergleich zu einer Präsenzveranstaltung vorgelegt. Sie sollten angeben, in welchem Maße diese *Erwartungen* bei der Einführung elektronischer Weiterbildungsmaßnahmen bestanden hatten und inwieweit Erwartungen erfüllt wurden. Wie Abbildung 22 veranschaulicht, waren insbesondere Zeitersparnis, erhöhte Verfügbarkeit sowie die Förderung des Selbstlernens entscheidende Vorteile, welche die Unternehmen sich gegenüber Präsenzveranstaltungen versprachen, gefolgt von Kostenersparnis. Bei allen Merkmalen sind die Erwar-

---

[76] Zwischen den Variablen bezüglich der realisierten Erwartung zusammengefasst als additiver gleichgewichteter Index sowie der Variablen Gesamterfolg besteht ein hoch signifikanter Zusammenhang gemessen mit Spearman's Rho von 0,5159.

tungen von weniger als zwei Drittel der Unternehmen bislang erfüllt. Am ehesten hat sich die Erwartung einer Zeitersparnis sowie der erhöhten Verfügbarkeit bestätigt. Das macht deutlich, dass insgesamt noch ein Verbesserungsbedarf der bestehenden Angebote besteht. Insbesondere die gewünschte Förderung des Selbstlernens ist bislang erst mittelmäßig eingetreten.

Bei den erwarteten Vorteilen zeigen sich dabei auf dem 10%-Niveau zwei signifikante Unterschiede zwischen Unternehmen unter 500 Mitarbeiter und über 500 Mitarbeitern. So haben sich kleine Unternehmen signifikant stärker Kostenersparnisse durch den Einsatz elektronischer Weiterbildungsformen erwartet, während sich große Unternehmen signifikant stärker eine Förderung des Selbstlernens erhofften.[77] Bei den erfüllten Erwartungen treten lediglich signifikante Unterschiede bezüglich der Kostenersparnis auf.[78] Bei kleinen Unternehmen wurden signifikant stärker die Erwartungen bezüglich der Kostenersparnis erfüllt, die im Durchschnitt „ziemlich" (=3,72 auf einer Skala von 1=gar nicht bis 5=außerordentlich) erfüllt wurden.

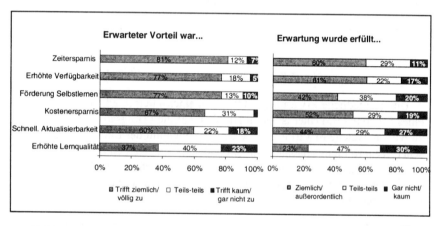

Abbildung 22: Vergleich der erwarteten Vorteile sowie der erfüllten Erwartungen[79]

Jede Einführung einer Innovation ist meist mit Problemen sowohl menschlicher als auch technischer Art verbunden. Die Befragten wurden daher gebeten anzugeben, in welchem Umfang mangelnde Mitarbeiterakzeptanz, mangelnde

---

[77] Signifikant auf dem 5%-Niveau beim Mann-Whitney-Test: „Kostenersparnis" (z=1,97) bzw. auf dem 10%-Niveau: „Förderung Selbstlernens" (z=-1,75).

[78] Mann-Whitney-Test (z=1,99), signifikant auf dem 5%-Niveau.

[79] Die Frage bezüglich der erwarteten Vorteile lautete: „Welche Vorteile gegenüber Präsenzveranstaltungen erwartete Ihre Unternehmenseinheit von der Einführung elektronischer Weiterbildungmaßnahmen?". Die Frage zu den erfüllten Erwartungen lautete: „Welche Erwartungen wurden im Vergleich zu Präsenzveranstaltungen erfüllt?".

II. Verbreitung von e-Learning bei CDAX-Unternehmen

Unterstützung durch Management bzw. IT-Abteilung, Kostenprobleme, Vorbehalte des Betriebsrates und/oder mangelndes externes Angebot als Hindernis bei der Einführung aufgetreten sind.

Anders als bei den Erwartungen zeigen sich bei den *Einführungsproblemen* entsprechend Abbildung 23 deutliche Unterschiede zwischen großen und kleinen Unternehmen. Interessanterweise werden die Probleme der Einführung insgesamt in kleinen Unternehmen deutlich weniger schwerwiegend wahrgenommen als in großen Unternehmen. Diese Tatsache könnte man auf eine Verzerrung in der Stichprobe zurückführen. So wäre zu vermuten, dass vor allem die besonders erfolgreichen kleinen Unternehmen geantwortet haben, die daher auch weniger Probleme bei der Einführung sahen. Die Rücklaufanalyse hat jedoch gezeigt, dass es keine entsprechenden systematischen Verzerrungen bezüglich Unternehmensgröße und -erfolg im Datensatz gibt.[80] Im Folgenden werden die einzelnen Problemfelder näher analysiert, um Ursachen der Unterschiede zwischen großen und kleinen Unternehmen aufzudecken.

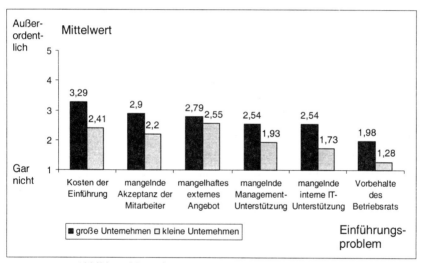

Abbildung 23: Aufgetretene Probleme bei der Einführung

Bei den Problempunkten der mangelnden Akzeptanz, der mangelnden Management-Unterstützung sowie den Vorbehalten des Betriebsrates erstaunt der Befund signifikanter Unterschiede zwischen großen und kleinen Unternehmen

---

[80] Vgl. Kapitel C.II.1.c).

nicht zu sehr.[81] Man kann vermuten, dass bei kleineren Unternehmen die Einführung von e-Learning stärker über mehrere Hierarchiestufen abgestimmt und verschiedene Abteilungen zumindest über die Einführung informiert wurden. Daher konnten sich Mitarbeiter, Management und Betriebsrat möglicherweise eher auf die Einführung einstellen. Bei größeren Unternehmen könnte dagegen stärker eine „Bombenwurfstrategie" angewendet worden sein. Verwunderlich ist der Befund jedoch im Hinblick auf die Kosten der Einführung sowie die mangelnde IT-Unterstützung.[82] Hier würde man zunächst vermuten, dass zum einen in größeren Unternehmen Einführungskosten aufgrund einer insgesamt guten Finanzkraft weniger ein Problem darstellen, zum anderen in ihnen besser ausgerüstete und ausgebildete IT-Abteilungen bestehen. Andererseits können die Befunde aber darauf hindeuten, dass in größeren Unternehmen eine stärkere Kostenkontrolle stattfindet, so dass Zusatzausgaben mit Hürden verbunden sind, die als zu hoch angesehen werden. Gleichzeitig ist zu vermuten, dass in großen Unternehmen tendenziell größere e-Learning-Maßnahmen eingeführt werden wie z.B. eine komplette Lernplattform, die dementsprechend mehr Kosten verursachen. Zum anderen bestehen unter Umständen „längere Wege", so dass bei der Einführung in großen Unternehmen die IT-Abteilung nicht so schnell zur Stelle sein konnte wie in einem kleineren Unternehmen, wo der zuständige IT-Kollege im Zimmer nebenan sitzt und bei Problemen direkt helfen kann.

Jedoch gibt es nicht nur bezüglich der Schwere, sondern auch bezüglich der Problem-Priorisierung Unterschiede zwischen großen und kleinen Unternehmen. So stellen für Unternehmen über 500 Mitarbeiter die Kosten der Einführung, gefolgt von der mangelnden Mitarbeiterakzeptanz und dem mangelhaften externen Angebot die wichtigsten Probleme dar. In Unternehmen unter 500 Mitarbeitern sind es hingegen insbesondere das mangelhafte externe Angebot, das auch der Grund für Eigenentwicklung bei diesen Unternehmen sein könnte, gefolgt von den Kosten und der mangelnden Akzeptanz. Diese unterschiedliche Reihenfolge lässt sich zum einen durch die angesprochene stärkere Kostenkontrolle sowie die größeren Investitionsausgaben in großen Unternehmen erklären. Zum anderen ist es in großen Unternehmen eher möglich, Standardprodukte für die Mitarbeiterschulung einzusetzen und dafür vorhandenes externes Angebot zu verwenden. Kleinere Unternehmen benötigen unter Umständen sehr spezielle Schulungen, die möglicherweise nicht ohne weiteres am Markt verfügbar sind. Daher stellt das mangelhafte externe Angebot bei Unternehmen

---

[81] Signifikant auf dem 1%-Niveau beim Mann-Whitney-Test: „mangelnde Mitarbeiterakzeptanz" ($z=-2{,}84$), „mangelnde Management-Unterstützung" ($z=-2{,}39$), „Vorbehalte des Betriebsrates" ($z=-3{,}47$).

[82] Signifikant auf dem 1%-Niveau beim Mann-Whitney-Test: „Kosten der Einführung" ($z=-3{,}53$), „mangelnde IT-Unterstützung" ($z=-3{,}24$).

unter 500 Mitarbeitern das größte Einführungsproblem dar, das aber immer noch weniger schwerwiegend wahrgenommen wird als in großen Unternehmen.

Von den als schwerwiegend empfundenen Problemen liegt allein die mangelnde Akzeptanz der Mitarbeiter im direkten Einflussbereich des Unternehmens. Hier haben die Unternehmen die Möglichkeit, auf die Bedürfnisse und Wünsche der Mitarbeiter Rücksicht zu nehmen und somit positiv auf diesen möglichen Hinderungsgrund einer erfolgreichen Einführung einzuwirken. Sowohl die Kosten der Einführung als auch das mangelhafte externe Angebot sind hingegen kaum vom Unternehmen beeinfluss- und steuerbar. e-Learning-Maßnahmen können aus Kostensicht insbesondere dann einen Vorteil gegenüber Präsenzveranstaltungen beinhalten, wenn sie über längere Zeit bei vielen Mitarbeitern im Unternehmen angewandt werden. Die Einsparpotentiale liegen vor allem im Wegfall von Reisekosten und nicht ausgefallener Arbeitszeit. Bei der Einführung hingegen haben die e-Learning-Maßnahmen in der Regel sehr hohe Fixkosten, auf die das Unternehmen nur wenig Einfluss hat. So erfordern gerade neue e-Learning-Formen wie Virtual Classroom ein bestimmtes Maß an EDV-Ausstattung wie z.B. Multimedia-Arbeitsplatz, Head-Set und adäquates Lehrmaterial. Dem Problem von mangelhaftem externem Angebot kann ein Unternehmen nur begegnen, indem es Produkte selbst entwickelt. Da hierfür die Kosten ebenso sehr hoch sind und zum Großteil auch die richtigen Personen im Unternehmen fehlen, wird gerade bei Computer Based und Web Based Training – wie die Auswertung zeigt – auf ein bestehendes Angebot zurückgegriffen. Deshalb scheint nur die Förderung der Mitarbeiterakzeptanz ein geeigneter Hebel zu sein, um Einführungsprobleme zu vermindern.

3. Erfolgsanalyse des e-Learning-Einsatzes

a) Analyse erfolgsbeeinflussender Faktoren in der Innovationsforschung

Die Analyse der Wirkung bestimmter Einflussfaktoren oder Maßnahmen auf den Unternehmenserfolg beschäftigt seit langem – wenn auch nicht unumstritten – die betriebswirtschaftliche Literatur.[83] Die Erfolgsfaktorenforschung legt dabei einen Schwerpunkt auf die Analyse der Unternehmensperformance z.B. gemessen über den ROI oder den ROE. Problematisch an der Unternehmensperformance als Erfolgskritrium ist jedoch ihre Vieldeutigkeit.[84] Forscher reagieren auf dieses Problem, indem sie häufig nicht die Wirkung auf

---

[83] Vgl. dies und Folgendes in: *Nicolai/Kieser* (2002), S. 579ff., *Gruber* (2000), S. 3ff.

[84] „So mag ein Unternehmen zwar unter Renditegesichtspunkten eine schlechte oder gar negative Performance aufweisen. Hat es sich aber in eine strategisch aussichtsreiche Position gebracht, kann seine Performance unter dem Gesichtspunkt der Marktkapitalisierung extrem hoch sein." *Nicolai/Kieser* (2002), S. 586f.

den Unternehmenserfolg, sondern die Wirkung auf den Erfolg von Produkten untersuchen.[85] Gerade in der Innovationsforschung nimmt die Analyse erfolgsbeeinflussender Faktoren neuer Produkte einen wichtigen Raum ein.[86] So haben sich auch in der Forschung zu neuen Dienstleistungen Autoren mit dem Innovationserfolg sowie Einflussgrößen auf diesen auseinandergesetzt.[87] Sie untersuchen dabei ein sehr breites Feld von Einflussgrößen, angefangen vom Innovations-Prozess über das Dienstleistungs-Produkt, das unternehmensinterne Umfeld bis hin zum unternehmensexternen Umfeld.[88] Die Arbeiten legen dabei nach Stand der Literaturrecherche dieser Arbeit schwerpunktmäßig einen Fokus auf die Anbietersicht und untersuchen aus dieser maßgebliche Determinanten des Innovationserfolges neuer Dienstleistungen. Hinsichtlich der Messung dieses Innovationserfolges lassen sich dabei zwei Richtungen unterscheiden: Eine Reihe von Studien analysiert verschiedene Leistungsparameter, die mittels Faktorenanalyse zu drei oder vier Leistungsfaktoren zusammengefasst werden.[89] Bei ihnen stehen finanzielle Leistungsgrößen wie der Umsatz, der mit der neuen Dienstleistung erzielt wurde, der Marktanteil oder die Profitabilität im Vordergrund. Eine deutlich größere Zahl von Studien hingegen wählt die direkte Erfolgsabfrage zur Erfolgsmessung.[90] Hierbei sollen die Befragten, in der Regel Manager, den Erfolg einer Dienstleistungsinnovation selbst auf einer einzelnen Skala bestimmen. Sie werden dazu gefragt, inwieweit das Produkt/Projekt die in es gesteckten Ziele/Erfolgskriterien erfüllt hat. Den Grund für dieses Vorgehen beschreiben Easingwood/Storey wie folgt: „Although it is recognised that this is a rather oversimplified measure of success it was thought adequate as it avoided various difficulties such as there possibly being a number of different reasons for launching the new product, difficulties in allocating the costs of shared delivery systems and difficulties estimating cannibalisation of other products."[91] Die Studien zu Erfolgsfaktoren neuer Dienstleistungen untersuchen schwerpunktmäßig Innovationen bei Finanzdienstleistungen. Nach

---

[85] Vgl. z.B. *Dougherty* (1990), *Cooper/Kleinschmidt* (1987), *Griffin* (1997), *Schmalen/Wiedemann* (1999), *Schneider* (1999).

[86] Vgl. *Ernst* (2001), S. 3. Ernst spricht dabei in Anlehnung an den englischen Begriff der „New Product Development Research" von der „Neuproduktentwicklungsforschung".

[87] Vgl. dazu z.B. *Easingwood/Storey* (1991), *Cooper/de Brentani* (1991), *Edgett/Parkinson* (1994), *Cooper et al.* (1994), *Storey/Easingwood* (1996), *de Brentani/Ragot* (1996), *Storey/Easingwood* (1998).

[88] Vgl. zu einem Überblick dieser Studien sowie einem Überblick über untersuchte Faktoren *Küpper* (2001), S. 18ff.

[89] Vgl. *Cooper/de Brentani* (1991), S. 80f., *Cooper et al.* (1994), S. 284f., *Storey/Easingwood* (1998), S. 341f.

[90] Vgl. *Easingwood/Storey* (1991), S. 5, *de Brentani* (1995), S. 95, *Edgett* (1994), S. 41, *Edgett/Parkinson* (1994), S. 27, *de Brentani/Ragot* (1996), S. 521.

[91] *Easingwood/Storey* (1991), S. 4.

Kenntnisstand der Autorin wurden bislang hingegen keine erfolgsbeeinflussenden Determinanten von Bildungsinnovationen untersucht. Andererseits konnte in Kapitel C.I. gezeigt werden, dass auch die bisherigen großzahligen Studien zur Bildungsinnovation e-Learning keinen Blick auf die relevanten Erfolgsfaktoren werfen.[92] Es ist jedoch sowohl wissenschaftlich sehr interessant als auch praxisrelevant zu untersuchen, welche Faktoren Einfluss auf den erfolgreichen Einsatz von e-Learning zur Weiterbildung in Unternehmen haben.

Diese Studie versucht die bestehende Lücke zu schließen, indem sie die e-Learning-Forschung mit der Forschung zu Determinanten erfolgreicher Dienstleistungsinnovationen verknüpft. Sie betritt damit Neuland. Daher haben die Ergebnisse explorativen Charakter und sind aus diesem Blickwinkel heraus zu bewerten. Sie bilden jedoch eine Grundlage für weitere empirische Forschung in diesem Bereich. Für die Analyse wird dabei nicht die Anbietersicht gewählt, sondern die der Mitarbeiter der Personalabteilung von Unternehmen als den Nachfragern. Grund hierfür ist, dass Weiterbildungsmaßnahmen häufig in Zusammenarbeit mit dem Anbieter oder sogar allein vom weiterbildenden Unternehmen entwickelt werden, wie in der deskriptiven Analyse gezeigt werden konnte. Die Schnittstelle „Personalabteilung" wird somit zur subfinalen Zielgruppe, die ihre Produkte an die finalen Kunden, die Mitarbeiter, weitergibt. Der Erfolg der eingeführten e-Learning-Maßnahmen und dessen Determinanten lassen sich daher im ersten Schritt idealerweise an dieser Schnittstelle ermitteln, die einen Überblick über die im Unternehmen eingeführten Maßnahmen besitzt.[93] Im Folgenden wird die Operationalisierung der Variablen „Erfolg des e-Learning-Einsatzes" sowie ihre Ausprägung bei großen und kleinen Unternehmen dargestellt.

b) Operationalisierung der abhängigen Variablen „Erfolg des e-Learning-Einsatzes" und ihre Ausprägung bei großen und kleinen Unternehmen

Die Primärfunktion von Weiterbildung innerhalb des Unternehmens ist nicht die direkte Gewinnerwirtschaftung. Vielmehr hat sie den Charakter einer betrieblichen Investition.[94] Entscheidendes Ziel ist die Mitarbeiterqualifikation, wobei die Weiterbildung sich für das Unternehmen „rechnen" muss, d. h. jetzt

---

[92] Nach Kenntnis der Autorin wurden im Zusammenhang mit Erfolgsmessung in der e-Learning-Forschung bislang lediglich in Fallstudien einzelne e-Learning-Maßnahmen evaluiert wie z.B. die Einführung von CBT bei einer Großbank, vgl. *Hasenbach-Wolff* (1992), S. 304ff.

[93] Eine weitere Stufe sind die Endkunden, d. h. die Mitarbeiter, die im Mittelpunkt der später beschriebenen Akzeptanzstudie stehen.

[94] Vgl. dies und Folgendes in: *Pawlowsky/Bäumer* (1996), S. 31f.

entstehende Kosten sollten zukünftige Einnahmen auslösen oder zumindest zukünftige Ausgaben verringern. Für das Unternehmen setzt sich der Erfolg von Weiterbildungen wie einer e-Learning-Maßnahme daher aus einer Vielzahl von Faktoren zusammen. Die Messung des Weiterbildungserfolges allein mittels z.B. finanzieller Kennzahlen ist daher kaum möglich. Besser scheint die Erhebung von Wahrnehmungsurteilen bei den Befragten, wie dies häufig bei Studien zum Innovationserfolg aus Anbietersicht erfolgt.[95] Es fließen somit in den Erfolg des e-Learning-Einsatzes sowohl das Nutzungsverhalten und die Zufriedenheit der Mitarbeiter, die Erwartungserfüllungen als auch die Kosten des Einsatzes, aufgetretene Probleme etc. ein.[96] Da dies ein sehr komplexes Konstrukt darstellt, wurde für diese Studie, wie bei der Mehrzahl der bisherigen Studien zu Determinanten erfolgreicher Dienstleistungsinnovationen, der Weg der direkten Erfolgsabfrage gewählt.[97] Dies stellt – von Easingwood/Storey angedeutet[98] – zwar nur eine vereinfachende Form der Abfrage dar. Die direkte Abfrage erschien hier jedoch sinnvoll, da der Erfolg des e-Learning-Einsatzes sowohl von den bewussten, rational erklär- und messbaren Komponenten als auch von unbewussten Elementen wie z.B. Atmosphäre, Stimmung etc. abhängt, die mittels eigener Skalen oft nur schwer zu erfassen sind. Der Erfolg wurde daher direkt als Einschätzung des Gesamterfolges elektronischer Weiterbildungsmaßnahmen im Unternehmen im Vergleich zu Präsenzveranstaltungen auf einer fünfstufigen Skala mit 1=„deutlich besser" bis 5=„deutlich schlechter" abgefragt.

Dabei zeigt sich entsprechend Abbildung 24, dass große Unternehmen den Gesamterfolg der elektronischen Weiterbildungsmaßnahmen signifikant schlechter einschätzen als kleine Unternehmen.[99] Während rund drei Viertel der kleinen Unternehmen den Erfolg gleich oder sogar besser einschätzen als bei Präsenzveranstaltungen, nehmen ihn knapp drei Viertel der großen Unternehmen als gleich oder schlechter wahr. Wie Expertengespräche verdeutlichten, lässt sich dieser Befund insbesondere darauf zurückführen, dass in kleineren Unternehmen im Vorfeld der Einführung eine sorgfältigere Prüfung und Nutzenanalyse durchgeführt wird. Dies hat zur Folge, dass bei tatsächlicher Einführung – was nur bei rund einem Drittel der kleinen Unternehmen in der Studie der Fall ist gegenüber zwei Dritteln bei den großen Unternehmen – eine höhere Zielerreichung und damit ein höherer Erfolg realisiert werden kann.

---

[95] Vgl. *Altmann* (2002), S. 21. Im Sinne Kirkpatricks, der vier Phasen der Evaluation bei Trainingsprogrammen unterscheidet, handelt es sich um die Evaluation von Resultaten bzw. Wirkungen auf die Organisation, vgl. *Kirkpatrick* (1998).

[96] Vgl. *Henninger* (2001), S. 9.

[97] Vgl. *Easingwood/Storey* (1991), S. 5, *de Brentani* (1995), S. 95, *Edgett* (1994), S. 41, *Edgett/Parkinson* (1994), S. 27, *de Brentani/Ragot* (1996), S. 521.

[98] Vgl. *Easingwood/Storey* (1991), S. 4.

[99] Signifikant auf dem 5%-Niveau, gemessen mit dem Mann-Whitney-Test (z=2,11).

II. Verbreitung von e-Learning bei CDAX-Unternehmen   111

Diese Erklärung deckt sich mit den Ergebnissen bezüglich der Einführungsprobleme.[100] So empfinden auch hier große Unternehmen die Probleme der Einführung als signifikant schwerwiegender als die kleinen Unternehmen. Im Folgenden werden nun Faktoren für den Erfolg elektronischer Lernformen analysiert, um daraus Hypothesen für die weitere Forschung abzuleiten.

Abbildung 24: Einschätzung des Gesamterfolges elektronischer Weiterbildungsmaßnahmen im Vergleich großer (> 500 Mitarbeiter) zu kleinen Unternehmen (< 500 Mitarbeiter)

c) Determinanten des Einsatzerfolgs von e-Learning

Da es nach Kenntnisstand der Autorin keine früheren Studien zu Determinanten eines erfolgreichen e-Learning-Einsatzes gibt, konnte bei der Wahl möglicher Einflussgrößen auch nicht auf einen bestehenden Erfolgsgrößenkatalog zurückgegriffen werden. Es lassen sich aber sowohl aus der Adoptionsforschung als auch der bisherigen e-Learning-Forschung einige Kriterien ableiten, die aus theoretischer Sicht entscheidende Einflussgrößen darstellen. Die Frage

---

[100] Die im Rahmen der Analyse der Einführungsprobleme angesprochene Vermutung einer möglichen Verzerrung der Stichprobe bezüglich sehr erfolgreicher kleiner Unternehmen könnte auch hier vorgebracht werden. So könnte man vermuten, dass die Erfolgseinschätzung von e-Learning lediglich darauf zurückzuführen sei, dass vor allem kleine erfolgreiche Unternehmen geantwortet haben. Dank der Rücklaufanalyse kann diese Vermutung jedoch widerlegt werden. Vgl. Kapitel C.II.1.c) (Rücklaufanalyse) und C.II.2.c) (Analyse der Einführungsprobleme). Es zeigen sich auch keine signifikanten Einflüsse des Unternehmenserfolgs auf die e-Learning-Nutzung. Lediglich die Unternehmensgröße hat einen signifikanten Einfluss.

nach Erfolgsdeterminanten setzt zwar zu einem anderen Zeitpunkt im Adoptions- und Implementierungsprozess und mit einem anderen Fokus an als die Adoptionsforschung; daher spielen auch andere Einflussgrößen eine Rolle. Dennoch lassen sich mögliche Determinanten übertragen. Gleichzeitig bietet die bisherige e-Learning-Forschung Hinweise dafür, wer auf welche Weise bislang in verschiedenen Unternehmen mit elektronischer Weiterbildung geschult wurde. Daraus lassen sich ebenfalls mögliche Erfolgsgrößen ableiten. Die bestehende Forschung zu Determinanten erfolgreicher Dienstleistungsinnovationen bietet hingegen nur wenige Anlehnungsmöglichkeiten, da sie auf die Anbietersicht und insbesondere den Finanzdienstleistungsbereich fokussiert ist. Aufgrund des explorativen Charakters dieser Studie werden zunächst zu den jeweiligen Einflussgrößen Arbeitshypothesen formuliert, welche die Grundlage für die nachfolgenden bivariaten Korrelationsanalysen bilden. Aus ihnen werden anschließend Hypothesen für weitere Forschungen in diesem Feld abgeleitet.[101] Entsprechend Abbildung 25 können vier Gruppen von Einflussfaktoren auf den Einsatzerfolg elektronischer Weiterbildungsmaßnahmen unterschieden werden. Betrachtet man den zeitlichen Ablauf der Einführung von e-Learning, so sind es zunächst Aspekte des Entstehungsprozesses wie z.B. die Beteiligung des Vorstandes an der Einsatzentscheidung, die auf den späteren Erfolg Einfluss haben können. Kommt es zum Einsatz im Unternehmen, können Einführungsprobleme wie z.B. mangelnde Mitarbeiterakzeptanz oder zu hohe Einführungskosten auftreten und erfolgswirksam sein. Gleichzeitig ist zu vermuten, dass Aspekte des Lernprozesses wie z.B. die Art der zu schulenden Inhalte eine Rolle für den e-Learning-Erfolg spielen. Schließlich haben Kontextvariablen wie z.B. die Unternehmensgröße mögliche Erfolgswirkungen. Die einzelnen Aspekte werden im Folgenden näher beleuchtet und Arbeitshypothesen abgeleitet.

---

[101] „Explorative Studien gehen über eine bloße Hypothesengenerierung hinaus, indem sie nicht nur Thesen formulieren, sondern diese auch modifizieren und partiell bereits prüfen. (...) Bei den explorativen Studien vollzieht sich die Entwicklung solcher Forschungshypothesen erfahrungsgeleitet und erst nach Beendigung der empirischen Phase. Nicht übersehen wird dabei, daß bereits vor oder bei Beginn Vorstellungen der Forscher über mögliche Wenn-Dann-Beziehungen vorhanden sind und in die Forschung quasi a priori einfließen. Diese Vorstellungen werden hier als *Arbeitshypothesen* bezeichnet, die im Zeitablauf der Forschung expliziert, begründet und ggf. modifiziert werden (müssen)." *Becker* (1993), S. 117.

II. Verbreitung von e-Learning bei CDAX-Unternehmen

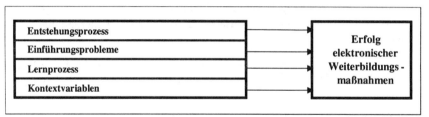

Abbildung 25: Gruppen von Einflussfaktoren auf den Erfolg elektronischer Weiterbildungsmaßnahmen

Aspekte des Entstehungsprozesses

Unter dem Begriff „*Entstehungsprozess*" werden Aktivitäten zusammengefasst, die zum Einsatz der Innovation „e-Learning" als Weiterbildungsmaßnahme im Unternehmen geführt haben. Darunter fallen zum einen die Ideengenerierung, die Entscheidungsfindung und die Erstellung der e-Learning-Schulungsmaßnahmen. Es ist zu vermuten, dass für die Erfolgswahrnehmung maßgeblich ist, wer an der Ideengenerierung sowie der Entscheidung zur Einführung beteiligt war. Durch eine Partizipation des Vorstandes am Entstehungsprozess stößt die Einführung auf breitere Zustimmung und dürfte somit auch als erfolgreicher wahrgenommen werden. Gleichzeitig ist anzunehmen, dass die IT-Abteilung hierbei ebenfalls eine wichtige Rolle spielt, da sie schon im Vorfeld über mögliche Probleme aufklären kann und die Einführung besser unterstützt, wenn sie an der Entstehung beteiligt war, was insgesamt zu mehr Erfolg beiträgt. Eine weitere wichtige Personengruppe sind die Mitarbeiter. Wurden sie am Entstehungsprozess beteiligt, ist zu vermuten, dass die Einführung auf mehr Akzeptanz stößt, da Wünsche und Bedürfnisse frühzeitig berücksichtigt werden können und die Mitarbeiter das Gefühl haben, nicht von oben nur etwas verordnet zu bekommen. Neben der Ideengenerierung und Entscheidung zur Einführung spielt die Entwicklung der e-Learning-Maßnahmen eine wichtige Rolle. Wie aus Expertengesprächen hervorging, sind die Unternehmen teilweise selbst an der Entwicklung beteiligt. So hat die deskriptive Analyse gezeigt, dass bei WBT, Business TV und Virtual Classroom in über der Hälfte der Fälle die Schulungsmaßnahme in Kooperation oder vollkommen selbständig im Unternehmen entwickelt wurden. Im Hinblick auf die Erstellung der e-Learning-Schulungen ist anzunehmen, dass die Einführung als erfolgreicher wahrgenommen wird, wenn das Unternehmen selbst an der Erstellung beteiligt war und Einfluss auf die Ausgestaltung dieser hatte. Bezüglich des *Entstehungsprozesses* lassen sich somit folgende Arbeitshypothesen formulieren:

Arbeitshypothese Erfolg 1: Eine Beteiligung des Vorstands am Entstehungsprozess erhöht den Erfolg des Einsatzes elektronischer Weiterbildungsmaßnahmen.

Arbeitshypothese Erfolg 2: Eine Beteiligung der IT-Abteilung am Entstehungsprozess erhöht den Erfolg des Einsatzes elektronischer Weiterbildungsmaßnahmen.

Arbeitshypothese Erfolg 3: Eine Beteiligung von Mitarbeitern am Entstehungsprozess erhöht den Erfolg des Einsatzes elektronischer Weiterbildungsmaßnahmen.

Arbeitshypothese Erfolg 4: Eine Mitentwicklung bzw. Eigenentwicklung elektronischer Weiterbildungsmaßnahmen durch das Unternehmen erhöht den Erfolg des Einsatzes elektronischer Weiterbildungsmaßnahmen.

Einführungsprobleme

In der Adoptionsforschung werden verschiedene Einflussgruppen der Entscheidung über die Einführung von Innovationen im Unternehmen differenziert. Dazu gehören die *wahrgenommenen Innovationscharakteristika* sowie wichtige Kontextvariablen.[102] Zu den Bestimmungsgrößen der Adoptionsrate gehören nach Rogers der *relative Vorteil* einer Innovation, verstanden als „the degree to which an innovation is perceived as better than the idea it supersedes", die *Kompatibilität* als „the degree to which an innovation is perceived as being consistent with the existing values, past experiences, and needs of potential adopters", die *Komplexität* als „the degree to which an innovation is perceived as difficult to understand and use", die *Möglichkeit des vorigen Ausprobierens* als „the degree to which an innovation may be experimented with on a limited basis" sowie die *Beobachtbarkeit* als „the degree to which the results of an innovation are visible to others".[103] In einer Metaanalyse über 75 Artikel, die Innovationscharakteristika bei der Adoption und Implementation einer Innovation untersucht haben, stellten Tornatzky und Klein fest, dass nur relativer Vorteil, Kompatibilität und Komplexität konsistent Einfluss auf die Adoption einer Innovation hatten.[104]

---

[102] Vgl. *Schmalen/Pechtl* (1992), S. 9.

[103] *Rogers* (1995), S. 15f.

[104] Vgl. *Tornatzky/Klein* (1981), S. 40.

Im Hinblick auf den Erfolg des e-Learning-Einsatzes bildet der relative Vorteil der elektronischen Weiterbildungsmaßnahme im Vergleich zur Präsenzveranstaltung jedoch nicht eine Determinante, sondern ist selbst Teil des Erfolges und geht in die Erfolgsmessung ein. Er stellt somit keine exogene, sondern eine endogene Variable dar. Erfolg setzt sich aus den einzelnen wahrgenommenen Vorteilen von e-Learning gegenüber Präsenzveranstaltungen zusammen und wird in der Globalvariablen Gesamterfolg erfasst. Hingegen stellen mangelnde Kompatibilität und zu hohe Komplexität negative Einflussgrößen auf den Erfolg dar. Sie werden in der Studie operationalisiert als Probleme, die bei der Einführung auftraten, da zu vermuten ist, dass die Einführungsprobleme entscheidende Erfolgsbarrieren darstellen.[105] Dazu gehören mangelnde interne IT-Unterstützung, zu hohe Kosten der Einführung, mangelnde Akzeptanz der Mitarbeiter, mangelnde Management-Unterstützung sowie Vorbehalte des Betriebsrates. Sie werden als Gruppe der „*Einführungsprobleme*" bezeichnet. Als weitere Erfolgshypothesen lassen sich somit formulieren:

Arbeitshypothese Erfolg 5: Je höher die Probleme mangelnder interner IT-Unterstützung bei der Einführung, desto geringer ist der Erfolg des Einsatzes elektronischer Weiterbildungsmaßnahmen.

Arbeitshypothese Erfolg 6: Je höher die Probleme zu hoher Kosten der Einführung, desto geringer ist der Erfolg des Einsatzes elektronischer Weiterbildungsmaßnahmen.

Arbeitshypothese Erfolg 7: Je höher die Probleme mangelnder Akzeptanz der Mitarbeiter bei der Einführung, desto geringer ist der Erfolg des Einsatzes elektronischer Weiterbildungsmaßnahmen.

Arbeitshypothese Erfolg 8: Je höher die Probleme mangelnder Management-Unterstützung bei der Einführung, desto geringer ist der Erfolg des Einsatzes elektronischer Weiterbildungsmaßnahmen.

Arbeitshypothese Erfolg 9: Je höher die Probleme von Vorbehalten des Betriebsrates, desto geringer ist der Erfolg des Einsatzes elektronischer Weiterbildungsmaßnahmen.

---

[105] So spricht Rogers davon, dass Einführungsprobleme insbesondere dann besonders schwerwiegend sind, wenn es sich – wie bei der Einführung von e-Learning in Unternehmen – nicht um Individuen, sondern um Organisationen handelt. Vgl. *Rogers* (1995), S. 173.

Aspekte des Lernprozesses

Eine weitere Gruppe von Einflussfaktoren stellen Aspekte des „*Lernprozesses*" dar. Hierzu gehören zum einen die Schulungsinhalte sowie die Zielgruppen der Schulung, zum anderen die Orte, an denen Mitarbeiter an Schulungsmaßnahmen teilnehmen. Frühere e-Learning-Studien haben gezeigt, dass bei den Schulungsthemen insbesondere so genannte „Hard Skills" wie EDV-Kenntnisse, Produktschulungen oder fachliche Kompetenz im Vordergrund standen.[106] Gleichzeitig geht sowohl aus Expertengesprächen als auch aus der Literatur hervor, dass sich „Soft Skills" wie z.B. Sozial-/Kommunikationskompetenz nur bedingt für die virtuelle Vermittlung eignen.[107] Daher ist zu vermuten, dass der Erfolg elektronischer Weiterbildungsmaßnahmen als höher wahrgenommen wird, wenn Faktenwissen geschult wird. Da die Angestellten einerseits den Großteil ihrer Arbeitszeit am Computer verbringen, andererseits bei dieser Zielgruppe insbesondere fachliche Kenntnisse und EDV-Kompetenz wichtige Schulungsinhalte darstellen, scheint diese Gruppe besonders geeignet zu sein für elektronische Weiterbildung. Somit ist anzunehmen, dass der Einsatz insbesondere dann erfolgreich wahrgenommen wird, wenn Angestellte damit geschult werden. Schließlich ist für den Einsatz der e-Learning-Schulungsmaßnahmen relevant, an welchen Orten die Mitarbeiter an Weiterbildungsmaßnahmen teilnehmen. Sind der Arbeitsplatz oder auch das Zuhause bei den Mitarbeitern bereits übliche Weiterbildungsorte, so ist die Wahrscheinlichkeit, dass e-Learning angenommen wird und der Einsatz erfolgreich ist, deutlich höher. Als vierte Gruppe „*Lernprozess*" lassen sich daher folgende Arbeitshypothesen formulieren:

Arbeitshypothese Erfolg 10: Der Schulungsinhalt „Faktenwissen" bei elektronischen Weiterbildungsmaßnahmen erhöht den Erfolg des Einsatzes elektronischer Weiterbildungsmaßnahmen.

Arbeitshypothese Erfolg 11: Die Zielgruppe „Angestellte" bei elektronischen Weiterbildungsmaßnahmen erhöht den Erfolg des Einsatzes elektronischer Weiterbildungsmaßnahmen.

Arbeitshypothese Erfolg 12: Die Nutzung des Lernortes „zu Hause" durch die Mitarbeiter erhöht den Erfolg des Einsatzes elektronischer Weiterbildungsmaßnahmen.

Arbeitshypothese Erfolg 13: Die Nutzung des Lernortes „Arbeitsplatz" durch die Mitarbeiter erhöht den Erfolg des Einsatzes elektronischer Weiterbildungsmaßnahmen.

---

[106] Vgl. *Littig* (2002), S. 2, *Schüle* (2001), S. 15, *Michel et al.* (2001), S. 4.
[107] Vgl. z.B. *Büser* (2000), S. 61.

Kontextvariablen

Eine vierte Gruppe bilden schließlich die „*Kontextvariablen*". So lässt sich aus den Ergebnissen der Adoptions- und Diffusionsforschung vermuten, dass die Größe des Unternehmens und die Branche eine Rolle im Hinblick auf den Erfolg des Einsatzes spielen. Bisherige e-Learning-Studien lassen erkennen, dass zwar vor allem große Unternehmen e-Learning einsetzen, da hier Skaleneffekte der Einführung genutzt werden können. Die Ergebnisse deuten aber auch darauf hin, dass kleine Unternehmen den Erfolg von e-Learning positiver einschätzen, da hier weniger eine „Bombenwurfstrategie" realisiert wird als in großen Unternehmen. Gleichzeitig ist zu vermuten, dass der e-Learning-Einsatz in Unternehmen softwareintensiver Branchen als erfolgreicher wahrgenommen wird, da die Mitarbeiter dieser Unternehmen in der Regel an den Umgang mit dem Computer gewöhnt sind. Diese Variablen werden als „*Kontextvariablen*" bezeichnet. Damit lassen sich folgende weitere Erfolgshypothesen formulieren:

Arbeitshypothese Erfolg 14: Je kleiner das Unternehmen ist, desto erfolgreicher ist der Einsatz elektronischer Weiterbildungsmaßnahmen.

Arbeitshypothese Erfolg 15: Die Zugehörigkeit des Unternehmens zu einer softwareintensiven Branche erhöht den Erfolg des Einsatzes elektronischer Weiterbildungsmaßnahmen.

Die folgende Übersicht in Abbildung 26 zeigt nochmals zusammenfassend das Arbeitshypothesen-System zum Erfolg des Einsatzes elektronischer Weiterbildungsmaßnahmen, das als Basis für die explorative Analyse dient.

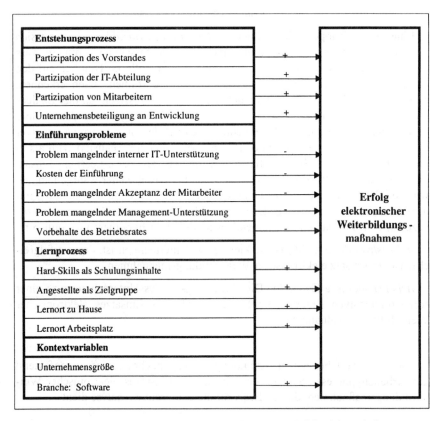

Abbildung 26: System von Arbeitshypothesen zum Erfolg elektronischer Weiterbildungsmaßnahmen

d) Empirische Ergebnisse und Ableitung von Forschungshypothesen

Entsprechend dem explorativen Vorgehen und der geringen Beobachtungszahl bezüglich der e-Learning anwendenden Unternehmen erscheint es an dieser Stelle nicht zweckmäßig, auf multivariate Analysemethoden zurückzugreifen. Stattdessen soll im Folgenden mittels bivariater Korrelationsanalysen untersucht werden, welche Variablen einen signifikanten Zusammenhang mit der Variable „Gesamterfolg von elektronischen Weiterbildungsmaßnahmen im Vergleich zu Präsenzveranstaltungen" aufweisen. Damit kann natürlich kein kausaler Zusammenhang nachgewiesen werden. Aber aus diesen Erkenntnissen können wiederum Forschungshypothesen generiert werden, die eine Grundlage für spätere Kausalanalysen liefern.

II. Verbreitung von e-Learning bei CDAX-Unternehmen

Tabelle 5 stellt die Korrelationen der vermuteten möglichen Einflussgrößen mit der Variable „Gesamterfolg" dar. Da die Variable „Gesamterfolg" auf einer fünfstufigen Ratingskala gemessen wurde, die ordinal skaliert ist, wurde für die Messung der Zusammenhänge die Rangkorrelation nach Spearman verwendet.[108]

Tabelle 5
Messung des Zusammenhangs mit dem Gesamterfolg elektronischer Weiterbildungsmaßnahmen

	Stärke des Zusammenhangs mit Gesamterfolg	Anzahl der Beobachtungen
Entstehungsprozess		
Partizipation des Vorstandes	0,1979*	78
Partizipation der IT-Abteilung	-0,0485	78
Partizipation von Mitarbeitern	0,1112	78
Unternehmensbeteiligung an Entwicklung	0,0654	77
Einführungsprobleme		
Problem mangelnder interner IT-Unterstützung	-0,2574**	78
Kosten der Einführung	-0,1270	76
Problem mangelnder Akzeptanz der Mitarbeiter	-0,3405***	77
Problem mangelnder Management-Unterstützung	-0,3021***	78
Vorbehalte des Betriebsrates	-0,0845	75
Lernprozess		
Hard-Skills (Schulungsinhalte: Fachspezifisches Wissen, EDV-Kompetenz oder Produktschulung)	0,0414	81
Angestellte als Zielgruppe	0,0778	80
Lernort zu Hause	0,0643	80
Lernort Arbeitsplatz	0,1507	80
Kontextvariablen		
Unternehmensgröße (Log Mitarbeiterzahl 2000)	-0,2390**	78
Branche: Software	0,0202	79

Datensatz: Alle angeschriebenen Unternehmen, die e-Learning durchführen; Messung der Stärke des Zusammenhangs mittels Spearmans Rangkorrelation; Signifikanzniveau der hier ausgewiesenen Koeffizienten: ***=p<0,01/ **=p<0,05/ *=p<0,1

---

[108] Vgl. *Bortz* (1999), S. 223f.

Der empirische Befund zeigt, dass lediglich fünf Variablen in signifikantem Zusammenhang mit der Variable „Gesamterfolg" in dieser explorativen Untersuchung stehen. Eine positive Korrelation ergab sich zwischen dem Gesamterfolg und der Partizipation des Vorstandes (Spearmans's Rho=0,1979 mit einer Signifikanz von 0,0824). Eine breitere Zustimmung für elektronische Weiterbildungsmaßnahmen im Unternehmen ist dann eingetreten, wenn der Vorstand am Entstehungsprozess, d. h. bei der Ideengenerierung und/oder der Einführungsentscheidung, beteiligt war; dies führt zu einer höheren Gesamterfolgswahrnehmung. Arbeitshypothese Erfolg 8 ist somit vorläufig bestätigt und stellt eine sinnvolle erste Forschungshypothese für weitere Studien dar.

Ein noch stärkerer – negativer – Zusammenhang kann zwischen dem Gesamterfolg und der Kontextvariablen „Unternehmensgröße" festgestellt werden (Spearmans's Rho=-0,2390 mit einer Signifikanz von 0,0351). Wie vermutet hat die bivariate Korrelation ein negatives Vorzeichen. Das bedeutet, dass der Einsatz elektronischer Weiterbildungsmaßnahmen umso positiver wahrgenommen wird, je kleiner das befragte Unternehmen ist. Skaleneffekte im Hinblick auf die hohen Anfangsinvestitionen spielen somit eine weniger starke Rolle. Arbeitshypothese Erfolg 6 ist somit ebenfalls vorläufig bestätigt und stellt eine sinnvolle zweite Forschungshypothese für weitere Studien dar.

Eine besondere Bedeutung für den Gesamterfolg kommt den Variablen der Gruppe „Einführungsprobleme" zu. Hier konnten die stärksten Zusammenhänge gemessen werden. Zwischen der Variablen „Problem mangelnder interner IT-Unterstützung" sowie dem Gesamterfolg besteht ein negativer signifikanter Zusammenhang (Spearmans's Rho=-0,2574 mit einer Signifikanz von 0,0229). Dies bestätigt die Arbeitshypothese Erfolg 1 vorläufig; mit zunehmendem Problem mangelnder interner IT-Unterstützung bei der Einführung ist der Erfolg des Einsatzes elektronischer Weiterbildungsmaßnahmen geringer. Ein weiteres Einführungsproblem liegt in der mangelnden Management-Unterstützung. Auch hier besteht ein negativer signifikanter Zusammenhang im Gesamterfolg (Spearmans's Rho=-0,3021 mit einer Signifikanz von 0,0072). Damit wird die Arbeitshypothese Erfolg 4 vorläufig bestätigt. Den stärksten Zusammenhang mit der Variablen „Gesamterfolg" hat jedoch die mangelnde Akzeptanz der Mitarbeiter (Spearmans's Rho=-0,3405 mit einer Signifikanz von 0,0024). Je weniger die Mitarbeiter elektronische Weiterbildungsmaßnahmen bei der Einführung akzeptieren, desto schlechter wird der Gesamterfolg wahrgenommen. Damit ist die Arbeitshypothese Erfolg 3 vorläufig bestätigt.

Aus den vorläufig bestätigten Arbeitshypothesen lassen sich nun Forschungshypothesen ableiten. Als wichtige Variablen wurden mit dem stärksten Zusammenhang die mangelnde Mitarbeiterakzeptanz, gefolgt von der mangelnden Management-Unterstützung, der mangelnden IT-Unterstützung bei Einführung elektronischer Weiterbildungsmaßnahmen, die Unternehmensgröße sowie die Partizipation des Vorstands beim Entstehungsprozess ermittelt. Im Ergebnis dieser Studie lassen sich folgende Forschungshypothesen formulieren, die als Grundlage für eine weitergehende Forschung dienen können und in Abbildung 27 nochmals verdeutlicht sind:

Forschungshypothese Erfolg 1: Je höher die Probleme mangelnder Akzeptanz der Mitarbeiter bei der Einführung, desto geringer ist der Erfolg des Einsatzes elektronischer Weiterbildungsmaßnahmen.

Forschungshypothese Erfolg 2: Je höher die Probleme mangelnder Management-Unterstützung bei der Einführung, desto geringer ist der Erfolg des Einsatzes elektronischer Weiterbildungsmaßnahmen.

Forschungshypothese Erfolg 3: Je höher die Probleme mangelnder interner IT-Unterstützung bei der Einführung, desto geringer ist der Erfolg des Einsatzes elektronischer Weiterbildungsmaßnahmen.

Forschungshypothese Erfolg 4: Je kleiner das Unternehmen, desto erfolgreich ist der Einsatz elektronischer Weiterbildungsmaßnahmen.

Forschungshypothese Erfolg 5: Eine Beteiligung des Vorstands am Entstehungsprozess erhöht den Erfolg des Einsatzes elektronischer Weiterbildungsmaßnahmen.

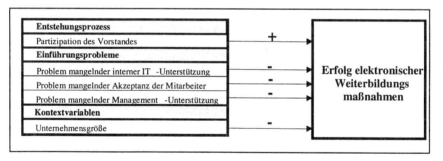

Abbildung 27: System von Forschungshypothesen zum Erfolg elektronischer Weiterbildungsmaßnahmen

Die durchgeführte Analyse von Erfolgsgrößen hat gezeigt, dass der stärkste negative Zusammenhang mit dem Erfolg elektronischer Weiterbildungsmaßnahmen bei der mangelnden Mitarbeiterakzeptanz besteht. Diese scheint ein entscheidender Hebel für den erfolgreichen Einsatz von e-Learning zu sein. Unternehmen, die den Einsatz von e-Learning in ihrem Unternehmen planen, müssen insbesondere die Akzeptanz der Mitarbeiter im Blickfeld haben. Die Akzeptanz selbst ist wiederum nicht unabhängig von anderen Einflüssen, sondern wird von bestimmten Determinanten wie z.B. der Lernumgebung beeinflusst. Das Phänomen der Akzeptanz wurde wissenschaftlich bereits in einigen Studien beleuchtet. Bezüglich der Einflussgrößen auf die Akzeptanz von e-Learning in der betrieblichen Weiterbildung liegen hingegen bislang nur wenige Erkenntnisse vor. Die einzige empirische Studie zu diesem Thema wurde in den USA durchgeführt, beschränkt sich jedoch bei der Menge der betrachteten Einflussgrößen im Hinblick auf die Akzeptanz auf die Aspekte des firmeninternen Marketings und die Betreuung der Nutzer.[109]

Vor diesem Hintergrund ist ein Forschungsbedarf bezüglich der Akzeptanz von e-Learning festzustellen. Die folgende theoretische sowie empirische Analyse soll zum Schließen dieser Lücke beitragen.

---

[109] Vgl. *American Association for Training and Development (ASTD)/MASIE* (2001).

D. Theoretische Analyse der Akzeptanz von e-Learning

Die vorliegende Untersuchung verfolgt zwei Ziele. Sie möchte zum einen darstellen, inwieweit bereits eine Verbreitung von e-Learning stattgefunden hat. Zum anderen soll die Akzeptanz von Mitarbeitern als eine entscheidende Einflussgröße der Verbreitung näher untersucht werden. Das nachfolgende Kapitel deckt den zweiten Bereich aus theoretischer Sicht ab. Hier sollen zentrale Einflussgrößen der Akzeptanz aus bestehenden Akzeptanzmodellen abgeleitet werden, um sie in Kapitel E. empirisch zu untersuchen.

Dazu erfolgt in *Kapitel D.I.* zunächst eine Analyse des Zusammenhangs von Akzeptanz und Widerstand. In *Kapitel D.II.* werden dann Dimensionen der Akzeptanz untersucht, wie sie sich in arbeitswissenschaftlichen und betriebswirtschaftlichen Ansätzen darstellen. In *Kapitel D.III.* erfolgt schließlich eine Darstellung von Einflussgrößen auf die Akzeptanz von e-Learning, die in einem Gesamtmodell zusammengefasst werden.

I. Mangelnde Akzeptanz als Innovationshemmnis

Die in Kapitel C. dokumentierte Erhebung hat gezeigt, dass die Akzeptanz von Mitarbeitern eine entscheidende Einflussgröße für den Erfolg elektronischer Weiterbildungsmaßnahmen darstellt. Das Innovationsmanagement beschäftigt sich mit dem Begriff der Akzeptanz sowohl auf unternehmensinterner Seite als der Akzeptanz von Mitarbeitern bei der Entwicklung von Innovationen als auch auf unternehmensexterner Seite bezüglich der Akzeptanz von Zulieferern und Kunden gegenüber einer Innovation. Unternehmensintern stellt mangelnde Mitarbeiterakzeptanz und sich daraus ergebender Widerstand gegenüber Neuerungen im Unternehmen ein entscheidendes Innovationshemmnis dar.[1] „Widerstand gegen Innovationen erwächst daraus, dass das betroffene Individuum tatsächlich oder vermeintlich nicht in der Lage ist, diese intellektuellen Anforderungen zu bewältigen. Diese individuell bedingten Widerstände

---

[1] Vgl. *Zwick* (2002), S. 2.

können durch gruppenspezifische Effekte verstärkt werden."[2] Studien des Zentrums für Europäische Wirtschaftsforschung zeigen, dass sich aufgrund interner Widerstände bei mehr als einem Viertel der innovierenden Firmen des deutschen Dienstleistungssektors Innovationen verlangsamt haben oder es zum Abbruch bzw. zum Nicht-Start der Innovation gekommen ist.[3]

Nach Witte können Widerstände gegen Innovationen Barrieren des Nicht-Wollens oder des Nicht-Wissens als Ursachen haben.[4] „Die Willensbarrieren sind im Wesentlichen aus den Beharrungskräften des Status quo zu erklären. Der gegenwärtige sozio-technische Zustand ist bekannt und vertraut: Sowohl Chance als auch Risiko sind für alle betroffenen Personen kalkulierbar. Innovationen verändern diesen Zustand. Es ist in der Regel ungewiß, wie der neue Zustand beschaffen sein wird, welche Vor- und Nachteile mit ihm verbunden sein werden. Diese Ungewissheit erklärt den Wunsch, am Status quo festzuhalten."[5]

Zu *Barrieren des Nicht-Wollens* können sowohl naturgegebene oder gelernte Regelungsmechanismen, konservative Vorprägungen durch Kindheit und Beziehungspersonen oder auch durch Dissonanz in Konflikten ausgeprägte Einstellungen führen.[6] Barrieren des Nicht-Wollens sind sehr vielfältig, sie können sich gegen Objekte, Personen, Verhaltensweisen etc. richten, aus dem Unterbewusstsein der Betroffenen erwachsen, oder auch bewusst und in hohem Maße aufgrund weltanschaulicher, sachlicher, machtpolitischer oder persönlicher Gründe reflektiert sein.[7] „Die Willensbarrieren der Innovation können durch eine spezielle Gattung von Energie überwunden werden, durch eine Energie, die in der Lage ist, das Sanktionssystem der Unternehmung zu mobilisieren und damit die notwendigen Anreize für die Bereitschaft zur Teilnahme am Innovationsprozeß zu veranlassen. Die Möglichkeit zum Einsatz derartiger positiver und negativer Sanktionen wird in der heute vorherrschenden organisatorischen Realität vor allem den Inhabern hierarchischer Macht zugesprochen."[8]

---

[2] *Hauschildt* (1997), S. 135f. Im Original z.T. fett gedruckt, Anmerkung der Verfasserin.
[3] Vgl. *Zwick* (2002), S. 2.
[4] Vgl. *Witte* (1973), S. 6ff.
[5] *Witte* (1973), S. 7.
[6] Vgl. *Böhnisch* (1979), S. 29ff.
[7] Vgl. *Hauschildt* (1997), S. 139.
[8] *Witte* (1973), S. 8.

I. Mangelnde Akzeptanz als Innovationshemmnis

Barrieren des Nicht-Wissens beruhen auf mangelnder Kenntnis der neuen Ziel-Mittel-Kombination, die eine Innovation anbietet oder auferlegt.[9] „Die Fähigkeitsbarrieren erklären sich aus dem Wesen der Innovation selbst. Das Novum ist nicht nur als technisches Objekt unbekannt. Es stellt auch bisher unbekannte Ansprüche im Rahmen der Arbeitsprozesse zur Nutzung des Neuen. (...) Die Barriere des Nichtwissens kann nur durch eine spezielle Energie überwunden werden. Durch Fachwissen, das intellektuell in der Lage ist, die neuen und komplexen Aufgaben sachgerecht zu lösen."[10] Innovationen erfordern daher allgemein intensives Lernen, da neue Begriffe oder Sprachen verwendet, neue Ursache-Wirkungsketten begriffen, neuartige Reaktionen trainiert werden müssen. Diese Angst vor dem Neuerlernen bei Innovationen führt häufig zu psychologisch bedingten Widerständen bei den Personen, die sich negativ davon betroffen fühlen.[11] Gerade Weiterbildungsmaßnahmen werden in der Regel angesetzt, um neue Fähigkeiten für organisatorische Veränderungen, den Einsatz neuer Software etc. zu vermitteln. Ist die Weiterbildung selbst eine Innovation für die Lernenden wie im Falle elektronischer Weiterbildungsmaßnahmen, sind sie sozusagen doppelt mit dem Lernprozess konfrontiert. Ängste vor den Neuerungen sowohl inhaltlich als auch weiterbildungstechnisch multiplizieren sich unter Umständen, der Widerstand sowohl gegen die innovative Bildungsmaßnahme als auch gegen die zu lernenden Inhalte verstärkt sich. Daher ist es gerade hier entscheidend, die Akzeptanz der Mitarbeiter für die neuen Weiterbildungsmaßnahmen zu gewinnen, um so auch effektiver neue Inhalte vermitteln zu können.

Gerade bei einer organisatorischen Veränderung durch die Einführung einer neuartigen Weiterbildungsform wie e-Learning ist es entscheidend, bei den Mitarbeitern Barrieren des Nicht-Wissens sowie des Nicht-Wollens zu überwinden. Dies gelingt nur, wenn man die Einflussfaktoren auf die Akzeptanz der Mitarbeiter kennt. Im Folgenden sind daher Dimensionen der Akzeptanz zu analysieren.

---

[9] Vgl. *Hauschildt* (1997), S. 135.
[10] *Witte* (1973), S. 8. Im Original z.T. kursiv gedruckt, Anmerkung der Verfasserin.
[11] Vgl. *Vorwerk* (1994), S. 15.

D. Theoretische Analyse der Akzeptanz von e-Learning

II. Dimensionen der Akzeptanz

1. Darstellung des Akzeptanzbegriffs

a) Arbeitswissenschaftliche und betriebswirtschaftliche Ansätze

Bereits in den 60er Jahren wurde die „Akzeptanz" als wichtiger Erklärungsansatz des sozialen und technologischen Wandels insbesondere in Zusammenhang mit der Einführung von Innovationen im Markt gesehen.[12] In den 70er Jahren findet sich der Begriff in der sozialwissenschaftlichen Diskussion wieder, die auf die Kommission für den Ausbau des technischen Kommunikationssystems (KtK)[13] zurückgeht, wobei hier die Verbindung von „Akzeptanz und Auswirkungen" in Zusammenhang mit Neuen Medien wichtig ist.[14] Diese Entwicklung ist auch vor dem Hintergrund einer verstärkten Ausrichtung der Forschungsanstrengungen auf soziale Aspekte („Mensch und seine Umwelt") der sozialliberalen Koalition unter Bundeskanzler Willy Brandt zu sehen.[15] Verstärkt tritt der Begriff jedoch seit Beginn der 80er Jahre in Zusammenhang mit Studien zu personellen Widerständen gegenüber dem Einsatz von Videotextsystemen, Computern und anderen Kommunikationstechniken auf. Durch die Analysen zu Folgen des Einsatzes neuer Technologien im Büro- und Verwaltungsbereich hat sich die Akzeptanzforschung als sozialwissenschaftliches Werkzeug der Begleitforschung etabliert.[16] Deren zentrales Anliegen ist es, unerwünschte soziale Wirkungen neuer Technologien auf das gesellschaftliche und wirtschaftliche Leben zu identifizieren und zu beseitigen.[17] „Begleitforschung" ist dabei im deutschen Sprachraum die am häufigsten verwendete Bezeichnung für Sozialforschung bei Neuen Medien.

Die klassische Akzeptanzforschung bildet ein Kernstück der Begleitforschung.[18] In ihr spielen insbesondere arbeitswissenschaftliche Arbeiten[19], die sich mit der Gestaltung von Techniksystemen beschäftigen, sowie betriebswirt-

---

[12] Vgl. dies und Folgendes in: *Kollmann* (1998), S. 44 und S. 54.

[13] Vgl. *Kommission* (1976), S. 122f.

[14] Vgl. *Degenhardt* (1986), S. 36.

[15] Vgl. *Fier/Harhoff* (2002), S. 288.

[16] Vgl. *Kollmann* (1998), S. 54.

[17] Vgl. *Manz* (1983), S. 7.

[18] Vgl. *Kollmann* (1998), S. 57. Neben der klassischen Akzeptanzforschung gehören auch die Evaluationsforschung (Bewertung von sozialen bzw. politischen Programmen), die Wirkungsforschung (Analyse der Auswirkungen einer Nutzung von Massenmedien auf Individuum und Gesellschaft) sowie die Technologiefolgabschätzung (Vorhersage bzw. Prognose der breiten Konsequenzen des technologischen Wandels für Individuum und Gesellschaft) zur Begleitforschung. Vgl. *Kollmann* (1998), S. 55.

[19] Vgl. hierzu z.B. *Rohmert et al.* (1975), *Müller et al.* (1981), eine Übersicht dazu bietet *Thienen* (1983).

II. Dimensionen der Akzeptanz

schaftliche Ansätze[20], die sich in erster Linie mit der Einführung und Implementierung neuer Produkte beschäftigen, eine wichtige Rolle. Ziel der *arbeitswissenschaftlichen Ansätze* ist es, durch Umsetzung einer menschenfreundlichen Technik-Umweltgestaltung eine Verminderung von physischer und psychischer Belastung am Arbeitsplatz zu erreichen. Dabei stehen bezüglich Akzeptanz die klare Ausrichtung auf die Technikbedienung sowie eine Konzentration auf die operative Ebene im Vordergrund. „Organisationale und ökonomische Effekte, die von Mensch-Maschine-Systemen ausgehen, werden (...) nicht thematisiert."[21]

Akzeptanzforschung hinsichtlich *betriebswirtschaftlicher Fragestellungen* findet insbesondere in der Absatztheorie, in der Produktionstheorie sowie in der Innovations-/Organisationsforschung[22] statt.[23] So stellen die Analyse der Nachfragerakzeptanz und die mögliche positive Beeinflussung dieser entscheidende Elemente der *Absatztheorie* dar. Akzeptanz wird in diesem Zusammenhang verstanden als subjektive Bewertung unterschiedlicher Produktkonzeptionen.[24] Ziel ist die Erforschung von Ursachen dafür, dass Erfolg versprechende Produkte nicht von potentiellen Nachfragern im Markt angenommen werden.[25] Dazu werden produkt-, abnehmer- und umweltspezifische Determinanten im Hinblick auf die Akzeptanz der Nachfrager untersucht.[26] „In der absatztheoretischen Diskussion um die Akzeptanz neuer Technik wird auf die organisatorische Verträglichkeit und auf die Bedeutung produktspezifischer, abnehmerspezifischer und umweltspezifischer Determinanten für die Adoption neuer Produkte verwiesen."[27] Problematisch ist dabei jedoch, dass in der Regel nicht die

---

[20] Vgl. dies und Folgendes in: *Reichwald* (1978), S. 24ff. und *Kollmann* (1998), S. 56 und 44ff.

[21] *Reichwald* (1978), S. 26.

[22] Akzeptanzstudien in diesem Forschungsbereich wurden in früheren Arbeiten lediglich der Organisationstheorie zugerechnet, vgl. z.B. *Reichwald* (1978), S. 26f., *Kollmann* (1998), S. 46f. Es zeigt sich jedoch in der deutsch- wie englischsprachigen Literatur, dass Arbeiten in diesem Gebiet zwar organisationale Fragestellungen zur Akzeptanz untersuchen, dazu in den meisten Fällen aber Innovationen als Untersuchungsobjekt wählen wie die Einführung z.B. von Bildschirmtext (*Degenhardt* (1986)), EDV (*Leipelt* (1992)), e-Mail (*Davis* (1993)), World Wide Web (*Agarwal/Prasad* (1997)) etc. Da die Forschungsfragen sowohl die Organisationstheorie als auch die Innovationsforschung betreffen, wird dieser Forschungsbereich hier als „Innovations-/Organisationsforschung" bezeichnet.

[23] Vgl. *Reichwald* (1978), S. 26ff.

[24] Vgl. *Stachelsky* (1983), S. 47.

[25] Vgl. *Meffert* (1976), *Penzkofer/Kölblinger* (1973).

[26] Vgl. *Meffert* (1976), S. 96f.

[27] *Reichwald* (1978), S. 27.

Verbesserung der Produkte selbst im Vordergrund steht, sondern vielmehr die Entwicklung geeigneter Durchsetzungsstrategien.[28]

Eine zweite betriebswirtschaftliche Disziplin, in der Akzeptanzphänomene – jedoch eher am Rande – diskutiert werden, ist die *betriebswirtschaftliche Produktionstheorie* soweit in ihr Zusammenhänge zwischen menschlichem Arbeitsverhalten und dem Technikeinsatz in sozio-technischen Systemen untersucht werden.[29] Problematisch ist jedoch zum einen, dass viele der Ansätze bezüglich des Akzeptanzphänomens davon ausgehen, dass die Technik bereits sämtliche Merkmale aufweist, die der Leistungsfähigkeit und -bereitschaft der damit arbeitenden Menschen entsprechen. Zum anderen lassen sich Schwachstellen bezüglich einer realitätsnahen Erklärung der Mensch-Maschine-Beziehungen bei technischen Innovationen aufzeigen.

Für die Zielsetzung dieser Arbeit spielt jedoch insbesondere die Akzeptanzforschung innerhalb der *Innovations-/Organisationsforschung* eine wichtige Rolle. Innovations-/organisationstheoretische Fragestellungen bezüglich Akzeptanz beschäftigen sich vermehrt mit der Einführung und Nutzung von Informations- und Kommunikationssystemen.[30] Entstanden ist diese Forschungsrichtung aus negativen Erfahrungen mit „Management-Informationssystemen" (MIS) bzw. „integrierten Informations- und Entscheidungssystemen" auf Basis elektronischer Datenverarbeitung.[31] Akzeptanzprobleme zeigen sich in einer nur beschränkten Nachfrage der eingesetzten Techniken und Instrumente durch potentielle Nutzer. „Diese mangelnde Akzeptanz liegt entweder daran, daß solche Instrumente nicht benötigt werden oder daß sie zwar gebraucht werden, aber nicht gebrauchsfähig sind."[32] Forschungsarbeiten in diesem Feld sollen daher prüfen, welche Eigenschaften Techniken aufweisen müssen und wie sie organisatorisch eingebettet werden sollten, um von den Nutzern tatsächlich verwendet zu werden, um ein Scheitern der Innovation zu verhindern. „In der Organisationslehre wird Akzeptanz also in der Regel mit Annahme oder Hinnahme bzw. Nutzung synonym verwendet."[33] Gerade die Akzeptanz neuer Bildungsinnovationen wie elektronischer Weiterbildungsmaßnahmen knüpft an diese Forschungstradition an. Im Folgenden wird nun der Akzeptanzbegriff im Hinblick auf die Einführung elektronischer Weiterbildung erläutert.

---

[28] Vgl. *Reichwald* (1978), S. 27.
[29] Vgl. dies und Folgendes in: *Reichwald* (1978), S. 28.
[30] Vgl. hierzu z.B. Arbeiten von *Witte* (1977), *Kirsch/Kieser* (1974).
[31] So stellt Witte in verschiedenen Untersuchungen über die Informationsnachfrage von Managern bei MIS-Systemen fest, dass deutlich weniger Informationen darüber nachgefragt wurden, als es dem Informationspotential entsprochen hätte, vgl. *Witte* (1972), S. 2ff., insbesondere das Experiment, S. 65ff.
[32] *Sachsenberg* (1980), S. 37.
[33] *Müller-Böling/Müller* (1986), S. 19.

II. Dimensionen der Akzeptanz

b) Eine ökonomische Begriffsbestimmung im Hinblick auf elektronische Weiterbildung

In ökonomischen Ansätzen wird die Begriffsbestimmung der Akzeptanz häufig entweder durch das zu untersuchende Objekt oder die jeweilige Forschungsrichtung geprägt.[34] Dabei lassen sich insbesondere zwei große Gruppen von Definitionsansätzen unterscheiden: Es gibt eine Gruppe von Autoren, welche die Einstellungskomponente in den Vordergrund stellt. So bezeichnet Kredel die individuelle Akzeptanz als „subjektive Bewertung der Annehmbarkeit von Geräten, Systemen, Dienstleistungen etc. durch den Benutzer."[35] Hilbig spricht diese Komponente direkt an, indem er Akzeptanz versteht als „eine mehr oder weniger stark ausgeprägte zustimmende Einstellung eines Individuums oder einer Gruppe gegenüber einem Objekt, Subjekt oder sonstigen Sachverhalt."[36] Auch Dierkes sieht darin eine „zu einem bestimmten Zeitpunkt festzustellende und sich in bestimmten Meinungs- und Verhaltensformen äußernde Einstellung meist größerer gesellschaftlicher Gruppen gegenüber einzelnen Technologien."[37] Akzeptanz wird somit als Ausprägung der Einstellung einer Person verstanden.[38] Nach der so genannten drei Komponenten-Theorie umfasst Einstellung dabei folgende Aspekte[39]:

- Affektive (emotionale, motivationale) Komponente: Sie drückt den gefühlsmäßigen Zustand einer Person bezüglich eines Objektes und die wahrgenommene Eignung dieses Objektes zur Befriedigung einer bestimmten Motivation aus im Sinne eines Gefühls der Anziehung oder Ablehnung.
- Kognitive Komponente (Meinung): Sie beinhaltet eine verstandesmäßige Gegenstandsbeurteilung, bei der Vor- und Nachteile des Objektes gegeneinander abgewogen werden.
- Konative (verhaltensorientierte) Komponente (Verhaltensdisposition): Bereitschaft, sich einem Objekt gegenüber in einer bestimmten Weise zu verhalten, die aus der Einschätzung des Objektes folgt.[40]

---

[34] Vgl. dies und Folgendes in: *Kollmann* (1998), S. 50f.

[35] *Kredel* (1988), S. 232.

[36] *Hilbig* (1984), S. 320.

[37] *Dierkes/Thienen* (1982), S. 1.

[38] Vgl. hierzu z.B. auch die Studie zur Messung der Wirkung von Sponsoringaktivitäten im Kulturbereich, bei der die Akzeptanz des Kultursponsorings in Deutschland operationalisiert wurde über eine positive Einstellung zum Kultursponsoring. Vgl. *Schwaiger* (2001), S. 20f.

[39] Vgl. *Kroeber-Riel/Weinberg* (1996), S. 168ff., *Zimbardo* (1992), S. 578.

[40] Dabei besteht jedoch in der Literatur keine Einigkeit darüber, ob man von einer Verhaltenskomponente als Teil der Einstellung oder von einer selbständigen psychischen Größe, sich in einer bestimmten Weise zu verhalten, sprechen sollte, die neben der Einstellung besteht. Im Allgemeinen geht man jedoch davon aus, dass die drei Komponenten aufeinander abgestimmt miteinander konsistent sind. Jedoch ist man sich einig

Einstellungs- und Akzeptanzforschung sind eng miteinander verwoben. Man kann davon ausgehen, dass im Falle einer positiven Einstellung gegenüber einem Objekt auch die Voraussetzung für eine positive Akzeptanz gegeben ist.

Gerade den Aspekt der Verhaltensabsicht innerhalb der Einstellung greift eine große Zahl von Akzeptanzforschern heraus und leitet damit zu einer zweiten elementaren Komponente der Akzeptanz über, der eigentlichen Nutzung des Objektes. Diese zweite Akzeptanzkomponente ist jedoch noch handlungsorientierter als die konative Komponente der Einstellung, die lediglich die Bereitschaft zu einem bestimmten Verhalten ausdrückt. So beinhaltet die zweite Akzeptanzkomponente die Nutzung eines Objektes als tatsächlich beobachtbares Verhalten. „Aus diesem Grund muß ein umfassender Akzeptanzbegriff sowohl die konative Komponente der Einstellungsforschung als auch die tatsächliche Handlungsebene berücksichtigen."[41] Reichwald definiert daher die Akzeptanz eines neuen Techniksystems beispielsweise als „die Bereitschaft eines Anwenders, in einer konkreten Anwendungssituation das vom Techniksystem angebotene Nutzungspotential aufgabenbezogen abzurufen."[42] Anstadt akzentuiert wie Stachelsky[43] explizit beide Akzeptanz-Komponenten: für ihn drückt Akzeptanz „die positive Einstellung eines Anwenders gegenüber einer Technologie aus und äußert sich in dessen Bereitschaft, in konkreten Anwendungssituationen diese aufgabenbezogen einzusetzen und zu nutzen."[44] Müller-Böling/Müller und Leipelt sprechen von einer Einstellungsakzeptanz und einer Verhaltensakzeptanz, Kollmann fügt noch die Handlungsakzeptanz hinzu.[45] Dadurch ergeben sich entsprechend Abbildung 28 verschiedene Akzeptanz-Kombinationsmuster, wie sie sowohl Müller-Böling/Müller als auch Schönecker beschreiben.

über die Übereinstimmung von Einstellung und Verhalten. Vgl. *Kroeber-Riel/Weinberg* (1996), S. 169f.

[41] *Kollmann* (1998), S. 52.
[42] *Reichwald* (1978), S. 31, vgl. auch *Klee* (1989), S. 7.
[43] Vgl. *Stachelsky* (1981), S. 25, ebenso *Schönecker* (1982), S. 51f.
[44] *Anstadt* (1994), S. 70, Rechtschreibung verbessert.
[45] Vgl. *Müller-Böling/Müller* (1986), S. 26f., *Leipelt* (1992), S. 35, *Kollmann* (1998), S. 95ff.

II. Dimensionen der Akzeptanz

		Verhaltensakzeptanz/Nutzung	
		Nein/ schwach ausgeprägt	Ja/ stark ausgeprägt
Einstellungs-akzeptanz/ Einstellung	Nein/ Negativ	1) Überzeugter Nicht-Benutzer/ „Nicht-Akzeptanz" E - N-	3) Gezwungener Benutzer/ „Verwendungsbedingte Akzeptanz" E - N+
	Ja/ Positiv	2) Verhinderter Benutzer/ „Einstellungsbedingte Akzeptanz" E + N-	4) Überzeugter Benutzer/ „ Akzeptanz" E + N+

Abbildung 28: Benutzertypen entsprechend der Akzeptanzkomponenten „Einstellung (E)" und „Nutzung (N)"[46]

Im ersten Fall ist sowohl die Einstellung negativ als auch die Nutzung nur schwach ausgeprägt bzw. nicht vorhanden.[47] Hier handelt es sich um einen überzeugten Nicht-Benutzer, es liegt keine Akzeptanz vor. Der zweite Fall ist zwar durch eine positive Einstellung gekennzeichnet, jedoch ist die Nutzung nur schwach ausgeprägt oder überhaupt nicht vorhanden. Hierbei handelt es sich um einen verhinderten Benutzer und eine einstellungsbedingte Akzeptanz. Beim dritten Fall ist zwar die Einstellung negativ, jedoch eine stark ausgeprägte Nutzung zu beobachten. In ihm kann man von einem gezwungenen Benutzer sprechen mit einer verwendungsbedingten Akzeptanz. Den Idealfall gibt das vierte Feld wieder, indem sowohl die Einstellung positiv als auch die Nutzung stark ausgeprägt sind. Hier kann man von einem überzeugten Benutzer bzw. der eigentlichen Akzeptanz sprechen.

Der Einstellungs- und der Nutzungsaspekt werden in der englischsprachigen Akzeptanzforschung ebenfalls aufgegriffen. So hat Davies auf der Grundlage der „theory of reasoned action" (TRA) von Fishbein/Ajzen[48] das „technology acceptance model" entwickelt, mit einer Einstellungskomponente („Attitude toward using" bzw. „behavioral intention to use") als „affective response" und

---

[46] Eigene Darstellung in Anlehnung an *Müller-Böling/Müller* (1986), S. 28 und *Schönecker* (1985), S. 51.
[47] Vgl. dies und Folgendes in: *Müller-Böling/Müller* (1986), S. 27f. und *Schönecker* (1985), S. 50ff.
[48] Vgl. *Fishbein/Ajzen* (1975).

einer Komponente der tatsächlichen Nutzung („Actual system use") als „behavioral response".[49] Dieses Modell stellt zugleich die Basis der Arbeit von Agarwal/Prasad dar, für die Akzeptanz den Nutzungsaspekt als die derzeitige Nutzung eines Objektes sowie den Einstellungsaspekt im Sinne einer Nutzungsabsicht in der Zukunft umfasst.[50] Gerade für den Unternehmenskontext, in welchem die Akzeptanz von e-Learning durch den einzelnen Mitarbeiter betrachtet wird, scheint diese Herangehensweise besonders sinnvoll zu sein. Wie in Kapitel A.II.3. dargestellt, entscheidet in der Regel eine Unternehmensabteilung wie z.B. die Personalabteilung über die generelle Einführung elektronischer Weiterbildung im Unternehmen. Hier kommt es zur Adoptionsentscheidung. Die eigentliche Akzeptanz der Innovation findet hingegen auf Mitarbeiterebene statt, wo es in erster Linie nicht mehr um eine Kauf-, sondern um eine Nutzungsentscheidung geht. Die individuelle Akzeptanz des Mitarbeiters zeigt sich daher insbesondere in seinem derzeitigen Nutzungsverhalten sowie in seiner Einstellung bezüglich einer zukünftigen Nutzungsabsicht der Bildungsinnovation. Für diese Arbeit erscheint daher folgende Begriffsbestimmung geeignet:

Akzeptanz von e-Learning spiegelt sich in einer positiven Einstellung gegenüber e-Learning als Bereitschaft zur zukünftigen Nutzung elektronischer Weiterbildungsformen sowie in einem stark ausgeprägten derzeitigen Nutzungsverhalten elektronischer Weiterbildungsformen wider.

2. Analyse von Akzeptanzmodellen

Um gezielt Einflussfaktoren auf die Akzeptanz von e-Learning untersuchen zu können, ist es sinnvoll, zunächst bestehende Akzeptanzmodelle früherer Arbeiten zu analysieren. Sie stellen die Grundlage eines eigenen Wirkungsmodells zur Akzeptanz von e-Learning in Wirtschaftsunternehmen dar. Neben den vielfältigen Definitionen findet sich in der Literatur ein entsprechend umfangreiches Spektrum unterschiedlicher Modelle, die Einflussfaktoren auf die Akzeptanz abbilden. Diese lassen sich in drei Kategorien gliedern:[51]

---

[49] Vgl. *Davis* (1989), S. 983ff., *Davis* (1993), S. 475ff.
[50] Vgl. *Agarwal/Prasad* (1997), S. 561 und 568ff.
[51] Vgl. *Filipp* (1996), S. 26 und *Kollmann* (1998), S. 74.

II. Dimensionen der Akzeptanz

- *Input-Modelle*[52] bilden die Akzeptanz sowie die Einflussgrößen darauf ab.
- *Input/Output-Modelle*[53] beschreiben Akzeptanz sowie bestimmende Einflussgrößen, wobei zusätzlich das daraus resultierende Verhalten einbezogen wird.
- *Rückkopplungsmodelle*[54] beschreiben nicht nur Akzeptanz sowie bestimmende Einflussgrößen, die wiederum ein entsprechendes Verhalten implizieren, sondern es wird auch eine Rückwirkung dieses Verhaltens auf die Akzeptanz berücksichtigt.

Die Akzeptanzmodelle können dabei als einstufige oder mehrstufige Modelle realisiert sein.[55] Mehrstufige Modelle teilen den Akzeptanzprozess in mehrere Phasen auf, wobei jede Phase mit einer „Teilakzeptanz" schließt. So unterscheidet Kollmann z.B. in seinem dynamischen Akzeptanzmodell die Phasen „Einstellungs-", „Handlungs-" und „Nutzungsakzeptanz".[56]

Im Folgenden werden die drei Modellklassen anhand entsprechender Beispiele aus der Literatur gekennzeichnet. Über diese Beispiele der einzelnen Modellgruppen hinaus existiert in der Literatur zwar noch eine Vielzahl weiterer Akzeptanzuntersuchungen mit entsprechenden Modellansätzen, doch lassen sich diese im Wesentlichen auf die vorgestellten Beispiele und deren repräsentative Vertreter zurückführen.

a) Input-Modelle der Akzeptanz

Input-Modelle stellen die Basisform der Modelle dar, da in ihnen lediglich Einflussgrößen auf die Akzeptanz berücksichtigt werden. Beispiele für Input-Modelle liefern die Akzeptanzmodelle von Allerbeck/Helmreich (1984), Eidenmüller (1986), Joseph (1990) und Anstadt (1994).[57]

---

[52] Vgl. z.B. *Allerbeck/Helmreich* (1984), S. 1080f., *Anstadt* (1994), S. 114f., *Eidenmüller* (1986), S. 18, *Joseph* (1990), S. 62ff., *Klee* (1989), S. 16f., *Schönecker* (1985), S. 22f.
[53] Vgl. z.B. *Agarwal/Prasad* (1997), S. 564ff., *Böck Bachfischer* (1996), S. 135ff., *Davis* (1989), S. 985ff., *Hilbig* (1984), S. 320ff., *Martin* (1993), S. 32ff., *Müller-Böling/Müller* (1986), S. 31ff.
[54] Vgl. z.B. *Döhl* (1983), S. 118ff., *Filipp* (1996), S. 37ff., *Kollmann* (1998), S. 91ff., *Reichwald* (1978), S. 33ff.
[55] Vgl. *Simon* (2001), S. 94.
[56] Vgl. *Kollmann* (1998), S. 108.
[57] Vgl. *Allerbeck/Helmreich* (1984), S. 1080f., *Anstadt* (1994), S. 114f., *Eidenmüller* (1986), S. 18, *Joseph* (1990), S. 62ff.

Allerbeck/Helmreich (1984) unterscheiden in ihrem Akzeptanzmodell die Einflussgrößen „*Technik*", „*Aufgabe*" und „*Mensch*", die sich entsprechend Abbildung 29 innerhalb des organisatorischen Umfelds auf die Akzeptanz auswirken.[58]

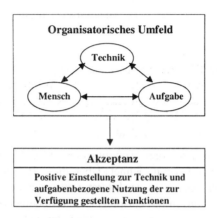

Abbildung 29: Akzeptanzmodell von Allerbeck/Helmreich[59]

Das Akzeptanzmodell von Eidenmüller (1986) baut auf dem von Allerbeck/Helmreich auf, indem es Akzeptanz zwar auch als Folge des Zusammenwirkens von Mensch, Technik und Umfeld betrachtet, diese Größen jedoch genauer spezifiziert (Abbildung 30). Als Einflussgrößen werden der „*Benutzer*" mit Elementen wie z.B. „Motivation" und „aufgabenbezogene Weiterbildung"; die „*Technik*" mit Elementen wie z.B. „Funktionsangebot" und „technische Reife" sowie die „*Arbeitsorganisation*" mit Elementen wie z.B. „Aufgabenstruktur" und „Arbeitsgestaltung" herausgearbeitet.[60]

---

[58] *Allerbeck/Helmreich* (1984), S. 1080. Technik, Aufgabe und Mensch werden als Teil des organisatorischen Umfeldes dargestellt, jedoch nicht näher spezifiziert.
[59] *Allerbeck/Helmreich* (1984), S. 1080.
[60] *Eidenmüller* (1986), S. 9ff.

II. Dimensionen der Akzeptanz

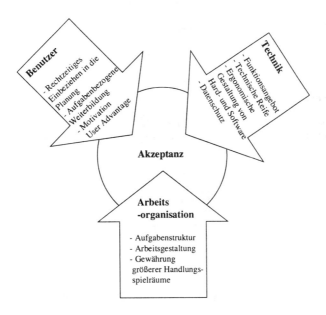

Abbildung 30: Akzeptanzmodell von Eidenmüller[61]

Auch neuere Modelle, wie z.B. das Modell von Joseph (1990) zur Akzeptanz von CAD-Systemen oder das Modell von Anstadt (1994) zur Akzeptanz von CAM-Technologien benützen diese Form der Input-Darstellung hinsichtlich der Akzeptanzwirkung.[62] Dabei zeigt sich eine Entwicklung hin zu einer größeren Differenzierung bezüglich der Arbeitsgestaltung. So unterscheidet Joseph (Abbildung 31) z.B. bezüglich der Arbeitsgestaltung die Arbeitsorganisation (Bereich 3) und die Betreuung der Mitarbeiter (Bereich 1).[63]

---

[61] *Eidenmüller* (1986), S. 18.
[62] Vgl. *Anstadt* (1994), S. 114f., *Joseph* (1990), S. 62ff.
[63] Vgl. *Joseph* (1990), S. 62.

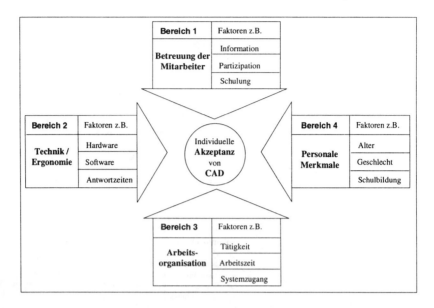

Abbildung 31: Akzeptanzmodell von Joseph[64]

Input-Modelle stellen die Basisform der Akzeptanzmodellierung dar. Weitergehende Modelle bauen auf ihnen auf. Problematisch erscheint jedoch bei dieser Darstellungsform, dass die Folgen unterschiedlicher Akzeptanzausprägungen hinsichtlich der Aufgabenstellung und eventueller Nutzungsprobleme in ihnen nicht berücksichtigt werden.[65]

b) Input/Output-Modelle der Akzeptanz

Diesen Mangel überwinden die Input/Output-Modelle, bei denen es auch zur Berücksichtigung der Nutzungskomponente im Sinne eines „Outputs" der Akzeptanz kommt. Sie beinhalten neben Einflussgrößen der Akzeptanz entsprechende Ergebnisgrößen, die aus der jeweiligen Akzeptanz resultieren, so dass ein hypothetischer Zusammenhang zwischen Akzeptanz und Leistungsmerkma-

---

[64] *Joseph* (1990), S. 62.
[65] Vgl. *Kollmann* (1998), S. 80.

II. Dimensionen der Akzeptanz 137

len vorgesehen ist.[66] Als Beispiele für Input/Output-Modelle werden die Modelle von Hilbig (1984), Davis (1989) und Agarwal/Prasad (1997) skizziert.[67]

Das Modell von Hilbig kann als direkte Fortführung der Input-Modelle von Allerbeck/Helmreich und Eidenmüller gesehen werden. Auch bei ihm gibt es drei zentrale Einflussgruppen, die „*technischen*", „*personalen*" und „*organisatorische Merkmale*". Darüber hinaus kommt es zu einer Erweiterung. Zum einen werden die Akzeptanzbedingungen des Einführungsprozesses und der Anwendungssituation, zum anderen die Akzeptanzfolgen im Sinne einer Zufriedenheit/Unzufriedenheit mit der Arbeitssituation sowie umfangreichen/geringen Nutzung neuer Bürotechnologien berücksichtigt (s. Abbildung 32).[68] Auch die Modelle von Davis und Agarwal/Prasad gehen einen ähnlichen Weg. *Davis* unterscheidet in seinem „Technology Acceptance Modell", das auf der von Fishbein und Ajzen entwickelten „Theory of Reasoned Action" basiert und eines der im angloamerikanischen Raum am meisten verbreiteten Akzeptanzmodelle darstellt, vier Stufen.[69] Anders als im Modell von Hilbig werden dabei jedoch die Ebenen der Akzeptanz/Nichtakzeptanz sowie der Zufriedenheit/Unzufriedenheit in seinem Modell zusammengefasst in Stufe der „Einstellung gegenüber der Nutzung" (Abbildung 33). Zunächst wirken externe Stimuli („*system design features*") sowohl auf die wahrgenommene Einfachheit der Nutzung („*perceived ease of use*") als auch den davon ebenfalls beeinflussten wahrgenommen Nutzen („*perceived usefulness*") ein. Diese beiden als kognitive Reaktion verstandenen Faktoren haben ihrerseits Einfluss auf die dritte Stufe des Modells, die Einstellung gegenüber der Nutzung („*attitude toward using*") im Sinne einer affektiven Reaktion, die als „Einstellungsakzeptanz" verstanden werden kann.[70] Die vierte Stufe ist nach Davis schließlich die tatsächliche System-Nutzung („*actual system use*") als Verhaltensreaktion bzw. „Verhaltensakzeptanz".

---

[66] Vgl. *Filipp* (1996), S. 27f.
[67] Vgl. *Agarwal/Prasad* (1997), S. 564ff, *Davis* (1989), S. 985ff., *Hilbig* (1984), S. 320ff.
[68] Vgl. *Hilbig* (1984), S. 320ff.
[69] Vgl. *Davis* (1989), S. 985ff. und *Davis* (1993), S. 475ff.
[70] Vgl. *Simon* (2001), S. 97.

138 D. Theoretische Analyse der Akzeptanz von e-Learning

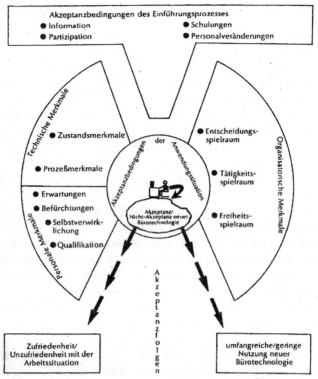

Abbildung 32: Akzeptanzmodell von Hilbig[71]

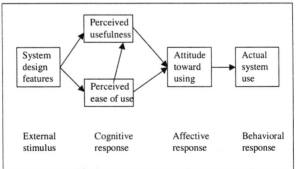

Abbildung 33: Technology Acceptance Modell von Davis[72]

---

[71] *Hilbig* (1984), S. 322.
[72] *Davis* (1993), S. 477, in etwas veränderter Version in *Davis* (1989), S. 985.

II. Dimensionen der Akzeptanz

Agarwal/Prasad bauen mit ihrem Akzeptanzmodell auf dem Ansatz von Davis auf. Sie legen ihren Schwerpunkt jedoch explizit auf die Akzeptanzfolgen, indem sie als „*acceptance outcomes*" sowohl die derzeitige Nutzung („*current use*") sowie die davon beeinflusste Absicht zur zukünftigen Nutzung („*future use intentions*") betrachten. Diese Akzeptanzfolgen werden in ihrem Modell zum einen beeinflusst von den wahrgenommenen Charakteristiken der Innovation („*innovation characteristics*") wie z.B. dem relativen Vorteil oder der Einfachheit der Nutzung sowie dem Grad der Freiwilligkeit („*voluntariness*"), wie Abbildung 34 darstellt.

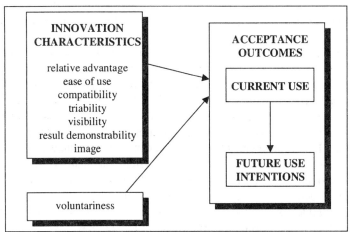

Abbildung 34: Akzeptanzmodell von Agarwal/Prasad[73]

Kritiker werfen den Input/Output-Ansätzen vor, dass auch sie zu kurz greifen, und Rückkopplungsprozesse zwischen der Akzeptanz und den ursprünglichen Einflussgrößen nicht berücksichtigt werden.[74] Die Betrachtung von Rückkopplungsprozessen führte zu einer flexibleren Betrachtung der Ausgangsgrößen, die nicht mehr als „quasi fix" interpretiert werden könnten. Im Folgenden werden Vertreter dieser Gruppe dargestellt.

---

[73] *Agarwal/Prasad* (1997), S. 565.
[74] Vgl. z.B. *Kollmann* (1998), S. 82 und *Simon* (2001), S. 94.

c) Rückkopplungsmodelle der Akzeptanz

Rückkopplungsmodelle bauen auf den dargestellten Inputmodellen sowie Input/Outputmodellen auf, versuchen jedoch durch die Einbeziehung so genannter „Feed-Back-Effekte"[75] zusätzlich die Wirkung von Akzeptanzfolgen auf die Einflussgrößen der Akzeptanz mit zu berücksichtigen. Dadurch ist ein rekursiver Zusammenhang zwischen der Akzeptanz und den Inputgrößen vorgesehen. Stellvertretend für diese Gruppe werden die Akzeptanzmodelle von Reichwald (1978), Filipp (1996) sowie Kollmann (1998) dargestellt.[76]

Im Akzeptanzmodell von Reichwald (Abbildung 35) wirken die – aus den Inputmodellen bekannten – Inputgrößen *„Organisatorische Merkmale"*, *„Personale Merkmale"* sowie *„Merkmale der neuen Technik"* auf die *„Bediener-Nutzerakzeptanz"*, die ihrerseits wiederum *„organisationale und personale Folgewirkungen"* hat.[77] Letztere zeigen sich auf Anwenderseite in physiologischen Faktoren wie z.B. Belastbarkeit, psychologischen Faktoren wie z.B. Motivation und sonstigen Individualfaktoren wie z.B. Qualifikation. Im organisationalen Umfeld wirken sie sich auf die Organisationsstruktur, das soziale Umfeld sowie die Ausstattung aus. Der Kreis schließt sich, indem sowohl die personalen Merkmale als auch das organisationale Umfeld wiederum Einflussgrößen der Inputgrößen darstellen. Nicht in den Rückkopplungskreislauf einbezogen ist bei Reichwald das neue Techniksystem, das lediglich auf die Inputgröße „Merkmale der neuen Technik" einwirkt. Damit wird deutlich, dass dieses Modell den Akzeptanzprozess einer bestehenden, nicht zu verändernden Technik abbildet, und – der absatztheoretischen Tradition folgend – Durchsetzungsstrategien für bereits determinierte Produkte bzw. Systeme gefunden werden sollen.[78] Das Akzeptanzmodell von Filipp (Abbildung 36) baut auf dem Modell von Reichwald auf.[79] Zentrale Inputgrößen stellen auch hier die *„Organisation"*, die *„Technik"* mit den Komponenten *„Inhalt"* und *„Benutzerführung"* sowie der *„Anwender"* dar. Sie wirken nach Filipp auf eine *„innere"* und eine *„äußere Akzeptanz"* ein. Erstere bezeichnet die sich wechselseitig beeinflussenden Faktoren *„Einstellung"* sowie *„benutzerspezifisches Verhalten"*. Beide wirken auf das *„de facto verifizierbare Verhalten"* ein, mit dem sie zusammen die äußere Akzeptanz bilden. Diese beiden Akzeptanzkomponenten haben ihrerseits *„Folgewirkungen"*, die wiederum die Inputgrößen und einen so genannten *„Entwickler"* beeinflussen, der seinerseits Neuerungen im Techniksystem durchführt. Anders als bei Reichwald ist in den Rückkopplungskreislauf

---

[75] *Kollmann* (1998), S. 84.
[76] Vgl. *Reichwald* (1978), S. 31ff., *Filipp* (1996), S. 37ff., *Kollmann* (1998), S. 91ff.
[77] Vgl. *Reichwald* (1978), S. 31ff.
[78] Vgl. auch *Kollmann* (1998), S. 85.
[79] Vgl. *Filipp* (1996), S. 37ff.

II. Dimensionen der Akzeptanz

somit auch die Technik eingeschlossen. Nicht ganz nachvollziehbar ist jedoch die Aufsplittung in eine innere sowie eine äußere Akzeptanz mit der gleichzeitigen Einführung zweier Verhaltensakzeptanzen, da sowohl das so genannte „benutzerspezifische Verhalten" (innere Akzeptanz) als auch das „de facto verifizierbare Verhalten" (äußere Akzeptanz) von Außenstehenden zu beobachten sind.[80] Dies spiegelt sich auch in der Operationalisierung wider, wo insbesondere der Unterschied zwischen „Nutzungshäufigkeit" (Indikator des „benutzerspezifischen Verhaltens") und „Nutzungsintensität" (Indikator des „de facto verifizierbaren Verhaltens") nicht klar erscheint.[81]

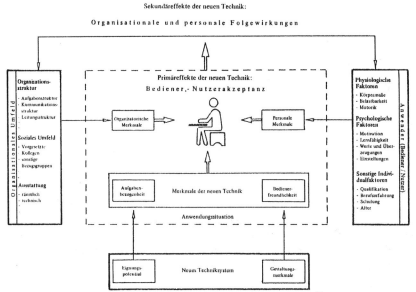

Abbildung 35: Akzeptanzmodell von Reichwald[82]

---

[80] Vgl. auch *Simon* (2001), S. 105.

[81] So operationalisiert Filipp das „benutzerspezifische Verhalten" als Teil der „inneren Akzeptanz" mit den Indikatoren „Nutzungshäufigkeit", „Softwarebeschaffenheit", „Komplementärdienste", „Nutzung Netzdienste" und „Nutzung Netzanwendungen", während er unter dem „de facto verifizierbaren Verhalten" die „Nutzungintensität" und die Professionalität" versteht. Vgl. S. 45ff.

[82] *Reichwald* (1978), S. 32.

142 D. Theoretische Analyse der Akzeptanz von e-Learning

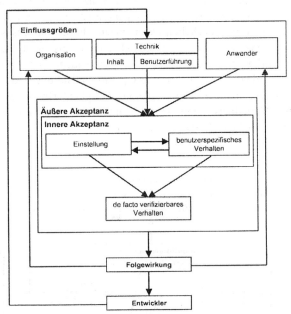

Abbildung 36: Akzeptanzmodell von Filipp[83]

Gegenüber sämtlichen anderen Akzeptanzmodellen ist das in Abbildung 37 wiedergegebene Modell von Kollmann deutlich komplexer.[84] Wie Reichwald und Filipp versucht er, Rückkopplungsprozesse einzuarbeiten. Seine Kritik an deren statischem Messungsansatz resultiert in einer Aufsplittung der Akzeptanz in die zeitlich versetzten Prozessebenen der *„Einstellungsakzeptanz"* vor Kauf/Nutzung, der *„Handlungsakzeptanz"* bei Kauf/Übernahme und der *„Nutzungsakzeptanz"* nach Kauf/Nutzung, die zusammengefasst die *„Gesamtakzeptanz"* bilden.[85] *„Produktbezogene"*, *„akzeptiererbezogene"* sowie *„unternehmensbezogene"* Inputgrößen wirken sich über den gesamten Akzeptanzprozess auf die verschiedenen Akzeptanzebenen hin aus und sind in eine makroökonomische, politisch-rechtliche, technologische sowie sozio-kulturelle Umwelt eingebettet. Rückkopplungsprozesse entstehen dadurch, dass die Akzeptanzentscheidung auf der jeweiligen Stufe die Inputgrößen der folgenden Akzeptanzebene beeinflusst. So resultiert die Einstellungsakzeptanz aus Werten der Einstellungsebene und erwarteten Werten der Handlungsebene. Die Handlungsak-

---

[83] *Filipp* (1996), S. 38.
[84] Vgl. *Kollmann* (1998), S. 91ff.
[85] Zur Kritik des statischen Messansatzes anderer Rückkopplungsmodelle vgl. *Kollmann* (1998), S. 86f.

zeptanz ihrerseits wird davon beeinflusst und resultiert aus tatsächlichen Werten der Einstellungsebene, der Handlungsebene sowie erwarteten Werten der Nutzungsebene. Die Nutzungsakzeptanz beinhaltet schließlich tatsächliche Werte aller drei Ebenen.

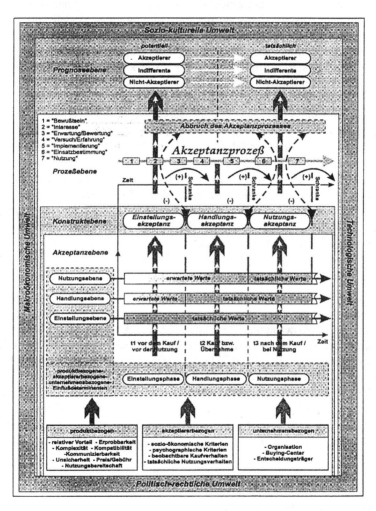

Abbildung 37: Akzeptanzmodell von Kollmann[86]

---

[86] *Kollmann* (1998), S. 135.

III. Modell zur systematischen Analyse der Akzeptanz von e-Learning

1. Darstellung von Einflussgrößen auf die Akzeptanz von e-Learning

Die skizzierten Akzeptanzmodelle in der bisherigen Akzeptanzforschung liefern eine gute Ausgangsbasis für die Entwicklung eines Modells zur Analyse der Akzeptanz von e-Learning. Da dieses empirisch überprüft werden soll, müssen seine Konstrukte so gut wie möglich zu operationalisieren sein. In der Literatur zeigen sich häufig Diskrepanzen zwischen dem theoretischen Modell und der tatsächlichen Operationalisierung. So sprechen z.B. Müller-Böling/Müller in ihrem Akzeptanzmodell zwar von Einstellungs- und Verhaltensakzeptanz und unterscheiden dafür verschiedene Benutzertypen, empirisch untersucht werden jedoch lediglich die Einflussgrößen auf die Einstellungsakzeptanz.[87] Auch Hilbig erläutert nur die auf Müller-Böling zurückgehende ADV-Skala[88] zur Messung der Einstellung, aber nicht die genauere Operationalisierung der Akzeptanz sowie der Akzeptanzfolgen.[89] Im Folgenden soll daher ein Modell entwickelt werden, das auf Basis der bisherigen Akzeptanz- sowie e-Learning-Forschung den Wirkungszusammenhang bezüglich der Akzeptanz von e-Learning erfassen kann und gleichzeitig operationalisierbar ist. Dazu werden zunächst zentrale Einflussgrößen aufgeführt, um sie in einem Gesamtmodell zusammenzufassen. Aus letzterem lassen sich Hypothesen für die empirische Untersuchung ableiten.

In nahezu allen Modellen kann man drei große Gruppen von Einflussgrößen unterscheiden: personenbezogene, unternehmensbezogene sowie technik-/innovationsbezogene Inputgrößen. Im Folgenden werden einzelne Determinanten dieser drei Gruppen im Hinblick auf die Akzeptanz von e-Learning in Wirtschaftsunternehmen dargestellt.[90] In das eigene Modell werden diejenigen Determinanten einbezogen, die in anderen empirischen Untersuchungen – insbesondere zur Einführung von EDV-Systemen – einen wesentlichen Einfluss auf die Akzeptanz zeigten bzw. von verschiedenen Autoren als wichtig angesehen wurden. Ein weiteres Auswahlkriterium stellt die grundsätzliche Ermittelbarkeit der Determinanten im Rahmen einer schriftlichen Befragung dar.

---

[87] Vgl. *Müller-Böling/Müller* (1986), S.27ff.

[88] Müller-Böling/Böling bezeichnen die Einstellungsakzeptanz bezüglich einer Informationstechnik als „Einstellung zur Automatisierten Datenverarbeitung" – kurz ADV-Attitüde. Sie messen diese über die sog. ADV-Skala. Vgl. *Müller-Böling/Müller* (1986), S.33f.

[89] Vgl. *Hilbig* (1984), S. 321f.

[90] Vgl. zu den Determinanten *Ponomareva* (2002), S. 23ff.

III. Modell zur systematischen Analyse

a) Personenbezogene Einflussgrößen der Akzeptanz von e-Learning

Personenbezogene Einflussgrößen stellen die Gruppe von Determinanten dar, die auf den Lernenden individuell zurückzuführen sind und von diesem am ehesten beeinflusst sowie gesteuert werden können. Entsprechend Abbildung 38 gehören hierzu allgemeine Persönlichkeitsmerkmale, der Lernstil der Person, die Technikaffinität, die Erfahrung mit elektronischen Lernformen sowie entscheidungsbestimmende Faktoren bei einem Lernvorhaben.[91]

Personenbezogene Einflussgrößen	Beispiele
Allgemeine Persönlichkeitsmerkmale	Alter, Geschlecht, subjektiv wahrgenommener Weiterbildungsbedarf
Technikaffinität	Technische Vorkenntnisse, Einstellung gegenüber neuen Technologien
Lernstil der Person	Präferenz für Gruppen- oder Einzellernen, Bedeutung direkten Kontaktes zum Lehrer
Sonstige entscheidungsbestimmende Faktoren bei einem Lernvorhaben	Bedeutung anfallender finanzieller Kosten, der zeitlichen Flexibilität bei Nutzung

Abbildung 38: Personenbezogene Einflussgrößen der Akzeptanz von e-Learning

Als *allgemeine Persönlichkeitsmerkmale* werden Angaben über das Alter, das Geschlecht oder den Tätigkeitsbereich zusammengefasst. Diese werden auch als sozio-ökonomische Variablen bezeichnet.[92] So können beispielsweise das Alter oder der Tätigkeitsbereich eines potentiellen Nachfragers Prämissen für die Akzeptanz sein.

Eine weitere wichtige Einflussgröße stellt die *Technik-Affinität einer Person* dar. Experten sind der Meinung, dass e-Learning insbesondere Zielgruppen mit hoher Technik-Affinität erreicht.[93] So zeigte eine Studie über den Interneteinsatz in der universitären Lehre, dass Studierende mit hohem Wissensstand über das Internet eine stärkere Akzeptanz für den Einsatz von Internet in der Lehre haben.[94] Technische Vorkenntnisse sowie die Einstellung gegenüber neuen

---

[91] Vgl. dazu auch die Studien von *Hasenbach-Wolff* (1992), S. 434ff. sowie von *Böck Bachfischer* (1996), S. 136ff.
[92] Vgl. *Kollmann* (1998), S. 122 und 124.
[93] Vgl. *Loos* (2001), S. 12. So ist man auch der Meinung, dass mangelnde Fähigkeit zur Bedienbarkeit von Mediendiensten zur Ablehnung dieser führen, vgl. *Herrmann et al.* (1997), S. 8.
[94] Vgl. *Weckenmann et al.* (2000), S. 146.

Technologien beeinflussen dabei den individuellen Umgang mit computerbasierten Lehr- und Lernmaterialen.[95] Daher kann Technik-Affinität als wichtiger Akzeptanzfaktor für e-Learning gesehen werden.

Für die Akzeptanz einer Bildungsmaßnahme spielt daneben insbesondere der *Lernstil einer Person* eine wichtige Rolle. In der Forschung zum Lernen mit elektronischen Lernformen gewinnt die Frage der individuellen Unterschiede zwischen den Lernenden immer mehr an Bedeutung.[96] So wird die Notwendigkeit betont, den individuellen Lernstil bei der Auswahl der Lernmethode zu berücksichtigen.[97] Dieser hat Auswirkungen auf die Bereitschaft einer Person, eine bestimmte Lernform zu nutzen. Er umfasst dabei die Lerngewohnheiten und -bedürfnisse einer Person wie z.B. die Präferenz für Gruppen- oder Einzellernen, die Bedeutung eines direkten Kontaktes zum Lehrer etc.

Eine letzte Gruppe personenbezogener Einflussgrößen stellen schließlich noch *sonstige entscheidungsbestimmende Faktoren bei einem Lernvorhaben* dar, zu denen beispielsweise die Bedeutung der anfallenden finanziellen Kosten, die Bedeutung der zeitlichen Flexibilität bei der Nutzung der Bildungsmaßnahme oder die Bedeutung eines Experten für technische oder inhaltliche Fragen gehören.[98] Diese Faktoren spielen bei der konkreten Entscheidung über ein bestimmtes Lernvorhaben eine wichtige Rolle und haben somit Einfluss auf die Akzeptanz bezüglich der Lernform.

b) Unternehmensbezogene Einflussgrößen der Akzeptanz von e-Learning

Unternehmensbezogene Einflussgrößen stellen eine Gruppe von Determinanten dar, die vom Lernenden selbst nicht ohne weiteres beeinflusst werden können. Zu ihnen gehören allgemeine Unternehmensmerkmale, generelle Weiterbildungsaspekte im Unternehmen, Einführungsmaßnahmen zu e-Learning durch das Unternehmen, Unterstützungsleistungen durch das Unternehmen sowie die Integration von e-Learning in die Arbeitssituation, wie Abbildung 39 verdeutlicht.

---

[95] Vgl. *Brünken* (2000), S. 12.
[96] Vgl. *Brünken* (2000), S. 12.
[97] Vgl. *Wagner* (2001), S. 188.
[98] So werden z.B. die Zeitersparnis sowie die erhöhte Verfügbarkeit als entscheidende Vorteile von e-Learning gegenüber dem Präsenztraining genannt wie in Kapitel C.II.2.d). dargestellt.

III. Modell zur systematischen Analyse

Unternehmensbezogene Einflussgrößen	Beispiele
Allgemeine Unternehmensmerkmale	Unternehmensgröße, Branche
Generelle Weiterbildungsaspekte	Bezahlung der Weiterbildungsmaßnahmen durch das Unternehmen, Anerkennung als Arbeitszeit
e-Learning-Einführungs- und Unterstützungsmaßnahmen des Unternehmens	Informationen durch das Unternehmen, Verfügbarkeit eines Ansprechpartners, Anerkennung des elektronischen Lernens
Anwendungssituation von e-Learning	Eignung unterschiedlicher Lernorte, Intensität der Lernort-Nutzung

Abbildung 39: Unternehmensbezogene Einflussgrößen der Akzeptanz von e-Learning

Unter den *allgemeinen Unternehmensmerkmalen* werden Angaben über die Unternehmensgröße, die Branche, den Standort etc. zusammengefasst.[99] Sie stellen allgemeine Kontextvariablen der Akzeptanz des einzelnen Mitarbeiters dar und haben somit Einfluss auf die individuelle Entscheidung. So nutzen derzeit insbesondere größere Unternehmen mit höheren Weiterbildungsaufwendungen e-Learning zur Schulung ihrer Mitarbeiter.[100] Die allgemeine Anerkennung als gängige Schulungsform im Unternehmen hat Rückwirkungen auf die individuelle Akzeptanz des Mitarbeiters.

Eine weitere wichtige Gruppe von Einflussgrößen bilden *generelle Weiterbildungsaspekte im Unternehmen*. Diese allgemeinen Rahmenbedingungen der Weiterbildungsmöglichkeiten im Unternehmen wirken unabhängig von der Einführung von e-Learning. Hierzu gehört z.B. die Bezahlung von Weiterbildungsmaßnahmen durch das Unternehmen, die grundsätzliche Anerkennung der Weiterbildung als Arbeitszeit, die Verantwortung über das eigene Weiterbildungsbudget beim Mitarbeiter oder die Möglichkeit zur Teilnahme an Schulungsmaßnahmen während der Arbeitszeit. Ein zusätzlicher entscheidender Aspekt ist, ob der Mitarbeiter an der Planung der Weiterbildungsmaßnahme beteiligt wurde und sich damit implizit freiwillig für die Art der Maßnahme entscheiden konnte oder zur Mitwirkung verpflichtet wurde.

Daneben wird die individuelle Akzeptanz des Lernenden durch die *Einführungs- und Unterstützungsmaßnahmen des Unternehmens* im Hinblick auf e-Learning beeinflusst. Eine Akzeptanz-Studie in den USA zeigt, dass dabei die vom Unternehmen bereitgestellten Informationen über e-Learning-Kurse einen

---

[99] Diese Merkmale können auch als organisationsspezifische Größen bezeichnet werden, vgl. *Kollmann* (1998), S. 126, *Rogers* (1995), S. 379f.
[100] Vgl. Kapitel C.II.2.b).

wesentlichen Akzeptanzfaktor darstellen.[101] Zu diesem Bereich gehört auch die gezielte Ansprache von Schlüsselmitarbeitern, die für die neuen Schulungsmaßnahmen begeistert werden sollen, um als Multiplikatoren zu fungieren. In engem Zusammenhang damit stehen die kontinuierlichen Unterstützungsmaßnahmen, die sich an die Einführungsmaßnahmen anschließen. So hat die erwähnte Akzeptanzstudie in den USA dargelegt, dass Informationsmaßnahmen zwar wichtig sind, damit Kurse begonnen werden. Die Unterstützungsleistungen, die dem Lernenden anschließend zuteil werden, sind jedoch entscheidend für die Fortführung des Kurses.[102] Studien zum Einsatz von CBT-Programmen zeigen, dass die Verfügbarkeit eines Ansprechpartners/einer Betreuungsperson einen entscheidenden Faktor darstellt.[103] Diese Person muss nicht ständig anwesend sein, jedoch in regelmäßigen Abständen zur Verfügung stehen. Insgesamt ist dabei die Einbindung in eine dem e-Learning positiv gegenüberstehende Lernkultur wichtig.[104] Dazu gehört neben der Verfügbarkeit von Ansprechpartnern vor allem die Anerkennung der mit elektronischem Lernen verbrachten Zeit als Arbeitszeit.[105]

Die Anwendungssituation wird in den meisten Modellen zur Akzeptanz neuer Technik ebenfalls als wichtige Einflussgröße behandelt.[106] So wird auch die Akzeptanz elektronischer Lernformen in der betrieblichen Weiterbildung von den Gegebenheiten der *Anwendungssituation des e-Learning* beeinflusst.[107] Das Lernen am Arbeitsplatz während der Arbeitszeit kann beispielsweise zu deutlichen Spannungen am Arbeitsplatz führen. Zum einen können in dieser Zeit z.B.

---

[101] Vgl. *American Association for Training and Development (ASTD)/MASIE* (2001), S. 3f.

[102] „Although marketing and promotion efforts appeared to be the crucial factor in prompting learners to begin the courses in the study, they were not always likely to engage in the portions of these courses delivered via technology. (...) The level to which learners felt they were supported was one of the primary indicators regarding their participation in e-learning." *American Association for Training and Development (ASTD)/MASIE* (2001), S. 4, im Original hervorgehoben.

[103] Vgl. dies und Folgendes in: *Hasenbach-Wolff* (1992), S. 453, *Herrmann et al.* (1997), S. 7.

[104] Vgl. die Studie von *Hagedorn et al.* (2001), S. 43: „Als zentrale Voraussetzung für die Akzeptanz und die erfolgreiche Nutzung von WBT-Angeboten erweisen sich durchgängig Formen und Qualität der betrieblichen Lern-Organisation bzw. Lern-Kultur." So beschreiben die Autoren, dass viele Unternehmen ihren Mitarbeitern bezüglich des Themas „Lernen am Computer" nicht trauen würden, vgl. gleiche Studie, S. 37.

[105] So gibt es Unternehmen, in denen die unausgesprochene Regel gilt, dass Computer nicht außerhalb der täglichen, unmittelbaren Arbeit genutzt werden dürfen. Eine ausgedehnte Nutzung des Intra- oder Internets wird nicht als Teil des Jobs gesehen und ist damit nicht akzeptabel. Vgl. *Geisman* (2001), S. 2.

[106] Vgl. z.B. die Modelle von *Hilbig* (1984), S. 320ff., *Reichwald* (1978), S. 31ff. oder *Anstadt* (1994), S. 114f.

[107] Vgl. *Ponomareva* (2002), S. 24.

keine Kundengespräche angenommen werden, weshalb Kollegen diese eventuell übernehmen müssen. Zum anderen können sowohl der Vorgesetzte als auch Kollegen den Eindruck gewinnen, der Lernende lernt nicht wirklich, sondern „surft" nur im Internet, was ebenfalls zu Verstimmungen führt. Daher muss bei einer Akzeptanzbetrachtung mit berücksichtigt werden, ob und in welchem Umfang die Arbeitssituation ein elektronisches Lernen ermöglicht. Dazu gehört beispielsweise die Frage nach der Eignung unterschiedlicher Lernorte zum Lernen mit elektronischen Lernformen oder nach dem am häufigsten genutzten tatsächlichen Lernort.

c) Innovationsbezogene Einflussgrößen der Akzeptanz von e-Learning

In verschiedenen Akzeptanzstudien werden die Technik bzw. die Innovation selbst als eine weitere Einflussgröße auf die Akzeptanz betrachtet und unterschiedliche Aspekte wie z.B. Zustands- und Prozessmerkmale, Bedienerfreundlichkeit/Aufgabenbezogenheit oder Hardware/Software/Antwortzeiten angesprochen.[108] Agarwal/Prasad untersuchen die Akzeptanz der Informationstechnologie „World Wide Web" und greifen in ihrem Modell auf Innovationscharakteristika zurück, die auch als entscheidende Einflussgrößen der Adoption eines Objektes in der Forschung genannt werden, wie z.B. der relative Vorteil einer Innovation oder deren Kompatibilität mit der Anwendersituation.[109] Da elektronische Lernformen auf Informationstechnologien beruhen, dürften aus theoretischer Sicht diese Faktoren auch für die Akzeptanz von e-Learning relevant sein. In der Metaanalyse von Tornatzky und Klein wurde jedoch – wie oben erwähnt – festgestellt, dass nur die Determinanten „relativer Vorteil", „Kompatibilität" und „Komplexität" konsistent Einfluss auf die Adoption einer Innovation haben.[110] Daher sollen diese drei Einflussgrößen entsprechend Abbildung 40 als innovationsbezogene Determinanten der Akzeptanz von e-Learning berücksichtigt werden.

---

[108] Vgl. die Modelle von *Agarwal/Prasad* (1997), S. 564ff., *Joseph* (1990), S. 62ff. oder *Filipp* (1996), S. 37ff., zu den Aspekten vgl. *Hilbig* (1984), S. 322, *Reichwald* (1978), S. 32, *Joseph* (1990), S. 62.
[109] Vgl. *Agarwal/Prasad* (1997), S. 564ff., ebenso *Kollmann* (1998), S. 136f.
[110] Vgl. *Tornatzky/Klein* (1981), S. 40.

Innovationsbezogene Einflussgrößen	Beispiele
Relativer Vorteil	Zeitersparnis, erhöhte Verfügbarkeit
Kompatibilität	Eignung von e-Learning für die Weiterbildung in der Tätigkeit
Komplexität	Erforderlicher Aufwand für die Nutzung wie z.B. Anschluss an Internet/Intranet, EDV-Kenntnisse

Abbildung 40: Innovationsbezogene Einflussgrößen der Akzeptanz von e-Learning

Der *relative Vorteil* einer Innovation, verstanden als „the degree to which an innovation is perceived as better than the idea it supersedes"[111], bezieht sich bei elektronischen Lernformen insbesondere auf ihren Vorteil gegenüber einem Präsenztraining. Diesen sieht man vor allem in der Zeitersparnis, gefolgt von erhöhter Verfügbarkeit, der Förderung des Selbstlernens und der Kostenersparnis.[112] Für den einzelnen Mitarbeiter stehen dabei insbesondere die ersten beiden Argumente im Vordergrund. So drückt sich der relative Vorteil einer elektronischen Lernform beispielsweise in der Möglichkeit aus, damit schneller zu lernen als im Präsenztraining.

Die Einflussgröße *Kompatibilität* als „the degree to which an innovation is perceived as being consistent with the existing values, past experiences, and needs of potential adopters"[113] kann bei elektronischen Lernformen verstanden werden als die Möglichkeit, e-Learning im konkreten Tätigkeitsfeld überhaupt nutzen zu können. Dies drückt sich z.B. aus in der Eignung von e-Learning für die Weiterbildung in der Tätigkeit des jeweiligen Mitarbeiters.[114]

Die Einflussgröße *Komplexität* als „the degree to which an innovation is perceived as difficult to understand and use" drückt den wahrgenommenen Schwierigkeitsgrad in Bezug auf die Innovation aus.[115] In Zusammenhang mit

---

[111] *Rogers* (1995), S. 15.
[112] Vgl. Kapitel C.II.2.d).
[113] *Rogers* (1995), S. 15f.
[114] Vgl. auch *Agarwal/Prasad* (1997), S. 580. Die Autoren sehen in Kompatibilität die Eignung des WWW für die Arbeit.
[115] *Rogers* (1995), S. 15f.

der Akzeptanz von e-Learning kann dabei vom subjektiven Aufwand gesprochen werden, der notwendig ist, um die elektronische Lernform einzusetzen.[116]

Dies kann sich in spezifischen Kenntnissen zeigen, die der Lernende für die Nutzung benötigt und/oder der technischen Unterstützung, die er dafür erhalten muss. So benötigt ein Virtual Classroom beispielsweise den Anschluss an das Internet/Intranet. Gleichzeitig werden beim Lernenden Kenntnisse bezüglich der Kommunikation per e-Mail sowie in Foren vorausgesetzt. Der Lernende muss zudem in der Lage sein, ohne direkten Blickkontakt mit dem Tutor und anderen Teilnehmern zusammenzuarbeiten.

2. Gesamtmodell der Akzeptanz von e-Learning in Wirtschaftsunternehmen als Basis zur Ableitung von Hypothesen

Basierend auf der akzeptanzwissenschaftlichen Literatur wurden zwei elementare Komponenten der Akzeptanz von e-Learning ermittelt: die Bereitschaft zur zukünftigen Nutzung elektronischer Weiterbildungsformen sowie ein stark ausgeprägtes derzeitiges Nutzungsverhalten elektronischer Weiterbildungsformen.[117] Auf diese beiden Akzeptanzkomponenten wirken die dargestellten personen-, unternehmens- sowie innovationsbezogenen Einflussgrößen ein. Damit ergibt sich folgendes Gesamtmodell zur Akzeptanz von e-Learning, wie es in Abbildung 41 dargestellt ist:

---

[116] Vgl. *Ponomareva* (2002), S. 28.
[117] Vgl. Kapitel D.II.1.b).

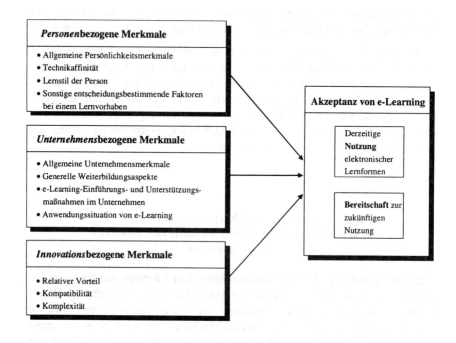

Abbildung 41: Gesamtmodell der Akzeptanz von e-Learning

Das entwickelte theoretische Modell der Akzeptanz von e-Learning ist empirisch zu überprüfen. Dazu werden im Folgenden aus ihm Hypothesen abgeleitet. Es werden hierfür die Wirkungszusammenhänge auf die Akzeptanz dargestellt, welche die Elemente „derzeitige Nutzung" als auch „Bereitschaft zur zukünftigen Nutzung" umfasst. In der Hypothesenformulierung wird der Begriff „Akzeptanz" verwendet. Jede Hypothese gilt aber für jede der beiden Akzeptanzkomponenten, die in der empirischen Analyse auch getrennt untersucht werden. Einen ersten Block stellen die *personenbezogenen Einflussgrößen* dar:

Allgemeine Persönlichkeitsmerkmale

Akzeptanzhypothese 1: Je jünger eine Person ist, desto höher ist ihre Akzeptanz elektronischer Lernformen.[118]

---

[118] Eine Weiterbildungsumfrage aus dem Jahre 2000 zeigt, dass Jüngere im Durchschnitt mehr mit computergestützten Programmen lernen als Ältere. Vgl. *Weiß* (2001),

III. Modell zur systematischen Analyse

Akzeptanzhypothese 2: Wenn eine Person in einem IT-Bereich arbeitet, dann ist ihre Akzeptanz elektronischer Lernformen höher.[119]

Akzeptanzhypothese 3: Wenn eine Person die Position eines Angestellten innehat, ist ihre Akzeptanz elektronischer Lernformen höher.[120]

Technikaffinität

Akzeptanzhypothese 4: Je besser die EDV-Vorkenntnisse einer Person, desto höher ist ihre Akzeptanz elektronischer Lernformen.[121]

Akzeptanzhypothese 5: Je positiver eine Person gegenüber EDV eingestellt ist, desto höher ist ihre Akzeptanz elektronischer Lernformen.[122]

Lernstil

Akzeptanzhypothese 6: Je eher eine Person Präsenz- bzw. Gruppenlernen präferiert, desto geringer ist ihre Akzeptanz elektronischer Lernformen.[123]

Akzeptanzhypothese 7: Je eher eine Person ihr Lerntempo selbst bestimmen möchte, desto höher ist ihre Akzeptanz elektronischer Lernformen.[124]

S. 16. Gleichzeitig ist zu beobachten, dass jüngere Personen generell häufiger an Weiterbildung teilnehmen als ältere. So betrug die Gesamtteilnahmequote an beruflicher Weiterbildung im Jahr 2000 in Deutschland 31% gegenüber 18% der 50 bis 64-jährigen, vgl. *Jonen et al.* (2002), S. 184.

[119] Es ist zu vermuten, dass Personen, die im IT-Bereich tätig sind, eine höhere Affinität zu elektronischen Lernformen haben, da sie im Umgang mit dem Computer geübter sind und diesen stärkere als in anderen Bereich nützen.

[120] Die Studie bei CDAX-Unternehmen hat gezeigt, dass Angestellte Hauptzielgruppe von e-Learning-Maßnahmen darstellen, vgl. Kapitel C.II.2.b).

[121] Vgl. die Studie über den Interneteinsatz in der universitären Lehre, bei der Studierende mit hohem Wissensstandard über das Internet eine stärkere Akzeptanz für den Einsatz von Internet in der Lehre zeigten. Vgl. *Weckenmann et al.* (2000), S. 146.

[122] Es ist zu vermuten, dass je positiver eine Person zu EDV eingestellt ist, sie desto eher bereit ist, damit zu arbeiten und diese auch für Lernzwecke zu nutzen.

[123] Als Nachteil von e-Learning wird die Isolation genannt. Lernende, die das Lernen in der Gruppe präferieren, werden daher lieber Präsenzschulungen nutzen. Eine europäische Studie zum Einsatz von e-Learning zeigt, dass CBT-Programme vornehmlich Selbstlernprogramme sind, so antworten 80% der befragten Unternehmen, dass mit CBT einzeln gelernt wird, vgl. *Kailer* (1998), S. 41.

154   D. Theoretische Analyse der Akzeptanz von e-Learning

Sonstige entscheidungsbestimmende Faktoren bei einem Lernvorhaben

Akzeptanzhypothese 8: Je mehr Bedeutung die anfallenden finanziellen Kosten bei der Erwägung einer Bildungsmaßnahme für eine Person haben, desto höher ist ihre Akzeptanz elektronischer Lernformen.[125]

Akzeptanzhypothese 9: Je mehr Bedeutung die zeitliche Flexibilität der Nutzung bei der Erwägung einer Bildungsmaßnahme für eine Person hat, desto höher ist ihre Akzeptanz elektronischer Lernformen.[126]

Akzeptanzhypothese 10: Je mehr Bedeutung der notwendige Zeitaufwand bei der Erwägung einer Bildungsmaßnahme für eine Person hat, desto höher ist ihre Akzeptanz elektronischer Lernformen.[127]

Akzeptanzhypothese 11: Je mehr Bedeutung die Verfügbarkeit eines Experten für inhaltliche Fragen bzw. technische Probleme bei der Erwägung einer Bildungsmaßnahme für eine Person hat, desto geringer ist ihre Akzeptanz elektronischer Lernformen.[128]

---

[124] Insbesondere CBT und WBT bieten den Vorteil, dass der Einzelne sein Lerntempo selbst bestimmen kann.

[125] Ein Hauptvorteil von e-Learning kann die Kostenersparnis sein, insbesondere beim Einsatz kleinerer, kostengünstiger Lernprogramme. Je mehr Gewicht eine Person bei der Entscheidung über eine Lernmaßnahme den Kosten gibt, desto eher wird sie sich für ein e-Learning-Programm entscheiden.

[126] Ein CBT oder WBT muss nicht zu einer bestimmten Zeit an einem bestimmten Ort durchgeführt werden, sondern bietet die Möglichkeit zu selbstgesteuerten Lernen. Je wichtiger einer Person genau dieser Vorteil ist, desto eher wird sie sich für ein e-Learning-Programm entscheiden. So wird in der europäischen Studie zum Einsatz von CBT das individuelle Lerntempo, die freie Zeiteinteilung und die Wahl des Lernzeitpunktes als entscheidende Vorteile von CBT genannt, vgl. *Kailer* (1998), S. 46.

[127] Ein weiterer entscheidender Vorteil von e-Learning kann die Zeitersparnis sein, da insbesondere Reisezeit entfällt. Je mehr Gewicht eine Person bei der Entscheidung über eine Lernmaßnahme dem Zeitaufwand gibt, desto eher wird sie sich für ein e-Learning-Programm entscheiden.

[128] Ein Problem von e-Learning kann der fehlende örtliche Kontakt zu einem Trainer sein, der inhaltliche Fragen direkt beantworten kann, vgl. *Schwuchow* (2001), S. 44. Gleichzeitig treten immer wieder auch EDV-spezifische Probleme auf, die nicht bei einer Präsenzveranstaltung vorhanden sind. So ist zu vermuten, dass je mehr Gewicht eine Person bei der Entscheidung über eine Lernmaßnahme der Verfügbarkeit eines direkten Experten gibt, desto unwahrscheinlicher ihre Entscheidung für ein e-Learning-Programm ist. Vgl. dazu auch *Mandl/Winkler* (2003), S. 3 und *Dittler* (2002), S. 21.

Eine zweite Gruppe von Einflussgrößen auf die Akzeptanz von e-Learning stellen *unternehmensbezogene Determinanten* dar:

Allgemeine Unternehmensmerkmale

Akzeptanzhypothese 12: Je größer das Unternehmen, in dem eine Person arbeitet, desto höher ist ihre Akzeptanz elektronischer Lernformen.[129]

Akzeptanzhypothese 13: Wenn das Unternehmen, in dem eine Person arbeitet, der Branche „Finanzdienstleistungen" angehört, ist ihre Akzeptanz elektronischer Lernformen höher.[130]

Generelle Weiterbildungsaspekte

Akzeptanzhypothese 14: Wenn eine Person an der Planung ihrer Weiterbildungsmaßnahme bezüglich der Lernformwahl beteiligt wird, ist ihre Akzeptanz elektronischer Lernformen höher.[131]

Akzeptanzhypothese 15: Wenn eine Person nicht an der Planung ihrer Weiterbildungsmaßnahme beteiligt wird, ist ihre Akzeptanz elektronischer Lernformen geringer.[132]

---

[129] Da derzeit insbesondere große Unternehmen e-Learning nutzen, ist zu vermuten, dass hier die Akzeptanz allgemein bei den Mitarbeitern höher ist. Vgl. Kapitel C.II.2.b).

[130] Die Studie bei den CDAX-Unternehmen hat gezeigt, dass in den Branchen Versicherung und Banken eine deutlich höhere Wahrscheinlichkeit besteht, dass e-Learning bereits durchgeführt wird, vgl. Kapitel Kapitel C.II.2.b). So wird in knapp der Hälfte der Unternehmen aus dieser Branche bereits e-Learning durchgeführt. Somit ist hier auch eine positivere Grundhaltung im Unternehmen gegenüber elektronischen Lernformen zu vermuten, die sich wiederum positiv auf den einzelnen Mitarbeiter auswirken dürfte.

[131] Studien haben gezeigt, dass Widerstand gegen Veränderungen in Organisationen durch Partizipation der Betroffenen signifikant reduziert werden kann. Vgl. *Rosenstiel* (1998), S. 39ff. In Bezug auf die Einführung von elektronischen Weiterbildungsmaßnahmen ist daher zu vermuten, dass der Mitarbeiter eher diese akzeptieren wird, wenn er an der Planung beteiligt wird, vgl. auch *Back et al.* (2001), S. 108f. Zu diesem Planungsprozess gehört insbesondere die Wahl der Lernform, da hier über den Einsatz von Präsenztraining oder e-Learning entschieden wird.

[132] Werden Personen nicht in den Innovationsprozess – in diesem Fall die Planung ihrer eigenen Weiterbildungsaktivitäten eingebunden – so können sowohl Barrieren des Nicht-Wollens als auch des Nicht-Wissens aufbauen, vgl. Kapitel D.I. Zum einen wehren sich die Personen gegen einen Zwang von außen, etwas tun zu müssen. Findet keine Beteiligung an der Planung statt, sind sie zum anderen aber auch gar nicht in der Lage, Informationen über die Innovation zu sammeln um somit Wissens-Barrieren zu reduzieren. Personen, die nicht in die Planung einbezogen werden, haben daher vermutlich eine geringere Nutzung/Nutzungsabsicht von e-Learning.

Akzeptanzhypothese 16: Je stärker eine Person in ihren Weiterbildungsaktivitäten unterstützt wird (Möglichkeit zum Lernen während der (regulären) Arbeitszeit, Anerkennung von Lernzeiten als Arbeitszeit), desto höher ist ihre Akzeptanz elektronischer Lernformen.[133]

e-Learning-Einführungs- und Unterstützungsmaßnahmen des Unternehmens

Akzeptanzhypothese 17: Je besser die Einführung und Unterstützung von e-Learning im Unternehmen z.B. durch Information über elektronische Weiterbildungsmaßnahmen, Verfügbarkeit von Ansprechpartnern, desto höher ist ihre Akzeptanz elektronischer Lernformen.[134]

---

[133] Wird eine Person grundsätzlich in Weiterbildungsmaßnahmen unterstützt, indem z.B. Weiterbildungszeiten als Arbeitszeit anerkannt werden oder sie die Möglichkeit hat, während der Arbeitszeit zu lernen, wird die Akzeptanz von e-Learning höher sein. e-Learning-Maßnahmen sind insbesondere geeignet, in kurzen Sequenzen am Arbeitsplatz zu lernen. So verbringen die Befragten einer e-Learning-Studie der WEBACAD in Deutschland pro e-Learning-Sitzung zwischen 30 und 45 Minuten am Bildschirm, vgl. *Brunn/Froböse* (2002), S. 4. Je eher eine Person daher die Möglichkeit hat, während der Arbeitszeit zu lernen, desto geeigneter wird sie diese für sich empfinden. Gleichzeit taucht bei e-Learning das Problem auf, dass sowohl Mitarbeiter als auch Vorgesetzte misstrauisch sind, wenn ein Mitarbeiter am Arbeitsplatz mit Hilfe einer e-Learning-Maßnahme lernt. „If the manager does not appropriately support the learner and the e-learning opportunity, the learner tends not to see the value of the course (...) Without peer support, e-learning courses may pose more difficulties than benefits, which further leads to lower acceptance levels." *American Association for Training and Development (ASTD)/MASIE* (2001), S. 4. Insbesondere die Anerkennung des Lernens als Arbeitszeit ist Ausdruck dieser Management-Unterstützung. Gleichzeitig wünschten in der amerikanischen Befragung 76% der Befragten, e-Learning während der Arbeitszeit zu nutzen. Vgl. *American Association for Training and Development (ASTD)/MASIE* (2001), S. 6. Die europäische Studie zum Einsatz von CBT zeigt zudem, dass CBT-Weiterbildung weitgehend in der Dienstzeit stattfinden, vgl. *Kailer* (1998), S. 34.

[134] Die amerikanische Akzeptanzstudie von ASTD/MASIE Center hat gezeigt, dass die Informationspolitik des Unternehmens einen wesentlichen Einfluss auf die Akzeptanz elektronischer Weiterbildungsmaßnahmen hat. Vgl. *American Association for Training and Development (ASTD)/MASIE* (2001), S. 3f. Gleichzeitig bezeichnen sich in einer europäischen Studie zum Einsatz von CBT vier von zehn Unternehmen als gut informiert über CBT-Programme, vgl. *Kailer* (1998), S. 45. Daneben zeigen Studien, dass Lernende in hypermedialen Lernumgebungen oft Symptome der Desorientierung und kognitiven Überforderungen zeigen und daher Anteile an Fremdsteuerung nötig sind, um effektives Lernen mit neuen Medien zu ermöglichen. Vgl. *Fischer/Mandl* (2000), S. 9f. Insbesondere Ansprechpartner für inhaltliche wie technische Fragen können hier Hilfestellung geben. Gleichzeitig zeigt eine Studie von JUPITA bei deutschen Personalentwicklern, dass 69% der Befragten der Begleitung des Selbstlernprozesses durch Tele-Tutoren eine sehr hohe oder hohe Bedeutung beimessen, vgl. *JUPITA* (2002), S. 24.

Anwendungssituation von e-Learning

Akzeptanzhypothese 18: Je eher eine Person am Arbeitsplatz oder zu Hause lernt, desto höher ist ihre Akzeptanz elektronischer Lernformen.[135]

Akzeptanzhypothese 19: Je geeigneter eine Person den Arbeitsplatz für ungestörtes Lernen mit elektronischen Lernformen einschätzt, desto höher ist ihre Akzeptanz elektronischer Lernformen.[136]

Akzeptanzhypothese 20: Je geeigneter eine Person den Lernort „zu Hause" für ungestörtes Lernen mit elektronischen Lernformen einschätzt, desto höher ist ihre Akzeptanz elektronischer Lernformen.[137]

Eine letzte Gruppe von Einflussgrößen auf die Akzeptanz von e-Learning stellen schließlich die *innovationsbezogenen Determinanten* dar:

Relativer Vorteil

Akzeptanzhypothese 21: Je schneller eine Person mit elektronischen Weiterbildungsmedien im Vergleich zum Präsenztraining lernt, desto höher ist ihre Akzeptanz elektronischer Lernformen.[138]

---

[135] Die amerikanische Akzeptanzstudie von ASTD/MASIE Center zeigt, dass 86% der Teilnehmer von obligatorischen e-Learning-Kursen diese in der Arbeit nutzen. 44% der freiwillig Lernenden nutzen e-Learning zu Hause. Vgl. *American Association for Training and Development (ASTD)/MASIE* (2001), S. 6. Die europäische Studie zum Einsatz von CBT zeigt zudem, dass drei von vier Unternehmen am Arbeitsplatz weiterbilden, jedes fünfte Unternehmen gibt an, dass sich Mitarbeiter (auch) zu Hause weiterbilden. Vgl. *Kailer* (1998), S. 31. Dies bestätigt auch die Studie der WEBACAD, bei der 61% der Befragten von zu Hause aus mit e-Learning lernen bzw. am liebsten dort lernen würden, vgl. *Brunn/Froböse* (2002), S. 10. Insbesondere wenn eine Person am Arbeitsplatz oder auch zu Hause lernt, scheint e-Learning geeignet, da es ortsunabhängig genutzt werden kann.

[136] In mehr als der Hälfte der e-Learning-nutzenden Unternehmen einer Studie des Bundesinstituts für Berufsbildung wurde e-Learning direkt am Arbeitsplatz eingesetzt. Gleichzeitig zeigt sich jedoch bei vielen dieser Unternehmen insbesondere im gewerblich-technischen Bereich eine mangelnde Eignung der Arbeitsplätze für e-Learning (fehlende zeitliche Freiräume, ungeeignete Lernumgebung etc.), vgl. *Zinke* (2002), S. 2. Je geeigneter daher der Lernort „Arbeitsplatz" eingeschätzt wird, desto besser kann der Vorteil der Ortsunabhängigkeit von e-Learning genutzt werden.

[137] Die Zeitersparnis durch das Lernen von zu Hause aus wird als wichtiger Grund für die Teilnahme an computergestützter Weiterbildung genannt, vgl. *Michel* (2002), S. 32f. Je geeigneter der Lernort „zu Hause" eingeschätzt wird, desto besser kann auch hier der Vorteil der Ortsunabhängigkeit von e-Learning genutzt werden.

158 D. Theoretische Analyse der Akzeptanz von e-Learning

Kompatibilität

Akzeptanzhypothese 22: Je besser eine Person die Eignung von elektronischen Lernformen die Weiterbildung in ihrer Tätigkeit einschätzt, desto höher ist ihre Akzeptanz elektronischer Lernformen.[139]

Komplexität

Akzeptanzhypothese 23: Je höher der erforderliche Aufwand ist, den eine Person zur Nutzung elektronischer Lernformen aufbringen muss, desto geringer ist ihre Akzeptanz elektronischer Lernformen.[140]

Im Folgenden erfolgt nun die empirische Überprüfung des Akzeptanzmodells mit dem Test der oben abgeleiteten Hypothesen.

---

[138] Zeitersparnis wird als entscheidender Vorteil von e-Learning genannt, vgl. Kapitel C.II.2.d). Je eher dieses Argument bezogen auf die Lerngeschwindigkeit bei einer Person zutrifft, desto eher wird sie geneigt sein, e-Learning anzuwenden.

[139] Weiterbildung mit e-Learning ist nicht für jeden Tätigkeitsbereich gleich gut geeignet. So zeigt die Studie bei CDAX-Unternehmen, dass Angestellte und mittleres Management Hauptzielgruppe von e-Learning-Maßnahmen darstellen, vgl. Kapitel C.II.2.b). Andererseits erschweren fehlende zeitliche Freiräume, ungeeignete Lernumgebungen bzw. fehlende Intra-/Internetzugänge den Einsatz von e-Learning bei gewerblich-technischen Facharbeitern bzw. machen es unmöglich. Vgl. *Zinke* (2002), S. 2.

[140] Je schwierig der Einsatz von e-Learning z.B. am Arbeitsplatz ist, je mehr Hemmnisse überwunden werden müssen, desto unwahrscheinlicher ist es, dass eine Person es einsetzt.

E. Empirische Analyse der Akzeptanz von e-Learning

Kapitel D. hat die Akzeptanz von e-Learning und die sie beeinflussenden Einflussgrößen aus theoretischer Sicht betrachtet. Kapitel E. untersucht das entwickelte Akzeptanzmodell nun empirisch. Ziel ist es, die generierten Hypothesen zu testen und ein Kernmodell der Akzeptanz von e-Learning abzuleiten. Dazu wird zunächst in *Abschnitt E.I.* die Untersuchungsmethodik erläutert. Dies umschließt die Darstellung der Forschungsanordnung sowie der Untersuchungsobjekte. Daran schließt sich in *Abschnitt E.II.* eine Deskription der Ergebnisse an. In *Abschnitt E.III.* erfolgt schließlich die Prüfung des Akzeptanzmodells mit Hilfe einer multivariaten Analyse.

I. Darstellung des Forschungsdesigns

1. Fragebogenaufbau und Grundgesamtheit

Zum empirischen Test des entwickelten Akzeptanzmodells sowie der aus ihm abgeleiteten Hypothesen wurde eine großzahlige Befragung mit Pretest und Hauptbefragung in Form einer Querschnittsanalyse durchgeführt.[1] Dieses Forschungsdesign erschien aufgrund der Neuigkeit des Forschungsgebietes sowie der Forschungsfrage (Akzeptanz von e-Learning in Wirtschaftsunternehmen) sinnvoller als beispielsweise ein Experiment.[2] So wäre ein Experiment aufgrund von Kosten- und Zeitrestriktionen auf wenige Unternehmen beschränkt gewesen. Dadurch hätte aber eine deutlich geringere Variation in den unternehmenbezogenen Einflussgrößen wie z.B. der Unternehmensgröße bestanden. In der durchgeführten Befragung war diese Variationsbreite hingegen möglich. Nachteilig ist bei einer Querschnittsanalyse jedoch, dass eine „tatsächliche" Kausalität allein durch die erhobenen empirischen Daten nicht nachweisbar ist. So können in einer Querschnittsanalyse die notwendigen Bestandteile der Kausalität „zeitliche Reihenfolge" sowie „Elimination von Störvariablen" nicht adäquat berücksichtigt werden.[3] Im Vorfeld und während der Durch-

---

[1] Zum Begriff der „Querschnittsanalyse" vgl. *Daumenlang* (1995), S. 309ff.
[2] Zum Begriff des „Experiments" vgl. *Cook/Campbell* (1979), S. 2f., *Stapf* (1995), S. 228ff.
[3] Häufig werden vier Bedingung für ein kausales Verhältnis zwischen zwei Zuständen X (Ursache) und Y (Wirkung) genannt, die auf John Stuart Mill zurückgehen: 1.

führung der beiden e-Learning-Studien wurden daher unterstützende Expertengespräche geführt.[4] Diese Gespräche sowie theoretische Grundüberlegungen und darauf aufbauende Plausibilitätsschlüsse wurden genutzt, um die Analyseergebnisse besser interpretieren zu können und Aufschluss über mögliche Wirkungsrichtungen zu erhalten.[5]

Zur Durchführung der Erhebung wurde ein Fragebogen entwickelt, der sieben Teile umfasst. Diese entsprechen weitestgehend dem theoretischen Modell. Um eine möglichst hohe Rücklaufquote zu erhalten, wurde er mit 44 Fragen so knapp wie möglich gehalten. Sein Aufbau ist aus Abbildung 42 ersichtlich. Im *Block A* wurden die Befragten bezüglich Informationen zu elektronischen Lernformen und zu Präsenztraining sowie zu entscheidungsbestimmenden Faktoren bei der Erwägung einer Bildungsmaßnahme befragt. Hierzu gehören die generelle Kenntnis elektronischer Lernformen sowie die Angabe von Informationsquellen bezüglich elektronischer Lernformen und die Beurteilung der Informationen, die vom Unternehmen dazu herausgegeben wurden. Daneben sollten die Befragten in diesem Abschnitt Faktoren bei der Erwägung einer Bildungsmaßnahme wie z.B. die finanziellen Kosten, den notwendigen Zeitaufwand etc. beurteilen. *Block B* untersuchte die Unterstützungsmaßnahmen durch das Unternehmen sowie generelle Weiterbildungsaspekte. Dazu gehören z.B. die Anerkennung des selbständigen Lernens mit elektronischen Lernformen als Arbeitszeit oder die Möglichkeit, selbst über die Verwendung des Weiterbildungsbudgets bestimmen zu können. In *Block C* wurde nach der EDV-Nutzung gefragt. Dabei wurden die Neigung, neue Softwareprodukte auszuprobieren, sowie die Computer-Nutzung in der Freizeit erhoben. *Block D* umfasste Aspek-

---

Korrelation zwischen X und Y, 2. zeitliche Reihenfolge zwischen X und Y, d. h. die Ursache muss der Wirkung vorangehen, 3. X und Y müssen ein isoliertes System bilden, d. h. der Einfluss von möglichen Störfaktoren muss eliminiert werden, 4. bei der Messung von X und Y dürfen keine systematischen Fehler auftreten. Vgl. *Schnell et al.* (1999), S. 55, *Cook/Campbell* (1979), S. 31. Diese greifen jedoch zu kurz, um Kausalität vollständig zu erfassen. So ist eine weitere wichtige Bedingung für Kausalität, dass eine Veränderung der Ursache auch zu einer Veränderung der Wirkung führt: „The paradigmatic assertion in causal relationships is that the manipulation of a cause will result in the manipulation of an effect", *Cook/Campbell* (1979), S. 36. Würde diese Bedingung nicht bestehen, wären z.B. Weihnachtskarten die Ursache dafür, dass Weihnachten gefeiert wird.

[4] Auch hierzu wurden Gespräche mit Personalleitern der *Siemens AG* [Management Learning und Siemens Qualification and Training (SQT)], der *Münchner Rückversicherungsgesellschaft AG* (Zentralbereich Personalentwicklung), der *BSH Bosch und Siemens Hausgeräte GmbH* (Zentrale Personal Qualifizierung, BSH Academy), mit Bildungsexperten der Cognos GmbH (Personalverantwortliche und Trainer im Bereich Services), Trainern von Software- und/oder Produktschulungen außerhalb von Cognos, ausgewählten Schulungsteilnehmern, mit Prof. Dr. Mandl (Lehrstuhl für empirische Pädagogik und pädagogische Psychologie) sowie mit Teilnehmern der e-Learning-Tagung des Münchner Kreises und des e-Learning-Presseclubs geführt.

[5] Zu dieser Problematik vgl. *Küpper* (2000), S. 15f.

I. Darstellung des Forschungsdesigns

te des persönlichen Lernstils wie z.B. die Präferenz für Gruppenlernen oder die Möglichkeit, das Lerntempo selbst bestimmen zu können. *Block E* bezog sich auf die Lernumgebung, die ebenfalls generelle Weiterbildungsaspekte enthielt. Zu ihrer Kennzeichnung sollten die Befragten Aussagen zur Planung ihrer letzten Weiterbildungsmaßnahmen machen, z.B. inwieweit sie selbst über Lernthema oder Lernform entscheiden konnten oder nicht beteiligt waren (Aspekt des Freiwilligkeit). Daneben sollten sie Angaben über ihren häufigsten Lernort sowie die Lernzeit (Freizeit oder Arbeitszeit) machen. *Block F* enthielt einen breiten Abschnitt zur Anwendung und Bewertung von elektronischen Lernformen mit Fragen zum Kenntnisstand, zur Nutzung sowie zur Nutzungsabsicht von elektronischen Lernformen. Ferner wurde nach Innovationseigenschaften wie der Lerngeschwindigkeit mit e-Learning sowie der Eignung von e-Learning für die Weiterbildung in der Tätigkeit gefragt. *Fragenblock G* enthielt schließlich statistische Angaben zur Person.

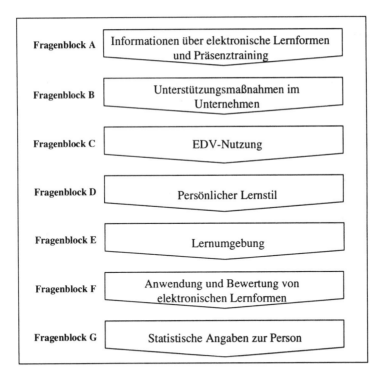

Abbildung 42: Fragebogenaufbau

Wie in der ersten Befragung wurde auch in dieser Befragung der Begriff „e-Learning" nicht verwendet, da er häufig sehr unterschiedlich verstanden wird und gleichzeitig als Modewort möglicherweise bei Befragten zu einer Reaktanz auf den Fragebogen führen könnte. Daher wurde im Fragebogen von „elektronischen Lernformen" gesprochen, was inhaltlich der in dieser Arbeit benützten Definition von e-Learning entspricht. Als Lernformen wurden Computer Based Training, Web Based Training, Virtual Classroom sowie Business TV untersucht.

Da im Mittelpunkt der Untersuchung die *individuelle* Akzeptanz von e-Learning steht, ist es in der Befragung wichtig, den einzelnen Mitarbeiter bezüglich dieser Thematik anzusprechen. Idealerweise sollte man alle Anwender bzw. potentiellen Nutzer von e-Learning-Maßnahmen befragen, um generelle Aussagen machen zu können. Dazu müssten sämtliche Mitarbeiter in allen Unternehmen befragt werden, die Weiterbildung anbieten. Aufgrund der zu großen Heterogenität dieser unterschiedlichen Gruppen, insbesondere aber wegen der mangelnden Erreichbarkeit und Durchführbarkeit ist dies jedoch keine geeignete Lösung. An Stelle dessen erschien es sinnvoll, Personen innerhalb eines geschlossenen Umfeldes wie z.B. Kunden eines Weiterbildungsanbieters zu befragen, die bereits Erfahrung mit Weiterbildung haben und gut zu erreichen sind. Auf der Suche nach der geeigneten Gruppe wurden mehrere Unternehmen angesprochen, die entweder bereits elektronische Lernformen in der betrieblichen Weiterbildung einsetzen oder selbst Schulungsanbieter sind. Die größte erreichbare Untersuchungsgesamtheit konnte von der Cognos GmbH zugesichert werden. Diese Firma ist weltweit der größte Business Intelligence-Anbieter und bietet Schulungen für selbst entwickelte und vermarktete Softwarelösungen an.

Als *Grundgesamtheit* sind alle Kunden der Cognos GmbH anzusehen. Diese Gruppe umfasst sowohl Nutzer als auch (bis dato) Nicht-Nutzer von e-Learning und bietet somit die Möglichkeit, aus den Ergebnissen generelle Aussagen ableiten zu können. Für die Studie wurden 2219 Personen per e-Mail und 1400 Personen per Brief angeschrieben. Da jedoch lediglich 23 der 1400 angeschriebenen Personen den per Post versandten Fragebogen ausfüllten, wurde für die Analyse nur die e-Mail-Befragung herangezogen. Die im Folgenden dargestellte Untersuchung mit Ergebnissen bezieht sich daher lediglich auf die e-Mail-Befragung von 2219 Kunden[6], die somit die *Auswahlgesamtheit* der Befragung bilden. Bei diesem Personenkreis wurde eine Vollerhebung durchgeführt.

---

[6] Dies sind alle Personen, die zum Zeitpunkt der Studie Kunden der Cognos GmbH waren und in eine Kontaktaufnahme per e-Mail eingewilligt hatten.

I. Darstellung des Forschungsdesigns 163

2. Vorbereitung und Durchführung der Erhebung

Die Erhebung, die im Zeitraum Oktober bis Januar 2001 stattfand, erfolgte wie in der ersten Studie mit Hilfe einer kombinierten Online-/e-Mail-Befragung als Querschnittsanalyse.[7] Zur Vorbereitung der Haupterhebung dienten zwei Pretests, um die Verständlichkeit, Vollständigkeit und Validität des Fragebogens zu überprüfen. Im ersten Pretest wurde der Fragebogen von der Teilnehmergruppe einer Schulung bei der Cognos GmbH sowie von vier Bildungsexperten der Cognos GmbH und zwei weiteren unabhängigen Experten aus dem Bereich „Softwaretraining" getestet.[8] Aufgrund der Ergebnisse dieses Pretests wurden einige Items umformuliert oder in andere Fragebogen-Abschnitte platziert. Anschließend wurde der überarbeitete Fragebogen im zweiten Pretest an 30 zufällig aus der Auswahlgesamtheit gezogene Unternehmen gesandt.[9] Nach Abschluss und erneuter Überarbeitung sowie Kontrolle des Fragebogens wurde in der Haupterhebung allen verbliebenen *2189 Personen* zunächst eine Ankündigungsmail mit Hinweis auf die Befragung geschickt (vgl. zum Ablauf Abbildung 43).[10] Zwei Tage später folgte die Mail mit dem Link auf den Fragebogen und dem angehängten Fragebogen.[11] In einer zweiten Welle wurde eine Woche später bei den Personen, die bislang noch nicht geantwortet hatten, nachgefasst. Dieser knapp folgende Zeitpunkt für die Erinnerungsmail musste aufgrund der anschließend beginnenden Weihnachtsferien gewählt werden. Nach den Weihnachtsferien folgte schließlich eine letzte Nachfaßaktion.

---

[7] Zum Ablauf der Online-Befragung vgl. die Darstellung in Kapitel C.II.1.b).

[8] Bildungsexperten der Cognos GmbH sind die Personalverantwortlichen und Trainer im Bereich Services. Weitere befragte Experten sind Personen, die in ihrem Beruf Software- und/oder Produktschulungen durchführen. Der Test bei den Schulungsteilnehmern fand am 08.10.2001 statt.

[9] Die Zufallsstichprobe wurde mit Hilfe des Zufallszahlengenerators von „Excel" generiert. Der Rücklauf des Pretest betrug 5 Fragebögen, die leider für die Haupterhebung nicht berücksichtigt werden konnten, da der Fragebogen aufgrund der gewonnen Erkenntnisse für die Haupterhebung nochmals überarbeitet wurde.

[10] Die 30 im Pretest angeschriebenen Personen wurden in der Hauptbefragung nicht mehr berücksichtigt, da dies zu möglichen Verzerrungen geführt hätte.

[11] Aus Datenschutzgründen erfolgte die Versendung der e-Mails nicht durch das Institut für Innovationsforschung, Technologiemanagement und Entrepreneurship, sondern wurde von der Cognos GmbH durchgeführt.

164   E. Empirische Analyse der Akzeptanz von e-Learning

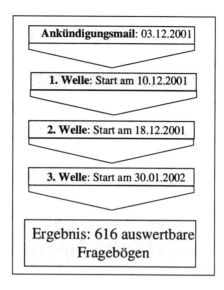

Abbildung 43: Ablauf der Hauptbefragung

Insgesamt haben 616 der 2189 angeschriebenen Personen geantwortet.[12] Der zeitliche Verlauf des Eingangs der beantworteten Fragebögen ist aus Abbildung 44 ersichtlich. Wie bei der ersten Befragung zeigt sich auch hier, dass ein Großteil der Fragebögen der Online-/e-Mail-Befragung direkt nach Versendung der e-Mails ausgefüllt und zurückgesandt wurde. Anders als bei der ersten Studie können hier aber keine expliziten „Antwort-Wochentage" ausgemacht werden, was auf die im Befragungszeitraum liegenden Feiertage zurückzuführen sein könnte.

---

[12] Fünf Fragebögen konnten nicht berücksichtigt werden, da die Absender den gleichen Fragebogen zweimal online abgeschickt hatten und somit identische Angaben doppelt vorlagen. Es wurde jeweils einmal die komplett ausgefüllte Version berücksichtigt.

I. Darstellung des Forschungsdesigns

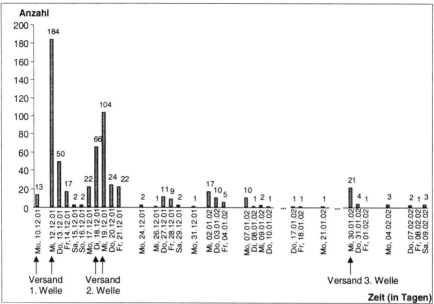

Abbildung 44: Zeitlicher Verlauf des Rücklaufeingangs[13]

3. Datenaufbereitung und Rücklaufanalyse

Im Hinblick auf die Prüfung der Qualität der Daten zeichnet sich bereits der Rohdatensatz durch hohe Vollständigkeit[14] und Eindeutigkeit[15] aus. Dennoch konnte auch hier die sorgfältige Vorbereitung mittels Pretest nicht verhindern, dass bei einigen Frageblöcken nur einzelne Antworten gegeben oder auch Fra-

---

[13] Der Versand wurde von der Cognos GmbH aufgrund der großen Datenmenge bei der ersten und zweiten Welle in jeweils zwei Schüben durchgeführt. Der Lehrstuhl hatte auf die Versendung keine direkten Einflussmöglichkeiten.

[14] Bezüglich der Item-Non-Response-Rate (Anzahl Missing Values/Anzahl Befragter) zeigen sich lediglich bei Fragen zur *Informationsgüte bezüglich Schulungsmaßnahmen* (Item-Non-Response-Rate: maximal 7%), sowie zur *Bereitschaft des zukünftigen Einsatzes von Schulungsmaßnahmen* (Item-Non-Response-Rate: maximal 7%) etwas höhere Item-Non-Response-Rates. Bei allen anderen Items liegt dieses Verhältnis bei maximal 3%.

[15] Lediglich bei den Fragen zur Beteiligung an der Wahl der Lernform/Planung, der derzeitigen Nutzung sowie bezüglich der Lerngeschwindigkeit mit CBT/WBT im Vergleich zu Präsenztraining waren die Antworten nicht eindeutig. Wie in der folgenden Beschreibung der Datenaufbereitung dargestellt, wurden in sämtlichen Fällen, wo auf die richtige Antwort auf Basis der übrigen Antworten geschlossen werden konnte, diese eingefügt. War dies nicht möglich, wurde die Falschangabe auf „Missing" gesetzt.

gen offensichtlich falsch verstanden wurden. Daher verlangt dieser Datensatz ebenfalls eine sorgfältige *Datenaufbereitung*.[16] Dabei ist auch hier eine genaue Vorgehensweise nötig, damit keine unter wissenschaftlichen Gesichtspunkten problematische Datenmanipulation erfolgt. Die Datenaufbereitung wird im Folgenden dokumentiert.

Zunächst wurden *offensichtliche Fehler* korrigiert:
- In 16 Fällen musste die Frage nach der Möglichkeit, mit CBT/WBT schneller zu lernen als in der Präsenzveranstaltung auf „Missing Value" gesetzt werden, da die Befragten angegeben hatten, elektronische Lernformen maximal bei anderen gesehen und nicht selbst ausprobiert zu haben. Somit konnte nicht davon ausgegangen werden, dass diese Befragten eine valide Aussage zur Lerngeschwindigkeit machen.
- Die Frage nach der derzeitigen Nutzung elektronischer Lernformen musste in neun Fällen geändert werden. In fünf Fällen war angegeben worden, elektronische Lernformen maximal bei anderen gesehen zu haben, es trotzdem jedoch zu nutzen. In weiteren vier Fällen gaben die Befragten an, elektronische Lernformen noch nicht eingesetzt zu haben, sie jedoch zu nutzen. Deshalb wurden in allen neun Fällen der Inkonsistenz die Fragen nach der derzeitigen Nutzung auf „Missing Value" gesetzt.
- In einem Fall mussten die Angaben zur Beteiligung bei der Wahl der Lernform sowie zur generellen Beteiligung bei der Planung der Weiterbildungsmaßnahme auf „Missing Value" gesetzt werden. Die Person hatte widersprüchlich angegeben, bei der Planung generell nicht beteiligt gewesen zu sein, aber an der Wahl der Lernform teilgenommen zu haben.

Anschließend wurden *offene Antworten* in der Kategorie „Sonstiges" soweit als möglich recodiert. Dies betraf insbesondere folgende Fragen:
- Bei der Frage nach den Informationsquellen zu elektronischen Lernformen konnten aus den Antworten der Kategorie „Sonstiges" die zusätzlichen Kategorien „Internet", „Anbieter" und „Newsletter" gewonnen werden. Dazu wurden 60 Antworten für die Kategorie „Internet", 32 Antworten für die Kategorie „Anbieter" und 6 Antworten für die Kategorie „Newsletter" recodiert. Daneben konnten 6 Antworten aus dem Bereich „Sonstiges" der Kategorie „Presse", 2 Antworten der Kategorie „Messen" sowie jeweils eine Antwort der Kategorie „Kunden" bzw. „Sonstigen Mitarbeitern des Unternehmens" zugeordnet werden.

---

[16] Vgl. zum Vorgehen der Datenaufbereitung insbesondere *Altmann* (2002), S. 89-91.

I. Darstellung des Forschungsdesigns

- Bei der Frage, in welchem Bereich die Person tätig ist, konnten aus den Antworten der Kategorie „Sonstiges" die zusätzlichen Kategorien „Beratung" (9 Antworten), „Organisation, Information, Wissensmanagement" (16 Antworten), „F&E" (16 Antworten), „Kundenbetreuung" (11 Antworten), „Geschäftsleitung" (6 Antworten), „Produktion" (6 Antworten) sowie „Buchhaltung, Rechnungswesen, Finanzen" (8 Antworten) gewonnen werden. Daneben wurden 11 Antworten der Kategorie „Sonstiges" den bestehenden Kategorien zugeordnet.

- Bei der Frage nach dem Hauptgeschäftsfeld des Unternehmens konnten aus den Antworten der Kategorie „Sonstiges" die zusätzlichen Kategorien „Automobil" (34 Antworten), „Beratung/Wirtschaftsprüfung" (10 Antworten), „Sonstige Dienstleistungen" (28 Antworten) und „Telekommunikation" (8 Antworten) gebildet werden. Daneben wurden bestehende Kategorien weiter gefasst. So wurde die Kategorie „Spedition" um „Logistik, Transport, Personenverkehr" erweitert (11 zusätzliche Antworten aus der Kategorie „Sonstiges"), „EDV/IT" um die Kategorie „Software" (eine zusätzliche Antwort) und „Nahrungsmittel/Konsumgüter" um die Kategorie „Sport" mit 10 zusätzlichen Antworten. Weitere 36 Antworten der Kategorie „Sonstiges" konnten den bestehenden Kategorien zugeordnet werden.

Im Anschluss daran wurden *Antwortmöglichkeiten* mit „keine Erfahrung" bzw. „keine Angabe" für die weitere Auswertung durch „Missing Value" ersetzt. Dies betraf den Fragenblock B zu Unterstützungsmaßnahmen im Unternehmen, in dem 397 Antworten recodiert wurden sowie den Fragenblock F zur Bewertung von e-Learning für die Weiterbildung in der Tätigkeit (705 Antworten über alle Lernformen recodiert) und der Eignung der Lernorte (172 Antworten recodiert). Die Informationen wurden in einer separaten Analyse ausgewertet.

Abschließend wurden *fehlende Antworten („Missings")* soweit als möglich und eindeutig interpretierbar einzelnen Antworten zugeordnet.

- Alle Befragten, die auf die Frage, ob sie bereits elektronische Lernformen für ihre Weiterbildung eingesetzt haben, mit „Nein" geantwortet hatten, wurden bei der Frage nach der Nutzung der Kategorie „Nie" zugeteilt. Dies betraf 314 Fälle.[17]

---

[17] Diese Befragten hatten die Frage nach der Nutzung elektronischer Lernformen aufgrund der Fragebogenstruktur nicht ausgefüllt.

- Mit Hilfe externen Datenmaterials konnten die Daten schließlich um Informationen zum Weiterbildungsaufwand der befragten Personen – wenn vorhanden – mit Hilfe der e-Mail-Adresse ergänzt werden.

616 der 2189 in der Haupterhebung angeschriebenen Personen haben einen Fragebogen zurückgesandt. Dies entspricht einer *Rücklaufquote* von *28,14%*. Somit konnte kein so hoher Rücklauf wie in der ersten Studie erzielt werden. Da jedoch in diesem Fall Individuen und nicht Unternehmen angeschrieben wurden, ist dies immer noch eine gute Rücklaufquote wie auch der Vergleich mit den Weiterbildungserhebungen des Instituts der Deutschen Wirtschaft zeigt.[18] Trotzdem ist auch hier zu prüfen, ob die Ausfälle („*Non-Response*") zufällig erfolgt sind oder ob systematische Einflüsse auf die Antwortwahrscheinlichkeit bestanden haben.[19]

Daher werden wiederum die Früh- und Spätantworter verglichen, um mögliche Verzerrungen zu identifizieren.[20] Wie in der ersten Studie wurden diejenigen als *Frühantworter* klassifiziert, welche auf die erste Zusendung des Fragebogens geantwortet hatten (1. Welle, 290 der 616 Befragten).[21] Die übrigen 326 Fälle wurden als *Spätantworter* eingestuft. Der statistische Vergleich beider Gruppen im Hinblick auf sämtliche 81 direkt abgefragte Items ergab, dass nur 6 und zudem inhaltlich nachrangige Items auf dem 5%-Niveau Unterschiede aufwiesen.[22] Eine systematische Non-Response-Verzerrung ist nach dieser Analyse somit auch hier nicht zu befürchten.

Die zweite Möglichkeit der Non-Response-Kontrolle, die Untersuchung tatsächlicher Unterschiede von Antwortern und Nicht-Antwortern, konnte nicht durchgeführt werden. Die Cognos GmbH konnte aus Datenschutzgründen keine Einsicht in ihre Kundendaten gewähren, die für die Analyse notwendig gewesen wäre. Der Kundenkreis der Cognos GmbH stellt jedoch in sich bereits eine Auswahl sämtlicher tatsächlicher und potentieller Weiterbildungsnutzer in Deutschland dar. Diese Auswahl ist jedoch nicht repräsentativ für die Gesamt-

---

[18] So lag die Rücklaufquote bei der Weiterbildungserhebung 1995 bei 23,3% und bei der Erhebung 1998 sogar nur bei 17,9%, vgl. *Weiß* (2000), S. 7.

[19] Vgl. dies und Folgendes in: *Schnell et al.* (1999), S. 286ff.

[20] Zur Rücklaufkontrolle mittels des Vergleichs von Früh- zu Spätantwortern vgl. *Armstrong/Overton* (1977), S. 396ff.

[21] Vgl. zu diesem Vorgehen auch *Altmann* (2002), S. 92.

[22] Bei nominalen Daten wurde der Chi-Quadrat-Test nach Pearson, bei ordinalen Daten der Mann-Whitney-Test und bei metrischen Daten der t-Test angewendet. Bei metrischen Daten wurde dabei nach gleichen und ungleichen Varianzen unterschieden. Auf Basis des Tests auf Varianzgleichheit wurde in den Fällen, wo ungleiche Varianzen bestanden (drei Items), der t-Test für ungleiche Varianzen angewandt.

heit der tatsächlichen und potentiellen Weiterbildungsnutzer.[23] Bei der Analyse und Interpretation muss daher beachtet werden, dass die gemachten Inferenz-Aussagen somit auf die Gesamtheit der bei der Cognos GmbH geschulten Mitarbeiter bezogen werden können, jedoch nicht auf alle tatsächlichen und potentiellen Weiterbildungsnutzer. Nichtsdestotrotz können Informationen bezüglich der Stabilität des Akzeptanzmodells gewonnen werden.

II. Deskriptive Analyse der befragten Zielgruppe

Die deskriptive Analyse der erhobenen Daten ist die Grundlage der weiter unten beschriebenen multivariaten Analyse.[24] Es erfolgt dabei eine Beschreibung wichtiger Charakteristiken der befragten Personen und ihrer Unternehmen. Daneben werden die Verteilungen der Einflussgrößen auf die Akzeptanz dargestellt und Zusammenhänge zwischen den Einflussgrößen beschrieben. Es findet hier eine Deskription der nicht aggregierten Variablen statt, während im Rahmen der multivariaten Analyse die Operationalisierung der Variablen mit Hilfe von Indexbildungen dargestellt wird.

Die deskriptive Analyse folgt der Systematisierung des theoretischen Akzeptanzmodells und stellt zunächst die Ergebnisse personenbezogener Parameter, unternehmens- sowie innovationsbezogener Parameter dar. Sie mündet in der Beschreibung der Akzeptanz von e-Learning, welche durch die Akzeptanzdimensionen Nutzung sowie Nutzungsabsicht elektronischer Lernformen operationalisiert wurde.[25]

---

[23] So muss bei Kundendaten in der Regel eine systematische Verzerrung unterstellt werden, da ein Anbieter sich gerade durch besondere Eigenschaften bei einigen Nachfragern gut positionieren kann und bei anderen weniger. Somit ist der Kundenkreis mit hoher Wahrscheinlichkeiten bezüglich einiger Anbietereigenschaften (z.B. Business Intelligence Anbieter, Sitz in Frankfurt etc.) der Cognos GmbH verzerrt gegenüber der Gesamtheit aller tatsächlichen und potentiellen Weiterbildungsnutzer. Wäre die Befragung nur bei den Mitarbeitern eines einzigen Unternehmens durchgeführt worden, hätte auch hier das Problem der systematischen Verzerrung bestanden. Die systematische Verzerrung ergibt sich dadurch, dass nur bestimmte Leute Mitarbeiter bei dem jeweiligen Unternehmen sind.
[24] Vgl. zu den folgenden Inhalten *Harhoff et al.* (2002).
[25] Vgl. zur theoretischen Herleitung der Akzeptanzdimensionen Kapitel D.II.1.b).

170 E. Empirische Analyse der Akzeptanz von e-Learning

1. Deskription personenbezogener Einflussgrößen

a) Allgemeine Persönlichkeitsmerkmale sowie Aspekte der Technikaffinität

Betrachtet man die *Altersstruktur* sowie die *Position* der Befragten, so zeigt sich, dass die Mehrzahl der Befragten zwischen 31 und 40 Jahre alt ist (Abbildung 45). Dabei ist die Gruppe der Angestellten von allen Hierarchieebenen insgesamt am stärksten vertreten (65% der Befragten). Die zweitgrößte Gruppe stellt das mittlere Management dar (28% der Befragten), wobei auch hier die meisten Personen zwischen 31 und 40 Jahren alt sind. Nur wenige Befragte gehören dem oberen Management an (6%) oder sind freie Mitarbeiter (1%).

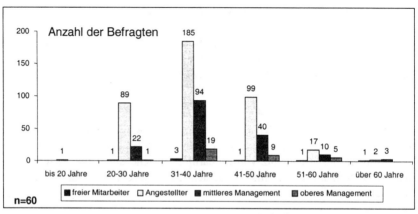

Abbildung 45: Altersstruktur und Position der befragten Personen

Der *Weiterbildungsumfang* der befragten Personen wurde über die Anzahl von Schulungstagen bei der Cognos GmbH ermittelt. Hier zeigt sich, dass die größte Gruppe der Befragten (28%) zwei Schulungstage bei Cognos absolviert hat, jeweils 6% haben einen bzw. drei Tage absolviert, immerhin 13% hat vier Schulungstage absolviert. Mehr als 10 Schulungstage bei Cognos haben hingegen nur 10% der Befragten absolviert.

Im Hinblick auf das *Tätigkeitsfeld*, in dem die Befragten beschäftigt sind, zeigt sich in den Untersuchungsergebnissen eine ausgeprägte EDV-Nähe: mehr als die Hälfte (58 %) der Befragten arbeitet im IT-Bereich, wie Abbildung 46 zeigt. Jeweils knapp ein Viertel (25 % bzw. 24%) wiederum gibt an, im Bereich Controlling/Buchhaltung/ReWe bzw. im Bereich Marketing/Vertrieb/Kundenbetreuung tätig zu sein.

II. Deskriptive Analyse der befragten Zielgruppe 171

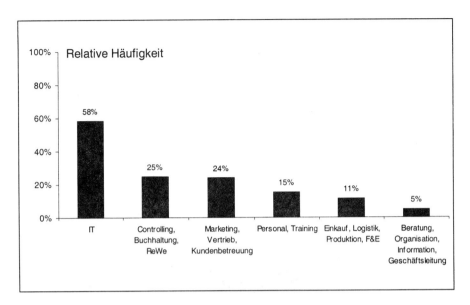

Abbildung 46: Tätigkeitsfelder der befragten Personen[26]

Die Tatsache, dass der überwiegende Teil der Befragten in der IT-Abteilung tätig ist, deutet auf eine hohe EDV-Affinität im untersuchten Personenkreis hin. Dies wird durch weitere empirische Ergebnisse hinsichtlich der *Technikaffinität* der Befragten bestätigt. Fast die Hälfte der Befragten (47%) nutzt auch in der Freizeit jeden Tag den Computer.[27] Nur 3% setzen in der Freizeit nie einen PC ein. Außerdem geben 70% der befragten Personen an, dass sie gern neue Softwareprodukte ausprobieren. Im Hinblick auf die Akzeptanz von e-Learning lässt dies erwarten, dass die Befragten eine hohe Bereitschaft zur Nutzung von elektronischen Lernformen aufweisen sollten.

---

[26] Mehrfachnennungen möglich. Die 16 verschiedenen einzelnen Tätigkeitsfelder wurden dabei zu den sechs darstellten Indizes zusammengefasst.

[27] Die Technikaffinität dieser Gruppe wird insbesondere deutlich, wenn man diese Zahlen mit der privaten PC-Nutzung der gesamten Bevölkerung in Deutschland vergleicht. So hat das Sozio-ökonomische Panel ermittelt, dass 1998 lediglich 20% der untersuchten Personen in Privathaushalten regelmäßig, d. h. mindestens einmal pro Woche, den PC in ihrer Freizeit genutzt haben, 13% haben ihn weniger als einmal pro Woche und 67% haben ihn nie in der Freizeit genutzt, vgl. *Pischner et al.* (2000). Auch die Erhebung von 2000 zeigt, dass insgesamt nur 32% der untersuchten Personen in Privathaushalten den PC in der Freizeit genutzt haben, vgl. *Haisken-DeNew et al.* (2001).

*b) Lernstil und sonstige entscheidungsbestimmende Faktoren
bei einem Lernvorhaben*

Neben allgemeinen Persönlichkeitsmerkmalen spielen bei den personenbezogenen Einflussgrößen der Lernstil sowie weitere entscheidungsbestimmende Faktoren bei einem Lernvorhaben eine Rolle für die Akzeptanz von e-Learning. Zum *Lernstil* gehören die Präferenz zwischen Gruppen- und Einzellernen, die Bedeutung des Face-to-Face-Kontakts zum Trainer bzw. zu anderen Teilnehmern, die Bedeutung, Fragen anderer Teilnehmer zu erfahren sowie die Bedeutung der selbständigen Festlegung des Lerntempos.

Der Aspekt des Gruppenlernens wurde über das Statement „Ich lerne lieber in einer Gruppe als allein" abgefragt. Wie Abbildung 47 zeigt, stimmen der Aussage lediglich ein Drittel der Befragten zu, knapp die Mehrheit hingegen ist unentschlossen.

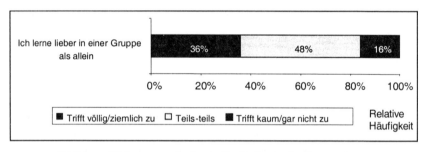

Abbildung 47: Parameter des Lernstils: Präferenz für Gruppenlernen

Die Bedeutung des persönlichen Kontakts zum Trainer vor Ort, des persönlichen Kontakts mit anderen Teilnehmern vor Ort, die Fragen anderer Teilnehmer zu erfahren sowie der Möglichkeit, das Lerntempo selbst zu bestimmen, wurde über die Frage nach der Wichtigkeit dieser Aspekte für die Befragten ermittelt. Wie Abbildung 48 zeigt, ist den Befragten insbesondere der persönliche Kontakt zum Trainer vor Ort wichtig, deutlich stärker als der Kontakt zu anderen Teilnehmern vor Ort. Gleichzeitig ist es aber auch nahezu zwei Dritteln der Befragten sehr/ziemlich wichtig, das Lerntempo selbst bestimmen zu können. Hierbei zeigt sich jeweils ein signifikant negativer Zusammenhang zwischen der Möglichkeit, das Lerntempo selbst zu bestimmen, und dem persönlichen Kontakt zum Trainer vor Ort bzw. zu anderen Teilnehmern vor Ort.[28]

---

[28] Für diese und die folgenden Darstellungen des Spearman's Rho gelten folgende Signifikanzniveaus: ***=p<0,001, **=p<0,01, *=p<0,05. Ein Signifikanzniveau von p<0,001 wird dabei als „hochsignifikant" bezeichnet. Korrelation „Persönlicher Kontakt zum Trainer vor Ort" – „Lerntempo selbst bestimmen": Spearman's Rho= -0,15***;

II. Deskriptive Analyse der befragten Zielgruppe

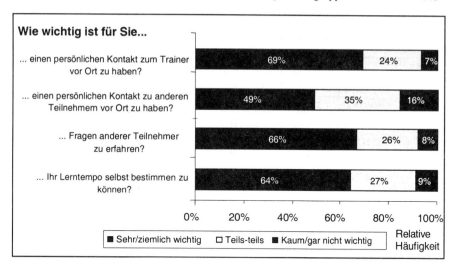

Abbildung 48: Aspekte des Lernstils: Bedeutung des persönlichen Kontakts, der Kenntnis der Fragen anderer Teilnehmer sowie des Lerntempos

Die Aspekte „Gruppenlernen", „persönlicher Kontakt zum Trainer vor Ort", „persönlicher Kontakt zu anderen Teilnehmern vor Ort" sowie „Kenntnis der Fragen anderer Teilnehmer" stehen jeweils paarweise in starkem positivem signifikantem Zusammenhang.[29] Im Hinblick auf die multivariate Analyse spielt hier unter Umständen das Problem der Multikollinearität eine Rolle.[30] So führt eine hohe Korrelation, d. h. Multikollinearität, zu einer unerwünschten Erhöhung der Varianz der Regressionskoeffizienten. Zur Lösung des Problems der Multikollinearität, wird in der Literatur einerseits die Möglichkeit der Erhöhung der Fallzahl, andererseits der Verzicht auf Variablen diskutiert.[31] Da die Erhöhung der Fallzahl in der Regel nur schwer realisierbar und der Verzicht auf

---

Korrelation „Persönlicher Kontakt zu anderen Teilnehmern vor Ort" – „Lerntempo selbst bestimmen": Spearman's Rho= -0,23***.

[29] Korrelation „Präferenz für Gruppenlernen" – „Persönlicher Kontakt zum Trainer vor Ort": Spearman's Rho= 0,38***; Korrelation „Präferenz für Gruppenlernen" – „Persönlicher Kontakt zu anderen Teilnehmern vor Ort": Spearman's Rho= 0,47***; „Präferenz für Gruppenlernen" – „Kenntis der Fragen anderer Teilnehmer": Spearman's Rho= 0,28***; Korrelation „Persönlicher Kontakt zum Trainer vor Ort" – „Persönlicher Kontakt zu anderen Teilnehmern vor Ort": Spearman's Rho= 0,51***; Korrelation „Persönlicher Kontakt zum Trainer vor Ort" – „Kenntis der Fragen anderer Teilnehmer": Spearman's Rho= 0,29***; Korrelation „Persönlicher Kontakt zu anderen Teilnehmern vor Ort" – „Kenntis der Fragen anderer Teilnehmer": Spearman's Rho= 0,50***.

[30] Vgl. *Wooldridge* (2000), S. 94ff.
[31] Vgl. *Wooldridge* (2000), S. 96.

inhaltlich wichtige Variablen häufig unerwünscht sind, besteht eine weitere Alternative in der Zusammenfassung von ähnlichen Variablen zu Indizes, die theoretisch begründet sein sollte. Inwieweit eine Zusammenfassung der Variablen zu Indizes in dieser Studie sinnvoll erscheint und durchgeführt werden sollte, wird im Rahmen der multivariaten Analyse in Kapitel E.III. diskutiert.

Neben dem Lernstil waren noch weitere *entscheidungsbestimmene Faktoren bei einem Lernvorhaben* zu prüfen. Hierzu gehören die Bedeutung der anfallenden finanziellen Kosten, der Möglichkeit zur zeitlich flexiblen Nutzung der Bildungsmaßname, des notwendigen Zeitaufwand für die Bildungsmaßnahme sowie der Verfügbarkeit von Experten zu inhaltlichen Fragen bzw. technischen Problemen. Wie Abbildung 49 verdeutlicht, stehen die Verfügbarkeit von Experten zu inhaltlichen Fragen bzw. technischen Problemen ganz oben in der Wichtigkeit. Deutlich weniger wichtig sind die finanziellen Kosten, wobei erstaunlicherweise ein nur schwacher signifikanter Zusammenhang mit der Notwendigkeit, die Bildungsmaßnahme privat zu bezahlen (Spearman's Rho: 0,14**) bzw. ein sehr schwacher negativer, nicht signifikanter Zusammenhang mit der eigenen Budgetverantwortung (Spearman's Rho: -0,06) vorliegt.

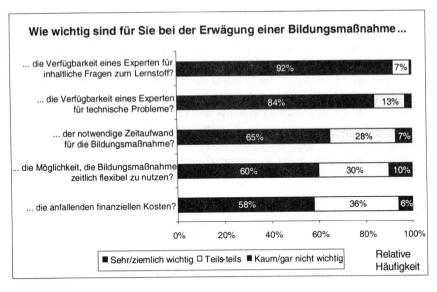

Abbildung 49: Sonstige entscheidungsbestimmende Faktoren
bei einem Lernvorhaben

Gleichzeitig zeigen sich auch hier deutliche Zusammenhänge zwischen diesen verschiedenen Aspekten der Erwägung einer Bildungsmaßnahme, die insbesondere für die multivariate Analyse relevant sind. So stehen die zeitlichen Parameter miteinander in Zusammenhang (Spearman's Rho: 0,39***), die Kosten mit dem Zeitaufwand (Spearman's Rho: 0,31***) und die Verfügbarkeit eines technischen Experten mit der Verfügbarkeit eines inhaltlichen Experten (Spearman's Rho: 0,53***). Daher erscheint es sinnvoll, auch bei diesen Variablen im Hinblick auf die multivariate Analyse Indizes zu bilden.

2. Deskription unternehmensbezogener Einflussgrößen

a) Allgemeine Unternehmensmerkmale sowie generelle Weiterbildungsaspekte im befragten Personenkreis

In der Studie konnte mit dem befragten Personenkreis ein breites Spektrum an unterschiedlichen Unternehmen abgedeckt werden. Von 2189 angeschriebenen Personen aus 647 verschiedenen Unternehmen haben 616 Personen aus 262 verschiedenen Firmen geantwortet. Die Daten zur Unternehmensgröße sowie zum Hauptgeschäftsfeld der Unternehmen belegen dabei die Vielfalt von Unternehmenstypen.

Abbildung 50 zeigt im Hinblick auf die *Unternehmensgröße*, dass die größte Gruppe der Befragten (34%) in kleinen und mittelständischen Unternehmen mit bis zu 500 Mitarbeitern beschäftigt ist. Immerhin arbeiten 17% der Befragten jedoch in Unternehmen mit mehr als 20.000 Mitarbeitern.

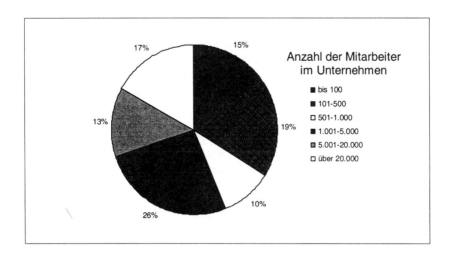

Abbildung 50: Größe der Unternehmen, in denen die befragten Personen arbeiten

176 E. Empirische Analyse der Akzeptanz von e-Learning

Im Hinblick auf das *Hauptgeschäftsfeld der Unternehmen*, in denen die Befragten beschäftigt sind, ist entsprechend Abbildung 51 die EDV-/IT-Branche mit 24% im befragten Personenkreis führend, gefolgt von den Branchen Finanzdienstleistungen (15%) und Sonstige Dienstleistungen (14%).

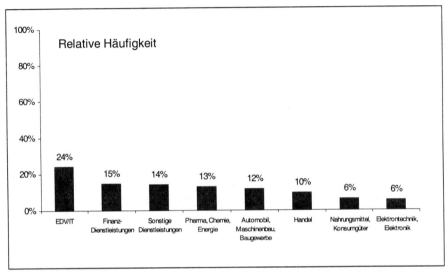

Abbildung 51: Hauptgeschäftsfelder der Unternehmen, in denen die befragten Personen arbeiten

Diese Verteilung ist im Vergleich zur Verteilung der Tätigkeitsfelder der Befragten gleichmäßiger. Jedoch besteht auch hier eine IT-Lastigkeit, die eine hohe Bereitschaft zur Nutzung von elektronischen Lernformen der Befragten vermuten lässt.

Neben den allgemeinen Unternehmensmerkmalen spielen *generelle Weiterbildungsaspekte* eine Rolle für die Akzeptanz von e-Learning beim einzelnen Mitarbeiter. Dazu gehören die Beteiligung des Mitarbeiters an der Planung der Weiterbildungsmaßnahme, die Notwendigkeit, Weiterbildungsmaßnahmen privat zu zahlen und die Möglichkeit des Lernens während der Arbeitszeit bzw. die Notwendigkeit zum Lernen in der Freizeit.

Bei der Beteiligung des Mitarbeiters an der Planung der Weiterbildungsmaßnahme zeigt sich, dass 27% der Befragten nicht an der Wahl der Lernform (Präsenztraining, CBT, WBT, Virtual Classroom oder Business TV) bei der Planung ihrer letzten Weiterbildungsmaßnahme beteiligt wurden, d. h. hier ein

II. Deskriptive Analyse der befragten Zielgruppe

Zwang zur Nutzung einer bestimmten Lernform vorlag. 12% der Befragten wurden sogar überhaupt nicht an der Planung beteiligt.

Im Hinblick auf die generelle Förderung der Weiterbildung im Unternehmen zeigt sich gemäß Abbildung 52, dass die Befragten insgesamt gut vom Unternehmen in ihren Weiterbildungsaktivitäten unterstützt werden. So haben rund 80% die Möglichkeit zum Lernen während der Arbeitszeit, wobei diese Zeit auch als Arbeitszeit anerkannt wird. Gleichzeitig findet nur bei 12% der größte Teil der Weiterbildung in der Freizeit statt, wobei immerhin fast jeder fünfte Befragte zumindest teilweise die Weiterbildungsmaßnahmen privat bezahlen muss.

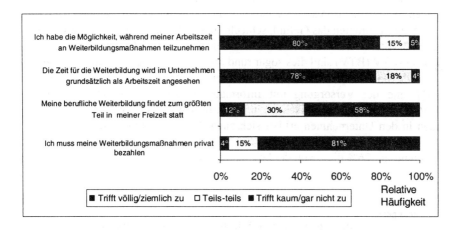

Abbildung 52: Generelle Weiterbildungsaspekte in den Unternehmen

Auch hier zeigen sich starke Korrelationen zwischen den unterschiedlichen Weiterbildungsaspekten. Wie zu erwarten war, sind die Variablen „Möglichkeit, während der (üblichen) Arbeitszeit zu lernen" und „Anerkennung der Lernzeit als Arbeitszeit" hochkorreliert (Spearman's Rho: 0,54***). Auch zwischen den Variablen „Notwendigkeit zum Lernen in der Freizeit" und „Weiterbildungsmaßnahmen müssen privat bezahlt werden" besteht eine hohe Korrelation (Spearman's Rho: 0,42***). Bildet man aus den beiden Variablen „Lernen in der Arbeitszeit"/„Anerkennung als Arbeitszeit" sowie aus den beiden Variablen „Lernen in der Freizeit"/„Private Bezahlung" jeweils Indizes, so sind diese stark negativ korreliert (Spearman's Rho: -0,51***). Daher scheint die Bildung eines Index „Generelle Weiterbildungsförderung" aus diesen vier Variablen sinnvoll.

b) Einführungs- und Unterstützungsmaßnahmen der Unternehmen sowie Anwendungssituation von e-Learning

Frühere Studien haben gezeigt, dass die *Einführungs- und Unterstützungsmaßnahmen von e-Learning* durch die Unternehmen einen entscheidenden Einfluss auf die Akzeptanz der Mitarbeiter haben.[32] Dazu gehören zum einen die Informationspolitik durch das Unternehmen, zum anderen die Anerkennung der Zeit für selbstständiges Lernen mit elektronischen Lernformen als Arbeitszeit sowie die Bereitstellung von Ansprechpartnern für das Lernen mit e-Learning. Abbildung 53 stellt dar, dass es große Unterschiede in der Bereitstellung von Informationen zu Weiterbildungsmaßnahmen bei den Unternehmen gibt. Die große Mehrheit der Befragten fühlt sich gut oder sogar sehr gut vom Unternehmen über Präsenztrainings informiert. Ganz anders sieht es hingegen bei den elektronischen Weiterbildungsmaßnahmen aus. So hat knapp die Hälfte der Befragten das Gefühl, schlecht bzw. sehr schlecht vom Unternehmen über CBT und WBT informiert zu werden. Bei Virtual Classroom (VC) und Business TV (BTV) sind dies sogar rund drei Viertel der Befragten. Dabei zeigt sich die stärkste Korrelation zwischen der Versorgung mit Informationen zu CBT und der Versorgung mit Informationen zu WBT (Spearman's Rho: 0,76***). Aus dieser schlechten Informationslage zu elektronischen Lernformen in den Unternehmen erklärt sich auch der Tatbestand, dass 53% der Befragten ihre wichtigsten Informationen zu e-Learning aus der Presse beziehen, während nur 26% diese von der Schulungsabteilung bekommen.

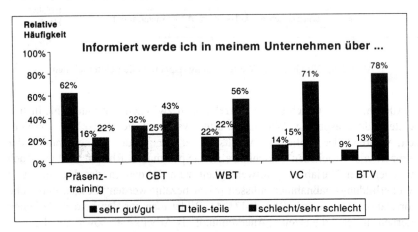

Abbildung 53: Information über Weiterbildungsmaßnahmen in den Unternehmen

---

[32] Vgl. *American Association for Training and Development (ASTD)/MASIE* (2001), S. 3ff.

II. Deskriptive Analyse der befragten Zielgruppe

Zu den Einführungs- und Unterstützungsmaßnahmen gehören ferner die Anerkennung der Lernzeit mit e-Learning als Arbeitszeit und insbesondere die Bereitstellung eines Ansprechpartners für das Lernen mit elektronischen Lernformen. Abbildung 54 stellt dar, dass in den meisten Unternehmen die Lernzeit mit e-Learning als Arbeitszeit anerkannt wird; jedoch steht in mehr als zwei Dritteln der Fälle kein Ansprechpartner zur Verfügung.

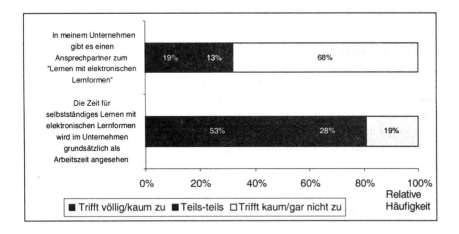

Abbildung 54: Unterstützungsmaßnahmen zu e-Learning in den Unternehmen[33]

Dabei bestehen auch zwischen den einzelnen Einführungs- und Unterstützungsmaßnahmen starke signifikante Zusammenhänge[34], so dass ihre Zusammenfassung zu einem Index in der multivariaten Analyse sinnvoll erscheint.

Nicht nur die aktive Unterstützung durch das Unternehmen hat Einfluss auf die Akzeptanz der Mitarbeiter. Es spielt auch eine wichtige Rolle, ob der Lernort des Befragten überhaupt für die Nutzung von e-Learning geeignet ist, d. h.

---

[33] Die Befragten konnten hier auch mit „keine Erfahrung" antworten, so dass die Darstellung nur die Personen erfasst, die über diese Aspekte Auskunft geben können.

[34] Korrelation „Versorgung mit Informationen zu CBT" – „Ansprechpartner zu elektronischem Lernen": Spearman's Rho: 0,54***; Korrelation „Versorgung mit Informationen zu WBT" – „Ansprechpartner zu elektronischem Lernen": Spearman's Rho: 0,50***; Korrelation „Versorgung mit Informationen zu CBT" – „Anerkennung Zeit für elektronisches Lernen als Arbeitszeit": Spearman's Rho: 0,24***; Korrelation „Versorgung mit Informationen zu WBT" – „Anerkennung Zeit für elektronisches Lernen als Arbeitszeit": Spearman's Rho: 0,20***; Korrelation „Ansprechpartner zu elektronischem Lernen" – „Anerkennung Zeit für elektronisches Lernen als Arbeitszeit": Spearman's Rho: 0,22***.

180 E. Empirische Analyse der Akzeptanz von e-Learning

wie die *Anwendungssituation* von e-Learning aussieht. Um dies zu überprüfen, sollten die Befragten zum einen angeben, was ihr häufigster Lernort ist. Zum anderen wurden sie gebeten, dessen Eignung für die elektronische Weiterbildung zu beurteilen. Wie Abbildung 55 veranschaulicht, lernen mit Abstand die meisten Befragten außerhalb vom Unternehmen bei einem externen Schulungsanbieter. Interessanterweise folgt der Arbeitsplatz bereits an zweiter Stelle mit 18% der Befragten noch vor einem internen Schulungszentrum oder einem Lernraum im Unternehmen. Den Lernort „zu Hause" nennen nur 11% als häufigsten Lernort.

Bei der Eignung des Lernortes für e-Learning zeigt sich, dass der Arbeitsplatz, der häufig als der ideale Lernort für elektronisches Lernen genannt wird,[35] von den Befragten als sehr ungeeignet hierfür wahrgenommen wird. Auch der Lernort „zu Hause", für den e-Learning sinnvoll erscheint, wird nur von 53% der Befragten als gut/sehr gut eingeschätzt. Dabei zeigen sich signifikante Zusammenhänge zwischen der Nennung als häufigster Lernort sowie der Einschätzung der Eignung für e-Learning.

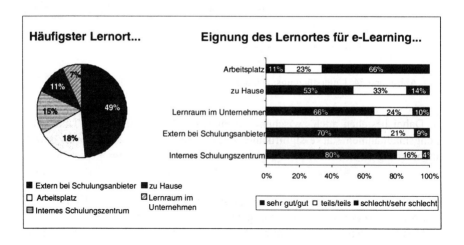

Abbildung 55: Häufigste Lernorte der Befragten und Eignung der Lernorte für e-Learning[36]

---

[35] Vgl. *Back et al.* (2001), S. 170.
[36] Die Befragten konnten hier auch mit „keine Erfahrung" antworten, so dass die Darstellung nur die Personen erfasst, die über diese Aspekte Auskunft geben können.

3. Deskription innovationsbezogener Einflussgrößen

Innovationsbezogene Einflussgrößen spiegeln sich insbesondere im relativen Vorteil und in der Kompatibilität einer Maßnahme mit der Anwendersituation wider. Dabei bezieht sich der relative Vorteil elektronischer Weiterbildungsmaßnahmen vor allem auf ihre Vorzüge gegenüber Präsenzveranstaltungen, wobei in der ersten Studie die Zeitersparnis als Hauptvorteil gegenüber diesen genannt wird.[37] Daher wurde der relative Vorteil in der Befragung operationalisiert über die Möglichkeit des schnelleren Lernens mit CBT/WBT.[38] Der Aspekt der Kompatibilität wurde in der Befragung über die Eignung von e-Learning für die Weiterbildung in der jeweiligen Tätigkeit abgedeckt. Wie Abbildung 56 zeigt, empfinden jedoch nur 16% der Befragten dauerhaft einen relativen Vorteil bei CBT/WBT, bei der Mehrzahl ist der relative Vorteil nur teilweise vorhanden.

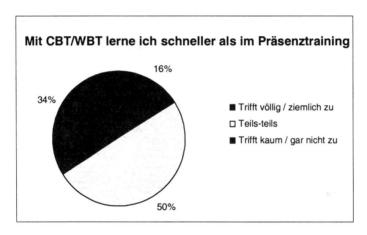

Abbildung 56: Wahrnehmung des relativen Vorteils von CBT/WBT als höhere Lerngeschwindigkeit[39]

Abbildung 57 stellt die wahrgenommene Eignung der unterschiedlichen Lernformen für die Weiterbildung in der derzeitigen Tätigkeit der Befragten dar. Hier zeigt sich immer noch eine starke Dominanz des Präsenztrainings, das 84% der Befragten als sehr gut bzw. gut geeignet einschätzen. CBT und WBT

---

[37] Vgl. Kapitel C.II.2.d).
[38] Es erfolgte dabei eine Einschränkung auf CBT/WBT, da insbesondere hier der individuelle Zeitvorteil genutzt werden kann. Im Virtual Classroom ist der Teilnehmer in der Regel wieder auf das Tempo der Gruppe angewiesen.
[39] Die Befragten konnten hier auch mit „keine Erfahrung" antworten, so dass die Darstellung nur die Personen erfasst, die über diese Aspekte Auskunft geben können.

liegen dahinter nahezu gleichauf und werden von rund der Hälfte der Befragten als sehr gut bzw. gut und einem Drittel für teilweise geeignet für ihre Weiterbildung empfunden. Als weniger geeigneter werden Virtual Classroom und Business TV wahrgenommen.

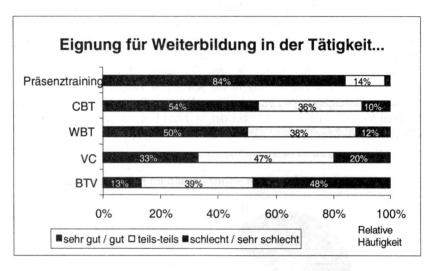

Abbildung 57: Wahrnehmung der Kompatibilität als Eignung für die Weiterbildung in der derzeitigen Tätigkeit[40]

Die Variablen bezüglich der Eignung des jeweiligen Lerninstruments für die Weiterbildung in der Tätigkeit weisen untereinander ebenfalls hohe Korrelationen auf. Der stärkste Zusammenhang besteht zwischen der Eignung von CBT und der Eignung von WBT für die Weiterbildung in der Tätigkeit (Spearman's Rho: 0,71***), so dass sich auch hier eine Indexbildung anbietet. Daneben bestehen zwischen der Eignung von CBT bzw. von WBT sowie der Variablen „höhere Lerngeschwindigkeit" ebenfalls hohe signifikante Korrelationen (Spearman's Rho: 0,44*** bzw. 0,47***).

---

[40] Die Befragten konnten hier auch mit „keine Erfahrung" antworten, so dass die Darstellung nur die Personen erfasst, die über diese Aspekte Auskunft geben können.

4. Akzeptanz von e-Learning bei den Befragten

Zwei elementare Bestandteile der Akzeptanz von e-Learning konnten aus der akzeptanzwissenschaftlichen Literatur hergeleitet werden: die derzeitige Nutzung elektronischer Weiterbildungsformen sowie die Bereitschaft zur zukünftigen Nutzung elektronischer Weiterbildungsformen.[41] Daher werden diese beiden Aspekte in Bezug auf die e-Learning-Formen Computer Based Training (CBT), Web Based Training (WBT), Virtual Classroom (VC) sowie Business TV (BTV) untersucht.

Zur Messung des Umfangs der *derzeitigen Nutzung* von elektronischen Lernformen sollten die befragten Personen angeben, wie oft sie CBT, WBT, Virtual Classroom und Business TV nutzen. Sie konnten dabei wählen zwischen „mindestens einmal pro Monat", „mindestens einmal pro Quartal", „mindestens einmal pro Jahr" und „nie".[42]

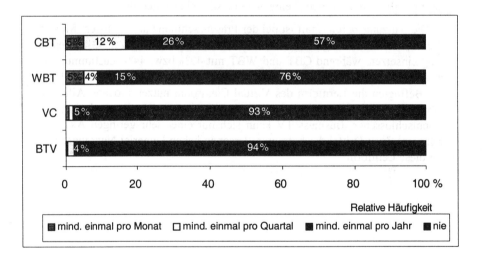

Abbildung 58: Nutzung von elektronischen Lernformen

---

[41] Vgl. Kapitel D.II.1.b).

[42] Personen, die angegeben haben, bisher keine elektronische Lernform eingesetzt zu haben, und gleichzeitig die Frage nach der Häufigkeit der Nutzung nicht beantwortet haben, wurden bei der letztgenannten Frage nachträglich der Gruppe „nie" zugeordnet. Somit dient als Grundlage für die Auswertung der Frage eine Anzahl von 595 Antworten bei CBT, 580 Antworten bei WBT, 574 Antworten bei Virtual Classroom und 570 Antworten bei Business TV.

Abbildung 58 zeigt, dass CBT die mit Abstand am häufigsten eingesetzte elektronische Lernform ist. Sie wird bereits von 43% der Befragten genutzt. Dabei wenden 12% der Befragten CBT mindestens einmal pro Quartal und 5% mindestens einmal pro Monat an. WBT hingegen wird nur von 24% der Befragten eingesetzt, Virtual Classroom und Business TV sogar nur von 7% bzw. 6% der Befragten.

Die *Nutzungsabsicht* ist als Bereitschaft zum Einsatz dieser Lernform bei künftigen Schulungsvorhaben definiert. Die Befragten hatten für jede der Lernformen die folgende Frage auf einer fünfstufigen Ratingskala – die von „trifft völlig zu" bis „trifft gar nicht zu" reicht – zu beantworten: „Für meine zukünftigen Lernzwecke im Bereich Produkttraining/Softwaretraining würde ich gerne ... nutzen."[43] Abbildung 59 gibt die Gruppen mit ihren Ergebnissen für diese Lernform wieder.[44] Dabei wurden die Antworten „trifft völlig zu" oder „trifft zu" einer Gruppe „Nutzungsabsicht" zugerechnet, „teils-teils"-Antworten als „unentschlossen" klassifiziert und die Antworten „trifft kaum zu" oder „trifft gar nicht zu" einer Gruppe „keine Nutzungsabsicht" zugeordnet.

Die Nutzungsbereitschaft ist bei der Präsenzschulung am höchsten. Mehr als drei Viertel der Befragten möchten diese Lernform künftig zur Softwareschulung einsetzen, während CBT und WBT mit 49% bzw. 44% Zustimmung danach nah beieinander liegen. Erstaunlich ist, dass immerhin mehr als ein Drittel der Befragten die Lernform des Virtual Classroom nutzen möchte. Allerdings gibt es bei den drei letztgenannten Lernformen auch jeweils rund ein Drittel Unentschlossener. Business TV kann sich nur einer sehr geringen Akzeptanz erfreuen. Zwei Drittel der befragten Personen haben keinerlei Nutzungsabsicht für diese Lernform.

---

[43] Diese Frage wurde explizit für Lernzwecke im Bereich „Produkttraining/Softwaretraining" gestellt, um somit sehr konkrete und hochgradig relevante Antworten zu erhalten. Wie die Studie bei Unternehmen des CDAX gezeigt hat, stellen diese Themengebiete neben fachspezifischem Wissen die Inhalte dar, die am häufigsten mit Hilfe von e-Learning-Maßnahmen geschult werden, vgl. *Harhoff et al.* (2001), S. 10. Dies bestätigen auch andere e-Learning-Studien wie z.B. *Schüle* (2002), *Michel et al.* (2001).

[44] Als Grundlage für die Auswertung dieser Frage dient eine Anzahl von 599 Antworten bei Präsenzschulungen, 597 Antworten bei CBT, 595 Antworten bei WBT, 592 Antworten bei Virtual Classroom und 573 Antworten bei Business TV.

II. Deskriptive Analyse der befragten Zielgruppe

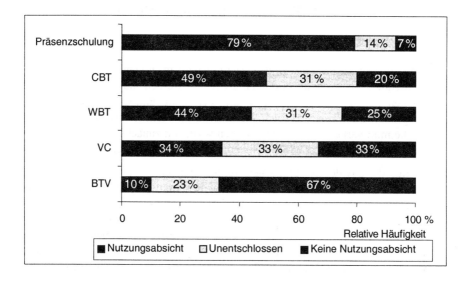

Abbildung 59: Nutzungsabsicht bezüglich der unterschiedlichen Lernformen

Insgesamt zeigt sich, dass bei den elektronischen Lernformen immer noch CBT an erster Stelle steht, jedoch WBT insbesondere im Hinblick auf die Nutzungsabsicht bereits deutlich aufgeholt hat.[45] So setzt knapp die Hälfte der Befragten mindestens einmal pro Jahr CBT ein, ein Viertel nutzt WBT mindestens einmal pro Jahr. Nahezu die Hälfte der Befragten möchte für zukünftige Lernzwecke CBT bzw. WBT nützen. Wie bereits in der ersten Studie wird gleichzeitig auch hier deutlich, dass Virtual Classroom und Business TV bislang nur sehr wenig genutzte Lernformen darstellen. Daneben ist hier auch die Nutzungsabsicht deutlich geringer als beiden anderen elektronischen Lernformen.

Die deskriptive Analyse vermittelt bereits einige Einsichten in die Akzeptanz elektronischer Lernformen bei der untersuchten Zielgruppe. Um jedoch das in Kapitel D. dargestellte Akzeptanzmodell sowie die abgeleiteten Hypothesen zu testen, wird im Folgenden eine multivariate Analyse der Daten durchgeführt.

---

[45] Beschränkt man die Analyse der Nutzungsabsicht auf Personen, welche die jeweilige elektronische Lernform bereits angewendet haben, liegt WBT in der Nutzungsabsicht bereits vor CBT. So möchten 58% der Personen mit CBT-Erfahrung CBT auch zukünftig nutzen, während 64% der Personen mit WBT-Erfahrung WBT zukünftig einsetzen wollen.

III. Multivariate Analyse des Akzeptanzmodells von e-Learning

1. Darstellung der Operationalisierung und Indexbildung

Im Unterschied zur deskriptiven Analyse wird im Folgenden eine hypothesenprüfende Untersuchung durchgeführt. Dazu werden multivariate Analysemethoden genutzt, die es erlauben, die Verteilung und das Zusammenspiel einer großen Zahl von Variablen gleichzeitig zu berücksichtigen.[46] Bevor jedoch die multivariate Analyse beschrieben wird, soll zunächst die Operationalisierung der abhängigen sowie unabhängigen Variablen erläutert werden.

Einige der aus dem theoretischen Modell abgeleiteten personen-, unternehmens- sowie innovationsbezogenen Merkmale stellen ebenso wie die Variable „Akzeptanz" latente Konstrukte dar und können nicht direkt in einem Fragebogen abgefragt werden.[47] Ihre Operationalisierung erfolgt mit Hilfe verschiedener Items bzw. Einzelindikatoren, die jeweils zu Indizes zusammengefasst werden.[48] Eine solche Verknüpfung mehrerer Einzelindikatoren zu einer neuen Variablen stellt einen Messwert für ein komplexes Merkmal dar, welches aus den Messwerten mehrerer Indikatorvariablen zusammengesetzt wird.[49] Die Festlegung und Kombination der Indexdimensionen sollte dabei nach Maßgabe theoretischer Überlegungen erfolgen.[50] Die meisten Indizes werden durch Addition der Indikatorwerte berechnet; liegen keine gewichtigen theoretischen Gegenargumente vor, sollten die Indikatoren in der Regel gleich gewichtet werden.[51] Die Indexbildung ermöglicht es, Missing Values mit Hilfe einer oder mehrerer Variablen des gleichen Index zu interpolieren, gleichzeitig werden Fehlereinflüsse aufgrund von Messfehlern reduziert.[52] Grundlage der folgenden

---

[46] Vgl. dazu *Schnell et al.* (1999), S. 411f., *Altmann* (2002), S. 62f.

[47] Zum Begriff „latente Konstrukte" sowie zur Konstruktion von Indizes vgl. *Schnell et al.* (1999), S. 150f. und 160ff. sowie *Knepel* (1995), S. 627ff.

[48] Zur Indexbildung vgl. auch *Diamantopoulos/Winklhofer* (2001), 2001, S. 269ff. und *Rossiter* (2002), 2002, S. 305ff.

[49] Vgl. *Bortz* (2002), S. 133. „Die Konstruktion eines Index erfolgt weitgehend unabhängig von erhobenen Daten, somit kann immer ein Index konstruiert werden." *Schnell et al.* (1999), S. 175. Skalen, die Spezialfälle von Indizes darstellen, können hingegen nicht ohne weiteres aus Items entwickelt werden. Sie sind das Resultat eines Skalierungsverfahrens, welches spezifische Anforderungen an ein Item stellt, damit dieses Bestandteil einer Skala werden kann. So kann sich bei einem Skalierungsverfahren anhand der erhobenen Daten z.B. herausstellen, dass gar keine Messung (im Sinne des Skalierungsverfahrens) erfolgt ist, vgl. *Schnell et al.* (1999), S. 175f. Im Folgenden werden jedoch Indizes auf Basis theoretischer Überlegungen konstruiert.

[50] Insbesondere auch *Rossiter* (2002), 2002, S. 308 weist auf die Notwendigkeit einer „content validity" bei der Indexbildung hin.

[51] Vgl. *Schnell et al.* (1999), S. 165f. und 168.

[52] Fehlende Daten (Missing Values) stellen ein häufiges Problem empirischer Untersuchung dar. „Üblicherweise fehlen bei den Variablen einer sozialwissenschaftlichen

Indexbildungen stellen zum einen die gemessenen Korrelationen der Indikatoren nach Spearman dar, zum anderen die gemessenen Cronbachs Alpha zwischen den Indikatoren.[53] Cronbachs Alpha ist ein „Maß der internen Konsistenz" und wird zur Schätzung der Reliabilität herangezogen.[54] Alpha-Koeffizienten über 0,6 lassen darauf schließen, dass der Index einen sinnvollen Zusammenschluss der Teilindikatoren darstellt.[55]

a) Operationalisierung und Indexbildung auf Seiten der abhängigen Variablen

Für die Überprüfung der Hypothesen des Akzeptanzmodells in der multivariaten Analyse ist sowohl eine Indexbildung auf Seiten der abhängigen Variablen als auch der unabhängigen Variablen notwendig. Für die Indexbildung auf Seiten der abhängigen Variablen „Nutzung" sowie „Nutzungsabsicht" sind zunächst die Zusammenhänge bezüglich der Nutzung der unterschiedlichen elektronischen Lernformen bzw. deren Nutzungsabsichten zu analysieren. Dabei zeigt sich in Tabelle 6, dass die stärksten Korrelationen zwischen den Lernformen CBT und WBT bestehen. So kann bezüglich der Nutzung von CBT und der Nutzung von WBT eine hochsignifikante Korrelation[56] von 0,62*** gemessen werden, bezüglich der Nutzungsabsicht von CBT und der Nutzungsabsicht von WBT beträgt Spearman's Rho sogar 0,69***.

Untersuchung zwischen 1% und 10% aller Daten einer Variablen." *Schnell et al.* (1999), S. 430f. Es gibt verschiedene Methoden, wie mit Missing Values umgegangen wird, vgl. hierzu *Griliches* (1997), S.1485ff., *Weeks* (1999), S. 12ff., *Roth/Switzer* (1999). Eine Möglichkeit besteht darin, Fälle komplett auszuschließen, wodurch jedoch Information verloren geht. Eine Alternative ist die Schätzung der fehlenden Werte aus den vorliegenden Daten, dies wird als „imputation" bezeichnet. Eine häufige Form der „imputation" ist die Mittelwertbildung über die vorhandenen Daten („mean substitution"). Dies soll auch im Folgenden für die Indexbildung angewandt werden, indem die Summe über alle im Index berücksichtigten Items dividiert durch die Anzahl von Items als Indexwert für jede Beobachtung berechnet wird. Eine andere Form der „imputation" ist die Schätzung mittels Regressionsanalyse („regression imputation"). Hierbei werden bestehende Korrelationen zwischen den Variablen ausgenutzt, um Missing Values zu schätzen. Zu diesem Vorgehen vgl. die Schätzung der Variablen „relativer Vorteil" in diesem Abschnitt.

[53] Zur Rangkorrelation nach Spearman vgl. *Bortz* (1999), S. 223f., zu Cronbachs Alpha vgl. *Bortz* (2002), S. 184 und *Schnell et al.* (1999), S. 146ff.

[54] Vgl. *Schnell et al.* (1999), S. 145ff.

[55] Nach Schnell et al. sind Werte über 0,7 wünschenswert, in der Praxis werden jedoch meist weit niedrigere Koeffizienten akzeptiert. *Schnell et al.* (1999), S. 147.

[56] Wie bereits zuvor wird auch im Folgenden ein Signifikanzniveau von p<0,001 (***) als „hochsignifikant" bezeichnet.

Tabelle 6

Korrelationen zwischen der Nutzung bzw. der Nutzungsabsicht der elektronischen Lernformen[57]

Korrelationen bezüglich der **derzeitigen Nutzung** von...	CBT	WBT	Virtual Classroom	Business TV
CBT	1,00			
WBT	0,62***	1,00		
Virtual Classroom	0,35***	0,48***	1,00	
Business TV	0,27***	0,23***	0,27***	1,00
Korrelationen bezüglich der **Nutzungsabsicht** von...	CBT	WBT	Virtual Classroom	Business TV
CBT	1,00			
WBT	0,69***	1,00		
Virtual Classroom	0,27***	0,42***	1,00	
Business TV	0,17***	0,23***	0,28***	1,00

Die Korrelationen zwischen der Nutzung von CBT und der Nutzung von WBT sowie zwischen der Nutzungsabsicht von CBT und der Nutzungsabsicht von WBT sind deutlich höher als bei den anderen Lernformen. Sie stellen gleichzeitig stärker erprobte Lernformen dar als Virtual Classroom und Business TV, so dass man hier validere Aussagen bezüglich des Einsatzes vermuten kann.[58] Daher wird die folgende multivariate Akzeptanzanalyse auf diese beiden Lernformen bezogen. Um beide Akzeptanzkomponenten sinnvoll erfassen zu können, wird ein ungewichteter additiver Index über die derzeitige Nutzung von CBT und WBT sowie ein ungewichteter additiver Index über die Nut-

---

[57] Die Korrelationen wurden mittels der Rangkorrelation nach Spearman berechnet, vgl. *Bortz* (1999), S. 223f., *** entspricht einem Signifikanzniveau von 0,001.

[58] So setzen 43% bzw. 24% der Befragten mindestens einmal pro Jahr oder häufiger CBT bzw. WBT ein gegenüber 7% bzw. 6% bei Virtual Classroom bzw. Business TV, vgl. Kapitel D.II.4.

zungsabsicht von CBT und WBT gebildet.[59] Der Index „*Nutzung von CBT/WBT*" basiert auf 577 Fällen, Cronbachs Alpha beträgt 0,78. Der Index „*Nutzungsabsicht von CBT/WBT*" basiert auf 591 Fällen, Cronbachs Alpha beträgt in diesem Fall 0,83.

b) Operationalisierung und Indexbildung auf Seiten der unabhängigen Variablen

Auf Seiten der unabhängigen Variablen lassen sich personen-, unternehmens- sowie innovationsbezogene Einflussgrößen unterscheiden. War der gemessene Zusammenhang zwischen zwei Variablen zu klein bzw. lag das berechnete Cronbachs Alpha unter der gewählten Mindestgrenze von 0,6, wird nachfolgend keine Indexbildung vorgenommen. Die Variablen werden in diesem Fall dann einzeln in die multivariate Analyse aufgenommen.

Abbildung 60 gibt die Operationalisierung der *personenbezogenen Einflussgrößen* „Allgemeine Persönlichkeitsmerkmale", „Technikaffinität", „Lernstil einer Person" sowie „Entscheidungsbestimmende Faktoren bei einem Lernvorhaben" für die multivariate Analyse wieder.

Die Kategorie „Allgemeine Persönlichkeitsmerkmale" umfasst die Aspekte Alter, Tätigkeitsbereich sowie Stellung der befragten Person. In dieser Kategorie erfolgt keine Indexbildung, da es sich hierbei lediglich um Dummy-Variablen mit einer Ja-/Nein-Antwortmöglichkeit handelt (z.B. die Variable „Die Person gehört der Altergruppe bis 30 Jahre an" oder „Die Person ist im Tätigkeitsbereich ,Personal/Training' tätig"). Sämtliche Dummy-Variablen gehen einzeln in die multivariate Analyse ein. Der Koeffizient der Dummy-Variablen erfasst dabei den Unterschied zwischen der Dummy-Variablen und der jeweiligen Referenzgruppe. Ein Koeffizient der Dummy-Variablen „Alter<30 Jahre" von 0,25 in der Schätzung der Nutzungsabsicht bedeutet beispielsweise, dass eine Person der Altersgruppe bis 30 Jahre eine um 25% höhere Nutzungsabsicht hat als eine Person der Referenzgruppe „Alter>50 Jahre".

---

[59] Den Vorteil der Interpolation auf Seiten der abhängigen Variablen bewusst ausschließend, wird zur Bildung der beiden Indizes „Nutzung von CBT/WBT" bzw. „Nutzungsabsicht von CBT/WBT" ein listenweiser, d. h. kompletter Ausschluss von Fällen mit Missing Values vorgenommen. Der Grund dafür liegt in der Tatsache, dass man auf Seiten der abhängigen Variablen nur Personen berücksichtigen möchte, auf deren Verhalten bzw. Einstellung tatsächlich aufgrund der Angaben geschlossen werden kann.

Personenbezogene Einflussgrößen	Operationalisierung in der Studie
Allgemeine Persönlichkeitsmerkmale	• Alter : - bis 30 Jahre 　　　　　- 31-40 Jahre 　　　　　- 41-50 Jahre 　　　　　- über 50 Jahre • Tätigkeitsbereich: - Personal/Training 　　　　　　　　　　- Marketing/Vertrieb/Kundenbetreuung 　　　　　　　　　　- Buchhaltung/ReWe/Finanzen/Controlling 　　　　　　　　　　- Einkauf/Logistik 　　　　　　　　　　- IT/Beratung • Stellung als Angestellter oder im Management
Technikaffinität	• Technische Vorkenntnisse: Nutzung des Computers in der Freizeit • Einstellung gegenüber neuen Technologien: Neue Software wird gerne ausprobiert
Lernstil der Person	• Bedürfnis nach Präsenz-/Gruppenlernen 　(**Index** aus Wichtigkeit von Gruppenlernen, Live-Kontakt zu Trainer und Teilnehmern, Fragen der Teilnehmer zu erfahren) • Bedeutung des eigenen Lerntempos
Sonstige entscheidungsbestimmende Faktoren bei einem Lernvorhaben	Bei der Erwägung einer Bildungsmaßnahme... : • ... die Bedeutung anfallender finanzieller Kosten • ... die Bedeutung des notwendigen Zeitaufwands • ... die Bedeutung zeitlicher Flexibilität bei der Nutzung • ... die Bedeutung der Verfügbarkeit eines Experten 　(**Index** aus der Bedeutung der Verfügbarkeit eines technischen sowie eines inhaltlichen Experten)

Abbildung 60: Operationalisierung der personenbezogenen Einflussgrößen in der multivariaten Analyse

Die Einflussgröße „Technikaffinität" wird operationalisiert über die Aspekte technische Vorkenntnisse im Sinne der Nutzung des Computers in der Freizeit sowie der Einstellung gegenüber neuen Technologien, die sich in der Bereitschaft zur Erprobung neuer Softwareprodukte zeigt. Da Cronbachs Alpha mit 0,42 unter der gesetzten Grenze liegt, wurde hier keine Indexbildung vorgenommen. Die Variablen gehen einzeln in die multivariate Analyse ein.

Der „Lernstil einer Person" wird operationalisiert über die Aspekte „Bedürfnis nach Präsenz-/Gruppenlernen" sowie „Bedeutung des eigenen Lerntempos". Im Hinblick auf das Bedürfnis nach Gruppen-/Präsenzlernen erfolgt eine Indexbildung über die Variablen „Präferenz des Gruppenlernens", „Bedeutung des persönlichen Kontakts zum Trainer vor Ort", „Bedeutung des persönlichen Kontakts zu anderen Teilnehmern vor Ort" und „Bedeutung, Fragen anderer

Teilnehmer zu erfahren".[60] Cronbachs Alpha beträgt 0,74. In Tabelle 7 werden daneben die Korrelationen der einzelnen Variablen des Index dargestellt, die alle hochsignifikant sind.[61]

Tabelle 7
Bildung des Index „Bedürfnis nach Gruppen-/Präsenzlernen"[62]

#	Variable	Vor-zeichen	Cronbachs Alpha	Korrelation mit #			
				1	2	3	4
1.	Präferenz des Gruppenlernes	+	0,74	1,00	0,38***	0,47***	0,28***
2.	Bedeutung des persönliche Kontakts zum Trainer vor Ort	+			1,00	0,51***	0,29***
3.	Bedeutung des persönliche Kontakts zu anderen Teilnehmern vor Ort	+				1,00	0,50***
4.	Bedeutung, die Fragen anderer Teilnehmer zu erfahren	+					1,00

Die letzte Kategorie der personenbezogenen Einflussgrößen stellen „Sonstige entscheidungsbestimmende Faktoren bei einem Lernvorhaben" dar. Zu ihnen gehören die anfallenden finanziellen Kosten, der notwendige Zeitaufwand für die Bildungsmaßnahme (inkl. Reisezeiten), die Bedeutung zeitlicher Flexibilität bei der Nutzung sowie die Bedeutung der Verfügbarkeit eines Experten für technische sowie inhaltliche Fragen. Eine Indexbildung über sämtliche entscheidungsbestimmenden Faktoren ist nicht sinnvoll, da Cronbachs Alpha mit 0,44 zu niedrig ist. Also sollten diese Aspekte in der multivariaten Analyse einzeln betrachtet werden. Jedoch erscheint es gerechtfertigt, die Bedeutung der Verfügbarkeit technischer Experten sowie inhaltlicher Experten zusammenzufassen, da hier entsprechend Tabelle 8 Cronbachs Alpha 0,64 beträgt.[63]

---

[60] Den Variablen lag eine fünfstufige Rating-Skala mit den Antwortmöglichkeiten „Trifft völlig zu" bis „Trifft gar nicht zu" bzw. „Sehr wichtig" bis „Gar nicht wichtig" zugrunde.
[61] p≤0,001 (Rangkorrelation nach Spearman, vgl. *Bortz* (1999), S. 223f.).
[62] Die Korrelationen wurden mittels der Rangkorrelation nach Spearman berechnet, vgl. *Bortz* (1999), S. 223f., *** entspricht einem Signifikanzniveau von 0,001.
[63] Den Variablen lag eine fünfstufige Rating-Skala mit den Antwortmöglichkeiten „Sehr wichtig" bis „Gar nicht wichtig" zugrunde.

Tabelle 8
Bildung des Index „Bedeutung der Verfügbarkeit eines Experten"[64]

#	Variable	Vor-zeichen	Cronbachs Alpha	Korrelation mit # 1	2
1.	Bedeutung der Verfügbarkeit eines Experten für technische Probleme bei Erwägung einer Bildungsmaßnahme	+	0,64	1,00	0,53***
2.	Bedeutung der Verfügbarkeit eines Experten zu inhaltlichen Fragen bei Erwägung einer Bildungsmaßnahme	+			1,00

Abbildung 61 beschreibt die Operationalisierung der *unternehmensbezogenen Einflussgrößen* „Allgemeine Unternehmensmerkmale", „Generelle Weiterbildungsaspekte", „e-Learning-Einführungs- und Unterstützungsmaßnahmen des Unternehmens" sowie „Anwendungssituation von e-Learning" für die multivariate Analyse.

Die Kategorie der „Allgemeinen Unternehmensmerkmale" umfasst die Kriterien der Unternehmensgröße sowie des Hauptgeschäftsfeldes des Unternehmens. Wie bei den allgemeinen Persönlichkeitsmerkmalen handelt es sich bei dieser Kategorie lediglich um Dummy-Variablen wie z.B. „Das Unternehmen, in dem die Person arbeitet, beschäftigt bis 100 Mitarbeiter". Daher erfolgt auch hier keine Indexbildung, sondern es gehen sämtliche Dummy-Variablen einzeln in die multivariate Analyse ein. Die Koeffizienten der Dummy-Variablen drücken ebenfalls die Unterschiede zu den Referenzgruppen, hier „Unternehmensgröße>20.000 Mitarbeiter" und „Branche Pharma/Chemie/Energie", aus.

In der Kategorie „Generelle Weiterbildungsmaßnahmen" sind zwei Aspekte relevant, die Beteiligung des Mitarbeiters an der Planung der Weiterbildungsmaßnahme und die generelle Unterstützung von Weiterbildungsmaßnahmen durch das Unternehmen. Die Frage nach der Beteiligung an der Planung gibt Aufschluss darüber, ob die Befragten freiwillig oder unter Druck an Weiterbildungen teilnehmen. Für die Akzeptanzuntersuchung im Hinblick auf e-Learning ist einerseits relevant, ob die Befragten Einfluss auf die Wahl der Lernform hatten, andererseits ob sie überhaupt an der Planung beteiligt wurden. Diese beiden Aspekte wurden jeweils über Dummy-Variablen mit Ja/Nein-Antwortmöglichkeit abgebildet.

---

[64] Die Korrelationen wurden mittels der Rangkorrelation nach Spearman berechnet, vgl. *Bortz* (1999), S. 223f., *** entspricht einem Signifikanzniveau von 0,001.

III. Multivariate Analyse des Akzeptanzmodells von e-Learning

Unternehmensbezogene Einflussgrößen	Operationalisierung in der Studie
Allgemeine Unternehmensmerkmale	• Unternehmensgröße: - bis 100 Mitarbeiter - 101-500 Mitarbeiter - 501-1.000 Mitarbeiter - 1.001-5.000 Mitarbeiter - 5.001-20.000 Mitarbeiter - über 20.000 Mitarbeiter • Branche: - Pharma/Chemie/Energie - Auto/Masch.bau/Bau/Elektronik - Nahrung/Konsum - Finanzdienstleistungen - EDV/IT - Sonstige Dienstleistungen
Generelle Weiterbildungsaspekte	• Beteiligung an der Planung der Weiterbildungsmaßnahme (Beteiligung an Wahl der Lernform bzw. generelle Beteiligung) • Weiterbildungs (WB) -Unterstützung (**Index** aus Anerkennung der WB als Arbeitszeit, WB-Bezahlung, Lernmöglichkeit während der Arbeitszeit, WB in der Freizeit)
e-Learning-Einführungs- und Unterstützungsmaßnahmen des Unternehmens	• e-Learning-Unterstützung (**Index** aus Güte des Informationsangebots vom Unternehmen zu CBT bzw. WBT, Verhältnis der Informationsgüte von CBT bzw. WBT im Vergleich zu Präsenztraining, Anerkennung des elektronischen Lernens als Arbeitszeit, Verfügbarkeit eines Ansprechpartners zu elektronischem Lernen)
Anwendungssituation von e-Learning	• Eignung der Lernorte „Arbeitsplatz" bzw. „zu Hause" für ungestörtes Lernen mit elektronischen Lernformen • „Arbeitsplatz" bzw. „zu Hause" als häufigster Lernort

Abbildung 61: Operationalisierung der unternehmensbezogenen Einflussgrößen in der multivariaten Analyse

Die generelle Weiterbildungsunterstützung wird hingegen operationalisiert mittels eines Index über die Variablen „Anerkennung der Zeit für Weiterbildung als Arbeitszeit", „Notwendigkeit, Weiterbildungsmaßnahmen privat zu bezahlen", „Möglichkeit des Lernens während der Arbeitszeit" und „Berufliche Weiterbildung findet zum größten Teil in der Freizeit statt".[65] Cronbachs Alpha beträgt hier 0,78 (Tabelle 9).

---

[65] Den Variablen lag eine fünfstufige Rating-Skala mit den Antwortmöglichkeiten „Trifft völlig zu" bis „Trifft gar nicht zu" zugrunde.

Tabelle 9
Bildung des Index „Weiterbildungsunterstützung"[66]

#	Variable	Vor-zeichen	Cronbachs Alpha	Korrelation mit #			
				1	2	3	4
1.	Anerkennung der Zeit für Weiterbildung (WB) als Arbeitszeit	+	0,78	1,00	-0,39***	0,54***	-0,39***
2.	Notwendigkeit, WB-Maßnahmen privat zu bezahlen	-			1,00	-0,41***	0,42***
3.	Möglichkeit des Lernens während der Arbeitszeit	+				1,00	-0,49***
4.	Berufliche Weiterbildung findet zum größten Teil in der Freizeit statt	-					1,00

Die Einflussgröße „e-Learning-Einführungs- und Unterstützungsmaßnahmen im Unternehmen" wird operationalisiert mittels eines Index aus den Variablen „Anerkennung der Zeit für selbständiges Lernen mit elektronischen Lernformen als Arbeitszeit", „Verfügbarkeit von Ansprechpartner zum elektronischen Lernen im Unternehmen, „Wahrnehmung der Informationsgüte zu Computer Based Training", „Wahrnehmung der Informationsgüte zu Web Based Training", „Vergleich der Informationsgüte zwischen Computer Based Training und Präsenztraining" und „Vergleich der Informationsgüte zwischen Web Based Training und Präsenztraining". Cronbachs Alpha beträgt hier 0,78 (Tabelle 10).

Tabelle 10
Bildung des Index „e-Learning-Einführungs- und Unterstützungsmaßnahmen"[67]

#	Variable	Vor-zeichen	Cronbachs Alpha	Korrelation mit #					
				1	2	3	4	5	6
1.	Anerkennung der Zeit für selbständiges Lernen mit elektronischen Lernformen als Arbeitszeit	+	0,78	1,00	0,22***	0,24***	0,20***	0,08	0,06
2.	Verfügbarkeit eines Ansprechpartners zum elektronischen Lernen im Unternehmen	+			1,00	0,54***	0,50***	0,23***	0,17***
3.	Wahrnehmung der Informationsgüte zu Computer Based Training (CBT)	+				1,00	0,76***	0,44***	0,20**
4.	Wahrnehmung der Informationsgüte zu Web Based Training (WBT)	+					1,00	0,28***	0,46***
5.	Vergleich der Informationsgüte von CBT gegenüber Präsenztraining	+						1,00	0,79***
6.	Vergleich der Informationsgüte von WBT gegenüber Präsenztraining	+							1,00

---

[66] Die Korrelationen wurden mittels der Rangkorrelation nach Spearman berechnet, vgl. *Bortz* (1999), S. 223f., *** entspricht einem Signifikanzniveau von 0,001.

[67] Die Korrelationen wurden mittels der Rangkorrelation nach Spearman berechnet, vgl. *Bortz* (1999), S. 223f., *** entspricht einem Signifikanzniveau von 0,001.

III. Multivariate Analyse des Akzeptanzmodells von e-Learning 195

Die Kategorie „Anwendungssituation des e-Learning" umfasst Aspekte des Lernortes. Da e-Learning sowohl für das Lernen am Arbeitsplatz als auch zu Hause geeignet erscheint, werden hier beide Lernorte näher untersucht. Dazu gehört einerseits die Eignung der beiden Lernorte für ungestörtes Lernen mit elektronischen Lernformen, andererseits die Frage, ob diese Lernorte von den Befragten auch tatsächlich als häufige Lernorte genutzt werden. Da es sich hier um Dummy-Variablen bezüglich der Nutzung als häufigsten Lernort handelt und Cronbachs Alpha bezüglich der Lernort-Eignung für eine Indexbildung zu gering ist, gehen die Variablen einzeln in die multivariate Analyse ein.

Abbildung 62 dokumentiert die Operationalisierung der *innovationsbezogenen Einflussgrößen* „Relativer Vorteil" sowie „Kompatibilität". Der Aspekt der Komplexität wurde in der Befragung bewusst ausgeschlossen, da er mit dem Bezug zu einem konkreten Produkt abgefragt werden sollte; die Befragten antworteten jedoch im Hinblick auf die allgemeine Nutzung bzw. Nutzungsabsicht von CBT, WBT etc. und waren nicht auf ein spezielles Produkt fokussiert. Gleichzeitig tritt bei diesem Aspekt vermutlich am stärksten das Problem der Endogenität mit den abhängigen Variablen auf.[68]

Innovationsbezogene Einflussgrößen	Operationalisierung in der Studie
Relativer Vorteil	• Wahrnehmung, mit CBT / WBT schneller zu lernen als im Präsenztraining
Kompatibilität	• Eignung von CBT bzw. WBT für die Weiterbildung in der jeweiligen Tätigkeit

Abbildung 62: Operationalisierung der innovationsbezogenen Einflussgrößen in der multivariaten Analyse

Die innovationsbezogenen Einflussgröße „Relativer Vorteil" wird operationalisiert über die Wahrnehmung der Personen, mit CBT/WBT schneller zu lernen als im Präsenztraining. Zum einen stellt Präsenztraining die entscheidende Vergleichsgröße zu e-Learning dar, zum anderen wird Zeitersparnis als entscheidender Vorteil von e-Learning gegenüber Präsenzveranstaltungen genannt.[69] Dabei bieten insbesondere CBT und WBT die Möglichkeit, das Lerntempo selbst zu steuern und Zeitvorteile zu realisieren. Diese Frage wurde nur

---

[68] Vgl. *Greene* (2003), S. 381ff.
[69] Vgl. Kapitel C.II.2.d).

Personen gestellt, die bereits eine elektronische Lernform eingesetzt haben, da nur dieser Personenkreis valide Aussagen zu seinen Erfahrungen machen kann. Für die multivariate Analyse wäre es jedoch wünschenswert, Schätzungen zur Nutzung und Nutzungsabsicht über alle Befragten zu haben, d. h. auch für die Personen ohne bisherige Erfahrung mit elektronischen Lernformen. Mit Hilfe einer sogenannten „imputation", das bedeutet der Schätzung der fehlenden Werte aus den bestehenden Daten, können auch die Informationen der Personen ohne bisherige Lernerfahrung genutzt werden. Eine Form der „imputation" ist die Schätzung der fehlenden Werte mittels Regressionsanalyse, indem Korrelationen zwischen den Variablen genutzt werden.[70] Dieses Verfahren wird für die Schätzung der Variablen „Relativer Vorteil" angewandt. Hierzu wird aus den Angaben der 281 Personen mit elektronischer Lernerfahrung ein Regressionsmodell entwickelt, aus dem für alle Befragten die Variable „Relativer Vorteil" geschätzt werden kann. Die Variable „Wahrnehmung, mit CBT/WBT schneller zu lernen als im Präsenztraining" stellt dabei die abhänige Variable des Regressionsmodells dar, unabhängige Variablen sind sämtliche, im Vorigen dargestellte personen- und unternehmensbezogenen Einflussgrößen sowie die andere innovationsbezogene Variable „Kompatibilität". Nach der Schätzung wird eine Variable „Relativer Vorteil – geschätzt" mit den vorhergesagten Werten dieses Modells gebildet. Dadurch können fehlende Werte bei Personen ohne elektronische Lernerfahrung durch diese geschätzten Werte ersetzt werden.[71] Die Fallzahl kann für die Variable „Relativer Vorteil" dadurch von 281 auf 531 Beobachtungen erhöht werden. Der Mittelwert der ursprünglichen Variablen liegt bei 2,78, der Mittelwert der neuen Variablen, die sowohl die ursprünglichen Werte als auch die für Missing Values neu geschätzten Werte enthält, liegt bei 2,72.

Eine zweite innovationsbezogene Einflussgröße stellt die Kompatibilität dar. Der Aspekt der Kompatibilität kann in Bezug auf elektronische Lernformen als die Möglichkeit verstanden werden, e-Learning im konkreten Tätigkeitsfeld überhaupt nutzen zu können. Dieser Aspekt wird daher operationalisiert über die Eignung von CBT bzw. von WBT für die Weiterbildung in der Tätigkeit, die eine Person ausübt. Es zeigt sich jedoch, dass der relative Vorteil sowie die Kompatibilität sehr hoch korreliert sind (Spearman's Rho über „Relativer Vorteil – geschätzt" sowie Index aus „Eignung von CBT" und „Eignung von WBT": 0,50***). Im Hinblick auf die multivariate Analyse kann auch hier

---

[70] Vgl. *Griliches* (1997), S. 1485ff., *Weeks* (1999), S. 12ff., *Roth/Switzer* (1999). Griliches stellt z.B. dar, wie durch die Schätzung der fehlenden Werte mittels Regressionsanalyse Standardfehler reduziert werden können, vgl. *Griliches* (1997), S. 1491.

[71] Die Ursprungswerte der Personen mit elektronischer Lernerfahrung werden hingegen auch in der neuen Variablen, die Grundlage der weiteren Berechnungen darstellt, beibehalten.

III. Multivariate Analyse des Akzeptanzmodells von e-Learning

unter Umständen das Problem der Multikollinearität eine Rolle spielen.[72] Daher wird ein Index „Innovationseignung" über diese Variablen gebildet, wobei Cronbachs Alpha 0,80 beträgt (Tabelle 11).

Tabelle 11
Bildung des Index „Innovationseignung"[73]

#	Variable	Vor-zeichen	Cronbachs Alpha	Korrelation mit #		
				1	2	3
1.	Relativer Vorteil (geschätzt) (Wahrnehmung, mit CBT / WBT schneller zu lernen als im Präsenztraining)	+	0,80	1,00	0,46***	0,50***
2.	Eignung von CBT für die Weiterbildung in der derzeitigen Tätigkeit	+			1,00	0,71***
3.	Eignung von WBT für die Weiterbildung in der derzeitigen Tätigkeit	+				1,00

2. Multivariate Analyse

Mit Hilfe multivariater Analysen sollen Einflussfaktoren der Akzeptanz von e-Learning untersucht werden. Multivariate Analysen sind in der Lage, Ceteris-Paribus-Ergebnisse zu erzielen, indem zum einen das Zusammenspiel mehrerer unabhängiger Variablen berücksichtigt wird und zum anderen Aussagen über den isolierten Einfluss bestimmter Variablen hergeleitet werden können.[74] Hierzu wird häufig die Regressionsanalyse verwendet. Sie gehört zu den Identifikationsverfahren, die sich mit der Erklärung abhängiger Merkmale durch vorgegebene, unabhängige Merkmale beschäftigen.[75] Dabei lassen sich verschiedene Regressionsmodelle unterscheiden wie z.B. die klassische OLS-Regression[76], nicht-lineare Regressions-Modelle oder geordnete Wahrscheinlichkeitsmodelle bzw. „qualitative response (QR) models" wie das Probit- bzw.

---

[72] Vgl. *Wooldridge* (2000), S. 94ff.
[73] Die Korrelationen wurden mittels der Rangkorrelation nach Spearman berechnet, vgl. *Bortz* (1999), S. 223f., *** entspricht einem Signifikanzniveau von 0,001.
[74] Vgl. dazu *Schnell et al.* (1999), S. 411f., *Wooldridge* (2000), S. 75f.
[75] Vgl. *Schwaiger* (1997), S. 92.
[76] Ordinary Least Square oder Methode der kleinsten Quadrate.

das geordnete Probit-Modell (Ordered Probit-Modell).[77] Welche Form der Regressionsanalyse Anwendung findet, hängt insbesondere von der funktionalen Beziehung der abhängigen mit den unabhängigen Variablen ab sowie von der Skalierung der abhängigen Variablen.

Abhängige Variable dieser Untersuchung ist die Akzeptanz von e-Learning, operationalisiert durch die beiden Elemente Nutzung sowie Nutzungsabsicht von elektronischen Lernformen. Aufgrund des starken Zusammenhangs sowie der deutlich höheren Bekanntheit und der damit verbundenen höheren Validität der Aussagen werden die Analysen auf die Nutzung bzw. Nutzungsabsicht der elektronischen Lernformen CBT sowie WBT bezogen.[78] Die abhängigen Variablen der empirischen Modelle zur Nutzung bzw. zur Nutzungsabsicht sind dabei Indizes, wobei auch hier höhere Werte einer höheren Nutzung bzw. Nutzungsabsicht entsprechen und niedrigere Werte einer geringeren Nutzung bzw. Nutzungsabsicht.[79] Wie bei den einzelnen Items handelt es bei den beiden Index-Variablen weiterhin um keine kontinuierlichen Variablen[80], was jedoch für die Anwendung der klassischen OLS-Regression notwendig wäre.[81] Daher wird die Optimierung des empirischen Modells zur Nutzung von CBT/WBT sowie des empirischen Modells zur Nutzungsabsicht von CBT/WBT mit Hilfe geordneter Probit-Schätzungen durchgeführt.[82] Ein Nachteil der geordneten Probit-

---

[77] Vgl. *Greene* (2003), geordnete Wahrscheinlichkeitsmodelle erlauben eine Analyse diskreter abhängiger Variablen.

[78] Vgl. Kapitel E.III.1.a).

[79] Für die Indexbildung, d. h. die Mittelwertberechnung über die beiden jeweiligen Items „Nutzung von CBT"/„Nutzung von WBT" und „Nutzungsabsicht von CBT"/„Nutzungsabsicht von WBT", sind eigentlich Intervall-Eigenschaften der Variablen notwendig, die hier jedoch nicht getestet wurden.

[80] Der Wertebereich des Index „Nutzung von CBT/WBT" ist beschränkt von 1 bis 4, der Wertebereich des Index „Nutzungsabsicht von CBT/WBT" ist beschränkt von 1 bis 5.

[81] Vgl. *Bortz* (1999), S. 435

[82] Vgl. zu diesem Vorgehen auch die Arbeit von Cheung, welche den Zusammenhang zwischen der Beurteilung der Kreditfähigkeit (credit rating) und einer Reihe ökonomischer Variablen mit Hilfe geordneter Wahrscheinlichkeitsmodelle untersucht hat, vgl. *Cheung*, 1996. Auch hier ist die abhängige Variable ein Index (die Beurteilung der Kreditfähigkeit von Standard & Poor's).

Parallel zu den geordneten Probit-Schätzungen der Indizes wurden jedoch in dieser Arbeit auch separate geordnete Probit-Schätzungen jeweils auf die einzelnen Lernformen durchgeführt, d. h. auf die Nutzung von CBT, die Nutzung von WBT, die Nutzungsabsicht von CBT und auf die Nutzungsabsicht von WBT, vgl. Anhang 4. Dabei zeigen sich qualitativ ähnliche Ergebnisse wie bei der Schätzung der Indizes. Durch die Indexbildung und Schätzung der Indizes lässt sich jedoch ein Präzisionsgewinn der Modellerklärung erzielen, so dass diese Schätzungen im Folgenden analysiert werden. Bei der Schätzung der Indizes im Vergleich zu den einzelnen Instrumenten reduziert sich die Beobachtungszahl bei der Schätzung der derzeitigen Nutzung lediglich um 16 Beobachtungen (Nutzung CBT) bzw. 3 Beobachtungen (Nutzung WBT), bei der Schät-

Schätzung liegt darin, dass – anders als in der OLS-Schätzung – eine Interpretation der Koeffizienten sehr schwierig ist, da marginale Effekte nicht eindeutig ausgewiesen werden.[83] Möglich wäre eine optische Visualisierung der marginalen Effekte, in der für die zu vergleichenden Ausprägungen einer bestimmten unabhängigen Variablen die Eintrittswahrscheinlichkeiten der Ausprägungen der abhängigen Variablen abgetragen sind. Da dies sehr viel Platz in Anspruch nimmt, werden die marginalen Effekte in der multivariaten Analyse der Nutzung als auch der Nutzungsabsicht von CBT/WBT nur für zentrale unabhängige Variablen visualisiert. Die OLS-Schätzung stellt hingegen eine einfache, intuitive Darstellungsform dar, die eine Approximation der marginalen Effekte erlaubt.[84] Daher werden nach der Optimierung der Modelle mit Hilfe der geordneten Probit-Schätzung OLS-Schätzungen vorgenommen, um daraus intuitiv zugängliche Interpretationen der Ergebnisse zu erhalten. Bevor jedoch die Schätzungen dargestellt und interpretiert werden, soll zunächst eine Erläuterung der Methodik geordneter Wahrscheinlichkeitsmodelle folgen.

a) Die Methodik geordneter Wahrscheinlichkeitsmodelle

Bei beiden Akzeptanzkomponenten, Nutzung sowie Nutzungsabsicht, handelt es sich um diskrete abhängige Variablen. Der Vorteil geordneter Wahrscheinlichkeitsmodelle liegt darin, den ordinalen Charakter diskreter abhängiger Variablen explizit zu berücksichtigen.[85] Es wird dabei der Wahrscheinlichkeitsübergang einer ordinal ausgeprägten Variablen in Abhängigkeit der Ausprägung der unabhängigen Variablen modelliert.[86]

---

zung der Nutzungsabsicht nur um 4 Beobachtungen (Nutzungsabsicht CBT) bzw. 2 Beobachtungen (Nutzungsabsicht WBT). Im Anhang werden – um die Vergleichbarkeit mit den Schätzungen der Indizes zu gewährleisten – die Schätzungen jedoch auf Basis der gleichen Beobachtungszahlen ausgewiesen, auf der auch die Indizes beruhen, d. h. bezüglich der Nutzung 472 Beobachtungen und bezüglich der Nutzungsabsicht 495 Beobachtungen.

[83] Vgl. *Greene* (2003), S. 739.

[84] So müssten zur Darstellung der marginalen Effekte für jede unabhängige Variable eigentlich sieben bzw. neun Ziffern ausgewiesen werden, da die beiden abhängigen Variablen „Nutzung von CBT/WBT" und „Nutzungsabsicht von CBT/WBT" sieben bzw. neun Kategorien umfassen. Vgl. *Greene* (2003), S. 738f. Durch die OLS-Schätzung können diese sieben bzw. neun Ziffern approximativ in jeweils einer Ziffer pro unabhängiger Variabler zusammengefaßt werden, wodurch jedoch der ordinale Charakter der beiden abhängigen Variablen vernachlässigt wird.

[85] Vgl. dazu *Greene* (2003), S. 736ff.

[86] Vgl. *Rese* (2000), S. 109f.

Bei ordinalen Variablen können geordnete Probit-/bzw. Logit-Modelle Anwendung finden, die auf einer latenten Beziehung aufbauen[87]:

(2) $$y^* = \beta'x + \varepsilon$$

Hierbei ist y* eine unbeobachtete (latente) Variable, beobachtbar sei lediglich eine diskrete Transformation von y*:[88]

(3)
$$\begin{aligned} y &= 0 \quad \text{if } y^* \leq 0, \\ &= 1 \quad \text{if } 0 \leq y^* \leq \mu_1, \\ &= 2 \quad \text{if } \mu_1 \leq y^* \leq \mu_2, \\ &\quad \vdots \\ &= J \quad \text{if } \mu_{J-1} \leq y^* \end{aligned}$$

Dabei stellen die μ_i unbekannte Parameter dar, die zusammen mit den β_i geschätzt werden müssen. Bei einer Frage z.B. zur Nutzungsabsicht von e-Learning könnten die Befragten prinzipiell mit ihrem eigenen y* antworten, wenn sie danach befragt würden. Da es aber aus fragebogentechnischen Gründen beispielsweise lediglich fünf Antwortkategorien gibt, kreuzen sie das Kästchen an, welches ihrer Einschätzung nach am ehesten entspricht.

Wie im binomialen Probit-Modell[89] wird im ordinalen Fall unterstellt, dass ε über die Beobachtungen normal verteilt ist.[90] Auf Basis der Normalverteilung ergeben sich folgende Wahrscheinlichkeiten für die einzelnen Antwortkategorien der abhängigen Variablen:

---

[87] Vgl. dies und Folgendes in: *Greene* (2003), S. 736ff.
[88] Mit J+1=Anzahl der Klassen.
[89] Vgl. *Greene* (2003), S. 665ff.
[90] Es lässt sich zeigen, dass die Koeffizienten und Schwellenwerte des geordneten Probit-Modells (wie auch des binären Probit-Modells) sich nicht eindeutig, sondern nur bis auf den Skalierungsfaktor 1/σ bestimmen lassen. Deshalb wird für den Störterm ε von vornherein eine Normierung auf eine standard-normalverteilte Variable unterstellt, vgl. *Greene* (2003), S. 737.

III. Multivariate Analyse des Akzeptanzmodells von e-Learning 201

(4)
$$\Pr ob(Y = 0) = \Phi(-\beta' x),$$
$$\Pr ob(Y = 1) = \Phi(\mu_1 - \beta' x) - \Phi(-\beta' x),$$
$$\Pr ob(Y = 2) = \Phi(\mu_2 - \beta' x) - \Phi(\mu_1 - \beta' x),$$
$$\vdots$$
$$\Pr ob(Y = J) = 1 - \Phi(\mu_{J-1} - \beta' x)$$

wobei gelten muss: $0 < \mu_1 < \mu_2 \ldots < \mu_{J-1}$, damit alle Wahrscheinlichkeiten positiv sind. Die Schätzung der Koeffizienten erfolgt durch eine Maximum-Likelihood (ML)-Schätzung.[91] Dem ML-Prinzip liegt folgende Idee zugrunde: $\{Y_1, Y_2,\ldots, Y_n\}$ sei eine Zufallsstichprobe einer Grundgesamtheitsverteilung $f(y; \theta)$. Aufgrund der Annahme einer Zufallsstichprobe ist die gemeinsame Verteilung von $\{Y_1, Y_2,\ldots, Y_n\}$ das Produkt der Dichten: $f(y_1; \theta)*f(y_2, \theta)*\ldots * f(y_n; \theta)$. Im diskreten Fall entspricht dies $P(Y_1=y_1, Y_2=y_2,\ldots, Y_n=y_n)$. Die Likelihood-Funktion wird somit definiert als $L(\theta; Y_1, \ldots, Y_n) = f(Y_1; \theta)* f(Y_2; \theta)*\ldots* f(Y_n; \theta)$, die eine Zufallsvariable darstellt, da sie abhängig ist von der Zufallsstichprobe $\{Y_1, Y_2,\ldots, Y_n\}$. Der Maximum Likelihood Schätzer von θ, genannt W, ist der Wert von θ, der die Likelihood Funktion maximiert. Das Maximum Likelihood Prinzip sagt nun aus, dass aus allen möglichen Werten der Wert für θ gewählt werden soll, der das Likelihood (Wahrscheinlichkeit) der beobachteten Daten maximiert. Zur Vereinfachung der Berechnung wird üblicherweise die logarithmierte Likelihood-Funktion (LogLikelihood-Funktion, LL) maximiert. Die Maximierung findet über die einzelnen β_K-Werte statt, wobei die β-Kombination gesucht wird, welche die Likelihood-Funktion maximiert.[92]

Die Güte eines geordneten Probit-Modells lässt sich über den Likelihood Ratio (LR)-Test sowie über ein Pseudo-R^2 prüfen, für den häufig McFadden's R^2 Anwendung findet.[93] Beide Tests arbeiten nach folgendem Prinzip: Sie vergleichen den maximierten LogLikelihood-Wert mit dem LL-Wert, der sich ergibt, wenn die β-Werte der unabhängigen Variablen alle auf Null gesetzt werden.[94] Ist diese Distanz im statistischen Sinn groß, tragen die unabhängigen Variablen gut zur Trennung der verschiedenen y-Kategorien bei, und kann man von einem hohen Erklärungswert der unabhängigen Variablen ausgehen. Die beiden Gütemaße unterscheiden sich nur darin, wie die Distanz zwischen maximiertem

---

[91] Vgl. dies und Folgendes in: *Wooldridge* (2000), S. 714f., *Rese* (2000), S. 112, *Greene* (2003), S. 468ff.
[92] Vgl. *Rese* (2000), S. 112f. Da eine analytische Bestimmung hier nicht möglich ist, werden iterative Verfahren zur Schätzung der Koeffizienten eingesetzt.
[93] Vgl. *Wooldridge* (2000), S. 534ff.
[94] Vgl. dies und Folgendes in: *Rese* (2000), S. 116.

LL-Wert und „Null-LL-Wert" in ein Gütemaß umgewandelt wird. Beim LR-Test wird der ermittelte Wert mit dem Referenzwert aus der χ2-Tabelle verglichen, wobei die unabhängigen Variablen dann einen bedeutenden Einfluss haben, wenn der LR-Wert größer als der tabellierte χ2-Wert und das Modell somit insgesamt signifikant ist. McFadden's R^2 ist dem R^2 der OLS-Regression vergleichbar. Problematisch ist jedoch, dass Werte zwischen 0 und 1 keine natürliche Interpretation wie beim R^2 der OLS-Regression erlauben, und man daher mit der Interpretation vorsichtig sein sollte.[95] Grundsätzlich sind bei diesen Modellen jedoch die statistischen und ökonomischen Signifikanzen der erklärenden Variablen wichtiger als der „Goodness-of-fit".[96]

Für die Analyse der Akzeptanz von e-Learning, die operationalisiert wird mit Hilfe der Nutzung sowie der Nutzungsabsicht von CBT/WBT, werden im Folgenden geordnete Probit-Schätzungen durchgeführt.

b) Multivariate Analyse der derzeitigen Nutzung von CBT/WBT

Ziel der Analse zur Nutzung von CBT/WBT ist es, die entscheidenden Einflussgrößen der derzeitigen Nutzung zu ermitteln. Dazu wird zunächst die abhängige Variable „Nutzung von CBT/WBT" auf alle in Kapitel E.III.1.b) dargestellten unabhängigen Variablen regressiert. Nach der Schätzung dieses Ausgangsmodell wird geprüft, ob die Koeffizienten der unabhängigen Variablen signifikant sind. Zusätzlich wird ein Wald-Test durchgeführt, mit dem sich die gemeinsame Signifikanz inhaltlich zusammengehörender Variablen prüfen lässt.[97]

---

[95] Vgl. *Greene* (2003), S. 683.

[96] Vgl. *Wooldridge* (2000), S. 536.

[97] Eine hohe Multikollinearität von Variablen kann dazu führen, dass es bei der Überprüfung der gruppenweisen Signifikanz der Koeffizienten dieser Variablen zu einem anderen Ergebnis kommt als die Signifikanz der Koeffizienten der einzelnen Variablen zunächst vermuten lässt. Im Wald-Test wird die Nullhypothese geprüft, dass alle Koeffizienten der Variablen der jeweiligen Gruppe gleich null sind. Wird diese Nullhypothese nicht abgelehnt, so sind die Variablen gemeinsam nicht signifikant. Vgl. *Judge* (1985), S. 20ff., *Greene* (2003), S. 175ff., *Crichton* (2001), S. 774.

III. Multivariate Analyse des Akzeptanzmodells von e-Learning

Der Schätzung liegt dabei folgendes empirisches Modell zugrunde:

(5)
$$N_i = f\left\{\begin{array}{l}\beta_0 + \sum_{j=1}^{3}\alpha_j * DA_{ij} + \gamma_1 * DS_i + \sum_{k=1}^{5}\chi_k * DT_{ik} + \sum_{l=1}^{2}\delta_l * TA_{il} \\ + \sum_{m=1}^{2}\eta_m * LS_{im} + \sum_{n=1}^{4}\kappa_n * EF_{in} + \sum_{o=1}^{5}\lambda_o * UG_{io} + \sum_{p=1}^{5}\mu_p * BR_{ip} \\ + \sum_{q=1}^{3}\tau_q * WA_{iq} + \gamma_2 * EU_i + \sum_{r=1}^{4}\rho_r * AS_{ir} + \gamma_3 * IE_i\end{array}\right\}$$

mit
- N_i = Nutzung von CBT/WBT
- β_0 = Konstante der Regressionsgleichung
- α_j = Koeffizienten der unabhängigen Dummy-Variablen DA_{ij}
- γ_1 = Koeffizient der unabhängigen Dummy-Variablen DS_i
- χ_k = Koeffizienten der unabhängigen Dummy-Variablen DT_{ik}
- δ_l = Koeffizienten der unabhängigen Variablen TA_{il}
- η_m = Koeffizienten der unabhängigen Variablen LS_{im}
- κ_n = Koeffizienten der unabhängigen Variablen EF_{in}
- λ_o = Koeffizienten der unabhängigen Variablen UG_{io}
- μ_p = Koeffizienten der unabhängigen Variablen BR_{ip}
- τ_q = Koeffizienten der unabhängigen Variablen WA_{iq}
- γ_2 = Koeffizient der unabhängigen Dummy-Variablen EU_i
- ρ_r = Koeffizienten der unabhängigen Variablen AS_{ir}
- γ_3 = Koeffizient der unabhängigen Dummy-Variablen IE_i
- DA_{ij} = *Alters-Dummies* für die drei Altersgruppen „<30 Jahre", „31-40 Jahre", „41-50 Jahre" (Referenzgruppe: „>50 Jahre")
- DS_i = Dummy für die *Stellung im Unternehmen* als Manager
- DT_{ik} = *Tätigkeitsbereichs-Dummies* für die fünf Tätigkeitsbereiche Einkauf/ Logistik, Personal/Training, Controlling/Buchhaltung etc., IT/Beratung, Marketing/Vetrieb (keine Referenzgruppe)
- TA_{il} = Variablen der *Technikaffinität* (l=1: Ausprobieren von Softwareprodukten, l=2: Computernutzung in Freizeit)

LS_{im} = Variablen des *Lernstils* (m=1: Bedürfnis nach Gruppen-/Präsenzlernen, m=2: Wichtigkeit, Lerntempo selbst zu bestimmen)

EF_{in} = Variablen der *sonstigen entscheidungsbestimmenden Faktoren* bei einem Lernvorhaben (Bedeutung von: n=1: finanzieller Kosten, n=2: Zeitaufwand, n=3: zeitlicher Flexibilität, n=4: Verfügbarkeit von Experten)

BR_{ip} = *Branchen-Dummies* für die fünf Branchen Automobil/Maschinenbau etc., Nahrungsmittel/Konsumgüter, Finanz-DL, EDV/IT, Sonstige DL (Referenzgruppe: Pharma/Chemie/Energie)

WA_{iq} = Variablen der generellen *Weiterbildungs-Aspekte* (q=1: Beteiligung an Wahl Lernform, q=2: Keine Beteiligung an Planung, q=3: WB-Unterstützung)

EU_i = *e-Learning-Unterstützung*

AS_{ir} = Variablen der *Anwendungssituation von e-Learning* (r=1: Arbeitsplatz als häufigster Lernort, r=2: zu Hause als häufigster Lernort, r=3: Eignung Arbeitsplatz, r=4: Eignung zu Hause)

IE_i = Innovationseinfluss

Zur *Optimierung des Ausgangsmodells* wird geprüft, welche der enthaltenen Variablen keinen Erklärungsbeitrag für das Modell liefern und daher ohne Verlust für die Modellstabilität eliminiert werden können.[98] Diese Prüfung im Hinblick auf die Irrelevanz im Ausgangsmodell enthaltener Variablen erfolgt dabei nach folgendem Muster:

Schritt 1: Prüfung, ob die *Koeffizienten* der im Ausgangsmodell enthaltenen *Variablen* X_k, die eine Gruppe inhaltlich zusammengehörender Variablen bilden, individuell *insignifikant* sind (p>0,1).

Schritt 2: Prüfung mit Hilfe des *Wald-Tests*, ob die gruppenweise Signifikanz dieser inhaltlich zusammengehörenden Variablen *negativ* ausfällt (ein p>0,1 aufweist).

Schritt 3: Prüfung, ob das *Modell* bei Elimination dieser Variablen *stabil* bleibt.

Wird in den Prüfungsschritten ein insignifikantes Ergebnis der Koeffizienten sowie des Wald-Tests bei gleichzeitig stabiler Spezifikation nach Variablenelimination ermittelt, können die Variablen X_k dieser Gruppe als irrelevant aus

---

[98] Die Methode entspricht der „blockweisen Regressionsanalyse", vgl. dazu *Backhaus et al.* (2000), S. 44ff., *Altmann* (2002), S. 152f.

III. Multivariate Analyse des Akzeptanzmodells von e-Learning

dem Modell entfernt werden. Die verbliebenen signifikanten Variablen bilden das optimierte Modell. Dieses Prüfverfahren wird auf alle Variablen des Ausgangsmodells angewandt.[99] Für die Dummy-Variablen, bei denen perfekte Kollinearität zwischen den Variablen besteht wie bei „Alter", „Unternehmensgröße" sowie „Branche", werden dazu Referenzgruppen gewählt, die sowohl im Nutzungs-Modell als auch im Nutzungsabsicht-Modell beibehalten werden. Bei der Variablen „Alter" wird die Personengruppe „> 50 Jahre" als Referenzgruppe bestimmt, bei der Variablen „Unternehmensgröße" die Gruppe der größten Unternehmen. Bei den Branchen-Dummies wird die Branche „Pharma/Chemie/Energie" als Referenzgruppe für beide Ausgangsmodelle gewählt. Da bei den Tätigkeitsbereichen einer Person Mehrfachantworten möglich waren, besteht hier keine perfekte Kollinearität der Dummy-Variablen. Daher können alle Tätigkeitsbereich-Dummies in die Schätzung der Nutzung als auch der Nutzungsabsicht aufgenommen werden.

Bei allen Variablen des Ausgangsmodells werden die drei Prüfschritte angewandt und signifikante Variablen in das optimierte Modell aufgenommen. Lediglich die im Ausgangsmodell schwach signifikante Variable „Bei Erwägung einer Bildungsmaßnahmen: Bedeutung der Verfügbarkeit von Experten" muss aus dem optimierten Modell wieder eliminiert werden, da sie hier keinen signifikanten Koeffizienten mehr aufweist.

Das Ergebnis der Optimierung ist in Tabelle 12 dargestellt. Dabei handelt es sich um das geschätzte Ausgangsmodell mit Angaben zu Mittelwert[100] und Wertebereich der Variablen sowie den Ergebnissen der Wald-Tests.[101] Aus dieser Tabelle lässt sich zum einen die individuelle Signifikanz der Koeffizienten der Variablen ablesen. Zum anderen zeigen die Ergebnisse des Wald-Tests an, ob eine Gruppe von Variablen trotz individueller Insignifikanz der Koeffizienten der einzelnen Variablen in das optimierte Modell aufgenommen werden

---

[99] Bei den unabhängigen Variablen wird dabei, wie in Kapitel E.III.1.b) beschrieben, „pairwise" gearbeitet, d. h. Fälle mit Missing Values werden bei der Indexbildung nicht komplett ausgeschlossen. Dadurch können auf Seiten der unabhängigen Variablen die Vorzüge der Interpolation genutzt werden. Würde man „listwise" in den Indizes arbeiten, reduzierte sich die Beobachtungszahl im geordneten Probit-Modell von 472 auf 277 Fälle und das Signifikanzniveau würde bei fünf – im „großen" Modell signifikanten – Variablen verloren gehen. Die auch im kleinen Modell signifikanten Variablen haben jedoch ähnliche Regressionskoeffizienten wie im „großen" Modell. Daher wird mit diesem im Folgenden gearbeitet.

[100] Die Mittelwertberechnung wurde auf Basis der in der Regressionsanalyse enthaltenen Beobachtungen (N=472) durchgeführt.

[101] Zur Kontrolle wurden auch separate Schätzungen jeweils auf die Nutzung von CBT sowie die Nutzung von WBT durchgeführt. Da sich qualitativ sehr ähnliche Ergebnisse wie bei der Schätzung auf den Index „Nutzung von CBT/WBT" zeigen (vgl. Anhang 4), durch die Schätzung des Index sich jedoch ein Präzisionsgewinn der Modellerklärung erzielen lässt, wird diese im Folgenden analysiert.

sollte. Die Spalte rechts außen weist das endgültige Ergebnis bezüglich der Prüfung auf: „Ja" bedeutet eine Aufnahme der entsprechenden Variable in das optimierte Modell, „Nein" eine Elimination der Variablen aus dem Modell.[102]

Tabelle 12
Erklärung der Nutzung von CBT/WBT (Reduktion des Ausgangsmodells)[103]

Reduktion des geordneten Probit- Modells zur Erklärung der Nutzung von CBT/WBT um einzeln und gruppenweise insignifikante Variablen								
Abhängige Variable	Nutzung von CBT/WBT							
Unabhängige Variablen	MW	Min	Max	Koeffizienten	SF	Wald-Test	Koeffizienten gemeinsam signifikant?	Variablenaufnahme in opt. Modell?
Personenbezogene Merkmale								
Allgemeine Persönlichkeitsmerkmale								
< 30 Jahre	0,19	0	1	0,25	0,28	$\chi2=1,63$ $p(\chi2)=$ 0,65	Nein	Nein
31-40 Jahre	0,51	0	1	0,21	0,26			Nein

Forts. nächste Seite

---

[102] Es wurde ein weiterer Wald-Test auf gruppenweise Signifikanz aller eliminierten Variablen durchgeführt. Das Ergebnis ($\chi2=26,38$; $p(\chi2)=0,50$) zeigt, dass die Nullhypothese „Alle Koeffizienten der eliminierten Variablen sind gleich Null" nicht zurückgewiesen werden kann. Die Variablen können damit mit hinreichend statistischer Sicherheit als empirisch irrelevant aus dem Modell entfernt werden. Vgl. *Greene* (2003), S. 175ff., *Crichton* (2001), S. 774.

[103] Das Ausgangsmodell wurde dabei sowohl in einer normalen geordneten Probit-Schätzung als auch mit Huber/White/Sandwich-Varianz-Schätzern (vgl. *Jordahl* (2002), S. 62, *White* (1982), S. 483ff., *Greene* (2003), S. 220, *Stata* (2001), S. 254ff.) an Stelle der traditionellen Berechnung geschätzt. Da in beiden Fällen ähnliche Signi-fikanzen sowie Standardfehler ermittelt wurden, kann davon ausgegangen werden, dass kein Heteroskedastie-Problem vorliegt. Daher werden hier und bei der Darstellung des optimierten Modells die nicht korrigierten Standardfehler ausgewiesen.

Forts. Tabelle 12

41-50 Jahre	0,24	0	1	0,32	0,27			**Nein**
> 50 Jahre (Referenzgr.)	0,06	0	1	0	0			**Nein**
Stellung im Unternehmen	0,34	0	1	-0,01	0,12		Nein	**Nein**
Tätigkeit.: Einkauf/ Logistik	0,08	0	1	0,49**	0,20			**Ja**
Tätigkeit.: Personal/ Training	0,17	0	1	0,17	0,15			**Nein**
Tätigkeit: Controlling etc.	0,24	0	1	-0,17	0,15	χ2=6,48 p(χ2)= 0,17	Nein	**Nein**
Tätigkeit.: IT/Beratung	0,65	0	1	0,19	0,14			**Nein**
Tätigkeit.: Marketing/Vertr.	0,24	0	1	0,11	0,14			**Nein**
Technikaffinität								
Probiert gerne neue Softwareprodukte	4,05	1	5	0,19***	0,06			**Ja**
Computernutzung in Freizeit jeden Tag	0,50	0	1	0,27**	0,12			**Ja**
Lernstil								
Bedürfnis nach Präsenz-/ Gruppenlernen	3,58	1	5	0,04	0,10	χ2=0,32 p(χ2)= 0,85	Nein	**Nein**
Wichtigkeit Lerntempo selbst zu bestimmen	3,77	2	5	-0,02	0,07			**Nein**
Sonstige entscheidungsbestimmende Faktoren								
Bei Erwägung: Wichtigkeit finanzieller Kosten	3,70	1	5	-0,05	0,07	χ2=4,68 p(χ2)= 0,32	Nein	**Nein**

Forts. nächste Seite

Forts. Tabelle 12

Bei Erwägung: Wichtigkeit notwendigen Zeitaufwands	3,77	1	5	0,07	0,07		Nein
Bei Erwägung: Wichtigkeit zeitlicher Flexibilität	3,72	1	5	-0,05	0,07		Nein
Bei Erwägung: Bedeutung Verfügbarkeit Experten	4,30	2	5	-0,17*	0,09		Nein
Unternehmensbezogene Merkmale							
Allgemeine Unternehmensmerkmale							
< 100 Mitarbeiter	0,16	0	1	-0,20	0,22		Nein
101-500 Mitarbeiter	0,17	0	1	0,14	0,20		Nein
501-1.000 Mitarbeiter	0,10	0	1	-0,25	0,22	$\chi^2=7,67$ $p(\chi^2)=$ 0,18	Nein	Nein
1.001-5.000 Mitarbeiter	0,26	0	1	-0,15	0,17		Nein
5001-20.000 Mitarbeiter	0,13	0	1	0,20	0,20		Nein
> 20.000 Mitarbeiter (Referenzgr.)	0,18	0	1	0	0		Nein
Branche Automobil, Maschinenbau, etc.	0,16	0	1	0,03	0,21	$\chi^2=1,80$ $p(\chi^2)=$ 0,77	Nein	Nein
Branche Nahrungsmittel/ Konsumgüter	0,07	0	1	-0,31	0,28		Nein
Branche Finanz-DL	0,16	0	1	-0,08	0,22		Nein
Branche EDV/IT	0,27	0	1	-0,03	0,20		Nein

Forts. nächste Seite

Forts. Tabelle 12

Branche Pharma/Chemie/Energie (Referenzgr.)	0,11	0	1	0	0			Nein
Branche Sonstige DL	0,23	0	1	-0,33*	0,20			Ja
Generelle Weiterbildungsaspekte								
Bei letzten WB-Maßnahme: an Wahl Lernform beteiligt	0,29	0	1	0,32**	0,13			Ja
Bei letzten WB-Maßnahme: nicht an Planung beteiligt	0,11	0	1	-0,41*	0,22			Ja
Weiterbildungs-Unterst.	1,11	-2	3	-0,12	0,09			Nein
e-Learning-Einführungs- & Unterstütz.-Maßnahmen								
e-Learning-Unterstütz.	2,78	0,5	5,33	0,59***	0,07			Ja
Anwendungssituation von e-Learning								
Häufigster Lernort: Arbeitsplatz	0,19	0	1	0,10	0,15	χ2=0,86 p(χ2)=0,65	Nein	Nein
Häufigster Lernort: zu Hause	0,11	0	1	0,16	0,20			Nein
Eignung von „Arbeitsplatz" für elektronisches Lernen	2,14	1	5	0,10*	0,06			Ja
Eignung von „zu Hause" für elektronisches Lernen	3,58	1	5	0,03	0,06			Nein

Forts. nächste Seite

Forts. Tabelle 12

Innovationsbezogene Merkmale						
Innovations-eignung	3,26	1	5	0,18*	0,09	Ja
Anpassungs-güte des Modells				LR χ2=175,94 p(χ2)=0,00 Pseudo-R²=0,13 N=472		
Datensatz: Akzeptanzbefragung; Schätzverfahren: Geordneter Probit; Signifikanzniveau der Koeffizienten: *** =p<0,01/**=p<0,05/*=p<0,1						

Die Güte des Modells kann als gut bezeichnet werden. So zeigt der LR-Test an, dass alle Koeffizienten inklusive der geschätzten Schwellenwerte gemeinsam signifikant sind.[104] Es wird jedoch auch deutlich, dass das Ausgangsmodell zahlreiche Variablen enthält, deren Koeffizienten insignifikant sind. Auch die Wald-Tests führen zu keiner zusätzlichen Aufnahme der einzeln insignifikanten Variablen in das optimierte Modell. Bei folgenden Hypothesen können die Nullhypothesen nicht zurückgewiesen werden:[105]

- *Akzeptanzhypothese 1*: Positive Wirkung eines geringen Alters
- *Akzeptanzhypothese 2*: Positive Wirkung eines EDV-ahenTätigkeitsbereichs
- *Akzeptanzhypothese 3*: Positive Wirkung eines Angestelltenverhältnisses
- *Akzeptanzhypothese 6*: Negative Wirkung einer Präferenz für Präsenz-/Gruppenlernen
- *Akzeptanzhypothese 7*: Positive Wirkung einer hohen Bedeutung des eigenen Lerntempos
- *Akzeptanzhypothese 8*: Positive Wirkung einer hohen Bedeutung anfallender finanziellen Kosten bei Erwägung einer Bildungsmaßnahme
- *Akzeptanzhypothese 9*: Positive Wirkung einer hohen Bedeutung für zeitliche Flexibilität der Nutzung bei Erwägung einer Bildungsmaßnahme
- *Akzeptanzhypothese 10*: Positive Wirkung einer hohen Bedeutung des notwendigen Zeitaufwands bei Erwägung einer Bildungsmaßnahme
- *Akzeptanzhypothese 12*: Positive Wirkung der Größe des Unternehmens

---

[104] Vgl. *Rese* (2000), S. 114ff., *Wooldridge* (2000), S. 534ff.
[105] Zu ihrer Diskussion vgl. Kapitel D.III.2.c).

III. Multivariate Analyse des Akzeptanzmodells von e-Learning

- *Akzeptanzhypothese 13*: Positive Wirkung der Finanzdienstleistungsbranche
- *Akzeptanzhypothese 16*: Positive Wirkung der Weiterbildungsunterstützung
- *Akzeptanzhypothese 18*: Positive Wirkung des Lernens am Arbeitsplatz oder zu Hause
- *Akzeptanzhypothese 20*: Positive Wirkung der Eignung des Lernorts „zu Hause" für Lernen mit elektronischen Lernformen

Aufgrund des noch eher explorativen Charakters des e-Learning-Forschungsgebiets wurden in das Ausgangsmodell eine große Zahl von Hypothesen aufgenommen, die teilweise einen niedrigen Bewährungsgrad haben. Daher erscheint es weder erstaunlich noch bedenklich, wenn eine größere Zahl dieser Hypothesen nun nicht bestätigt wird. Um eine größtmögliche Präzision der geschätzten Koeffizienten zu gewähren, werden die insignifikanten Variablen nicht mehr in das Modell aufgenommen.

c) Interpretation der Ergebnisse zur derzeitigen Nutzung von CBT/WBT

Der durchgeführte Optimierungsprozesses liefert ein *optimiertes Modell zur Erklärung der Nutzung von CBT/WBT*. Dessen Stabilität kann als sehr gut bezeichnet werden, da mit einer Ausnahme alle Koeffizienten der im Ausgangsmodell einzeln signifikanten Variablen auch im optimierten Modell signifikant sind und ihre Wirkungsrichtung beibehalten. Die Ausnahme betrifft die Akzeptanzhypothese 11: Positive Wirkung einer hohen Bedeutung der Verfügbarkeit eines Experten bei Erwägung einer Bildungsmaßnahme. Sie kann nach schwacher Signifikanz im Ausgangsmodell im optimierten Modell nicht mehr bestätigt werden. Daher wird sie aus dem optimierten Modell eliminiert und dieses nochmals geschätzt. Das optimierte Modell lässt sich in folgender Weise zusammenfassen:

(6)
$$N_i = f\left\{\beta_0 + \sum_{j=1}^{9} \beta_j * x_{ij}\right\}$$

mit N_i = Nutzung von CBT/WBT

β_0 = Konstante der Regressionsgleichung

β_j = Koeffizienten der unabhängigen Variablen x_{ij}

x_{i1} = Tätigkeitsbereichs-Dummy: Einkauf/Logistik

x_{i2} = Neigung, gerne neue Softwareprodukte auszuprobieren

x_{i3} = Computernutzung in Freizeit jeden Tag (Dummy)

x_{i4} = Branchen-Dummy: Sonstige Dienstleistungen (Handel, Transport, Telekom. etc.)

x_{i5} = Bei letzten WB-Maßnahme: an Wahl Lernform beteiligt gewesen (Dummy)

x_{i6} = Bei letzten WB-Maßnahme: generell nicht an Planung beteiligt gewesen (Dummy)

x_{i7} = e-Learning-Unterstützung

x_{i8} = Wahrnehmung der Eignung des Arbeitsplatzes für elektronisches Lernen

x_{i9} = Innovationseignung (Relativer Vorteil, Kompatibilität)

Zur Interpretation des optimierten Modells bietet sich die optische Visualisierung der marginalen Effekte an. Da dies für alle unabhängigen Variablen sehr viel Platz in Anspruch nimmt, erfolgt diese Darstellung nur für die zentralen Variablen. Die OLS-Schätzung stellt demgegenüber eine einfachere Darstellungsform dar. Zur Interpretation der Koeffizienten aller neun unabhängigen Variablen wird daher das optimierte Modell zusätzlich einer OLS-Schätzung unterworfen. Diese bietet den Vorteil, dass die geschätzten (signifikanten) Koeffizienten im Gegensatz zum geordneten Probit-Modell direkt anzeigen, um wie viel Skaleneinheiten sich der erwartete Wert der abhängigen Variablen ungefähr ändert, wenn die unabhängige Variable um eine Skaleneinheit steigt.[106] Tabelle 13 fasst die Ergebnisse der geordneten Probit- sowie der OLS-Schätzung zusammen.

---

[106] Vgl. *Wooldridge* (2000), S. 26f.

Tabelle 13
Erklärung der Nutzung von CBT/WBT (Optimiertes Modell mit geordneter Probit-Schätzung und OLS-Schätzung)[107]

Geordnete Probit- und OLS-Schätzung: Erklärung der Nutzung von CBT/WBT							
				Optimiertes Modell in geordneter Probit-Schätzung		Optimiertes Modell in OLS-Schätzung	
Abhängige Variable	Nutzung von CBT/WBT						
Unabhängige Variabeln	MW	Min	Max	Koeffizienten	SF	Koeffizienten	SF
Personenbezogene Merkmale							
Tätigkeit.: Einkauf/Logistik	0,08	0	1	0,39**	0,19	0,27**	0,11
Probiert gerne neue Softwareprodukte	4,05	1	5	0,18***	0,06	0,09***	0,03
Computernutzung in Freizeit jeden Tag	0,50	0	1	0,26**	0,11	0,11*	0,06
Unternehmensbezogene Merkmale							
Branche Sonstige DL	0,23	0	1	-0,24*	0,13	-0,15**	0,07
Bei letzten WB-Maßnahme: an Wahl Lernform beteiligt	0,29	0	1	0,30**	0,12	0,17**	0,07
Bei letzten WB-Maßnahme: nicht an Planung beteiligt	0,11	0	1	-0,40**	0,20	-0,15	0,10
e-Learning-Unterstützung	2,78	0,5	5,33	0,58***	0,07	0,32***	0,04
Eignung von Arbeitsplatz für elektronisches Lernen	2,14	1	5	0,10*	0,05	0,06*	0,03

Forts. nächste Seite

---

[107] Auch hier wurde die Mittelwertberechnung auf Basis der in der Regressionsanalyse enthaltenen Beobachtungen (N=472) durchgeführt. Anhang 5 zeigt das Ausgangsmodell und die geordnete Probit-Schätzung sowie ÖLS-Schätzung des optimierten Modells nochmals in einer Tabelle.

Forts. Tabelle 13

Innovationsbezogene Merkmale							
Innovationseignung	3,26	1	5	0,22***	0,08	0,16***	0,05
Konstante						-0,41**	0,20
Anpassungsgüte des Modells				LR χ2=149,18 p(χ2)=0,00 Pseudo-R²=0,11 N=472		F=18,69 p(F)=0,00 R²=0,27, Korr. R²=0,25 N=472	
Datensatz: Akzeptanzbefragung; Schätzverfahren: Geordneter Probit sowie OLS-Schätzung; Signifikanzniveau der Koeffizienten: ***=p<0,01/**=p<0,05/*=p<0,1							

Der Vergleich der geordneten Probit-Schätzung mit der OLS-Schätzung zeigt, dass nur eine Variable – „Bei letzten WB-Maßnahme: nicht an Planung beteiligt gewesen" – im OLS-Modell nicht mehr signifikant ist. Da das geordnete Probit-Modell der diskreten abhängigen Variablen „Nutzung von CBT/WBT" besser gerecht wird, stellen dieses Modell und die darin signifikanten Variablen die Grundlage der Interpretation dar. Die OLS-Schätzung der Regressionskoeffizienten dieser Variablen wird jedoch zur intuitiven Interpretation von Stärke und Vorzeichen herangezogen. Für zwei zentrale Variablen werden darüber hinaus die marginalen Effekte visualisiert. Aus Managementsicht bieten vor allem die unternehmensbezogenen Größen, auf die Einfluss genommen werden kann, Möglichkeiten zur Akzeptanzförderung. Daher werden die marginalen Effekte der beiden Variablen „Bei letzten WB-Maßnahme: an Wahl Lernform beteiligt" sowie „e-Learning-Unterstützung" graphisch veranschaulicht.

Der Vergleich des optimierten Modells mit dem Ausgangsmodell zeigt, dass die Präzision durch die Variablenelimierung etwas erhöht werden konnte. So weisen nahezu alle Koeffizienten im optimierten Modell kleinere Standardfehler aus als im Ausgangsmodell. Mit einem R^2 von 0,27 bzw. korrigierten R^2 von 0,25 kann auch die Erklärungskraft des OLS-Modells insgesamt als befriedigend bezeichnet werden. Die Nutzung von CBT/WBT lässt sich somit gut durch die dargestellten Variablen erklären. Diese werden im Folgenden diskutiert. Dabei ist bei der Interpretation die angesprochene Kausalitäts-Problematik zu beachten; so ist bei einer Querschnittsanalyse eine „tatsächliche" Kausalität allein durch die vorliegenden Daten nicht nachweisbar.[108] Die durchgeführten Expertengespräche sowie theoretische Grundüberlegungen und darauf aufbau-

---

[108] Vgl. Kapitel D.I.1.a).

ende Plausibilitätsschlüsse wurden jedoch genutzt, um Aufschluss über mögliche Wirkungsrichtungen für die Interpretation zu erhalten.

Nach dem empirischen Befund stehen drei *personenbezogene Determinanten* in signifikantem Zusammenhang mit der Nutzung von CBT/WBT: der Tätigkeitsbereich Einkauf/Logistik, die Neigung, gerne neue Softwareprodukte auszuprobieren, sowie die tägliche Computernutzung in der Freizeit. Demnach spielen sowohl allgemeine Persönlichkeitsmerkmale als auch die Technikaffinität einer Person eine wichtige Rolle für ihre derzeitige Nutzung von e-Learning. Anders als vermutet, hat jedoch nicht das allgemeine Persönlichkeitsmerkmal „Tätigkeitsbereich IT/Beratung" signifikanten Einfluss, sondern die *Tätigkeit im Bereich Einkauf/Logistik*. Sie hat von allen signifikanten Variablen sogar den zweitstärksten Einfluss auf die Nutzung von CBT/WBT. So führt eine Tätigkeit in diesem Bereich im Vergleich zu den anderen Tätigkeitsbereichen zu einer Erhöhung des Index „Nutzung von CBT/WBT" im Mittel um 0,27 Einheiten. Ist auch nur eine kleine Gruppe der Befragten im Bereich Einkauf/Logistik beschäftigt (8% der Befragten), so haben diese eine relativ gesehen eine hohe Nutzung von CBT/WBT. Dieser Befund ist schwierig zu interpretieren. Eine mögliche Erklärung wäre, dass Personen im Bereich Einkauf/Logistik den Computer in ihrer täglichen Arbeit intensiver nutzen. Daher ist zu vermuten, dass hier auch eine höhere Affinität zu elektronischem Lernen besteht als in anderen Tätigkeitsbereichen. Die Akzeptanzhypothese 2 (positive Wirkung einer Tätigkeit im Bereich IT) kann hingegen bezüglich der Nutzung von e-Learning nicht bestätigt werden.

Daneben spielt die *Technikaffinität* eine wichtige Rolle für die Nutzung von CBT/WBT. Sowohl die EDV-Vorkenntnisse als auch die positive Einstellung einer Person gegenüber Software stehen in signifikantem Zusammenhang mit einer höheren Nutzung von CBT/WBT. Ein Skalenpunkt mehr bezüglich der Neigung, gerne neue Softwareprodukte auszuprobieren, ist verbunden mit einer Erhöhung des Index „Nutzung von CBT/WBT" im Mittel um 0,09 Einheiten. Noch stärker wirkt die häufige Computernutzung in der Freizeit. So ist eine tägliche Nutzung des Computers in der Freizeit verbunden mit einer Erhöhung des Index „Nutzung von CBT/WBT" im Mittel um 0,11 Einheiten. Dabei nützt knapp die Hälfte der Befragten (290 Personen) den Computer täglich auch in der Freizeit. Für beide Akzeptanzhypothesen 4 und 5 können somit die Nullhypothesen (keine Wirkung der EDV-Vorkenntnisse bzw. der EDV-Einstellung) bezüglich der Nutzung von e-Learning abgelehnt werden.[109] Es ist

---

[109] Im Sinne des Falsifikationsprinzips wird versucht, die generierten Akzeptanz-Hypothesen zu falsifizieren. Kann die Nullhypothese einer generierten Hypothese mit einer bestimmten Fehlerwahrscheinlichkeit abgelehnt werden, kann man somit zu einer

jedoch zu beachten, dass hierbei nicht unterschieden werden kann, ob es sich tatsächlich um einen Kausalitätseffekt der Technikaffinität handelt oder ein Selektionseffekt vorliegt.

Eindrücklich ist an diesen Ergebnissen, dass sowohl sämtliche Aspekte bezüglich des Lernstils einer Person als auch sämtliche sonstige entscheidungsbestimmenden Faktoren bei einem Lernvorhaben keine signifikanten Auswirkungen auf die Nutzung von CBT/WBT zu haben scheinen. So spielen weder eine Präferenz bezüglich des Einzel- oder Gruppenlernens noch das eigene Lerntempo oder die Wichtigkeit finanzieller Kosten, zeitlicher Flexibilität, des notwendigen Zeitaufwands sowie der Verfügbarkeit von Experten eine Rolle für die derzeitige Nutzung. Auch das Alter sowie die Stellung als Angestellter sind irrelevant. Die Nullhypothesen dieser Variablen lassen sich somit nicht zurückweisen. Die Koeffizienten der Variablen weisen zwar in der Schätzung des Ausgangsmodells bereits zum Teil eine beachtliche Größe aus – insbesondere bei den Alters-Dummies, gleichzeitig sind hier jedoch auch die Standardfehler sehr groß. Dies bedeutet, dass eine große Heterogenität in den Altersgruppen besteht und die Schätzung nicht mit der notwendigen Präzision möglich war. Die Gründe hierfür liegen vermutlich darin, dass sich die derzeitige Nutzung weniger an der persönlichen (freiwilligen) Nutzung des Einzelnen ausrichtet, sondern stärker an Arbeitsabläufen, betriebsspezifischen Restriktionen etc. des jeweiligen Unternehmens. Dies lassen auch die im Folgenden diskutierten unternehmensbezogenen Merkmale vermuten.

Noch stärker als durch personenbezogene Merkmale lässt sich die derzeitige Nutzung von CBT/WBT durch *unternehmensbezogene Merkmale* erklären, durch die – so scheint es – die personenbezogenen Aspekte in den Hintergrund gerückt werden. Bei ihnen kommt fünf Aspekten besondere Bedeutung zu: eine Zugehörigkeit des Unternehmens zur Branche der sonstigen Dienstleistungen, die Beteiligung der Person an der Wahl der Lernform bzw. die generelle Beteiligung an der Weiterbildungsplanung, Unterstützungsmaßnahmen bezüglich e-Learning im Unternehmens sowie die wahrgenommene Eignung des Arbeitsplatzes für elektronisches Lernen.

Im Unterschied zu früheren empirischen Ergebnissen zur Nutzung von e-Learning in Unternehmen hat in dieser Erhebung die Zugehörigkeit des Unternehmens zur Finanzdienstleistungs-Branche keinen signifikanten Einfluss. Somit kann die Akzeptanzhypothese 13 bezüglich der Nutzung von e-Learning

---

vorläufigen Bestätigung der Hypothesen gelangen, vgl. *Schnell et al.* (1999), S. 59f., *Chmielewics* (1994), S. 101ff.

III. Multivariate Analyse des Akzeptanzmodells von e-Learning

nicht bestätigt werden.[110] Es zeigt sich jedoch, dass von einer *Zugehörigkeit zur Branche „Sonstige Dienstleistungen"* wie z.B. Handel, Transport oder Telekommunikation ein signifikant negativer Einfluss ausgeht. Die Unternehmenszugehörigkeit zu dieser Branchengruppe führt zu einer Verminderung des Index „Nutzung von CBT/WBT" im Mittel um 0,15 Einheiten. Dieser Befund lässt sich dadurch erklären, dass e-Learning in dieser Branche generell bislang sehr wenig genutzt wird, wie auch die Untersuchung der C-DAX-Unternehmen gezeigt hat.[111] Somit ist die Förderung von e-Learning in dieser Branche sehr gering, was sich wiederum auf die individuelle Nutzung des Einzelnen auswirkt.

Insgesamt zeigt sich jedoch, dass Kontextvariablen wie die Unternehmensbranche und vor allem die Unternehmensgröße nur begrenzten bzw. keinen Einfluss auf die derzeitige Nutzung von CBT/WBT haben. Eine weit stärkere Rolle spielen Gegebenheiten der Weiterbildungssituation im Unternehmen. Im Rahmen der generellen Weiterbildungsunterstützung ist die *Beteiligung des Mitarbeiters bei der Planung seiner Weiterbildungsaktivitäten* entscheidend für die Nutzung von CBT/WBT. Darin spiegelt sich wider, ob eine Person an Weiterbildungsmaßnahmen freiwillig teilnimmt oder dazu verpflichtet wird. Es zeigt sich, dass Befragte, die an der Wahl der Lernform bei Planung ihrer letzten Weiterbildungsmaßnahme beteiligt wurden, signifikant häufiger CBT bzw. WBT nutzen. So ist eine Beteiligung an der Lernformwahl im Mittel mit einer Erhöhung des Index „Nutzung von CBT/WBT" um 0,17 Einheiten verbunden. Visualisiert man den marginalen Effekt graphisch, so zeigt sich folgendes Bild[112]:

---

[110] Vgl. die Ergebnisse der Studie über CDAX-Unternehmen, die gezeigt hat, dass in der Finanzdienstleistungs-Branche eine deutlich höhere Wahrscheinlichkeit besteht, dass e-Learning bereits durchgeführt wird, siehe Kapitel C.II.2.b).

[111] So nützen lediglich 28% der Unternehmen dieser Branche e-Learning-Maßnahmen gegenüber 47% der in Finanzdienstleistungsbranche, vgl. Kapitel C.II.2.b).

[112] Dazu wurde die Dummy-Variable „Bei letzten WB-Maßnahme: an Wahl Lernform beteiligt" für alle Beobachtungen auf den Wert Null (=nicht beteiligt) gesetzt und mit Hilfe des optimierten geordneten Probit-Modells die abhängige Variable „Nutzung von CBT/WBT" geschätzt. Dadurch konnten die Eintrittswahrscheinlichkeiten für die verschiedenen Ausprägungen des Index „Nutzung von CBT/WBT" ermittelt werden für den Fall, dass alle Befragten nicht an der Wahl der Lernform beteiligt gewesen wären. Da der Index sieben Kategorien umfasst, wurden für die optische Veranschaulichung und die bessere Vergleichbarkeit mit der ursprünglichen Frage die sieben Kategorien durch Addition der Wahrscheinlichkeiten in vier zusammengefasst, die in etwa den vier Kategorien „nie" (Indexwert 1), „1x pro Jahr" (Indexwert 1,5 und 2), „1x pro Quartal" (Indexwert 2,5 und 3) sowie „1x pro Monat" (Indexwert 3,5 und 4) entsprechen. Diese Werte sind in den dunklen Balken in der Graphik abgebildet. Im zweiten Schritt wurde die unabhängige Variable „Bei letzten WB-Maßnahme: an Wahl Lernform beteiligt" für alle Beobachtungen auf den Wert Eins (=beteiligt) gesetzt und die abhängige Variable erneut geschätzt. Auch hier wurden die Kategorien wiederum durch Addition der Wahr-

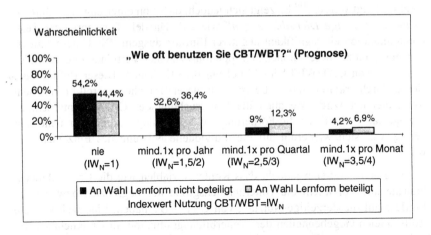

Abbildung 63: Visualisierung der marginalen Effekte der unabhängigen Variablen „Bei letzten WB-Maßnahme: an Wahl Lernform beteiligt"

Wären sämtliche Befragten – ceteris paribus – bei der Planung ihrer letzten Weiterbildungsmaßnahme nicht an der Wahl der Lernfom beteiligt gewesen, würden lediglich 4,2% der Befragten CBT/WBT mind. einmal pro Monat nutzen, 54,2% würden es nie nutzen. Wären hingegen alle – ceteris paribus – an der Lernformwahl beteiligt gewesen, würde der Anteil der Personen, die CBT/WBT mind. einmal pro Monat nutzen, auf 6,9% steigen. Der Anteil der Nicht-Nutzer würde sogar um 9,8 Prozentpunkte auf 44,4% sinken.

Wird eine Person hingegen überhaupt nicht an der Planung beteiligt, führt dies zu einer verminderten CBT/WBT-Nutzung. So reduziert eine Nicht-Beteiligung den Index „Nutzung von CBT/WBT" im Mittel um 0,15 Einheiten. Die Nullhypothesen 14 (keine Wirkung der Beteilung des Mitarbeiters bei der Wahl der Lernform) und 15 (keine Wirkung, wenn Person nicht an Weiterbildungsplanung beteiligt wird) können somit bezüglich der Nutzung von e-Learning abgelehnt werden.

Den stärksten Zusammenhang mit der Nutzung von CBT/WBT weist die *e-Learning-Unterstützung* durch das Unternehmen auf. Dahinter stehen sowohl Einführungsmaßnahmen wie die Information über elektronisches Lernen als auch Unterstützungsmaßnahmen wie z.B. die Verfügbarkeit von Ansprechpartnern zum elektronischen Lernen oder die Anerkennung des elektronischen

---

scheinlichkeiten zusammengefasst. Diese Werte sind in den hellen Balken in der Graphik abgebildet. Die Differenzen der dunklen zu den jeweiligen hellen Balken stellen die marginalen Effekte der Variablen „Bei letzten WB-Maßnahme: an Wahl Lernform beteiligt" dar.

Lernens als Arbeitszeit. Eine Verbesserung dieser Maßnahmen um eine Einheit ist mit einer Erhöhung des Index „Nutzung von CBT/WBT" im Mittel um 0,32 Einheiten verbunden. Hier scheint der größte Hebel zur Förderung der e-Learning-Akzeptanz bezüglich der derzeitigen Nutzung zu liegen. Je besser die Personen informiert werden und je eher Ansprechpartner zur Verfügung stehen, desto stärker wird CBT/WBT genutzt. Dabei bestehen zwischen diesen einzelnen Maßnahmen starke, signifikante Korrelationen, wie Kapitel E.III.1.b) gezeigt hat. Visualisiert man die marginalen Effekte dieser Variablen, so ergibt sich folgendes Bild[113]:

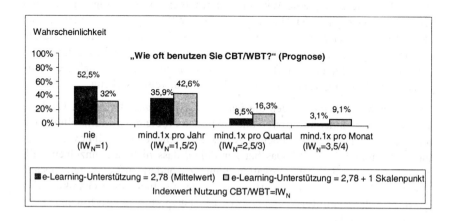

Abbildung 64: Visualisierung der marginalen Effekte der unabhängigen Variablen „e-Learning-Unterstützung"

Abbildung 64 veranschaulicht die starke Hebelwirkung der Variablen „e-Learning-Unterstützung" auf die Nutzung von CBT/WBT. Eine Erhöhung der e-Learning-Unterstützung um eine Einheit ausgehend vom Mittelwert steigert – ceteris paribus – den Anteil der Personen, die CBT/WBT mind. einmal

---

[113] In diesem Fall wurde bei allen Befragten der Wert der Variablen „e-Learning-Unterstützung" auf den Mittelwert (MW über alle Befragten =2,78) gesetzt und mit Hilfe des optimierten geordneten Probit-Modells die abhängige Variable „Nutzung von CBT/WBT" geschätzt. Somit konnten auch hier die Eintrittswahrscheinlichkeiten für die verschiedenen Ausprägungen des Index „Nutzung von CBT/WBT" ermittelt werden, die in den dunklen Balken in der Graphik abgebildet sind. Im zweiten Schritt wurde der Wert der unabhängigen Variable „e-Learning-Unterstützung" für alle Beobachtungen auf den Mittelwert 2,78 + einen Skalenpunkt (=3,78) gesetzt und die abhängige Variable erneut geschätzt. Wiederum wurden die Kategorien durch Addition der Wahrscheinlichkeiten zusammengefasst. Diese Werte sind in den hellen Balken in der Graphik abgebildet. Die Differenzen der dunklen zu den jeweiligen hellen Balken stellen die marginalen Effekte der Variablen „e-Learning-Unterstützung" dar.

pro Monat nutzen, um 6 Prozentpunkte und senkt den Anteil der Nicht-Nutzer sogar um mehr als 20 Prozentpunkte von 52,5% auf 32%. Die Nullhypothese 17 (keine Wirkung der e-Learning-Unterstützung) kann somit hinsichtlich der Nutzung von CBT/WBT abgelehnt werden.

Im Hinblick auf die *Anwendungssituation von e-Learning* steht die wahrgenommene Eignung des Arbeitsplatzes für elektronisches Lernen in einem signifikanten Zusammenhang mit der Nutzung von CBT/WBT. Ein Zugewinn in der Einschätzung der Eignung um eine Einheit ist mit einer Erhöhung des Index „Nutzung von CBT/WBT" im Mittel um 0,06 Einheiten verbunden. Somit kann die Nullhypothese 19 (keine Wirkung der wahrgenommenen Eignung des Arbeitsplatzes) bezüglich der Nutzung von CBT/WBT abgelehnt werden. Dabei ist interessanterweise nicht von Relevanz, was die Befragten als häufigsten Lernort angegeben haben. So haben weder die Lernorte „Arbeitsplatz" noch „zu Hause" signifikanten Einfluss auf die derzeitige Nutzung. Auch die wahrgenommene Eignung des Lernortes „zu Hause" hat keine Wirkung.

Eine wichtige Gruppe bilden die *innovationsbezogenen Merkmale*. Da diese sehr hoch miteinander korrelieren und somit das Problem der Multikollinearität vorliegt, wurden die verschiedenen Aspekte zu einem Index „Innovationseignung" zusammengefasst.[114] Das hat zur Folge, dass nicht die einzelnen Teilhypothesen bezüglich der Innovationseignung, sondern nur eine gemeinsame Hypothese bezüglich einer positiven Wirkung der Innovationscharakteristika getestet werden kann. Basierend auf den Einzelhypothesen wird folgende neue Hypothese formuliert:

Akzeptanzhypothese 24: Je positiver eine Person die Innovationscharakteristika von e-Learning-Schulungsmaßnahmen (Relativer Vorteil, Kompatibilität) wahrnimmt, desto stärker ist ihre Akzeptanz elektronischer Lernformen.[115]

Der Index Innovationseignung steht in signifikant positivem Zusammenhang mit der derzeitigen Nutzung von CBT/WBT. So ist eine Erhöhung dieses Indizex um eine Einheit verbunden mit einer Erhöhung des Index „Nutzung von CBT/WBT" um 0,16 Einheiten. Daher kann die Nullhypothese 24 (keine Wirkung der Innovationscharakteristika) bezüglich der Nutzung von CBT/WBT abgelehnt werden.

---

[114] Vgl. Kapitel E.III.1.b).
[115] Vgl. die Hypothesen zu innovationsbezogenen Merkmalen in Kapitel D.III.2.

d) Multivariate Analyse der Nutzungsabsicht von CBT/WBT

Nachdem die entscheidenden Einflussgrößen der derzeitigen Nutzung von CBT/WBT ermittelt wurden, soll die zweite Komponente der Akzeptanz, die *Nutzungsabsicht*, analysiert werden. In der Analyse wird mit dem Ausgangsmodell ebenfalls zunächst eine geordnete Probit-Schätzung durchgeführt, um daraus ein optimiertes Modell zu ermitteln. Dazu wird neben der Signifikanzprüfung der einzelnen Koeffizienten ebenfalls der Wald-Test zur Prüfung einer gemeinsamen Signifikanz inhaltlich zusammengehörender Variablen angewandt. Für die Interpretation der Koeffizient wird schließlich eine OLS-Schätzung durchgeführt und werden marginale Effekte zentraler Variablen visualisiert.

Für die Schätzung der Nutzungsabsicht von CBT/WBT werden ebenfalls sämtliche personen-, unternehmens- sowie innovationsbezogenen Variablen einbezogen, die in Kapitel E.III.1.b) dargestellt wurden. Der Schätzung liegt wiederum folgendes empirisches Modell zugrunde:

$$(7) \quad NA_i = f \left\{ \begin{array}{l} \beta_0 + \sum_{j=1}^{3} \alpha_j * DA_{ij} + \gamma_1 * DS_i + \sum_{k=1}^{5} \chi_k * DT_{ik} + \sum_{l=1}^{2} \delta_l * TA_{il} \\ + \sum_{m=1}^{2} \eta_m * LS_{im} + \sum_{n=1}^{4} \kappa_n * EF_{in} + \sum_{o=1}^{5} \lambda_o * UG_{io} + \sum_{p=1}^{5} \mu_p * BR_{ip} \\ + \sum_{q=1}^{3} \tau_q * WA_{iq} + \gamma_2 * EU_i + \sum_{r=1}^{4} \rho_r * AS_{ir} + \gamma_3 * IE_i \end{array} \right\}$$

mit NA_i = Nutzungsabsicht von CBT/WBT

β_0 = Konstante der Regressionsgleichung

α_j = Koeffizienten der unabhängigen Dummy-Variablen DA_{ij}

γ_1 = Koeffizient der unabhängigen Dummy-Variablen DS_i

χ_k = Koeffizienten der unabhängigen Dummy-Variablen DT_{ik}

δ_l = Koeffizienten der unabhängigen Variablen TA_{il}

η_m = Koeffizienten der unabhängigen Variablen LS_{im}

κ_n = Koeffizienten der unabhängigen Variablen EF_{in}

λ_o = Koeffizienten der unabhängigen Variablen UG_{io}

μ_p = Koeffizienten der unabhängigen Variablen BR_{ip}

τ_q = Koeffizienten der unabhängigen Variablen WA_{iq}

E. Empirische Analyse der Akzeptanz von e-Learning

γ_2 = Koeffizient der unabhängigen Dummy-Variablen EU_i

ρ_r = Koeffizienten der unabhängigen Variablen AS_{ir}

γ_3 = Koeffizient der unabhängigen Dummy-Variablen IE_i

DA_{ij} = *Alters-Dummies* für die drei Altersgruppen „<30 Jahre", „31-40 Jahre", „41-50 Jahre" (Referenzgruppe: „>50 Jahre")

DS_i = Dummy für die *Stellung im Unternehmen* als Manager

DT_{ik} = *Tätigkeitsbereichs-Dummies* für die fünf Tätigkeitsbereiche Einkauf/ Logistik, Personal/Training, Controlling/Buchhaltung etc., IT/Beratung, Marketing/Vetrieb (keine Referenzgruppe)

TA_{il} = Variablen der *Technikaffinität* (l=1: Ausprobieren von Softwareprodukten, l=2: Computernutzung in Freizeit)

LS_{im} = Variablen des *Lernstils* (m=1: Bedürfnis nach Gruppen-/Präsenzlernen, m=2: Wichtigkeit, Lerntempo selbst zu bestimmen)

EF_{in} = Variablen der *sonstigen entscheidungsbestimmenden Faktoren* bei einem Lernvorhaben (Bedeutung von: n=1: finanzieller Kosten, n=2: Zeitaufwand, n=3: zeitlicher Flexibilität, n=4: Verfügbarkeit von Experten)

UG_{io} = *Unternehmensgrößen-Dummies* für die fünf Unternehmensgrößen-Klassen „<100 Mitarbeiter", „101-500 Mitarbeiter", „501-1.000 Mitarbeiter", „1.001-5.000 Mitarbeiter", „5.001-20.000 Mitarbeiter" (Referenzgruppe: „>20.000 Mitarbeiter")

BR_{ip} = *Branchen-Dummies* für die fünf Branchen Automobil/Maschinenbau etc., Nahrungsmittel/Konsumgüter, Finanz-DL, EDV/IT, Sonstige DL (Referenzgruppe: Pharma/Chemie/Energie)

WA_{iq} = Variablen der generellen *Weiterbildungs-Aspekte* (q=1: Beteiligung an Wahl Lernform, q=2: Keine Beteiligung an Planung, q=3: WB-Unterst.)

EU_i = *e-Learning-Unterstützung*

AS_{ir} = Variablen der *Anwendungssituation von e-Learning* (r=1: Arbeitsplatz als häufigster Lernort, r=2: zu Hause als häufigster Lernort, r=3: Eignung Arbeitsplatz, r=4: Eignung zu Hause)

IE_i = *Innovationseinfluss*

III. Multivariate Analyse des Akzeptanzmodells von e-Learning

Das zuvor dargestellte Prüfverfahren wird wiederum auf sämtlich Variablen angewandt.[116] Lediglich die im Ausgangsmodell schwach signifikante Variable „Tätigkeitsbereich IT/Beratung" wird wieder aus dem optimierten Modell eliminiert, da sie hier keinen signifikanten Koeffizienten mehr aufweist.

Das Ergebnis der *Optimierung* ist in Tabelle 14 dargestellt.[117] Sie zeigt das geschätzte Ausgangsmodell mit Angaben zu Mittelwert[118] und Wertebereich der Variablen, den Ergebnissen der Wald-Tests sowie der endgültigen Entscheidung über Aufnahme ins optimierte Modell dar.[119]

Die Güte dieses Ausgangsmodells zur Nutzungsabsicht von CBT/WBT kann – wie zuvor im Ausgangsmodell zur Nutzung von CBT/WBT – als gut bezeichnet werden. So zeigt der LR-Test an, dass alle Koeffizienten inklusive der geschätzten Schwellenwerte gemeinsam signifikant sind.[120] Eine Ausnahme bezüglich des Ausschlusses nicht-signifikanter Variablen wird bezüglich der Alters-Dummies gemacht. Leider kann nicht so präzise geschätzt werden, dass alle Alterskoeffizienten signifikant von Null verschieden sind. Der Verlauf der Koeffizienten ist jedoch sinnvoll, so dass trotzdem alle Alters-Dummies in das optimierte Modell aufgenommen werden.

---

[116] Wie im Modell zur derzeitigen Nutzung würde sich, wenn man „listwise" in den Indizes der unabhängigen Variablen arbeiten würde, die Beobachtungszahl im geordneten Probit-Modell von 495 auf 294 Fälle reduzieren und das Signifikanzniveau bei vier – im „großen" Modell signifikanten – Variablen verloren gehen. Die auch im kleinen Modell signifikanten Variablen haben jedoch ähnliche Regressionskoeffizienten wie im „großen" Modell. Daher wird auch im Folgenden mit dem „großen" Modell gearbeitet.

[117] Zur Kontrolle wurden auch hier separate Schätzungen jeweils auf die Nutzungsabsicht von CBT sowie die Nutzungsabsicht von WBT durchgeführt. Da sich ebenfalls qualitativ sehr ähnliche Ergebnisse wie bei der Schätzung auf den Index „Nutzungsabsicht von CBT/WBT" zeigen (vgl. Anhang 4), durch die Schätzung des Indizes sich jedoch auch hier ein Präzisionsgewinn der Modellerklärung erzielen lässt, wird diese Schätzung im Folgenden analysiert.

[118] Die Mittelwertberechnung wurde wie zuvor auf Basis der in der Regressionsanalyse enthaltenen Beobachtungen (N=495) durchgeführt.

[119] Es wurde auch hier ein weiterer Wald-Test auf gruppenweise Signifikanz aller eliminierter Variablen durchgeführt. Das Ergebnis ($\chi2=13{,}73$; $p(\chi2)=0{,}80$) zeigt, dass die Nullhypothese „Alle Koeffizienten der eliminierten Variablen sind gleich Null" auch hier nicht zurückgewiesen werden kann. Die Variablen können damit mit hinreichend statistischer Sicherheit als empirisch irrelevant aus dem Modell entfernt werden. Vgl. *Greene* (2003), S. 175ff., *Crichton* (2001), S. 774.

[120] Vgl. *Wooldridge* (2000), S. 534ff.

Tabelle 14
**Erklärung des Nutzungsabsicht von CBT/WBT
(Reduktion des Ausgangsmodells)**[121]

Reduktion des geordneten Probit-Modells zur Erklärung der Nutzungsabsicht von CBT/WBT um einzeln und gruppenweise insignifikante Variablen								
Abhängige Variable	Nutzungsabsicht von CBT/WBT							
Unabhängigen Variablen	MW	Min	Max	Koeffizienten	SF	Wald-Test	Koeffizienten gemeinsam signifikant?	Variablenaufnahme in opt. Modell?
Personenbezogene Merkmale								
Allgemeine Persönlichkeitsmerkmale								
< 30 Jahre	0,18	0	1	0,40*	0,24			Ja
31-40 Jahre	0,51	0	1	0,20	0,22			Ja
41-50 Jahre	0,25	0	1	0,06	0,23			Ja
> 50 Jahre (Referenzgr.)	0,06	0	1	0	0			Ja
Stellung im Unternehmen	0,34	0	1	-0,02	0,11			Nein
Tätigkeit.: Einkauf/ Logistik	0,08	0	1	0,08	0,19	χ^2=4,21 $p(\chi^2)$= 0,38	Nein	Nein

Forts. nächste Seite

---

[121] Das Ausgangsmodell wurde – wie zuvor das Modell zur Nutzung von CBT/WBT – in einer normalen geordneten Probit-Schätzung als auch mit Huber/White/Sandwich-Varianz-Schätzern (vgl. *Jordahl* (2002), S. 62, *White* (1982), S. 483ff., *Greene* (2003), S. 220, *Stata* (2001), S. 254ff.) an Stelle der traditionellen Berechnung geschätzt. Da auch hier in beiden Fällen sehr ähnliche Signifikanzen sowie Standardfehler vorlagen, kann davon ausgegangen werden, dass kein Heteroskedastie-Problem vorliegt. Daher werden im Folgenden – wie bei der multivariaten Analyse der Nutzung von CBT/WBT – die nicht korrigierten Standardfehler ausgewiesen.

Forts. Tabelle 14

Tätigkeit.: Personal/ Training	0,16	0	1	-0,07	0,14			Nein
Tätigkeit.: IT/Beratung	0,64	0	1	-0,22*	0,12			Nein
Tätigkeit.: Marketing/ Vertrieb	0,24	0	1	-0,14	0,13			Nein
Tätigkeit: Controlling etc.	0,24	0	1	-0,30**	0,13			Ja
Technikaffinität								
Probiert gerne neue Softwareprodukte	4,04	1	5	-0,00	0,06	$\chi^2=0,14$ $p(\chi^2)=$ 0,93	Nein	Nein
Computernutzung in Freizeit jeden Tag	0,49	0	1	0,04	0,10			Nein
Lernstil								
Bedürfnis nach Präsenz-/ Gruppenlernen	3,58	1	5	-0,12	0,09	$\chi^2=3,50$ $p(\chi^2)=$ 0,17	Nein	Nein
Wichtigkeit Lerntempo selbst zu bestimmen	3,77	2	5	0,06	0,06			Nein
Sonstige entscheidungsbestimmende Faktoren								
Bei Erwägung: Wichtigkeit zeitlicher Flexibilität	3,73	1	5	0,13**	0,06			Ja
Bei Erwägung: Wichtigkeit finanzieller Kosten	3,70	1	5	0,04	0,06	$\chi^2=3,26$ $p(\chi^2)=$ 0,35	Nein	Nein
Bei Erwägung: Wichtigkeit notwendigen Zeitaufwands	3,77	1	5	0,04	0,06			Nein

Forts. nächste Seite

Forts. Tabelle 14

Bei Erwägung: Bedeutung Verfügbarkeit Experten	4,31	2	5	0,12	0,08		Nein
Unternehmensbezogene Merkmale							
Allgemeine Unternehmensfaktoren							
< 100 Mitarbeiter	0,15	0	1	-0,12	0,19		Nein
101-500 Mitarbeiter	0,17	0	1	0,01	0,18		Nein
501-1000 Mitarbeiter	0,10	0	1	0,11	0,20	$\chi^2=1,35$ $p(\chi^2)=$ 0,93	Nein
1001-5000 Mitarbeiter	0,27	0	1	-0,00	0,16		Nein
5001-20000 Mitarbeiter	0,13	0	1	-0,07	0,18		Nein
> 20.000 Mitarbeiter (Referenzgr.)	0,18	0	1	0	0		Nein
Branche Automobil, Maschinenbau, etc.	0,16	0	1	0,46**	0,19		Ja
Branche Nahrungsmittel/ Konsumgüter	0,07	0	1	0,68***	0,24		Ja
Branche Finanz-DL	0,16	0	1	0,40**	0,19		Ja
Branche EDV/IT	0,26	0	1	0,16	0,18		Nein
Branche Sonstige DL	0,23	0	1	0,44**	0,17		Ja
Branche Pharma/Chemie/ Energie (Referenzgr.)	0,12	0	1	0	0		Nein

Forts. nächste Seite

Forts. Tabelle 14

Generelle Weiterbildungsaspekte								
Bei letzten WB-Maßnahme: an Wahl Lernform beteiligt	0,29	0	1	0,04	0,11			Nein
Bei letzten WB-Maßnahme: nicht an Planung beteiligt	0,11	0	1	-0,30*	0,17			Ja
Weiterbildungs-Unterstütz.	1,13	-2	3	-0,19**	0,08			Ja
e-Learning-Einführungs- & Unterstütz.-Maßnahmen								
e-Learning-Unterstütz.	2,80	0,5	5,33	0,06	0,06			Nein
Anwendungssituation von e-Learning								
Häufigster Lernort: Arbeitsplatz	0,19	0	1	-0,07	0,13	χ2=2,63 p(χ2)= 0,27	Nein	Nein
Häufigster Lernort: zu Hause	0,11	0	1	-0,29	0,18			Nein
Eignung von „Arbeitsplatz" für elektronisches Lernen	2,14	1	5	0,10**	0,05			Ja
Eignung von „zu Hause" für elektr. Lernen	3,59	1	5	0,14**	0,05			Ja

Forts. nächste Seite

Forts. Tabelle 14

Innovationsbezogene Merkmale						
Innovations-eignung	3,24	1	5	1,14 *** 0,09		Ja
Anpassungs-güte des Modells				LR Chi2=336,54 Prob>Chi2=0,00 Pseudo-R^2=0,19 N=495		
Datensatz: Akzeptanzbefragung; Schätzverfahren: Geordneter Probit; Signifikanzniveau der Koeffizienten: *** =p<0,01/**=p<0,05/*=p<0,1						

Insgesamt zeigt sich, dass deutlich mehr Variablen in das optimierte Modell bezüglich der Nutzungsabsicht von CBT/WBT aufgenommen werden können als in das Modell zur derzeitigen Nutzung. Trotzdem sind auch hier einige Variabeln im Ausgangsmodell enthalten, deren Koeffizienten insignifikant sind und bei denen die Wald-Tests zu keiner zusätzlichen Aufnahme in das optimierte Modell führen. Bei folgenden Hypothesen können die Nullhypothesen nicht zurückgewiesen werden:[122]

- *Akzeptanzhypothese 2*: Positive Wirkung eines EDV-lastigen Tätigkeitsbereichs
- *Akzeptanzhypothese 3*: Positive Wirkung eines Angestelltenverhältnisses
- *Akzeptanzhypothese 4*: Positive Wirkung der EDV-Vorkenntnisse einer Person
- *Akzeptanzhypothese 5*: Positive Wirkung der EDV-Einstellung
- *Akzeptanzhypothese 6*: Negative Wirkung der Präferenz für Präsenz-/Gruppenlernen
- *Akzeptanzhypothese 7*: Positive Wirkung einer hohen Bedeutung eigenen Lerntempos
- *Akzeptanzhypothese 8*: Positive Wirkung einer hohen Bedeutung anfallender finanziellen Kosten bei Erwägung einer Bildungsmaßnahme
- *Akzeptanzhypothese 10*: Positive Wirkung einer hohen Bedeutung des notwendigen Zeitaufwands bei Erwägung einer Bildungsmaßnahme
- *Akzeptanzhypothese 11*: Positive Wirkung einer hohen Bedeutung der Expertenverfügbarkeit

---

[122] Zu ihrer Diskussion vgl. Kapitel E.III.2.e).

III. Multivariate Analyse des Akzeptanzmodells von e-Learning

- *Akzeptanzhypothese 12*: Positive Wirkung der Größe des Unternehmens
- *Akzeptanzhypothese 13*: Positive Wirkung der Finanzdienstleistungsbranche
- *Akzeptanzhypothese 17*: Positive Wirkung der e-Learning-Unterstützung des Unternehmens

e) Interpretation der Ergebnisse zur Nutzungsabsicht von CBT/WBT

Ergebnis des zweiten dargestellten Optimierungsprozesses ist das *optimierte Modell zur Erklärung der Nutzungsabsicht von CBT/WBT*. Die Stabilität des Modells kann als sehr gut bezeichnet werden, da alle Koeffizienten der im Ausgangsmodell einzeln signifikanten Variablen auch im optimierten Modell signifikant sind und ihre Wirkungsrichtung beibehalten.

Das optimierte Modell lässt sich in folgender Weise zusammenfassen:

(8)
$$NA_i = f\left\{\beta_0 + \sum_{j=1}^{14} \beta_j * x_{ij}\right\}$$

mit NA_i = Nutzungsabsicht von CBT/WBT

β_0 = Konstante der Regressionsgleichung

β_j = Koeffizienten der unabhängigen Variablen x_{ij}

x_{i1} = Alters-Dummy: < 30 Jahre

x_{i2} = Alters-Dummy: 31-40 Jahre

x_{i3} = Alters-Dummy: 41-50 Jahre

x_{i4} = Tätigkeitsbereich Controlling, Buchhaltung, Rechnungswesen

x_{i5} = Bei Erwägung einer Bildungsmaßnahme: Wichtigkeit zeitlicher Flexibilität

x_{i6} = Branchen-Dummy: Automobil, Maschinenbau etc.

x_{i7} = Branchen-Dummy: Nahrungsmittel/Konsumgüter

x_{i8} = Branchen-Dummy: Finanzdienstleistung

x_{i9} = Branchen-Dummy: Sonstige Dienstleistungen (Handel, Transport, Telekom. etc.)

x_{i10} = Bei letzter WB-Maßnahme: generell nicht an Planung beteiligt gewesen (Dummy)

x_{i11} = Weiterbildungs-Unterstützung

x_{i12} = Wahrnehmung der Eignung des Arbeitsplatzes für elektronisches Lernen

x_{i13} = Wahrnehmung der Eignung von „zu Hause" für elektronisches Lernen

x_{i14} = Innovationseignung (Relativer Vorteil, Kompatibilität)

Wie beim Modell zur derzeitigen Nutzung ist es für die Interpretation des optimierten Modells hier ebenfalls notwendig, weitere Berechnungen durchzuführen. Tabelle 15 fasst die Ergebnisse der geordneten Probit- sowie der OLS-Schätzung zusammen.

Im Vergleich der geordneten Probit-Schätzung mit der OLS-Schätzung bezüglich der Nutzungsabsicht von CBT/WBT zeigt sich, dass nur eine Variable – „Tätigkeitsbereich Controlling, Buchhaltung, Rechnungswesen" – im OLS-Modell nicht mehr signifikant ist. Bis auf die erläuterten Ausnahmen der Alters-Dummies sind alle anderen Variablen in beiden Modellen signifikant. Da auch an dieser Stelle das geordnete Probit-Modell der diskreten abhängigen Variablen „Nutzungsabsicht von CBT/WBT" besser gerecht wird, stellt dieses Modell die Grundlage der Interpretation dar. Die OLS-Schätzung der Regressionskoeffizienten dieser Variablen wird zur Interpretation von Stärke und Vorzeichen herangezogen. Für die zentralen Variablen werden auch hier die marginalen Effekte visualisiert. Aus Managementsicht sind – wie angesprochen – vor allem die unternehmensbezogenen Größen, auf die Einfluss genommen werden kann, relevant für die Akzeptanzförderung. Daher werden die Aspekte „Bei letzten WB-Maßnahme: nicht an Planung beteiligt" sowie „Weiterbildungs-Unterstützung" graphisch veranschaulicht. Darüber hinaus hat der Index „Innovationseignung" dominanten Einfluss auf die Nutzungsabsicht. Daher werden auch hier die marginalen Effekte visualisiert.

Tabelle 15
Erklärung der Nutzungsabsicht von CBT/WBT (Optimiertes Modell mit geordneter Probit-Schätzung und OLS-Schätzung)[123]

				Optimiertes Modell in der geordneten Probit-Schätzung		Optimiertes Modell in der OLS-Schätzung	
Abhängige Variable				Nutzungsabsicht von CBT/WBT			
Unabhängige Variabeln	MW	Min	Max	Koeffizienten	SF	Koeffizienten	SF
Personenbezogene Merkmale							
< 30 Jahre	0,18	0	1	0,45**	0,23	0,27*	0,15
31-40 Jahre	0,51	0	1	0,24	0,21	0,14	0,14
41-50 Jahre	0,25	0	1	0,10	0,22	0,05	0,15
> 50 Jahre (Referenzgr.)	0,06	0	1	0	0	0	0
Tätigkeit.: Controlling etc.	0,24	0	1	-0,21*	0,12	-0,13	0,08
Bei Erwägung: Wichtigkeit zeitlicher Flexibilität	3,73	1	5	0,17***	0,06	0,11***	0,04
Unternehmensbezogene Merkmale							
Branche Automobil, Maschinenbau etc,	0,16	0	1	0,43***	0,15	0,29***	0,10
Branche Nahrungsmittel/Konsumgüter	0,07	0	1	0,60***	0,20	0,45***	0,14
Branche Finanz-DL	0,16	0	1	0,36**	0,15	0,25**	0,10

Forts. nächste Seite

---

[123] Hier wurde ebenfalls die Mittelwertberechnung auf Basis der in der Regressionsanalyse enthaltenen Beobachtungen (N=495) durchgeführt. Anhang 6 zeigt das Ausgangsmodell und die geordnete Probit-Schätzung sowie OLS-Schätzung des optimierten Modells nochmals in einer Tabelle.

Forts. Tabelle 15

Branche Sonstige DL	0,23	0	1	0,36*** 0,13	0,24***	0,09
Bei letzten WB-Maßnahme: nicht an Planung beteiligt	0,11	0	1	-0,35** 0,16	-0,23**	0,11
Weiterbildungs-Unterstützung	1,13	-2	3	-0,15** 0,07	-0,09**	0,05
Eignung von Arbeitsplatz für ungestörtes Lernen	2,14	1	5	0,12** 0,05	0,09***	0,03
Eignung von zu Hause für ungestörtes Lernen	3,59	1	5	0,12** 0,05	0,08**	0,03
Innovationsbezogene Merkmale						
Innovationseignung	3,24	1	5	1,13*** 0,08	0,73***	0,05
Konstante					-0,06	0,24
Anpassungsgüte des Modells				LR χ2=321,59 p(χ2)=0,00 Pseudo-R^2=0,18 N=495	F=30,84 p(F)=0,00 R^2= 0,47, Korr. R^2=0,46 N=495	
Datensatz: Akzeptanzbefragung; Schätzverfahren: Geordneter Probit sowie OLS-Schätzung; Signifikanzniveau der Koeffizienten: ***=p<0,01/**=p<0,05/*=p<0,1						

Der Vergleich des optimierten Modells mit dem Ausgangsmodell zeigt, dass die Präzision durch die Variablenelimierung auch hier erhöht werden konnte. So weisen nahezu alle Koeffizienten im optimierten Modell kleinere Standardfehler aus als im Ausgangsmodell. Mit einem R^2 von 0,47 bzw. korrigierten R^2 von 0,46 kann auch die Güte des OLS-Modells als sehr hoch bezeichnet werden.[124] Die Nutzungsabsicht von CBT/WBT lässt sich somit sehr gut durch die

---

[124] Der Unterschied dieses R^2 zum R^2 des Erklärungsmodells der Nutzung von CBT/WBT lässt sich dadurch erklären, dass die tatsächliche Nutzung zusätzlich von Variablen bezüglich betriebsspezifischer Restriktionen, Zeitdruck etc. bestimmt wird, die jedoch im Fragebogen nicht erfasst werden konnten. Die Nutzungsabsicht von CBT/WBT ist hingegen frei von Restriktionen, so dass die unabhängigen Variablen hier und noch deutlich besser in der Lage sind, die abhängige Variable zu erklären. Somit lässt sich eine höhere Modellgüte bei der Nutzungsabsicht erklären.

dargestellten Variablen erklären. Diese werden im Folgenden unter Beachtung der angesprochenen Kausalitäts-Problematik diskutiert.

Drei *personenbezogene Determinanten* stehen in signifikantem Zusammenhang mit der Nutzungsabsicht von CBT/WBT: das Alter der befragten Person, der Tätigkeitsbereich „Controlling, Buchhaltung, Rechnungswesen" sowie die Bedeutung der zeitlichen Flexibilität bei Erwägung einer Bildungsmaßnahme.

Wie vermutet haben jüngere Personen eine deutliche höhere Absicht CBT/WBT für zukünftige Weiterbildungszwecke zu nutzen als ältere. Während die *Zugehörigkeit zur Altersgruppe „bis 30 Jahre"* mit einer Erhöhung des Index „Nutzungsabsicht von CBT/WBT" um 0,27 Einheiten verbunden ist, bedeutet die Zugehörigkeit zur Altersgruppe „31-40 Jahre" nur eine Erhöhung des Index um 0,14 Einheiten und in der Altersgruppe „41-50 Jahre" sogar nur noch 0,05 Einheiten. Die Nullhypothese 1 (keine Wirkung des Alters) kann somit bezüglich der Nutzungsabsicht von CBT/WBT abgelehnt werden.

Bezüglich des Tätigkeitsbereichs zeigt sich ein anderes Bild als theoretisch angenommen. Nicht das allgemeine Persönlichkeitsmerkmal „Tätigkeitsbereich IT/Beratung" hat einen signifikanten positiven Einfluss auf die Nutzungsabsicht von CBT/WBT, sondern der *Tätigkeitsbereich „Controlling, Buchhaltung, Rechnungswesen"* – einen negativen Einfluss. So ist die Zugehörigkeit zu diesem Tätigkeitsbereich verbunden mit einer Verminderung des Index um 0,13 Einheiten. Das bedeutet, dass Personen dieses Tätigkeitsbereichs eine deutlich geringere Nutzungsabsicht haben als Personen anderer Tätigkeitsbereiche. Dies deutet darauf hin, dass der „Controlling-, Buchhaltungs-, Rechnungswesen"-Bereich deutlich stärker als andere Bereiche auf Präsenzschulungen angewiesen ist.

In engem positivem Zusammenhang mit der Nutzungsabsicht von CBT/WBT steht hingegen die *Wichtigkeit zeitlicher Flexibilität bei Erwägung einer Bildungsmaßnahme*. Ihre Zunahme um eine Einheit ist verbunden mit einer Zunahme des Index Nutzungsabsicht um 0,11 Einheiten. Die Nullhypothese 9 (keine Wirkung der Bedeutung zeitlicher Flexibilität) kann somit abgelehnt werden. Wie vermutet haben somit Personen, für die es wichtig ist, bezüglich Lernort- und Lernzeitwahl flexibel zu sein, auch eine signifikant stärkere Absicht, elektronische Lernformen wie CBT und WBT zukünftig einzusetzen.

Bei diesen Ergebnissen fällt auf, dass wie bei der Nutzung keinerlei Aspekte des Lernstils eine Rolle für die Nutzungsabsicht spielen. Gleichzeitig steht die Technikaffinität eines Befragten in keinem signifikanten Zusammenhang mit der Nutzungsabsicht von CBT/WBT. Wie bei der Erklärung der Nutzung von CBT/WBT lassen sich diese Befunde auf die hohe Bedeutung der unternehmensbezogenen, insbesondere aber auch der innovationsbezogenen Merkmale zurückführen, durch welche die personenbezogene Aspekte überlagert werden.

Bei den *unternehmensbezogenen Merkmalen* sind acht Aspekte für die Nutzungsabsicht von CBT/WBT relevant: die Unternehmenszugehörigkeit zu einer der Branchen „Automobil/Maschinenbau/Bau/Elektronik", „Nahrungsmittel/Konsumgüter", „Finanzdienstleistungen" oder „Sonstige Dienstleistungen", die Beteiligung der Person an der Weiterbildungsplanung, die Weiterbildungsunterstützung im Unternehmens als auch die wahrgenommene Eignung der Lernorte „Arbeitsplatz" bzw. „zu Hause" für elektronisches Lernen. Demnach stehen allgemeine Unternehmensmerkmale, generelle Weiterbildungsaspekte sowie die Anwendungssituation von e-Learning in signifikantem Zusammenhang mit der Nutzungsabsicht von CBT/WBT.

So sind für die Nutzungsabsicht von CBT/WBT stärker als bei der derzeitigen Nutzung die Unternehmensbranchen relevant, in denen die Befragten arbeiten. Diese sind jedoch schwer zu interpretieren und zeigen, dass eine hohe Heterogenität diesbezüglich in den Daten besteht. So haben Personen aus nahezu allen anderen Branchen (außer der Branche „EDV/IT") gegenüber Personen der Referenzgruppe „Pharma/Chemie/Energie" eine signifikant höhere Nutzungsabsicht. Wie vermutet ist die Nutzungsabsicht in der *Finanzdienstleistungs-Branche* hoch. So führt eine Unternehmenszugehörigkeit des Befragten zu dieser Branche zu einer Erhöhung des Index „Nutzungsabsicht von CBT/WBT" um 0,25 Einheiten. Die Nullhypothese 13 (keine Wirkung der Unternehmensbranche „Finanzdienstleistung") kann somit abgelehnt werden. Noch stärker als die Zugehörigkeit des Unternehmens zu dieser Branche wirkt sich interessanterweise die Unternehmenszugehörigkeit zur *Branche „Nahrungsmittel/Konsumgüter"* aus. Diese erhöht den Index „Nutzungsabsicht von CBT/WBT" sogar um 0,45 Einheiten. Auch wenn nur 7% der Befragten in dieser Branche tätig sind, so hat diese Gruppe eine deutlich höhere Nutzungsabsicht als Personen der Referenzbranche „Pharma/Chemie/Energie". Positiven Einfluss auf die Nutzungsabsicht hat daneben auch die *Branche „Automobil/Maschinenbau/Bau/Elektronik"*, eine Unternehmenszugehörigkeit hierzu führt zu einer Indexerhöhung um 0,29. Schließlich ist die Zugehörigkeit zur *Branche „Sonstige Dienstleistung"* von signifikantem Einfluss. Anders als bei der derzeitigen Nutzung, wo die Zugehörigkeit zu dieser Branche negativ wirkt, führt die Tätigkeit in einem Unternehmen des Bereichs Sonstige Dienstleistungen zu einer Erhöhung des Index „Nutzungsabsicht von CBT/WBT" um 0,24 Einheiten.

Aus dem Bereich der generellen Weiterbildungsaspekte sind zwei Merkmale für die Nutzungsabsicht von CBT/WBT relevant, die insbesondere für die Akzeptanzförderung wichtige Stellgrößen darstellen: die Beteiligung an der Planung der letzten Weiterbildungsmaßnahme sowie die generelle Weiterbildungsunterstützung. Für diese beiden Variablen sollen daher auch die marginalen Effekte graphisch veranschaulicht werden.

Es zeigt sich, dass – wie vermutet – Personen, die *nicht an der Planung ihrer Weiterbildungsmaßnahmen beteiligt* werden, eine niedrigere Nutzungsabsicht haben. Ihre Nichtbeteiligung vermindert den Index „Nutzungsabsicht von CBT/WBT" um 0,23 Einheiten. Abbildung 65 veranschaulicht die marginalen Effekte dieser Variablen.[125]

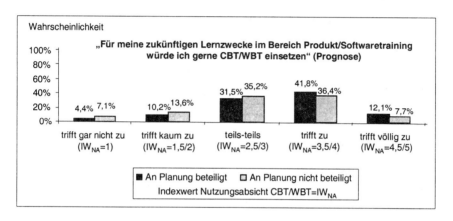

Abbildung 65: Visualisierung der marginalen Effekte der unabhängigen Variablen „Bei letzten WB-Maßnahme: nicht an Planung beteiligt"

---

[125] Analog dem Vorgehen bei der Dummy-Variable in der Interpretation der Nutzung von CBT/WBT wurde die Dummy-Variable „Bei letzten WB-Maßnahme: nicht an Planung beteiligt" auch hier für alle Beobachtungen auf den Wert Null (=an Planung beteiligt) gesetzt und mit Hilfe des optimierten geordneten Probit-Modells die abhängige Variable „Nutzungsabsicht von CBT/WBT" geschätzt. So konnten die Eintrittswahrscheinlichkeiten für die verschiedenen Ausprägungen des Index „Nutzungsabsicht von CBT/WBT" ermittelt werden für den Fall, dass alle Befragten an der Planung beteiligt gewesen wären. Da der Index neun Kategorien umfasst, wurden für die optische Veranschaulichung und die bessere Vergleichbarkeit mit der ursprünglichen Frage die neun Kategorien durch Addition der Wahrscheinlichkeiten in fünf zusammengefasst, die in etwa den fünf Kategorien „trifft gar nicht zu" (Indexwert 1), „trifft kaum zu" (Indexwert 1,5 und 2), „teils-teils" (Indexwert 2,5 und 3), „trifft zu" (Indexwert 3,5 und 4) sowie „trifft völlig zu" (Indexwert 4,5 und 5) entsprechen. Diese Werte sind wiederum in den dunklen Balken in der Graphik abgebildet. Im zweiten Schritt wurde die unabhängige Variable „Bei letzten WB-Maßnahme: nicht an Planung beteiligt" für alle Beobachtungen auf den Wert Eins (=nicht an Planung beteiligt) gesetzt und die abhängige Variable erneut geschätzt. Auch hier wurden die Kategorien wiederum durch Addition der Wahrscheinlichkeiten zusammengefasst. Diese Werte sind in den hellen Balken in der Graphik abgebildet. Die Differenzen der dunklen zu den jeweiligen hellen Balken stellen die marginalen Effekte der Variablen „Bei letzten WB-Maßnahme: nicht an Planung beteiligt" dar.

Es wird deutlich, dass eine Nicht-Beteiligung an der Planung der Weiterbildungsmaßnahme – ceteris paribus – insbesondere zu einem Rückgang in den „Zustimmungskategorien" „trifft zu" und „trifft völlig zu" um 5,4 Prozentpunkte bzw. 4,4 Prozentpunkte führen würde. Gleichzeitig würde sich die Gruppe der Unentschlossen aber auch der Ablehner einer zukünftigen Nutzung erhöhen. Die Nullhypothese 15 (keine Wirkung, wenn Person nicht an Weiterbildungsplanung beteiligt wird) kann somit bezüglich der Nutzungsabsicht von e-Learning abgelehnt werden.

Anders als vermutet, hat die *Weiterbildungsunterstützung* einen negativen Einfluss auf die Nutzungsabsicht. Eine Erhöhung des Index „Weiterbildungsunterstützung", der die Aspekte „Anerkennung des Lernens als Arbeitszeit", „Weiterbildungsbezahlung", „Lernen in der Freizeit" sowie „Möglichkeit zum Lernen während der Arbeitszeit" umfasst[126], um eine Einheit führt zu einer Verminderung des Index „Nutzungsabsicht von CBT/WBT" von 0,09 Einheiten. Abbildung 66 veranschaulicht diesen Effekt[127].

Eine Erhöhung der Weiterbildungs-Unterstützung ausgehend vom Mittelwert um eine Einheit würde – ceteris paribus – den Anteil der Personen, die CBT/WBT zukünftig einsetzen wollen, um insgesamt 4,2 Prozentpunkte reduzieren[128]. Auch hier würde sich insbesondere die Gruppe der Unentschlossenen vergrößern. Die Akzeptanzhypothese 16 (positive Wirkung der Weiterbildungsunterstützung) muss bezüglich der Nutzungsabsicht also abgelehnt werden.

---

[126] Vgl. Kapitel E.III.2.b).

[127] Analog dem Vorgehen bei der Variablen „e-Learning-Unterstützung" in der Interpretation der Nutzung von CBT/WBT wurde auch hier bei allen Befragten zunächst der Wert der Variablen „Weiterbildungs-Unterstützung" auf den Mittelwert (MW über alle Befragten =1,12) gesetzt und die abhängige Variable „Nutzungsabsicht von CBT/WBT" geschätzt. Die Eintrittswahrscheinlichkeiten des Index „Nutzungsabsicht von CBT/WBT" hierzu sind in den dunklen Balken in der Graphik abgebildet. Im zweiten Schritt wurde der Wert der unabhängigen Variable „Weiterbildungs-Unterstützung" für alle Beobachtungen auf den Mittelwert 1,12 + einen Skalenpunkt (=2,12) gesetzt und die abhängige Variable erneut geschätzt. Auch hier wurden die Kategorien wiederum durch Addition der Wahrscheinlichkeiten zusammengefasst. Diese Werte sind in den hellen Balken in der Graphik abgebildet. Die Differenzen der dunklen zu den jeweiligen hellen Balken stellen die marginalen Effekte der Variablen „Weiterbildungs-Unterstützung" dar.

[128] 2,3 Prozentpunkte bezüglich der Aussage „trifft zu" sowie 1,9 Prozentpunkte bezüglich der Aussage „trifft völlig zu".

III. Multivariate Analyse des Akzeptanzmodells von e-Learning   237

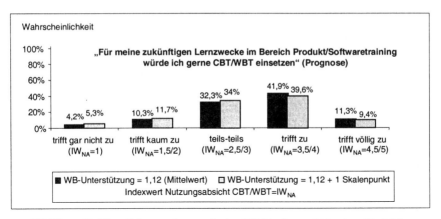

Abbildung 66: Visualisierung der marginalen Effekte der unabhängigen Variablen „Weiterbildungs-Unterstützung"

Man kann vermuten, dass Personen, die eine hohe Weiterbildungsunterstützung durch das Unternehmen erfahren, weniger stark die Notwendigkeit empfinden, auf elektronische Weiterbildungsmaßnahmen umzusteigen, deren Vorteile insbesondere in einer Zeit- und Kostenersparnis liegen. Da in diesen Unternehmen sowohl Zeit als auch Kosten für die Weiterbildung weniger kritisch gesehen werden, könnten diese Personen eher Präsenztraining präferieren, für das von Unternehmensseite genügend Mittel (Zeit, Geld) zur Verfügung gestellt werden. Personen, die in ihrer Weiterbildung vom Unternehmen nicht in solcher Weise unterstützt werden, sehen viel stärker die Notwendigkeit, in Zukunft elektronische Weiterbildungsmaßnahmen anzuwenden.

Zwei weitere unternehmensbezogene Aspekte, die *wahrgenommene Eignung des Lernortes „Arbeitsplatz"* und *des Lernortes „zu Hause"*, stehen in signifikantem Zusammenhang mit der Nutzungsabsicht. Bei beiden ist eine Erhöhung der wahrgenommenen Eignung um eine Einheit mit einer Erhöhung des Index „Nutzungsabsicht von CBT/WBT" um 0,09 bzw. 0,08 Einheiten verbunden. Sie weisen damit jedoch den schwächsten Zusammenhang aller signifikanten Variablen auf. Dennoch können die Nullhypothesen 19 und 20 (keine Wirkung der wahrgenommenen Eignung der Lernorte „Arbeitsplatz" bzw. „zu Hause") abgelehnt werden.

Wie bei der Erklärung der derzeitigen Nutzung von CBT/WBT zeigt sich bei der Nutzungsabsicht eine hohe Bedeutung der unternehmensbezogenen Aspekte, die Unternehmensgröße hat jedoch wiederum keinen signifikanten Einfluss. Anders als zuvor spielt auch die e-Learning-Unterstützung keine Rolle für die Nutzungsabsicht. Dieser Befund ist sehr überraschend. Zeigte dieser Index über die Informationen zu e-Learning, der Anerkennung als Arbeitszeit, die Verfüg-

238   E. Empirische Analyse der Akzeptanz von e-Learning

barkeit von Ansprechpartnern etc. den stärksten Zusammenhang mit der derzeitigen Nutzung, so ist er für die Nutzungsabsicht völlig irrelevant. Die Einstellung der Personen lässt sich somit weniger von außen steuern als ihr derzeitiges Verhalten.

Erklärbar wird der Befund dadurch, dass eine andere Größe in überragendem Zusammenhang steht mit der Nutzungsabsicht von CBT/WBT, die *Einschätzung der Innovationscharakteristika*. Der die wahrgenommenen Innovationscharakteristika zusammenfassende Index „Innovationseignung" zeigt den mit Abstand stärksten Zusammenhang mit der Nutzungsabsicht von CBT/WBT. So ist eine Erhöhung dieses Index mit einer Erhöhung des Index Nutzungsabsicht um 0,73 Einheiten verbunden. Abbildung 67 veranschaulicht diese Wirkung graphisch.[129]

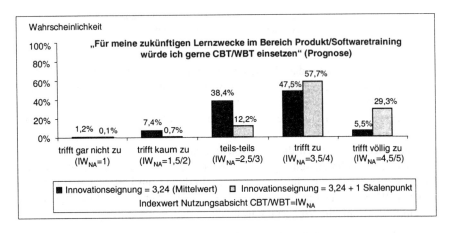

Abbildung 67: Visualisierung der marginalen Effekte der unabhängigen Variablen „Innovationseignung"

---

[129] Analog der Variablen „Weiterbildungs-Unterstützung" wurde bei allen Befragten der Wert der Variablen „Innovationseignung" zunächst auf den Mittelwert (MW über alle Befragten =3,24) und anschließend auf den Mittelwert 3,24 + einen Skalenpunkt (=4,24) gesetzt. Die dunklen und hellen Balken verdeutlichen jeweils die durch Addition gebildeten Eintrittswahrscheinlichkeiten bezüglich der Nutzungsabsicht von CBT/WBT. Die Differenzen der dunklen zu den jeweiligen hellen Balken stellen die marginalen Effekte der Variablen „Innovationseignung" dar.

III. Multivariate Analyse des Akzeptanzmodells von e-Learning   239

Wie in keiner anderen Graphik werden die marginalen Effekte in dieser Abbildung besonders deutlich. Eine Erhöhung der Innovationseignung ausgehend vom Mittelwert um einen Skalenpunkt würde – ceteris paribus – zu einer deutlichen Verkleinerung der Gruppe der Unentschlossenen (Reduzierung um 26,2 Prozentpunkte) zugunsten der „Zustimmungsgruppen" führen, die sich um 10,2 Prozentpunkte bzw. sogar um 23,8 Prozentpunkte vergrößern würden. Die Nullhypothese 24 (keine Wirkung der Innovationscharakteristika) kann somit eindeutig abgelehnt werden. Je besser eine Person den Vorteil des schnelleren Lernens und die Eignung von CBT bzw. WBT für die Weiterbildung in ihrer Tätigkeit einschätzt, desto höher ist ihre Nutzungsabsicht dieser Lernformen und umgekehrt.

3. Zusammenfassung der multivariaten Ergebnisse

Das Ziel der multivariaten Analyse lag darin, das in Kapitel D. theoretisch abgeleitete Akzeptanzmodell sowie die generierten Hypothesen empirisch zu testen. Die Analyse fand mit Hilfe eines Datensatzes statt, der bei den Kunden des Weiterbildungsanbieters Cognos erhoben wurde. Wie theoretisch begründet, wurde die Akzeptanz von e-Learning in die Komponenten „Derzeitige Nutzung" sowie „Bereitschaft zur zukünftigen Nutzung" aufgespalten. Da die Lernformen CBT und WBT die am stärksten erprobten elektronischen Lernmaßnahmen darstellen und gleichzeitig hochkorreliert sind, wurden die Akzeptanzkomponenten durch die beiden Indizes „Nutzung von CBT/WBT" sowie „Nutzungsabsicht von CBT/WBT" operationalisiert. Daneben wurden hochkorrelierte unabhängige Variablen zu Indizes zusammenzufassen. Die multivariate Analyse zur Erklärung der derzeitigen Nutzung sowie der Nutzungsabsicht erfolgte schließlich jeweils mit Hilfe einer geordneten Probit-Schätzung. Dabei konnten zwei optimierte Modelle gewonnen werden, welche die entscheidenden Determinanten der Nutzung von CBT/WBT sowie der Nutzungsabsicht von CBT/WBT enthalten.

Personenbezogene, unternehmensbezogenen sowie innovationsbezogene Merkmale beeinflussen sowohl die derzeitige Nutzung als auch die Nutzungsabsicht von CBT/WBT. Die Abbildung 68 zeigt die Determinanten der Akzeptanzkomponente Nutzung von e-Learning, operationalisiert als Nutzung von CBT/WBT, sowie der Akzeptanzkomponente Nutzungsabsicht von e-Learning, operationalisiert als Nutzungsabsicht von CBT/WBT, im Rahmen des Akzeptanzmodells.

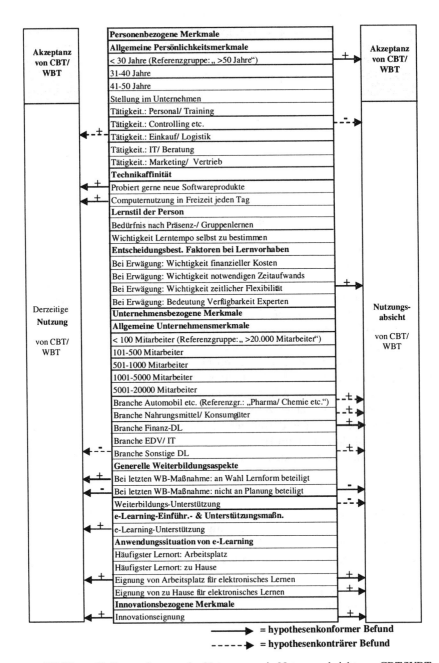

Abbildung 68: Determinanten der Nutzung sowie Nutzungsabsicht von CBT/WBT

III. Multivariate Analyse des Akzeptanzmodells von e-Learning

Vergleicht man die Determinanten der beiden Akzeptanzkomponenten, so zeigt sich, dass in beiden Fällen vor allem *unternehmensbezogene Variablen* eine entscheidende Rolle spielen. Dabei sind bei beiden Akzeptanzkomponenten *generelle Weiterbildungsaspekte* relevant wie beispielsweise die Beteiligung des Mitarbeiters an der Weiterbildungsplanung. So steht eine Nicht-Beteiligung an der Weiterbildungsplanung in starkem Zusammenhang sowohl mit einer geringeren Nutzung von CBT/WBT als auch einer niedrigeren Nutzungsabsicht von CBT/WBT. Hier liegt somit ein wichtiger Hebel, die Akzeptanz zu e-Learning bezüglich Verhalten und Einstellung zu fördern.

Zu den generellen Weiterbildungsaspekten gehört zudem die Weiterbildungsunterstützung, die – anders als vermutet – einen negativen Einfluss auf die Nutzungsabsicht hat. Daraus lässt sich schließen, dass die Mitarbeiter umso weniger die Notwendigkeit zum zukünftigen elektronischen Lernen empfinden, je weniger sie sich Gedanken über Zeit und Kosten ihrer Weiterbildung machen müssen. Die Weiterbildungsunterstützung hat hingegen keinen signifikanten Einfluss auf die derzeitige Nutzung. Mit letzterer stehen hingegen die *e-Learning-Einführungs- und Unterstützungsmaßnahmen* durch das Unternehmen in starkem Zusammenhang, die interessanterweise für die Nutzungsabsicht keine Rolle spielen. Für die derzeitige Nutzung von e-Learning scheinen sie jedoch ein entscheidender Hebel zu sein, da hier der stärkste Zusammenhang feststellbar ist. So sind eine gute Informationspolitik zu elektronischen Lernformen, die Anerkennung des elektronischen Lernens als Arbeitszeit oder auch die Verfügbarkeit von Ansprechpartnern verbunden mit einer verstärkten Nutzung von CBT und WBT.

Eine weitere Gruppe unternehmensbezogener Merkmale stellt die *Anwendungssituation von e-Learning* dar. Die wahrgenommene Eignung des Lernortes Arbeitsplatz steht sowohl mit der derzeitigen Nutzung als auch der Nutzungsabsicht von CBT/WBT in Zusammenhang. Eine bessere Bewertung der elektronischen Lernmöglichkeiten am Arbeitsplatz ist mit einer häufigeren Nutzung und einer gesteigerten Nutzungsabsicht verbunden. Damit liegt auch hier ein wichtiger Hebel für die Akzeptanzförderung von e-Learning bei Mitarbeitern. Dabei sind Aspekte wie z.B. die technische Ausstattung, der Lärmpegel oder die Frequentierung durch Kunden- und Kollegengespräche etc. relevant. Für die Nutzungsabsicht spielt daneben auch die Eignung des Lernortes „zu Hause" eine Rolle. Auch hier ist eine bessere Wahrnehmung mit einer gesteigerten Nutzungsabsicht verbunden. Keinerlei Einfluss hat hingegen, ob der Arbeitsplatz oder die Privatwohnung die derzeit am häufigsten genutzten Lernorte der Befragten darstellen.

Zu den unternehmensbezogenen Aspekten gehören schließlich *allgemeine Unternehmensmerkmale*. Bei ihnen hat die Zugehörigkeit zu einer bestimmten Unternehmensbranche im Vergleich zur Referenzgruppe „Pharma/Chemie/

Energie" Auswirkungen auf beide Komponenten. Bei der derzeitigen Nutzung zeigt sich ein negativer Einfluss der Unternehmenszugehörigkeit „Sonstige Dienstleistungen". Diese Gruppe scheint deutlich weniger CBT/WBT einzusetzen als die Referenzgruppe. Ein anderes Bild zeigt sich hingegen bei der Nutzungsabsicht, wo sich eine Unternehmenszugehörigkeit zu den Branchen „Automobil/Maschinenbau etc.", „Nahrungsmittel/Konsumgüter", „Finanzdienstleistungen" oder sogar „Sonstige Dienstleistungen" positiv im Vergleich zur Referenzgruppe auswirkt. Keinerlei signifikanten Einfluss auf die Akzeptanzkomponenten hat hingegen das Unternehmensmerkmal Größe, gemessen in Mitarbeiterzahlen.

Bei den *innovationsbezogenen Merkmalen* wurden die Aspekte relativer Vorteil sowie Kompatibilität zum Index „*Innovationseignung*" zusammengefasst. Dieser steht mit der derzeitigen Nutzung, insbesondere aber mit der Nutzungsabsicht von CBT/WBT in Zusammenhang. Personen, die mit CBT/WBT schneller lernen als in der Präsenzveranstaltung, diese Lernformen aber auch für geeigneter für die Weiterbildung in ihrer Tätigkeit einschätzen, haben eine deutlich höhere Nutzungsabsicht als andere. So weist der Index „Innovationseignung" den stärksten Zusammenhang aller Determinanten mit der Nutzungsabsicht auf. Im Gegensatz zu den unternehmensbezogenen Aspekten lassen sich die Innovationscharakteristika jedoch nicht so einfach ändern, um die Akzeptanz der Mitarbeiter zu fördern. Inwieweit elektronisches Lernen für die Weiterbildung in der Tätigkeit geeignet ist, hängt stark vom jeweilig festgelegten Tätigkeitsbereich, aber auch von der Wahrnehmung des Einzelnen ab, die beide nicht ohne weiteres verändert werden können. Noch sichtbarer wird dies beim relativen Vorteil des schnelleren Lernens mit CBT/WBT, der in hohem Maße vom Individuum abhängt. Auch hier lässt sich die Akzeptanz nur geringfügig von außen fördern.

Die dargestellte Problematik der mangelnden direkten Einflussnahme auf die Akzeptanzförderung wird offensichtlich bei den *personenbezogenen Merkmalen*. Gleichzeitig weisen diese jedoch auch einen geringeren Einfluss auf die Nutzung, insbesondere aber auch die Nutzungsabsicht als die beiden vorigen Merkmalsgruppen auf. Im Gegensatz zu den vorigen Kategorien lassen sich hier auch keinerlei Überschneidungen zwischen den Akzeptanzkomponenten Nutzung und Nutzungsabsicht von CBT/WBT erkennen. Während für die Nutzungsabsicht insbesondere das Alter von hoher Relevanz ist, spielt es für die derzeitige Nutzung keine signifikante Rolle. So ist mit zunehmendem Alter der Befragten eine deutlich geringere Nutzungsabsicht zu beobachten, bei der Nutzung bestehen hingegen keine signifikanten Altersunterschiede. Auch bezüglich des weiteren *allgemeinen Persönlichkeitsmerkmals* „Tätigkeitsbereich der Person" zeigen sich keine Gemeinsamkeiten. Während der Tätigkeitsbereich „Einkauf/Logistik" den zweitstärksten positiven Zusammenhang mit der derzei-

III. Multivariate Analyse des Akzeptanzmodells von e-Learning

tigen Nutzung aufweist, hat lediglich der Tätigkeitsbereich „Controlling/Buchhaltung/Externes Rechnungswesen" einen – negativen – Einfluss auf die Nutzungsabsicht.

Bezüglich der *Technikaffinität einer Person* zeigen sich ebenfalls deutliche Unterschiede. Für die derzeitige Nutzung sind sowohl die Einstellung gegenüber neuer Software als auch die EDV-Vorkenntnisse einer Person sehr wichtig, für die Nutzungsabsicht spielen sie hingegen keine Rolle. Auf der anderen Seite ist für die Nutzungsabsicht die Wichtigkeit zeitlicher Flexibilität bei Erwägung einer Bildungsmaßnahme aus der Gruppe der *entscheidungsbestimmenden Faktoren* von Bedeutung. Diese haben hingegen generell keine Bedeutung für die derzeitige Nutzung. Als einzige Gemeinsamkeit lässt sich bei den personenbezogenen Merkmale feststellen, dass bei beiden Komponenten der Lernstil einer Person keinen Einfluss besitzt.

Insgesamt zeigen diese Ergebnisse, dass zur Förderung der e-Learning-Akzeptanz der Mitarbeiter vor allem unternehmensbezogene Merkmale relevant sind. Ein wichtiges Augenmerk sollte dabei auf die generellen Weiterbildungsaspekte, die e-Learning-Unterstützung im Unternehmen, aber auch die Anwendungssituation von e-Learning gelegt werden. Aus wissenschaftlicher Sicht war insbesondere die Prüfung des in Kapitel D. hergeleiteten Akzeptanzmodells von Bedeutung. Hier zeigt sich, dass die gewählten Determinanten eine hohe Bedeutung für die beiden Akzeptanzkomponenten Nutzung und Nutzungsabsicht aufweisen und sinnvoll abgrenzbar sind. Lediglich bei den Aspekten „Lernstil der Person" sowie „Unternehmensgröße" konnte kein signifikanter Zusammenhang mit den beiden Akzeptanzkomponenten gemessen werden. Gleichzeitig weisen beide optimierten Modelle eine hohe Erklärungsgüte für die jeweiligen abhängigen Variablen auf. Auch scheint die gewählte Trennung und Einzelanalyse der beiden Akzeptanzkomponenten sinnvoll, da insbesondere im Hinblick auf die personenbezogenen Merkmale unterschiedliche Determinanten von Einfluss sind. Nutzung als Verhaltenskomponente und Nutzungsabsicht als Einstellungskomponente messen unterschiedliche Aspekte der latenten Variablen Akzeptanz und sollten daher – wie hier durchgeführt – auch separat betrachtet werden, um nicht wichtige Informationen zu vernichten.

F. Fazit und Ausblick

Die elektronische Weiterbildung hat unter dem Schlagwort „e-Learning" in den letzten Jahren stark an Bedeutung gewonnen. Inwieweit eine Bildungsinnovation wie e-Learning aber tatsächlich Verbreitung in Unternehmen findet, hängt in hohem Maße von der Akzeptanz der Mitarbeiter ab. In dieser Arbeit sollte daher theoretisch und empirisch analysiert werden, in welchen Unternehmen e-Learning bereits Verbreitung gefunden hat und welche Faktoren die wesentlichen Einflussgrößen auf die Akzeptanz der Mitarbeiter sind.

Der erste große Teil der Arbeit beleuchtete die Verbreitung von e-Learning. Dazu wurden zunächst Eigenschaften und Formen von e-Learning aufgezeigt sowie in das bestehende Weiterbildungsangebot von Wirtschaftsunternehmen eingeordnet. Ein besonderes Augenmerk galt Lernzentren – häufig als „Corporate Universities" bezeichnet –, die sich in vielen Unternehmen bereits zum Haupteinsatzbereich von e-Learning entwickelt haben. Nach Kennzeichnung des theoretischen Rahmens wurde die gegenwärtige Verbreitung von e-Learning in Wirtschaftsunternehmen empirisch analysiert. Auf Basis bisheriger empirischer Befunde wurde eine eigene großzahlige Untersuchung bei Unternehmen des CDAX durchgeführt. Hier zeigen sich zum Teil deutliche Unterschiede zwischen Unternehmen über und unter 500 Mitarbeitern. So sind es bislang insbesondere die großen Unternehmen, die e-Learning einsetzen. Vorreiter sind dabei Finanzdienstleistungs-Unternehmen. Haupteinsatzform stellt bei den elektronischen Lernformen nach wie vor das Computer Based Training (CBT) gefolgt vom Web Based Training (WBT) dar. Signifikante Unterschiede zeigen sich auch bezüglich des Entstehungsprozesses. In großen Unternehmen ist die Personalabteilung wichtigster Ideengenerierer sowie Entscheider. Diese Abteilung spielt zwar auch in kleinen Unternehmen eine Rolle, noch wichtiger ist hier jedoch der Vorstand bei der Einsatz-Entscheidung. Gleichzeitig entwickeln kleine Unternehmen häufiger selbst ihre elektronischen Lernformen. Besonders deutlich werden die Unterschiede zwischen großen und kleinen Unternehmen bezüglich der Wahrnehmung von Einführungsproblemen sowie der Einschätzung des Gesamterfolgs. Hier zeichnet sich bei den kleinen Unternehmen ein signifikant positiveres Bild ab als bei großen Unternehmen. Gespräche mit Experten hierzu lassen vermuten, dass in kleineren Unternehmen im Vorfeld der Einführung möglicherweise eine sorgfältigere Prüfung und Nutzenanalyse durchgeführt wird. Neben den Unterschieden zwischen großen und kleinen Unternehmen war ein zweiter wichtiger Aspekt die Untersuchung von Einflussgrößen auf den Erfolg von e-Learning. Da es sich hierbei um eine explorative Analyse handelt, bestand das Ziel in der Generierung von Forschungshypothesen. Dabei zeigt sich, dass der stärkste bivariate Zusammenhang zwischen der Mitarbeiterakzeptanz und dem Erfolg von e-Learning besteht. Diese könnte daher ein entscheidender Hebel für den erfolgreichen e-Learning-Einsatz sein.

Im zweiten großen Teil der Arbeit wurde daher die Akzeptanz von e-Learning untersucht. Dazu wurden zunächst bestehende Akzeptanzmodelle analysiert sowie personen-, unternehmens- und innovationsbezogene Einflussfaktoren abgeleitet. Diese bildeten die Basis eines theoretischen Modells zur Akzeptanz von e-Learning in Wirtschaftsunternehmen. Die Akzeptanz von e-Learning spiegelte sich dabei in einer positiven Einstellung gegenüber e-Learning als Bereitschaft zur zukünftigen Nutzung elektronischer Weiterbildungsformen sowie in einem stark ausgeprägten derzeitigen Nutzungsverhalten elektronischer Weiterbildungsformen wider. Auf Basis des Akzeptanzmodells wurden Hypothesen generiert, die in einer eigenen empirischen Untersuchung bei Kunden eines Weiterbildungsanbieters geprüft wurden. Da CBT und WBT die bislang mit Abstand am stärksten erprobten elektronischen Lernformen darstellen, wurde die Analyse auf diese Varianten konzentriert. Vergleicht man die Determinanten der beiden Akzeptanzkomponenten Nutzung und Bereitschaft zur zukünftigen Nutzung, so zeigt sich, dass in beiden Fällen vor allem unternehmensbezogene Variablen eine entscheidende Rolle spielen. Hierzu gehören generelle Weiterbildungsaspekte wie die Beteiligung des Mitarbeiters an der Weiterbildungsplanung, die e-Learning-Unterstützung im Unternehmen aber auch die Anwendungssituation von e-Learning. Eine zweite sehr wichtige Gruppe von Einflussgrößen stellen die innovationsbezogenen Merkmale dar, wozu die Möglichkeit des schnelleren Lernens mit CBT/WBT sowie die Eignung von CBT/WBT für die Weiterbildung in der Tätigkeit gehören. Einen geringeren Einfluss weisen hingegen die personenbezogenen Merkmale aus, die aus Unternehmenssicht auch weniger geeignet sind für die Akzeptanzförderung. Insgesamt zeigt sich jedoch, dass die gewählten Determinanten eine hohe Bedeutung für die beiden Akzeptanzkomponenten Nutzung und Nutzungsabsicht aufweisen.

Aus beiden Studien wird deutlich, dass e-Learning zwar einen immer höheren Stellenwert in Unternehmen bekommt, allerdings die Präsenzschulung nicht verdrängen wird. Daher wird zukünftig insbesondere die unter dem Schlagwort „blended learning" bezeichnete Kombination von Präsenzveranstaltungen und e-Learning Raum für neue Forschungsarbeiten geben. Hierbei stellen sich insbesondere zwei grundlegende Fragen. Die Arbeit hat gezeigt, dass der Arbeitsplatz bislang noch als sehr ungeeignet für elektronisches Lernen wahrgenommen wird. Daher ist erstens zu untersuchen, wie eine sinnvolle Arbeitsumgebung gestaltet sein muss, um zeitnahes Lernen im Rahmen eines „blended learnings" zu ermöglichen. Eine zweite Frage betrifft die Rolle der direkten Vorgesetzten. Vor allem die zweite Studie hat gezeigt, dass Informationen und Unterstützungsmaßnahmen zu e-Learning die Mitarbeiter bislang nur sehr mangelhaft erreichen. Diese werden auch häufig nicht in den Planungsprozess ihrer eigenen Weiterbildungsmaßnahmen eingebunden. Hier scheinen die direkten Vorgesetzten, d. h. insbesondere das mittlere Management, ein wichtiger Hebel zu sein. Daher stellt sich die Frage, wie das mittlere Management sinnvoll in den Einführungsprozess einer Bildungsinnovation wie e-Learning eingebunden, möglicherweise selbst als Promotor gewonnen werden kann.

Methodisch hat die Arbeit deutlich gemacht, dass kombinierte e-Mail-/Online-Befragungen ein sehr geeignetes Medium der Datenerhebung sind. So konnten in beiden Befragungen gute Rücklaufquoten erzielt werden. Insbesondere auch der direkte Vergleich mit der parallelen Brief-Befragung im Rahmen der Akzeptanzstudie hat gezeigt, dass elektronische Befragungen nicht nur für den Forscher (dank einfacherer Erstellungsmöglichkeit der Datenbank) angenehmer sind, sondern auch von den Befragten sehr geschätzt werden.[1] In beiden Studien wurden die elektronischen Fragebögen sehr zeitnah ausgefüllt und zurückgeschickt. Gleichzeitig scheint die Mittagszeit ein geeigneter Befragungszeitpunkt für elektronische Befragungen zu sein. Da die e-Learning-Forschung ein Wissenschaftsgebiet in einem sehr frühen Stadium darstellt, war es Ziel der Arbeit, Grundlagen zu legen. Daher wurden zur Datenauswertung deskriptive Methoden sowie multivariate Analysen wie z.B. geordnete Wahrscheinlichkeitsmodelle verwendet. Auf Basis dieser Arbeit ist es nun möglich, die weitergehenden Forschungsfragen mit Hilfe strukturierender Modelle mit konfirmatorischem Charakter wie z.B. dem LISREL-Ansatz zu untersuchen.

Abschließend ist vor diesem Hintergrund zu konstatieren, dass die Bildungsinnovation e-Learning sowohl aus Sicht der Praxis als auch der Wissenschaft in den letzten Jahren rapide an Bedeutung gewonnen hat und heute einen wichtigen Bestandteil des Bildungsbereichs darstellt. Auch in Zukunft wird der Produktionsfaktor Wissen entscheidend für die Wettbewerbsfähigkeit und das Wachstum von Unternehmen sein. e-Learning stellt dabei in Kombination mit Präsenzveranstaltungen ein ideales Schulungsinstrument dar, um effizient und effektiv Wissen zu vermitteln.

---

[1] Für die Akzeptanz-Studie wurden 2189 Personen in der Hauptbefragung per e-Mail und 1400 Personen per Brief angeschrieben. 616 der 2189 Personen der kombinierten e-Mail-/Online-Befragung haben geantwortet gegenüber 23 der 1400 Personen in der Briefbefragung.

Anhang

Anhang 1
Deskription der Variablen der Studie „Verbreitung von e-Learning"

	Min	Max	MW	Median	Standardabweichung	N
Anzahl der Weiterbildungstage für oberes Management	0	56	4,32	3	6,5	176
Anzahl der Weiterbildungstage für mittleres Management	0	50	5,71	4	7,7	189
Anzahl der Weiterbildungstage für Angestellte	0	150	8,13	3	18,1	195
Anzahl der Weiterbildungstage für Facharbeiter	0	80	4,53	2	10,9	115
Anteil elektronischer Weiterbildung bei oberem Management (in %)	0	100	2,92	0	13,9	133
Anteil elektronischer Weiterbildung bei mittlerem Management (%)	0	100	5,67	0	18,3	135
Anteil elektronischer Weiterbildung bei Angestellten (%)	0	100	8,02	0	19,8	141
Anteil elektronischer Weiterbildung bei Facharbeitern (%)	0	100	4,87	0	16,3	98
Weiterbildungsaufwendungs-Klasse im 1. HJ 2001 (in DM)	0-25.000	250-500 Mio.	-	125.000-250.000	-	224
Anteil der Aufwendungen für elektronische Weiterbildung (in %)	0	100	5,42	0	16,7	191

Mitarbeiterzahl im Jahre 2000	1	100.000	3.439,3	395	10.799,2	274
Umsatz-Klasse im Jahre 2000 (in DM)	0-1 Mio.	über 250 Mrd.	-	100-250 Mio.	-	238
Branchengruppe 1: Rohstoffe, Energie/Wasser, Chemie, Pharma (J/N)	0	1	0,16	-	-	266
Branchengruppe 2: Automobil, Beteiligungsuntern., Maschinenbau, Baugewerbe, Technologie (J/N)	0	1	0,26	-	-	266
Branchengruppe 3: Nahrungsmittel/Getränke, Konsumgüter (J/N)	0	1	0,08	-	-	266
Branchengruppe 4: Banken, Sonstige Finanz-Dienstleistungen, Versicherungen (J/N)	0	1	0,13	-	-	266
Branchengruppe 5: Software (J/N)	0	1	0,17	-	-	266
Branchengruppe 6: Einzelhandel, Medien, Telekommunikation, Transport/Logistik (J/N)	0	1	0,20	-	-	266
Durchführung elektronischer Weiterbildungsmaßnahmen (J/N)	0	1	0,31	-	-	284
Zielgruppe der elektronischen Weiterbildungsmaßnahme: Oberes Management (J/N)	0	1	0,29	-	-	86
Zielgruppe der elektronischen Weiterbildungsmaßnahme: Mittleres Management (J/N)	0	1	0,72	-	-	86
Zielgruppe der elektronischen Weiterbildungsmaßnahme: Angestellte (J/N)	0	1	0,95	-	-	86
Zielgruppe der elektronischen Weiterbildungsmaßnahme: Facharbeiter (J/N)	0	1	0,35	-	-	84

Zielgruppe der elektronischen Weiterbildungsmaßnahme: Kunden (J/N)	0	1	0,18	-	-	84
Zielgruppe der elektronischen Weiterbildungsmaßnahme: Zulieferer (J/N)	0	1	0,06	-	-	85
Inhalt der elektronischen Weiterbildungsmaßnahme: Fachwissen (J/N)	0	1	0,70	-	-	87
Inhalt der elektronischen Weiterbildungsmaßnahme: Interne Prozessoptimierung (J/N)	0	1	0,28	-	-	86
Inhalt der elektronischen Weiterbildungsmaßnahme: Interne EDV-Kompetenz (J/N)	0	1	0,81	-	-	86
Inhalt der elektronischen Weiterbildungsmaßnahme: Kommunikations-/Sozialkompetenz (J/N)	0	1	0,20	-	-	86
Inhalt der elektronischen Weiterbildungsmaßnahme: Sprachen (J/N)	0	1	0,37	-	-	86
Inhalt der elektronischen Weiterbildungsmaßnahme: Produktschulung (J/N)	0	1	0,43	-	-	86
Personalabteilung als Vorschlaggeber zum erstmaligen Einsatz (J/N)	0	1	0,63	-	-	83
Unternehmensvorstand als Vorschlaggeber zum erstmaligen Einsatz (J/N)	0	1	0,25	-	-	83
WB-Teilnehmer als Vorschlaggeber zum erstmaligen Einsatz (J/N)	0	1	0,20	-	-	83
Externer Anbieter als Vorschlaggeber zum erstmaligen Einsatz (J/N)	0	1	0,24	-	-	83

Kunde als Vorschlaggeber zum erstmaligen Einsatz (J/N)	0	1	0,01	-	-	83
IT-Abteilung als Vorschlaggeber zum erstmaligen Einsatz (J/N)	0	1	0,08	-	-	84
Personalabteilung als Entscheidungsträger zum erstmaligen Einsatz (J/N)	0	1	0,78	-	-	81
IT-Abteilung als Entscheidungsträger zum erstmaligen Einsatz (J/N)	0	1	0,59	-	-	81
Unternehmensvorstand als Entscheidungsträger zum erstmaligen Einsatz (J/N)	0	1	0,46	-	-	81
Teilnehmer als Entscheidungsträger zum erstmaligen Einsatz (J/N)	0	1	0,19	-	-	81
Betriebrat als Entscheidungsträger zum erstmaligen Einsatz (J/N)	0	1	0,04	-	-	81
Entwicklung elektronischer Weiterbildungsmaßnahmen in der Regel als Eigen-Entwicklung (J/N)	0	1	0,19	-	-	78
Entwicklung elektronischer Weiterbildungsmaßnahmen in der Regel als Fremd-Entwicklung (J/N)	0	1	0,64	-	-	84
Entwicklung elektronischer Weiterbildungsmaßnahmen in der Regel in Kooperation (J/N)	0	1	0,49	-	-	83

Mittelwertberechnung jeweils auf Basis der verfügbaren Beobachtungen pro Item.

Anteil von Unternehmen in Klasse...	1	2	3	4	5	N
Häufigkeit von Präsenzveranstaltungen im 1. HJ 2001 (1=nie, 5=sehr oft)	0,04	0,05	0,20	0,31	0,40	84
Häufigkeit von CBT im 1. HJ 2001 (1=nie, 5=sehr oft)	0,06	0,38	0,26	0,29	0,01	86
Häufigkeit von WBT im 1. HJ 2001 (1=nie, 5=sehr oft)	0,38	0,30	0,18	0,12	0,02	84
Häufigkeit von VC im 1. HJ 2001 (1=nie, 5=sehr oft)	0,78	0,10	0,07	0,04	0,01	82
Häufigkeit von BTV im 1. HJ 2001 (1=nie, 5=sehr oft)	0,82	0,05	0,04	0,07	0,02	83
Dauer des routinemäßigen Einsatzes von CBT (1=nicht angewendet, 5=über 24 Monate)	0,06	0,13	0,11	0,27	0,43	84
Dauer des routinemäßigen Einsatzes von WBT (1=nicht angewendet, 5=über 24 Monate)	0,36	0,22	0,19	0,14	0,09	80
Dauer des routinemäßigen Einsatzes von VC (1=nicht angewendet, 5=über 24 Monate)	0,68	0,21	0,06	0,04	0,01	81
Dauer des routinemäßigen Einsatzes von BTV (1=nicht angewendet, 5=über 24 Monate)	0,74	0,09	0,05	0,05	0,07	81
Erwarteter Vorteil: erhöhte Verfügbarkeit (1=trifft gar nicht zu, 5= trifft völlig zu)	0,01	0,04	0,18	0,35	0,42	83
Erwarteter Vorteil: Zeitersparnis (1=trifft gar nicht zu, 5= trifft völlig zu)	-	0,07	0,12	0,405	0,405	84
Erwarteter Vorteil: Kostenersparnis (1=trifft gar nicht zu, 5= trifft völlig zu)	-	0,02	0,31	0,32	0,35	84
Erwarteter Vorteil: schnellere Aktualisierbarkeit (1=trifft gar nicht zu, 5= trifft völlig)	0,06	0,12	0,22	0,31	0,29	82

Erwarteter Vorteil: Förderung des Selbstlernens (1=trifft gar nicht zu, 5= trifft völlig zu)	0,04	0,06	0,13	0,37	0,40	83
Erwarteter Vorteil: erhöhte Lernqualität (1=trifft gar nicht zu, 5= trifft völlig zu)	0,06	0,17	0,40	0,30	0,07	83
Erfüllte Erwartung: erhöhte Verfügbarkeit (1=trifft gar nicht zu, 5= trifft völlig zu)	0,03	0,14	0,22	0,53	0,08	77
Erfüllte Erwartung: Zeitersparnis (1=gar nicht, 5=außerordentlich)	-	0,11	0,29	0,55	0,05	80
Erfüllte Erwartung: Kostenersparnis (1=gar nicht, 5=außerordentlich)	0,04	0,15	0,29	0,39	0,13	80
Erfüllte Erwartung: schnellere Aktualisierbarkeit (1=gar nicht, 5=außerordentlich)	0,08	0,19	0,30	0,37	0,06	78
Erfüllte Erwartung: Förderung des Selbstlernens (1=gar nicht, 5=außerordentlich)	0,05	0,14	0,38	0,40	0,03	76
Erfüllte Erwartung: erhöhte Lernqualität (1=gar nicht, 5=außerordentlich)	0,06	0,23	0,48	0,23	0	78
Problem: mangelhaftes externes Angebot (1=gar nicht, 5=außerordentlich)	0,17	0,30	0,25	0,22	0,06	83
Problem: mangelnde interne IT-Unterstützung (1=gar nicht, 5=außerordentlich)	0,33	0,33	0,14	0,16	0,04	82
Problem: Kosten der Einführung (1=gar nicht, 5=außerordentlich)	0,10	0,26	0,29	0,26	0,09	80
Problem: mangelnde Mitarbeiterakzeptanz (1=gar nicht, 5=außerordentlich)	0,16	0,28	0,35	0,17	0,04	81
Problem: mangelnde Management-Unterstützung(1=gar nicht, 5=außerordentlich)	0,27	0,37	0,17	0,17	0,02	82
Problem: Vorbehalte des Betriebsrats (1=gar nicht, 5=außerordentlich)	0,55	0,26	0,13	0,05	0,01	78
Gesamterfolg (1=deutlich schlechter als Präsenzveranstaltungen, 5=deutlich besser als...)	0,02	0,30	0,36	0,28	0,04	81

Anhang 2
Deskription der Variablen der Studie „Akzeptanz von e-Learning"

	Min	Max	MW	Median	Standard-abweichung	N
Alter der Person (< 30 Jahre) (J/N)	0	1	0,19	-	-	607
Alter der Person (31-40 Jahre) (J/N)	0	1	0,50	-	-	607
Alter der Person (41-50 Jahre) (J/N)	0	1	0,25	-	-	607
Alter der Person (> 50 Jahre) (J/N)	0	1	0,06	-	-	607
Position als freier Mitarbeiter (J/N)	0	1	0,01	-	-	612
Position als Angestellter (J/N)	0	1	0,65	-	-	612
Position im mittleren Management (J/N)	0	1	0,28	-	-	612
Position im oberen Management (J/N)	0	1	0,06	-	-	612
Tätigkeitsbereich (hier Mehrfachnennungen): Personal, Training (J/N)	0	1	0,15	-	-	616
Tätigkeitsbereich: Marketing, Vertrieb, Kundenbetreuung (J/N)	0	1	0,24	-	-	616
Tätigkeitsbereich: Controlling, Buchhaltung, ReWe (J/N)	0	1	0,25	-	-	616
Tätigkeitsbereich: Einkauf, Logistik (J/N)	0	1	0,08	-	-	616
Tätigkeitsbereich: IT, Beratung (J/N)	0	1	0,60	-	-	616
Computernutzung in Freizeit jeden Tag (J/N)	0	1	0,47	-	-	616
Mitarbeiterzahl (< 100 Mitarbeiter) (J/N)	0	1	0,15	-	-	607
Mitarbeiterzahl (101-500 Mitarbeiter) (J/N)	0	1	0,19	-	-	607
Mitarbeiterzahl (501-1.000 Mitarbeiter) (J/N)	0	1	0,10	-	-	607
Mitarbeiterzahl (1.001-5.000 Mitarbeiter) (J/N)	0	1	0,26	-	-	607

Mitarbeiterzahl (5.001-20.000 Mitarbeiter) (J/N)	0	1	0,13	-	-	607
Mitarbeiterzahl (> 20.000 Mitarbeiter) (J/N)	0	1	0,17	-	-	607
Branche Pharma/ Chemie, Energie (J/N)	0	1	0,13	-	-	600
Branche Automobil, Maschinenbau, Baugewerbe, Elektrotechnik/Elektronik (J/N)	0	1	0,175	-	-	600
Branche Nahrungsmittel/Konsumgüter (J/N)	0	1	0,065	-	-	600
Branche Finanz-DL (J/N)	0	1	0,15	-	-	600
Branche EDV/IT (J/N)	0	1	0,24	-	-	600
Branche Sonstige DL (J/N)	0	1	0,24	-	-	600
Person war bei letzten WB-Maßnahme an Wahl Lernform beteiligt (J/N)	0	1	0,27	-	-	611
Person war bei letzten WB-Maßnahme nicht an Planung beteiligt (J/N)	0	1	0,12	-	-	611
Häufigster Lernort: Arbeitsplatz (J/N)	0	1	0,18	-	-	615
Häufigster Lernort: Lernraum (J/N)	0	1	0,07	-	-	615
Häufigster Lernort: Schulungszentrum (J/N)	0	1	0,15	-	-	615
Häufigster Lernort: Extern (J/N)	0	1	0,48	-	-	615
Häufigster Lernort: zu Hause (J/N)	0	1	0,11	-	-	615

Mittelwertberechnung jeweils auf Basis der verfügbaren Beobachtungen pro Item

Anteil von Personen in Klasse...	1	2	3	4	5	N
Person probiert gerne neue Softwareprodukte aus (1=trifft gar nicht zu, 5=trifft völlig zu)	0,01	0,06	0,23	0,35	0,35	616

Person lernt lieber in einer Gruppe als allein (1=trifft gar nicht zu, 5=trifft völlig zu)	0,05	0,11	0,48	0,26	0,10	614
Wichtigkeit persönlichen Kontakts zum Trainer vor Ort (1=gar nicht wichtig, 5=sehr wichtig)	0,01	0,06	0,24	0,46	0,23	616
Wichtigkeit persönlichen Kontakts zu anderen Teilnehmern vor Ort (1=gar nicht wichtig, 5=s. wichtig)	0,02	0,135	0,35	0,36	0,135	615
Wichtigkeit Lerntempo selbst zu bestimmen (1=gar nicht wichtig, 5=s. wichtig)	0	0,09	0,27	0,42	0,22	612
Bei Erwägung einer Bildungsmaßnahme: Wichtigkeit Verfügbarkeit eines Experten bei technischen Problemen (1=gar nicht wichtig, 5=s. wichtig)	0	0,03	0,13	0,40	0,44	610
Bei Erwägung einer Bildungsmaßnahme: Wichtigkeit Verfügbarkeit eines Experten bei inhaltlichen Problemen (1=gar nicht wichtig, 5=s. wichtig)	0	0,01	0,07	0,42	0,50	613
Bei Erwägung einer Bildungsmaßnahme: Wichtigkeit des notwendigen Zeitaufwands (1=gar nicht wichtig, 5=s. wichtig)	0,01	0,06	0,275	0,46	0,195	611
Bei Erwägung einer Bildungsmaßnahme: Wichtigkeit zeitlicher Flexibilität (1=gar nicht wichtig, 5=s. wichtig)	0,005	0,10	0,30	0,36	0,235	611
Bei Erwägung einer Bildungsmaßnahme: Wichtigkeit finanzieller Kosten (1=gar nicht wichtig, 5=s. wichtig)	0,005	0,06	0,36	0,415	0,16	612
Ich habe die Möglichkeit, während meiner Arbeitszeit an WB-Maßnahmen teilzunehmen (1=trifft gar nicht zu, 5=trifft völlig zu)	0,01	0,04	0,15	0,35	0,45	613

Berufliche WB der Person findet zum größten Teil in der Freizeit statt (1= trifft gar nicht zu, 5=trifft völlig zu)	0,20	0,39	0,29	0,08	0,04	609
Die Zeit für WB wird im Unternehmen grundsätzlich als Arbeitszeit angesehen (1=trifft gar nicht zu, 5=trifft völlig zu), k.A.=6	0,01	0,02	0,18	0,34	0,45	609
Person muss seine WB-Maßnahmen privat bezahlen (1=trifft gar nicht zu, 5=trifft völlig zu), k.A.=19	0,60	0,22	0,15	0,02	0,01	591
Im Unternehmen gibt es Ansprechpartner zu „Lernen mit elektronischen Lernformen" (1=trifft gar nicht zu, 5=trifft völlig zu, k.A.=146	0,50	0,18	0,13	0,14	0,05	467
Die Zeit für selbständiges Lernen mit elektronischen Lernformen wird im Unternehmen grundsätzlich als Arbeitszeit angesehen (1=trifft gar nicht zu, 5=trifft völlig zu), k.A.=162	0,06	0,13	0,28	0,26	0,27	451
Informiert wird die Person im Unternehmen über Lernen mit CBT ... (1=sehr schlecht, 5=sehr gut)	0,23	0,20	0,25	0,25	0,07	604
Informiert wird die Person im Unternehmen über Lernen mit WBT ... (1=sehr schlecht, 5=sehr gut)	0,29	0,27	0,22	0,16	0,06	593
Informiert wird die Person im Unternehmen über Lernen mit VC ... (1=sehr schlecht, 5=sehr gut)	0,40	0,31	0,15	0,10	0,04	581
Informiert wird die Person ich im Unternehmen über Lernen mit BTV ... (1=sehr schlecht, 5=sehr gut)	0,46	0,32	0,13	0,06	0,03	573
Informiert wird die Person im Unternehmen über Lernen im Präsenztraining ... (1=sehr schlecht, 5=sehr gut)	0,12	0,10	0,16	0,37	0,25	602

Eignung des Lernortes „Arbeitsplatz" für ungestörtes Lernen mit elektronischen Lernformen (1=sehr schlecht, 5=sehr gut), k.A.=2	0,34	0,32	0,23	0,09	0,02	606
Eignung des Lernortes „Lernraum im Unternehmen" für ungestörtes Lernen mit elektronischen Lernformen (1=sehr schlecht, 5=sehr gut), k.A.=42	0,02	0,08	0,23	0,51	0,16	569
Eignung des Lernortes „internes Schulungszentrum" für ungestörtes Lernen mit elektronischen Lernformen (1=sehr schlecht, 5=sehr gut), k.A.=55	0,01	0,04	0,16	0,54	0,25	554
Eignung des Lernortes „extern bei einem Schulungsanbieter" für ungestörtes Lernen mit elektronischen Lernformen (1=sehr schlecht, 5=sehr gut), k.A.=29	0,03	0,05	0,12	0,41	0,39	580
Eignung des Lernortes „zu Hause" für ungestörtes Lernen mit elektronischen Lernformen (1=sehr schlecht, 5=sehr gut), k.A.=14	0,05	0,09	0,33	0,33	0,20	599
Eignung von CBT für die WB in der derzeitigen Tätigkeit (1=sehr schlecht, 5=sehr gut), k.A.=54	0,02	0,08	0,37	0,38	0,15	553
Eignung von WBT für die WB in der derzeitigen Tätigkeit (1=sehr schlecht, 5=sehr gut), k.A.=106	0,03	0,09	0,38	0,37	0,13	496
Eignung von VC für die WB in der derzeitigen Tätigkeit (1=sehr schlecht, 5=sehr gut), k.A.=171	0,05	0,15	0,47	0,26	0,07	426
Eignung von BTV für die WB in der derzeitigen Tätigkeit (1=sehr schlecht, 5=sehr gut), k.A.=239	0,18	0,30	0,39	0,12	0,01	359

Eignung von Präsenztraining für die WB in der derzeitigen Tätigkeit (1= sehr schlecht, 5=sehr gut), k.A.=63	0	0,01	0,14	0,45	0,40	541
Für zukünftige Lernzwecke würde gerne an einem Präsenztraining teilnehmen (1=trifft gar nicht zu, 5=trifft völlig zu)	0,04	0,03	0,14	0,44	0,35	599
Für zukünftige Lernzwecke würde gerne CBT einsetzen (1=trifft gar nicht zu, 5=trifft völlig zu)	0,07	0,12	0,31	0,39	0,11	597
Für zukünftige Lernzwecke würde gerne WBT einsetzen (1=trifft gar nicht zu, 5=trifft völlig zu)	0,09	0,16	0,31	0,35	0,09	595
Für zukünftige Lernzwecke würde gerne an einem VC teilnehmen (1=trifft gar nicht zu, 5=trifft völlig zu)	0,11	0,22	0,33	0,28	0,06	592
Für zukünftige Lernzwecke würde gerne Business TV einsetzen (1=trifft gar nicht zu, 5=trifft völlig zu)	0,31	0,36	0,23	0,09	0,01	573

Anteil von Personen in Klasse...	**1**	**2**	**3**	**4**	**N**
Nutzung von CBT (1=nie, 2=mind. 1 x pro Monat, 3= mind. 1 x pro Quartal, 4= mind. 1 x pro Jahr)	0,57	0,26	0,12	0,05	595
Nutzung von WBT (1=nie, 2=mind. 1 x pro Monat, 3= mind. 1 x pro Quartal, 4= mind. 1 x pro Jahr)	0,76	0,15	0,04	0,05	580
Nutzung von VC (1=nie, 2=mind. 1 x pro Monat, 3= mind. 1 x pro Quartal, 4= mind. 1 x pro Jahr)	0,93	0,05	0,01	0,01	574
Nutzung von BTV (1=nie, 2=mind. 1 x pro Monat, 3= mind. 1 x pro Quartal, 4= mind. 1 x pro Jahr)	0,94	0,04	0,02	0	570

Anhang 3
Probit-Schätzung zur Erklärung des e-Learning-Einsatzes in der Stichprobe

Probit-Schätzung: Erklärung des e-Learning-Einsatzes in der Stichprobe	
Abhängige Variable	e-Learning-Einsatz (ja/nein)
Unabhängige Variabeln	Marg. Effekt dF/dx SF
Ln (Mitarbeiterzahl 1999/2000)	0,0540*** 0,0176
Return on Equity 2001	0,0015 0,0014
Interaktion RoE 01*Ln(Mitarbeiter)	-0,0002 0,0002
Anpassungsgüte des Modells	LR $\chi 2$=12,73 p($\chi 2$)=0,0053 Pseudo-R^2=0,062 N=161
Datensatz: Alle angeschriebenen Unternehmen, von denen Daten vorlagen; Schätzverfahren: Probit, dF/dx für Dummy-Variablen zeigt die Veränderung der Teilnahmewahrscheinlichkeit der Dummy-Variablen von 0 zu 1. Wald-Test aller Branchen-Dummies: $\chi 2$= 9,47, p($\chi 2$)= 0,93. Signifikanzniveau der (hier nicht ausgewiesenen) Koeffizienten: ***=p<0,01/**=p<0,05/*=p<0,1	

Anhang 4
Geordnete Probit-Schätzungen zur Erklärung der Nutzung von CBT, der Nutzung von WBT, der Nutzungsabsicht von CBT und der Nutzungsabsicht von WBT

Ordered Probit-Schätzungen und OLS-Schätzung: Erklärung der Nutzung von CBT/WBT											
Abhängige Variabeln				Nutzung von CBT		Nutzung WBT		Nutzungsabsicht von CBT		Nutzungsabsicht WBT	
Unabhängige Variabeln	MW	Min	Max	Koeffizienten	SF	Koeffizienten	SF	Koeffizienten	SF	Koeffizienten	SF
bis 30 Jahre (J/N)	0,19	0	1	0,23	0,29	0,39	0,36	0,29	0,25	0,42*	0,24
31-40 Jahre (J/N)	0,50	0	1	0,18	0,27	0,30	0,34	0,12	0,23	0,25	0,22
41-50 Jahre (J/N)	0,25	0	1	0,32	0,28	0,30	0,35	0,12	0,24	0,09	0,23
Über 50 Jahre (J/N), Referenzgruppe	0,06	0	1	0	0	0	0	0	0	0	0
Stellung im Unternehmen als Manager (J/N)	0,34	0	1	-0,04	0,13	0,08	0,15	-0,05	0,12	-0,01	0,11
Tätigkeitsbereich Personal, Training (J/N)	3,52	1	5	0,12	0,15	0,26	0,17	-0,16	0,14	0,03	0,14
Tätigkeitsbereich Marketing, Vertrieb, etc. (J/N)	0,15	0	1	-0,07	0,15	0,21	0,17	-0,11	0,13	-0,10	0,13
Tätigkeitsbereich Controlling, Buchhaltung, ReWe (J/N)	0,24	0	1	-0,13	0,16	-0,07	0,19	-0,30**	0,14	-0,25*	0,13
Tätigkeitsbereich Einkauf, Logistik (J/N)	0,25	0	1	0,43**	0,21	0,59*	0,24	0,14	0,20	0,04	0,19
Tätigkeitsbereich IT, Beratung (J/N)	0,08	0	1	0,23	0,14	0,11	0,17	-0,13	0,13	-0,26**	0,12

Probiere gerne neue Softwareprodukte aus	3,98	1	5	0,20**	0,07	0,13	0,08	0,05	0,06	-0,02	0,06
Computernutzung jeden Tag	0,47	0	1	0,17	0,12	0,46***	0,15	-0,11	0,11	0,13	0,11
Bedürfnis nach Präsenz-/Gruppenlernen	3,58	1	5	-0,02	0,10	0,14	0,12	-0,13	0,09	-0,09	0,09
Wichtigkeit Lerntempo selbst zu bestimmen	3,77	2	5	0,36	0,08	0,00	0,09	0,03	0,07	0,07	0,07
Bei Erwägung: Wichtigkeit finanzieller Kosten	3,67	1	5	-0,00	0,07	-0,12	0,09	0,06	0,07	0,01	0,06
Bei Erwägung: Wichtigkeit des notwendigen Zeitaufwands	3,76	1	5	0,07	0,07	0,04	0,09	-0,02	0,07	0,08	0,06
Bei Erwägung: Wichtigkeit zeitlicher Flexibilität	3,72	1	5	-0,08	0,07	-0,03	0,09	0,20***	0,07	0,04	0,06
Bei Erwägung: Bedeutung Verfügbarkeit Experten	4,32	2	5	-0,15	0,09	-0,19*	0,11	0,07	0,09	0,12	0,08
< 100 Mitarbeiter	0,16	0	1	-0,32	0,22	-0,55**	0,28	0,23	0,20	-0,38*	0,20
101-500 Mitarbeiter	0,17	0	1	0,16	0,21	0,27	0,24	0,01	0,19	-0,01	0,18
501-1.000 Mitarbeiter	0,10	0	1	-0,15	0,22	-0,40	0,28	0,14	0,20	0,03	0,20
1.001-5.000 Mitarbeiter	0,26	0	1	-0,15	0,18	-0,50	0,21	-0,00	0,16	-0,02	0,16
5.001-20000 Mitarbeiter	0,13	0	1	0,12	0,21	0,39*	0,24	-0,08	0,19	-0,07	0,19
> 20.000 Mitarbeiter (Referenzgruppe)	0,18	0	1	0	0	0	0	0	0	0	0

Branche Automobil, Maschinenbau, Baugewerbe, Elektrotechnik/ Elektronik (J/N)	0,60	0	1	0,17	0,22	0,07	0,25	0,37*	0,20	0,42**	0,19
Branche Nahrungsmittel/ Konsumgüter (J/N)	0,18	0	1	-0,22	0,28	-0,72*	0,40	0,65***	0,25	0,60*	0,24
Branche Finanz-DL (J/N)	0,07	0	1	-0,08	0,22	-0,07	0,26	0,44**	0,20	0,29	0,19
Branche EDV/IT (J/N)	0,15	0	1	-0,09	0,21	-0,10	0,25	0,02	0,19	0,30	0,18
Branche Sonstige DL (J/N)	0,24	0	1	-0,32	0,21	-0,27	0,24	0,31*	0,18	0,44**	0,18
Person war bei letzten WB-Maßnahme an Wahl Lernform beteiligt (J/N)	0,27	0	1	0,36***	0,13	0,22	0,15	-0,01	0,12	0,07	0,12
Person war bei letzten WB-Maßnahme nicht an Planung beteiligt (J/N)	0,12	0	1	-0,53**	0,23	-0,14	0,27	-0,35**	0,18	-0,20	0,17
Weiterbildungs-Unterstützung	1,12	-2	3	-0,11	0,09	-0,17	0,10	-0,19**	0,08	-0,14*	0,08
e-Learning-Unterstützung	2,78	0,5	5,33	0,54***	0,07	0,66***	0,09	0,03	0,06	0,07	0,06
Häufigster Lernort: Arbeitsplatz (J/N)	0,18	0	1	0,09	0,15	0,07	0,18	-0,02	0,14	-0,06	0,14
Häufigster Lernort: zu Hause (J/N)	0,11	0	1	0,26	0,21	0,02	0,25	-0,31*	0,19	-0,25	0,18
Eignung von Arbeitsplatz für ungestörtes Lernen	2,15	1	5	0,07	0,06	0,14**	0,07	0,12**	0,05	0,06	0,05

Eignung von zu Hause für ungestörtes Lernen	3,55	1	5	0,02	0,06	0,05	0,07	0,14***	0,05	0,09*	0,05
Innovationseinfluss	2,72	0,79	5	0,21**	0,10	0,16	0,12	1,05***	0,09	0,98***	0,09
Anpassungsgüte des Modells				LR χ^2=153,60 $p(\chi^2)$=0,00 Pseudo R^2=0,15 N=472		LR χ^2=146,57 $p(\chi^2)$=0,00 Pseudo R^2=0,19 N=472		LR χ^2=304,94 $p(\chi^2)$=0,00 Pseudo R^2=0,22 N=495		LR χ^2=249,62 $p(\chi^2)$=0,00 Pseudo R^2=0,17 N=495	
Datensatz: Akzeptanzbefragung; Schätzverfahren: Ordered Probit sowie OLS-Schätzung; Signifikanzniveau der Koeffizienten: ***=p<0,01/**=p<0,05/*=p<0,1										

Um die Vergleichbarkeit mit den Schätzungen der Indizes zu gewährleisten werden die Schätzungen auf Basis der gleichen Beobachtungszahlen ausgewiesen, auf der auch die Indizes beruhen, d. h. bezüglich der Nutzung 472 Beobachtungen und bezüglich der Nutzungsabsicht 495 Beobachtungen.

Anhang 5
Geordnete Probit-Schätzungen und OLS-Schätzung zur Erklärung der Nutzung von CBT/WBT

				Ausgangsmodell		Optimiertes Modell in geordneter Probit-Schätzung		Optimiertes Modell in der OLS-Schätzung	
Abhängige Variable				Nutzung von CBT/WBT					
Unabhängige Variablen	MW	Min	Max	Koeffizienten	SF	Koeffizienten	SF	Koeffizienten	SF
Personenbezogene Merkmale									
< 30 Jahre	0,19	0	1	0,25	0,28				
31-40 Jahre	0,51	0	1	0,21	0,26				
41-50 Jahre	0,24	0	1	0,32	0,27				
>50 Jahre (Referenzgr.)	0,06	0	1	0	0				
Stellung im Unternehmen	0,34	0	1	-0,01	0,12				
Tätigkeit.: Einkauf/Logistik	0,08	0	1	0,49**	0,20	0,39**	0,19	0,27**	0,11
Tätigkeit: Personal/Training	0,17	0	1	0,17	0,15				
Tätigkeit.: Controlling etc.	0,24	0	1	-0,17	0,15				
Tätigkeit.: IT/Beratung	0,65	0	1	0,19	0,14				
Tätigkeit.: Marketing/Vertrieb (Referenzgr.)	0,24	0	1	0,11	0,14				
Bedürfnis nach Präsenz-/ Gruppenlernen	3,58	1	5	0,04	0,10				
Wichtigkeit Lerntempo selbst zu bestimmen	3,77	2	5	-0,02	0,07				

Probiert gerne neue Softwareprodukte aus	4,05	1	5	0,19***	0,06	0,18***	0,06	0,09***	0,03
Computernutzung in Freizeit jeden Tag	0,50	0	1	0,27**	0,12	0,26**	0,11	0,11*	0,06
Bei Erwägung: Wichtigkeit finanzieller Kosten	3,70	1	5	-0,05	0,07				
Bei Erwägung: Wichtigkeit notwendigen Zeitaufwands	3,77	1	5	0,07	0,07				
Bei Erwägung: Wichtigkeit zeitlicher Flexibilität	3,72	1	5	-0,05	0,07				
Bei Erwägung: Bedeutung Verfügbarkeit Experten	4,30	2	5	-0,17*	0,09				
Unternehmensbezogene Merkmale									
< 100 Mitarbeiter	0,16	0	1	-0,20	0,22				
101-500 Mitarbeiter	0,17	0	1	0,14	0,20				
501-1.000 Mitarbeiter	0,10	0	1	-0,25	0,22				
1.001-5.000 Mitarbeiter	0,26	0	1	-0,15	0,17				
5.001-20000 Mitarbeiter	0,13	0	1	0,20	0,20				
> 20.000 Mitarbeiter (Referenzgruppe)	0,18	0	1	0	0				
Branche Automobil, Maschinenbau etc.	0,16	0	1	0,03	0,21				
Branche Nahrungsmittel/Konsumgüter	0,07	0	1	-0,31	0,28				
Branche Finanz-DL	0,16	0	1	-0,08	0,22				
Branche EDV/IT	0,27	0	1	-0,03	0,20				
Branche Pharma/ Chemie/Energie (Referenzgr.)	0,11	0	1	0	0				
Branche Sonstige DL	0,23	0	1	-0,33*	0,20	-0,24*	0,13	-0,15**	0,07
Bei letzten WB-Maßnahme: an Wahl Lernform beteiligt	0,29	0	1	0,32**	0,13	0,30**	0,12	0,17**	0,07

Bei letzten WB-Maßnahme: nicht an Planung beteiligt	0,11	0	1	-0,41*	0,22	-0,40**	0,20	-0,15	0,10
Weiterbildungs-Unterstütz.	1,11	-2	3	-0,12	0,09				
e-Learning-Unterstütz.	2,78	0,5	5,33	0,59***	0,07	0,58***	0,07	0,32***	0,04
Häufigster Lernort: Arbeitsplatz	0,19	0	1	0,10	0,15				
Häufigster Lernort: zu Hause	0,11	0	1	0,16	0,20				
Eignung von Arbeitsplatz für ungestörtes Lernen	2,14	1	5	0,10*	0,06	0,10*	0,05	0,06*	0,03
Eignung von zu Hause für ungestörtes Lernen	3,58	1	5	0,03	0,06				
Innovationsbezogene Merkmale									
Innovationseignung	3,26	1	5	0,18*	0,09	0,22***	0,08	0,16***	0,05
Konstante								-0,41**	0,20
Anpassungsgüte des Modells				LR χ2=175,94 p(χ2)=0,00 Pseudo-R^2=0,13 N=472		LR χ2=149,18 p(χ2)=0,00 Pseudo-R^2=0,11 N=472		F=18,69 p(F)=0,00 R^2=0,27 Korr. R^2=0,25 N=472	
Datensatz: Akzeptanzbefragung; Schätzverfahren: Geordnete Probit- und OLS-Schätzung; Signifikanzniveau der Koeffizienten: ***=p<0,01/**=p<0,05/*=p<0,1									

Anhang 6
Geordnete Probit-Schätzungen und OLS-Schätzung zur Erklärung der Nutzungsabsicht von CBT/WBT

Geordnete Probit-Schätzungen und OLS-Schätzung: Erklärung der Nutzungsabsicht von CBT/WBT									
				Ausgangsmodell		Optimiertes Modell in geordneter Probit-Schätzung		Optimiertes Modell in der OLS-Schätzung	
Abhängige Variable	Nutzungsabsicht von CBT/WBT								
Unabhängige Variabeln	MW	Min	Max	Koeffizienten	SF	Koeffizienten	SF	Koeffizienten	SF
Personenbezogene Merkmale									
< 30 Jahre	0,19	0	1	0,40*	0,24	0,45**	0,23	0,27*	0,15
31-40 Jahre	0,50	0	1	0,20	0,22	0,24	0,21	0,14	0,14
41-50 Jahre	0,25	0	1	0,06	0,23	0,10	0,22	0,05	0,15
> 50 Jahre (Referenzgr.)	0,06	0	1	0	0				
Stellung im Unternehmen	0,34	0	1	-0,02	0,11				
Tätigkeit.: Personal/Training	0,15	0	1	-0,07	0,14				
Tätigkeit.: Controlling etc.	0,25	0	1	-0,30**	0,13	-0,21*	0,12	-0,13	0,08
Tätigkeit.: Einkauf/Logistik	0,08	0	1	0,08	0,19				
Tätigkeit.: IT/Beratung	0,60	0	1	-0,22*	0,12				
Tätigkeit.: Marketing/Vertrieb (Referenzgr.)	0,24	0	1	-0,14	0,13				
Bedürfnis nach Präsenz-/Gruppenlernen	3,58	1	5	-0,12	0,09				
Wichtigkeit Lerntempo selbst zu bestimmen	3,77	2	5	0,06	0,06				

Probiere gerne neue Softwareprodukte aus	3,98	1	5	-0,00	0,06				
Computernutzung in Freizeit jeden Tag	0,47	0	1	0,04	0,10				
Bei Erwägung: Wichtigkeit finanzieller Kosten	3,67	1	5	0,04	0,06				
Bei Erwägung: Wichtigkeit notwendigen Zeitaufwands	3,76	1	5	0,04	0,06				
Bei Erwägung: Wichtigkeit zeitlicher Flexibilität	3,72	1	5	0,13**	0,06	0,17***	0,06	0,11***	0,04
Bei Erwägung: Bedeutung Verfügbarkeit Experten	4,32	2	5	0,12	0,08				
Unternehmensbezogene Merkmale									
< 100 Mitarbeiter	0,15	0	1	-0,12	0,19				
101-500 Mitarbeiter	0,19	0	1	0,01	0,18				
501-1000 Mitarbeiter	0,10	0	1	0,11	0,20				
1001-5000 Mitarbeiter	0,27	0	1	-0,00	0,16				
5001-20000 Mitarbeiter	0,13	0	1	-0,07	0,18				
> 20,000 Mitarbeiter (Referenzgruppe)	0,18	0	1	0	0				
Branche Automobil, Maschinenbau etc,	0,18	0	1	0,46**	0,19	0,43***	0,15	0,29***	0,10
Branche Nahrungsmittel/ Konsumgüter	0,07	0	1	0,68***	0,24	0,60***	0,20	0,45***	0,14
Branche Finanz-DL	0,15	0	1	0,40**	0,19	0,36**	0,15	0,25**	0,10

Branche EDV/IT	0,24	0	1	0,16	0,18			
Branche Sonstige DL	0,24	0	1	0,44**	0,17	0,36***	0,13	0,24***	0,09
Branche Pharma/Chemie/ Energie (Referenzgr.)	0,13	0	1	0	0				
Bei letzten WB-Maßnahme: an Wahl Lernform beteiligt	0,27	0	1	0,04	0,11				
Bei letzten WB-Maßnahme: nicht an Planung beteiligt	0,12	0	1	-0,30*	0,17	-0,35**	0,16	-0,23**	0,11
Weiterbildungs-Unterstützung	1,12	-2	3	-0,19**	0,08	-0,15**	0,07	-0,09**	0,05
e-Learning-Unterstützung	2,78	0,5	5,33	0,06	0,06				
Häufigster Lernort: Arbeitsplatz	0,18	0	1	-0,07	0,13				
Häufigster Lernort: zu Hause	0,11	0	1	-0,29	0,18				
Eignung von Arbeitsplatz für ungestörtes Lernen	2,15	1	5	0,10**	0,05	0,12**	0,05	0,09***	0,03
Eignung von zu Hause für ungestörtes Lernen	3,55	1	5	0,14**	0,05	0,12**	0,05	0,08**	0,03
Innovationsbezogene Merkmale									
Innovationseignung	3,24	1	5	1,14***	0,09	1,13***	0,08	0,73***	0,05
Konstante								-0,06	0,24
Anpassungsgüte des Modells				LR χ2=336,54 p(χ2)=0,00 Pseudo-R²=0,19 N=495		LR χ2=321,59 p(χ2)=0,00 Pseudo-R²=0,18 N=495		F=30,84 p(F)=0,00 R²= 0,47 Korr. R²=0,46 N=495	

Datensatz: Akzeptanzbefragung; Schätzverfahren: Geordnete Probit- und OLS-Schätzung; Signifikanzniveau der Koeffizienten: ***=p<0,01/**=p<0,05/*=p<0,1

Anhang 7
Fragebogen der Studie „Verbreitung von e-Learning"

 e-Learning in der Weiterbildung - Ein Benchmarking deutscher Unternehmen

Willkommen zu unserer Befragung und vielen Dank für Ihre Teilnahme!

Bitte klicken Sie bei jeder Antwortmöglichkeit das zutreffende Feld an. Drücken Sie bitte erst "enter", wenn Sie alle Fragen beantwortet haben, alternativ können Sie den Fragebogen auch abschicken durch Anklicken der Taste "Senden" am Ende des Fragebogens. Ihre Angaben werden streng vertraulich behandelt und anonym ausgewertet.

Für Fragen steht Ihnen gerne Frau Dipl.-Kffr. Claudia Küpper, Lehrstuhl Prof. Dietmar Harhoff, Ph.D., Ludwig-Maximilians-Universität, Tel.: 089/ 2180-2878 zur Verfügung.

A. Weiterbildung in Ihrer Unternehmenseinheit

Die folgenden Fragen beziehen sich auf allgemeine Weiterbildungsmaßnahmen in Ihrer Unternehmenseinheit.

Anhang 7

A1. Für welche **Unternehmenseinheit** gelten Ihre Antworten?

○ für die AG ○ für den gesamten Konzern ○ für die Holding ○ für die Tochtergesellschaft einer AG (z.B. GmbH) ○ für mehrere Tochtergesellschaften einer AG ○ Sonstiges

A1a. Wenn Sie "Sonstiges" angekreuzt haben, geben Sie bitte dieses an:

Sonstiges: [_____]

A2. Wo nehmen die Mitarbeiter an Weiterbildungsmaßnahmen teil? (Mehrfachnennungen möglich)

☐ zu Hause   ☐ interner Computerraum
☐ Arbeitsplatz   ☐ externe Einrichtungen (z.B. Seminarhotel)
☐ interner Schulungsraum

A3. Welche technische Ausstattung ist in Ihrer Unternehmenseinheit vorhanden?

A3a. Wieviel Prozent aller Mitarbeiter haben einen **PC am Arbeitsplatz**?

ca. [_____] Prozent

A3b. Wieviel Prozent aller Computer haben dauerhaft **Internet-/ Intranet-Zugang**?

Internet-Zugang haben ca. [_____] Prozent der Computer
Intranet-Zugang haben ca. [_____] Prozent der Computer

A3c. Wieviel Prozent aller Mitarbeiter haben Zugang zu unternehmenseigenen **Internet-Cafés** oder anderen Räumen, in denen sie das **Internet nutzen** können?

ca. [____] Prozent

B. Elektronische Weiterbildungsmaßnahmen in Ihrer Unternehmenseinheit

In diesem Teil möchten wir erfahren, ob und in welchem Umfang in Ihrer Unternehmenseinheit elektronische Weiterbildungsmaßnahmen wie z.B. Schulungsvideos, Computer Based Training eingesetzt werden.

> **Dabei soll für die Befragung folgende Definition gelten:**
>
> **Elektronische Weiterbildungsmaßnahmen: Weiterbildungs-maßnahmen, bei denen sämtliche Lehrinhalte mittels elektronischer Medien wie Computer oder TV vermittelt werden.**

B1. Werden elektronische Weiterbildungsmaßnahmen durchgeführt?

○ ja [weiter mit Frage B3]
○ nein [weiter mit Frage B2]

B2.
Wenn nein, haben Sie schon einmal **in Erwägung gezogen**, elektronische Weiterbildungsmaßnahmen in Ihrer Unternehmenseinheit durchzuführen?

○ bislang **noch nicht in Erwägung gezogen** [weiter mit Frage C1]
○ die Einführung erfolgt in den **nächsten 6 Monaten** [weiter mit Frage C1]
○ die Einführung erfolgt **in 6 bis 12 Monaten** [weiter mit Frage C1]
○ eine Einführung wird **derzeit diskutiert**, ein etwaiger

Anhang 7   273

Einführungszeitpunkt steht noch nicht fest [weiter mit Frage C1]

◯ eine Einführung wurde **einmal bereits in Erwägung** gezogen, wir haben uns aber **dagegen entschieden** [weiter mit Frage C1]

◯ elektronische Weiterbildungsmaßnahmen **wurden wieder abgeschafft** [weiter mit Frage C1]

B3.
Wie häufig wurden **im ersten Halbjahr 2001** folgende **Weiterbildungsmaßnahmen** in Ihrer Unternehmenseinheit durchgeführt?

	nie	selten	gelegentlich	oft	sehr oft
Präsenzveranstaltung	◯	◯	◯	◯	◯
Computer Based Training	◯	◯	◯	◯	◯
Web Based Training	◯	◯	◯	◯	◯
Schulungsvideos	◯	◯	◯	◯	◯
Virtual Classroom	◯	◯	◯	◯	◯
Business TV	◯	◯	◯	◯	◯

B3a. Wenn **Kombinationen von Maßnahmen** (z.B. Veranstaltungen, die sowohl Präsenztraining sowie Web Based Training beinhalten) durchgeführt werden, tragen Sie diese bitte ein:

> Dabei sollen für die Befragung folgende Definitionen gelten:
>
> **Computer Based Training** : Vermittlung von Lehrinhalten **mittels CD-Rom oder Diskette** an einem Computer.
> **Web Based Training** : Vermittlung von Lehrinhalten **mittels eines Web Browsers über Internet, Intranet oder Extranet.**
> **Schulungsvideos**: Vermittlung von Lehrinhalten mittels **Video-Kassetten.**
> **Virtual Classroom** : Vermittlung von Lehrinhalten **in einem Online-Kurs,** wobei **Teilnehmer und Tutor** i.d.R. zwar **räumlich getrennt** aber alle **gleichzeitig dem Kurs zugeschaltet** sind.
> **Business TV** : Vermittlung von Lehrinhalten **mittels unternehmenseigenem TV-Programm**

B4. Wie lange werden folgende elektronische Weiterbildungsmaßnahmen in Ihrer Unternehmenseinheit **bereits routinemäßig durchgeführt?**

	seit 0-6 Monaten	seit 6-12 Monaten	seit 12-24 Monaten	über 24 Monate	Nicht angewendet
Computer Based Training	○	○	○	○	○
Web Based Training	○	○	○	○	○
Schulungsvideo	○	○	○	○	○
Virtual Classroom	○	○	○	○	○
Business TV	○	○	○	○	○

Anhang 7

B5. Von wem kam der **Vorschlag zum erstmaligen Einsatz** elektronischer Weiterbildungsmaßnahmen?
(Mehrfachnennungen möglich)

☐ Personalabteilung des Unternehmens ☐ Vorstand des Unternehmens
☐ Teilnehmer einer Weiterbildungsmaßnahme (Mitarbeiter)
☐ Externer Anbieter für Weiterbildung ☐ Kunde ☐ Sonstiges

B5a. Wenn Sie "Sonstiges" angekreuzt haben, geben Sie bitte dieses an:

Sonstiges:

B6. Wann erfolgte dieser Vorschlag?

Jahr:

B7. Wer war **an der Entscheidung beteiligt,** elektronische Weiterbildungsmaßnahmen **erstmals** in Ihrer Unternehmenseinheit einzusetzen? (Mehrfachnennungen möglich)

☐ Vertreter der Personalabteilung ☐ Vertreter der IT-Abteilung
☐ Mitglied des Vorstands ☐ Teilnehmer von Weiterbildungsmaßnahmen (Mitarbeiter) ☐ Sonstiges

B7a. Wenn Sie "Sonstiges" angekreuzt haben, geben Sie bitte dieses an:

Sonstiges:

B8. Wer hat die folgenden elektronischen Weiterbildungsmaßnahmen in der Regel **entwickelt**?

	nur externe Anbieter	eigene Mitarbeiter mit externen Anbietern	nur eigene Mitarbeiter	nicht angewendet
Computer Based Training	○	○	○	○
Web Based Training	○	○	○	○
Schulungsvideo	○	○	○	○
Virtual Classroom	○	○	○	○
Business TV	○	○	○	○

B9. Welche **Inhalte** werden vornehmlich mittels der elektronischen Weiterbildungsmaßnahmen vermittelt?
(Mehrfachnennungen möglich)

	Fachspezifisches Wissen	Interne Prozeßoptimierung (z.B. Projektmanagement)	EDV-Kompetenz	Kommunikations-/Sozialkompetenz	Sprachen	Produktschulung
Computer Based Training	☐	☐	☐	☐	☐	☐
Web Based Training	☐	☐	☐	☐	☐	☐

Schulungsvideo	☐	☐	☐	☐	☐	☐
Virtual Classroom	☐	☐	☐	☐	☐	☐
Business TV	☐	☐	☐	☐	☐	☐

B10. Wer nimmt an elektronischen Weiterbildungsmaßnahmen teil?
(Mehrfachnennungen möglich)

	oberes Management	mittleres Management	Angestellte	Facharbeiter	Kunden	Zulieferer
Computer Based Training	☐	☐	☐	☐	☐	☐
Web Based Training	☐	☐	☐	☐	☐	☐
Schulungsvideo	☐	☐	☐	☐	☐	☐
Virtual Classroom	☐	☐	☐	☐	☐	☐
Business TV	☐	☐	☐	☐	☐	☐

B11. Wie häufig finden **Lernkontrollen** (z.B. schriftlicher Test) im Anschluß an elektronische Weiterbildungsmaßnahmen üblicherweise statt?

nie	selten	gelegentlich	oft	immer
○	○	○	○	○

Erwartete Vorteile ...

B12. Welche Vorteile gegenüber Präsenzveranstaltungen erwartete Ihre Unternehmenseinheit von der Einführung elektronischer Weiterbildungsmaßnahmen?

Erwarteter Vorteil war...	trifft völlig zu	trifft ziemlich zu	teils-teils	trifft kaum zu	trifft gar nicht zu
...erhöhte Verfügbarkeit	○	○	○	○	○
...Zeitersparnis	○	○	○	○	○
...Kostenersparnis	○	○	○	○	○
...schnellere Aktualisierbarkeit	○	○	○	○	○
...Förderung des Selbstlernens	○	○	○	○	○
...erhöhte Lernqualität	○	○	○	○	○

Erfüllte Erwartungen...

B13. Welche Erwartungen wurden im Vergleich zu Präsenzveranstaltungen erfüllt?

Erwartung wurde erfüllt...	gar nicht	kaum	mittelmäßig	ziemlich	außerordentlich
...erhöhte Verfügbarkeit	○	○	○	○	○
...Zeitersparnis	○	○	○	○	○
...Kostenersparnis	○	○	○	○	○
...schnellere Aktualisierbarkeit	○	○	○	○	○
...Förderung des Selbstlernens	○	○	○	○	○
...erhöhte Lernqualität	○	○	○	○	○

B14. In welchem Umfang traten folgende **Probleme** bei der Einführung elektronischer Weiterbildungsmaßnahmen in Ihrer Unternehmenseinheit auf?

	außerordentlich	ziemlich	mittelmäßig	kaum	gar nicht
mangelhaftes externes Produkt-Angebot	○	○	○	○	○
mangelnde interne IT-Unterstützung	○	○	○	○	○
Kosten der Einführung	○	○	○	○	○
mangelnde Akzeptanz der Mitarbeiter	○	○	○	○	○
mangelnde Management-Unterstützung	○	○	○	○	○
Vorbehalte des Betriebsrats	○	○	○	○	○

B15. Wie schätzen Sie den **Gesamterfolg** elektronischer Weiterbildungsmaßnahmen in Ihrer Unternehmenseinheit im Vergleich zu Präsenzveranstaltungen ein? **Bitte antworten Sie spontan**

deutlich besser	besser	gleich	schlechter	deutlich schlechter
○	○	○	○	○

Anhang 7

B16. Wie **zufrieden** sind die **Mitarbeiter** mit den elektronischen Weiterbildungsmaßnahmen im Vergleich zu Präsenzveranstaltungen?

sehr zufrieden	zufrieden	teils-teils	un- zufrieden	sehr unzufrieden
○	○	○	○	○

B17. Planen Sie in Zukunft **eine Erweiterung** des bestehenden Angebotes an elektronischen Weiterbildungsmaßnahmen?

○ ja [weiter mit Frage B17a]

○ nein [weiter mit Frage C1]

B17a.
Wenn ja, wie soll das Angebot erweitert werden:

 - **Vielen Dank für Ihre Hilfe!**

Es folgen nur noch wenige Fragen!!! -

C. Statistische Angaben

In diesem Teil möchten wir gerne noch einige allgemeine Informationen zu Ihrer Unternehmenseinheit erfragen.

C1.
In welchem Umfang wurden im ersten Halbjahr 2001 **Weiterbildungsmaßnahmen jeglicher Art** durchgeführt?

Bitte geben Sie die **Anzahl der Tage pro Mitarbeiter** an:

oberes Management ca.	_____ Tage, davon sind ca.	_____ Prozent elektronische Weiterbildung
mittleres Management ca.	_____ Tage, davon sind ca.	_____ Prozent elektronische Weiterbildung
Angestellte ca.	_____ Tage, davon sind ca.	_____ Prozent elektronische Weiterbildung
Facharbeiter ca.	_____ Tage, davon sind ca.	_____ Prozent elektronische Weiterbildung

C2. Wie hoch waren im ersten Halbjahr 2001 die **Aufwendungen** für **Weiterbildungsmaßnahmen jeglicher Art** (Präsenzveranstaltung, elektronische Weiterbildung etc.) in Ihrer Unternehmenseinheit (ohne aufgewendete Arbeitszeit)?*

ca. _____ (Bitte wählen Sie aus) ▼ DM

*falls Sie nur eine Summe für das gesamte Jahr 2001 vorliegen haben, teilen Sie bitte diese durch zwei

Anhang 7

C2a. Wieviel **Prozent davon** wurden **für elektronische Weiterbildungsmaßnahmen** ausgegeben?

ca. [   ] Prozent

C3. Wieviele **Mitarbeiter** hat Ihre Unternehmenseinheit, für die Sie den Fragebogen ausgefüllt haben, **im Jahre 2000** insgesamt beschäftigt?

Anzahl der Mitarbeiter [   ]

C4. Wieviel DM **Umsatz** hat Ihre Unternehmenseinheit **im Jahre 2000** erzielt?

[(Bitte wählen Sie aus) ▼] DM

C5. Was ist das **Hauptgeschäftsfeld** Ihrer Unternehmenseinheit?

[(Bitte wählen Sie aus) ▼]

C6. Welches sind Ihre **derzeitigen Positionen** in der Unternehmenseinheit? (Mehrfachnennungen möglich)

☐ Mitarbeiter der Personalabteilung   ☐ Leitung Personalabteilung
☐ Trainer
☐ Beauftragter für Weiterbildungsfragen   ☐ Geschäftsführung
☐ Sonstiges

C6a. Wenn Sie "Sonstiges" angekreuzt haben, geben Sie bitte dieses an:

Sonstiges:

C7. Wie lange **arbeiten Sie schon** in der Unternehmenseinheit?

○ unter 2 Jahren
○ 2 bis unter 5 Jahren
○ 5 bis unter 10 Jahren
○ 10 bis unter 20 Jahren
○ 20 Jahre und mehr
○ unter 2 Jahren
○ 2 bis unter 5 Jahren
○ 5 bis unter 10 Jahren
○ 10 bis unter 20 Jahren
○ 20 Jahre und mehr

Vielen Dank für Ihre Mithilfe!

C8. Ihre Angaben werden streng vertraulich behandelt und anonym ausgewertet.

Bitte geben Sie uns Ihre e-Mail-Adresse an, damit wir Ihnen den Bericht über die **Ergebnisse der Studie zusenden** können. Wir wollen Ihnen mit diesem Bericht **entscheidende Erfolgsfaktoren für den Einsatz elektronischer Weiterbildung** aufzeigen. Der Bericht geht **exklusiv an die Teilnehmer** der Befragung.

Anhang 7

Ihre e-mail-Adresse

C9. Haben Sie noch Anregungen oder Verbesserungsvorschläge für uns? Für weitere empirische Untersuchungen wären wir sehr an Ihrer Meinung interessiert!

Senden

Dipl.-Kffr. Claudia Küpper
kuepperc@bwl.uni-muenchen.de

Lehrstuhl Prof. Dietmar Harhoff, Ph.D.
Institut für Innovationsforschung und Technologiemanagement
Fakultät für Betriebswirtschaftslehre
Ludwig-Maximilians-Universität
Ludwigstr. 28 RG
80539 München
Tel.: 089/2180-2878
Fax: 089/2180-6284

Anhang 8
**Fragebogen der Studie
„Akzeptanz von e-Learning"**

Akzeptanz von elektronischen Lernformen

Prof. Dietmar Harhoff, Ph. D.

Willkommen zu unserer Befragung und vielen Dank für Ihre Teilnahme!

Die Fragen in unserem Fragebogen beziehen sich auf die Themenbereiche "Produkttraining" und "Softwaretraining" in Ihrer persönlichen beruflichen Weiterbildung.

Bitte klicken Sie bei jeder Antwortmöglichkeit das zutreffende Feld an. Drücken Sie bitte erst "Enter", wenn Sie alle Fragen beantwortet haben, alternativ können Sie den Fragebogen auch abschicken durch anklicken der Taste "Senden" am Ende des Fragebogens. Ihre Angaben werden streng vertraulich behandelt und anonym ausgewertet.

Für Fragen stehen Ihnen gerne Frau Natalia Ponomareva, Lehrstuhl Prof. Dietmar Harhoff, Ph.D., Ludwig-Maximilians-Universität nponomar@cip.bwl.uni-muenchen.de und Herr Jörg Beez, Professional Services Education, Cognos GmbH Germany.Services@cognos.com zur Verfügung.

A. Information

A1. Haben Sie **bereits** von elektronischen **Lernformen** für die berufliche Weiterbildung **gehört**?

○ ja
○ nein

Dabei soll folgende **Definition** gelten:
Elektronische Lernformen sind Lernformen, bei denen sämtliche Lehrinhalte vollständig mittels elektronischer medien wie Computer oder TV vermittelt werden.

A2. Woher bekommen Sie die **wichtigsten Informationen** über elektronische Lernformen?
(Mehrfachnennungen möglich)

☐ einem Vorgesetzten	
☐ den Kollegen	☐ Lieferanten
☐ sonstigen Mitarbeitern innerhalb des Unternehmens	☐ Personalabteilung
	☐ Schulungs-Abteilung
☐ der Presse	☐ IT-Abteilung
☐ Freunden/Bekannten außerhalb des Unternehmens	☐ Messen
☐ Kunden	☐ Sonstiges

A2a.

Wenn Sie "**Sonstiges**" angekreuzt haben,
geben Sie bitte dieses an:

A3. Wie gut werden Sie über die folgenden Bildungsmaßnahmen **in Ihrem Unternehmen informiert?**

informiert werde ich darüber...	sehr gut	gut	teils-teils	schlecht	sehr schlecht
Lernen mit **CBT**	○	○	○	○	○
Lernen mit **WBT**	○	○	○	○	○
Lernen im "**Virtuellen Klassenraum**"	○	○	○	○	○
Lernen mit **Business TV**	○	○	○	○	○
Lernen im **Präsenztraining**	○	○	○	○	○

Dabei sollen folgende **Definitionen** gelten:

CBT (Computer Based Training): Vermittlung von Lehrinhalten mittels CD-ROM oder Diskette an einem Computer.

WBT (Web Based Training): Vermittlung von Lehrinhalten über Internet, Intranet oder Extranet.

Virtueller Klassenraum: Vermittlung von Lehrinhalten in einem Online-Kurs, wobei Teilnehmer und Tutor i. d. R. zwar **räumlich getrennt aber alle gleichzeitig** dem Kurs zugeschaltet sind.

Business TV: Vermittlung von Lehrinhalten **mittels unternehmenseigenem TV-Programm**.

Präsenztraining: Vermittlung von Lehrinhalten in einer klassischen Schulung, wobei Teilnehmer und Tutor (Seminarleiter) räumlich und zeitlich zusammen anwesend sind.

A4. Wie wichtig sind für Sie **bei der Erwägung** einer Bildungsmaßnahme...

	sehr wichtig	ziemlich wichtig	teils-teils	kaum wichtig	gar nicht wichtig
...die anfallenden **finanziellen Kosten**?	○	○	○	○	○
...die Möglichkeit des **persönlichen Kontakts vor Ort** mit den anderen Teilnehmern?	○	○	○	○	○
...der notwendige **Zeitaufwand** für die Bildungsmaßnahme (inkl. Reisezeiten)?	○	○	○	○	○
...die Möglichkeit, die Bildungsmaßnahme **zeitlich flexibel** zu nutzen?	○	○	○	○	○
...die Verfügbarkeit eines Experten, an den Sie sich bei **technischen Problemen** wenden können?	○	○	○	○	○
...die Verfügbarkeit eines Experten, an den Sie sich mit **inhaltlichen Fragen zum Lernstoff** wenden können?	○	○	○	○	○

B. Unterstützung

B1. Inwieweit treffen folgende Aussagen auf **Ihr Unternehmen** zu?

	trifft völlig zu	trifft ziemlich zu	teils-teils	trifft kaum zu	trifft gar nicht zu	keine Erfahrung
Die **Zeit für die Weiterbildung** wird im Unternehmen **grundsätzlich als Arbeitszeit** angesehen.	○	○	○	○	○	○
Die **Zeit für selbständiges Lernen** mit **elektronischen** Lernformen wird im Unternehmen **grundsätzlich als Arbeitszeit** angesehen.	○	○	○	○	○	○
Ich muß meine Weiterbildungsmaßnahmen **privat bezahlen**.	○	○	○	○	○	○
Ich kann über die **Verwendung** meines Weiterbildungsbudgets **selbst entscheiden**.	○	○	○	○	○	○
In meinem Unternehmen gibt es **Ansprechpartner** zum "Lernen mit elektronischen Lernformen", die ich bei auftretenden Schwierigkeiten **immer fragen kann**.	○	○	○	○	○	○

C. EDV-Nutzung

C1. Inwieweit trifft die folgende Aussage auf Sie zu?

	trifft völlig zu	trifft ziemlich zu	teils-teils	trifft kaum zu	trifft gar nicht zu
Ich **probiere gerne neue Software-produkte aus**	○	○	○	○	○

C2. Wie oft nutzen Sie den **Computer** in Ihrer **Freizeit**?

○ jeden Tag
○ mind. 1 x pro Woche
○ mind. 1 x pro Monat
○ mind. 1 x pro Quartal
○ mind. 1 x pro Jahr
○ nie

D. Persönlicher Lernstil

D1. Inwieweit trifft die folgende Aussage auf Sie zu?

	trifft völlig zu	trifft ziemlich zu	teils-teils	trifft kaum zu	trifft gar nicht zu
Ich lerne **lieber in einer Gruppe** als allein	○	○	○	○	○

D2. Wie wichtig ist für Sie...

	sehr wichtig	ziemlich wichtig	teils-teils	kaum wichtig	gar nicht wichtig
...einen persönlichen Kontakt zum **Trainer** vor Ort zu haben	○	○	○	○	○
...einen persönlichen Kontakt zu **anderen Teilnehmern** vor Ort zu haben	○	○	○	○	○
...**Fragen** anderer Teilnehmer zu erfahren	○	○	○	○	○
...Ihr **Lerntempo selbst bestimmen** zu können	○	○	○	○	○

E. Lernumgebung

E1. Bei der Planung meiner letzten Weiterbildungsmaßnahme (Mehrfachnennungen möglich)...

☐ habe ich **selbst den Vorschlag eingebracht**, daran teilzunehmen

☐ war ich bei der Wahl des **Lernthemas** beteiligt

☐ war ich bei der Wahl der **Lernform** (Präsenztraining, CBT, WBT, Virtueller Klassenraum, Business TV) beteiligt

☐ bin ich **nicht beteiligt** gewesen

Anhang 8   293

E2. Mein **häufigster Lernort** ist...

○ **Arbeitsplatz**
○ **Lernraum im Unternehmen**
○ **internes Schulungszentrum**
○ **extern bei einem Schulungsanbieter**
○ **zu Hause**

E3. Inwieweit treffen folgende Aussagen auf Sie zu?

	trifft völlig zu	trifft ziemlich zu	teils-teils	trifft kaum zu	trifft gar nicht zu
Ich habe die **Möglichkeit, während meiner Arbeitszeit** an der Weiterbildungsmaßnahmen teilzunehmen	○	○	○	○	○
Meine berufliche Weiterbildung findet **zum größten Teil in meiner Freizeit** statt.	○	○	○	○	○
Kurze Zeitintervalle für meine Weiterbildung **freizuhalten**, ist für mich **einfacher**, als an **ganztägigen** Weiterbildungsmaßnahmen teilzunehmen.	○	○	○	○	○

F. Anwendung und Bewertung von elektronischen Lernformen

F1. Mit elektronischen Lernformen bin ich **auf folgende Weise in Kontakt gekommen:**

Ich habe..	...es bereits selbst ausprobiert	...andere beim Lernen beobachtet	...bereits davon gehört	...noch nie davon gehört
CBT	○	○	○	○
WBT	○	○	○	○
Virtueller Klassenraum	○	○	○	○
Business TV	○	○	○	○

F2. Haben Sie bereits eine elektronische Lernform (CBT, WBT, Virtuellen Klassenraum, Business TV)
für Ihre Weiterbildung eingesetzt?

○ Ja [weiter mit Frage F3]
○ Nein [weiter mit Frage F5]

F3. Wie oft benutzen Sie folgende elektronische Lernformen?

	mind. 1 x pro Monat	mind. 1 x pro Quartal	mind. 1 x pro Jahr	nie
CBT	○	○	○	○
WBT	○	○	○	○
Virtueller Klassenraum	○	○	○	○
Business TV	○	○	○	○

F4. Inwieweit trifft folgende Aussage auf Sie zu?

	trifft völlig zu	trifft zu	teils-teils	trifft kaum zu	trifft gar nicht zu
Mit CBT / WBT **lerne ich schneller** als im Präsenztraining	○	○	○	○	○

F5. Wie gut ist Ihrer Meinung nach das Lernen mit folgenden Lernformen für die Weiterbildung **in Ihrer derzeitigen Tätigkeit geeignet?**

	sehr gut	gut	teils-teils	schlecht	sehr schlecht	keine Angabe
CBT	○	○	○	○	○	○
WBT	○	○	○	○	○	○
Virtueller Klassenraum	○	○	○	○	○	○
Business TV	○	○	○	○	○	○
Präsenztraining	○	○	○	○	○	○

F6. Wie gut sind Ihrer Meinung nach folgende Lernorte **für ungestörtes Lernen** mit elektronischen Lernformen **geeignet?**

	sehr gut	gut	teils-teils	schlecht	sehr schlecht	keine Angabe
Arbeitsplatz	○	○	○	○	○	○
Lernraum im Unternehmen	○	○	○	○	○	○
internes Schulungszentrum	○	○	○	○	○	○
extern bei einem Schulungsanbieter	○	○	○	○	○	○
zu Hause	○	○	○	○	○	○

F7. Für meine zukünftigen Lernzwecke im Bereich Produkttraining/Softwaretraining **würde ich gerne...**

	trifft völlig zu	trifft zu	teils-teils	trifft kaum zu	trifft gar nicht zu
...an einem **Präsenztraining** teilnehmen	○	○	○	○	○
...**Business TV** einsetzen	○	○	○	○	○
...**CBT** einsetzen	○	○	○	○	○
...**WBT** einsetzen	○	○	○	○	○
...an einem Seminar im **"Virtuellen Klassenraum"** teilnehmen	○	○	○	○	○

F8. Wie wird sich die **Bedeutung von elektronischen Lernformen** Ihrer Meinung nach in den nächsten 5 Jahren **entwickeln?**

	zunehmen	eher zunehmen	konstant bleiben	eher abnehmen	abnehmen
Die **Bedeutung** der elektronischen Lernformen **wird** ...	○	○	○	○	○

G. Statistische Angaben zu Ihrer Person

G1. Wie würden Sie sich einstufen?

○ Endanwender
○ Endanwender mit Administrator-Aufgaben
○ Administrator

G2. Wie ist Ihre Stellung im Unternehmen?

○ freier Mitarbeiter
○ Angestellter
○ mittleres Management
○ oberes Management

G3. In welchem Bereich sind Sie tätig? (Mehrfachnennungen möglich)

☐ Einkauf
☐ Marketing
☐ IT
☐ Logistik
☐ Controlling
☐ Vertrieb
☐ Personal
☐ Training
☐ Sonstiges

G3a.

Wenn Sie "**Sonstiges**" angekreuzt haben,
geben Sie bitte dieses an:

G4.
Was ist **Ihre derzeitige Tätigkeit** in diesem
Bereich?

G5. Was ist **Hauptgeschäftsfeld** Ihres Unternehmens?
- ○ Handel
- ○ Spedition
- ○ EDV/IT
- ○ Finanzdienstleistungen
- ○ Nahrungsmitteln/Konsumgüter
- ○ Pharma/Chemie
- ○ Maschinenbau
- ○ Bau
- ○ Elektrotechnik/Elektronik
- ○ Media/Werbung
- ○ Tourismus/Hotelwirtschaft
- ○ Energie
- ○ Sonstiges

G5a.

Wenn Sie "**Sonstiges**" angekreuzt haben,
geben Sie bitte dieses an:

G6. Wie viele Mitarbeiter beschäftigt Ihr Unternehmen?

○ unter 50
○ 51 - 100
○ 101 - 500
○ 501 - 1.000
○ 1.001 - 5.000
○ 5.001 - 10.000
○ 10.001 - 20.000
○ über 20.000

G7. Ihr Alter

○ unter 20 Jahren
○ 20 - 30 Jahre
○ 31 - 40 Jahre
○ 41 - 50 Jahre
○ 51 - 60 Jahre
○ über 60 Jahre

G8. Geschlecht

○ männlich
○ weiblich

G9. Wie lange arbeiten Sie schon im Unternehmen?

○ unter 2 Jahren
○ 2 bis unter 5 Jahren
○ 5 bis unter 10 Jahren
○ 10 bis unter 20 Jahren
○ 20 Jahre und mehr

G10. Haben Sie bereits an einer anderen Online-Befragung teilgenommen?

○ ja
○ nein

Vielen Dank für Ihre Mithilfe!

G11. Selbstverständlich werden Ihre Angaben streng vertraulich behandelt.

Unsere Analysen werden mit anonymisierten Daten durchgeführt.
Wir stellen stets sicher, daß aus den Ergebnissen unserer Studien keine Rückschlüsse
auf die teilnehmenden Personen oder Unternehmen gezogen werden können.

Damit wir Ihnen jedoch den Bericht über die **Ergebnisse der Studie zusenden** können, geben Sie bitte Ihre e-Mail-Adresse an:

Ihre e-mail-Adresse

Senden

Bei Fragen können Sie sich gerne wenden an:

Natalia Ponomareva
nponomar@cip.bwl.uni-muenchen.de

Lehrstuhl Prof. Dietmar Harhoff, Ph.D.
Institut für Innovationsforschung und Technologiemanagement
Fakultät für Betriebswirtschaftslehre
Ludwig-Maximilians-Universität
Ludwigstr. 28 RG
80539 München
Fax.: 089/2180-6284

Jörg Beez
Germany.Services@cognos.com
Professional Services Education
Cognos GmbH
Lyoner Str. 24-26
60528 Frankfurt/Main
Fax: 069 / 66560-366

Literaturverzeichnis

Agarwal, Ritu/*Prasad*, Jayesh (1997): The role of innovation characteristics and perceived voluntariness in the acceptance of information technologies, in: Decision Sciences (3) 1997, S. 557-582.

Ahire, Sanjay/*Ravichandran*, T. (Ravi) (2001): An innovation diffusion model of TQM implementation, in: IEEE Transactions on Engineering Management (4) 2001, S. 445-464.

Allerbeck, Mechthild/*Helmreich*, Reinhard (1984): Akzeptanz planen – aber wie?, in: Office Management (11) 1984, S. 1080-1082.

Altmann, Georg (2002): Der innovative Unternehmer – Eine empirische Analyse, Ludwig-Maximilians-Universität, München.

American Association for Training and Development (ASTD/)MASIE, Center (2001): E-Learning: „If we build it, will they come?" American Association for Training and Development (ASTD), Center MASIE, Alexandria/Virginia.

Anstadt, Ulrich (1994): Determinanten der individuellen Akzeptanz bei Einführung neuer Technologien: eine empirische arbeitswissenschaftliche Studie am Beispiel von CNC-Werkzeugmaschinen und Industrierobotern, Frankfurt a.M. u.a.

Argyris, Chris (1964): T-Groups for organizational effectiveness, in: Harvard Business Review 1964, S. 60-74.

Armstrong, J. Scott/*Overton*, Terry S. (1977): Estimating nonresponse bias in mail surveys, in: Journal of Marketing Research (August) 1977, S. 396-402.

Arthur Andersen Management-Beratung (2000): Studie zum europäischen und internationalen Weiterbildungsmarkt. Studie im Auftrag des Bundesministeriums für Bildung und Forschung, Arthur Andersen Management Beratung, Stuttgart.

Back, Andrea (1999): Lernen im Cyberspace: Die Zukunft der Wissensentwickung und Bildungsdienstleistung?, in: Dienstleistungskompetenz und innovative Geschäftsmodelle, hrsg. v. Belz, C./Bieger, T., St. Gallen, S. 358-374.

Back, Andrea/*Bendel*, Oliver/*Stoller-Schai*, Daniel (2001): E-Learning im Unternehmen, Zürich.

Backhaus, Klaus/*Erichson*, Bernd/*Plinke*, Wulff/*Weiber*, Rolf (2000): Multivariate Analysemethoden: eine anwendungsorientierte Einführung, 9., überarb. und erw. Aufl., Berlin u.a.

Baum, Marcus (2001): Deutsche Universitäten versagen bei Manager-Ausbildung, in: Financial Times Deutschland, S. 32.

Becker, Fred G. (1993): Explorative Forschung mittels Bezugsrahmen – ein Beitrag zur Methodologie des Entdeckungszusammenhangs, in: Empirische Personalforschung: Methoden und Beispiele, hrsg. v. Becker, F. G./Martin, A., München, S. 111-127.

Berthel, Jürgen (1992): Fort- und Weiterbildung, in: Handwörterbuch des Personalwesens, hrsg. v. Gaugler, E./Weber, W., 2., neubearb. und erg. Aufl., Stuttgart, S. 883-898.

Bock, Jürgen (1987): Die innerbetriebliche Diffusion neuer Technologien: Einflussfaktoren bei Innovationsprozessen auf der Grundlage der Mikroelektronik im Investitionsgüterbereich, Berlin.

Bock, Petra/*Spiller,* Dorit (2001): Wachstumsmarkt E-Learning: Anforderungen, Akteure und Perspektiven im deutschen Markt, Berlecon Research, Berlin.

Böck Bachfischer, Nikola (1996): Interaktive Medien im elektronischen Medienmarkt – Eine theoretische und empirische Analyse. Dargestellt am Beispiel der Akzeptanz eines elektronischen Versandhandelskatalogs, München.

Bodendorf, Freimut (2000): Multimediales Telelehren und Telelernen an Virtuellen Universitäten, in: Zeitschrift für Betriebswirtschaft (Ergänzungsheft 3) 2000, S. 73-91.

Böhnisch, Wolf (1979): Personale Widerstände bei der Durchsetzung von Innovationen, Stuttgart.

Booz, Allen & Hamilton (1982): New products management for the 1980's, New York.

Bortz, Jürgen (1999): Statistik für Sozialwissenschaftler, 5., vollst. überarb. und aktualisierte Aufl., Berlin u.a.

Bortz, Jürgen/*Döring,* Nicola (2002): Forschungsmethoden und Evaluation: für Human- und Sozialwissenschaftler, 3. überarb. Aufl., Berlin u.a.

Boulton, Peter/*McKeown,* Tui (2002): Monash University E-Learning Survey, 20.02.2003, http://www.brandonhall.com/public/pdfs/monash_survey.pdf.

Brennan, Michael/*Dankens,* Anne-Sophie/*Anderson,* Cushing (2001): Worldwide and U.S. Corporate IT Education and Training Services Market Forecast and Analysis, 2000-2005, IDC, Framingham, MA.

– (2002): Worldwide and U.S. Corporate IT Education and Training Services Market Forecast and Analysis, 2001-2006, IDC, Framingham, MA.

Breuer, Jens (2000): Telelernen – ein Systematisierungsansatz, in: e-Learning in der Berufsbildung – Telekommunikationsunterstützte Aus- und Weiterbildung im Handwerk, hrsg. v. Esser, F. H./Twardy, M./Wilbers, K., Köln, S. 59-84.

Broßmann, Michael (1997): Wertschöpfungspotentiale durch Anwendung von interaktivem Business Television, in: Business Television: Beginn einer neuen Informationskultur in den Unternehmen, hrsg. v. Bullinger, H.-J./Broßmann, M., S. 17-34.

Bruhn, Johannes (2002): E-Learning mit Virtuellen Seminaren – Lust oder Frust, in: E-Learning-Erfolgsfaktoren und Einsatzkonzepte mit interaktiven Medien, hrsg. v. Dittler, U., München, S. 221-235.

Brünken, Roland/*Leutner*, Detlev (2000): Neue Medien als Gegenstand empirischer pädagogischer Analyse: Stand der Forschung und Perspektiven, in: Neue Medien in Unterricht, Aus- und Weiterbildung: aktuelle Ergebnisse empirischer pädagogischer Forschung, hrsg. v. Leutner, D./Brünken, R., Münster u.a., S. 7-16.

Brunn, Ulrich/*von Fröböse*, Michael (2002): E-Learner 2002 – Ergebnisse der WEBACAD E-Learner Studie 2002, WEBACAD GmbH & Co. KG, Eschborn.

Büser, Tobias (2000): Die Förderung von Soft Skills durch computergestütztes Lernen in Unternehmen, in: Wirtschaftsinformatik (Sonderheft) 2000, S. 60-66.

Center for Educational Research and Innovation (2001): E-Learning: The Partnership Challenge, Organisation for Economic Co-Operation and Development (OECD), Paris.

Chmielewics, Klaus (1994): Forschungskonzeptionen der Wirtschaftswissenschaften, 3. unver. Aufl., Stuttgart.

Commission on Technology and Adult Learning (2001): A vision of e-Learning for America's workforce, American Association for Training and Development (ASTD), National Governors Association (NGA), Washington, D.C. u.a.

Cook, Thomas D./*Campbell*, Donald T. (1979): Quasi-Experimentation: Design & analysis issuies for field settings, Boston u.a.

Cooper, Robert/*Kleinschmidt*, Elko J. (1987): Success factors in product innovation, in: Industrial Marketing Management (3) 1987, S. 215-223.

Cooper, Robert G./*de Brentani*, Ulrike (1991): New Industrial Financial Services: What distinguishes the winners, in: Journal of Product Innovation Management (2) 1991, S. 75-90.

Cooper, Robert/*Easingwood*, Christopher J./*Edgett*, Scott/*Kleinschmidt*, Elko J./ *Storey*, Chris (1 994): What distinguishes the top performing new products in financial services, in: Journal of Product Innovation Management (4) 1994, S. 281-299.

Crichton, Nicola (2001): Information Point: Wald Test, in: Journal of Clinical Nursing (6) 2001, S. 774.

Daschmann, Hans-Achim (1994): Erfolgsfaktoren mittelständischer Unternehmen: ein Beitrag zur Erfolgsfaktorenforschung, Stuttgart.

Daumenlang, Konrad (1995): Querschnitt- und Längsschnittmethoden, in: Sozialwissenschaftliche Methoden: Lehr- und Handbuch für Forschung und Praxis, hrsg. v. Roth, E./Heidenreich, K., 4., durchges. Aufl., München u.a., S. 309-326.

Davis, Fred (1989): Perceived usefulness, perceived ease of use, and user acceptance of information technology, in: MIS Quarterly (3) 1989, S. 318-340.

– (1993): User acceptance of information technology: system characteristics, user perception and behavioral impacts, in: International Journal of Man-Machine Studies (3) 1993, S. 475-487.

de Brentani, Ulrike (1995): New industrial service development: Scenarios for success and failure, in: Journal of Business Research (2) 1995, S. 93-103.

de Brentani, Ulrike/*Ragot,* Emmanuel (1996): Developing new business-to-business professional services: What factors impact performance?, in: Industrial Marketing Management (25) 1996, S. 517-530.

Degenhardt, Werner (1986): Akzeptanzforschung zu Bildschirmtext – Methoden und Ergebnisse, München.

Densford, Lynn E. (1998): Many CUs under development; aim is to link training to business, Corporate University Review, 6 (6), S. 15-20.

Deutsche Börse (2002): Composite DAX – CDAX, Deutsche Börse AG, Frankfurt a.M.

Deutscher Bildungsrat (1973): Strukturplan für das Bildungswesen: Empfehlungen der Bildungskommission, Stuttgart.

Diamantopoulos, Adamatios/*Winklhofer,* Heidi M. (2001): Index construmction with formative indicators: An alternative to scale development, in: Journal of Marketing Research (May) 2001, S. 269-277.

Dierkes, Meinolf/*Thienen,* Volker von (1982): Akzeptanz und Akzeptabilität der Informationstechnologien – Überarbeitete und erweiterte Fassung eines Beitrages für das Wissenschaftsmagazin der Technischen Universität Berlin, Heft 1, Bd.2, Berlin, S. 1-13.

Dittler, Ulrich (2002): Einführung – E-Learning zur Vermittlung von Hard- und Softskills, in: E-Learning: Erfolgsfaktoren und Einsatzkonzepte mit interaktiven Medien, hrsg. v. Dittler, U., München, S. 13-25.

Döhl, Wolfgang (1983): Akzeptanz innovativer Technologien in Büro und Verwaltung: Grundlagen, Analyse und Gestaltung, Göttingen.

Dougherty, Deborah (1990): Understanding new markets for new products, Strategic Management Journal, 11 (Summer Special Issue), S. 59-78.

Dunphy, Steve/*Herbig,* Paul A. (1995): Acceptance of innovations: the customer is the key, in: The Journal of High Technology Management Research (2) 1995, S. 193-209.

Easingwood, Christopher J./*Storey,* Chris (1991): Success factors for new consumer financial services, in: International Journal of Bank Marketing (1) 1991, S. 3-10.

Edgett, Scott (1994): The traits of successful new service development, in: Journal of Services Marketing (3) 1994, S. 40-49.

Edgett, Scott/*Parkinson,* Steven (199 4): The Development of financial services, in: International Journal of Service Industry Management (4) 1994, S. 24-38.

Eidenmüller, Bodo (1986): Schwerpunkte der technologischen Entwicklung bei Siemens, in: Soziale Bewältigung der technologischen Entwicklung, hrsg. v. Siemens AG, Berlin u.a., S. 9-18.

Ernst, Holger (2001): Erfolgsfaktoren neuer Produkte: Grundlagen für eine valide empirische Forschung, Wiesbaden.

Fackinger, Christine (1995): Konzepte für die Integration von Computer Based Training (CBT) in die betriebliche Weiterbildung am Beispiel Banken: Zielsetzung und Kriterien für den Einsatz computerunterstützter Lernprogramme in die Mitarbeiterschulung, Stuttgart u.a.

Fandel, Günter/*Hegener,* Cathrin (2001): Multimedia in der Lehre: Entwicklungen und Wirtschaftlichkeitsaspekte, in: Zeitschrift für Betriebswirtschaft (Ergänzungsheft 3) 2001, S. 111-133.

Fier, Andreas/*Harhoff,* Dietmar (2002): Die Evolution der bundesdeutschen Forschungs- und Technologiepolitik, in: Perspektiven der Wirtschaftspolitik (3) 2002, S. 279-301.

Filipp, Helmut (1996): Akzeptanz von Netzdiensten und Netzanwendungen – Entwicklung eines Instruments zur permanenten Akzeptanzkontrolle, Sinsheim.

Fischer, Frank/*Mandl,* Heinz (2000): Lehren und Lernen mit neuen Medien, Ludwig-Maximilians-Universität, München.

Fishbein, Martin/*Ajzen,* Icek (1975): Belief, attitude, intention and behavior: An introduction to to theory and research, Reading/MA (USA).

Fresina, Anthony J. (1997): The three prototypes of corporate universities, Corporate University Review, 5 (1), S. 3-6.

Freyssinet, Gilles/*Parmentier,* Christophe (2002): Les entreprises et la e.formation en France – Enquête 2002, OFEM – Observatoire de la Formation de l'Emploi et des Métiers, Paris.

Gallagher, Robert A. (2000): T-Groups, 15.02.2003, http://www.orgdct.com/more on t-groups.htm.

Gaugler, Eduard/*Mungenast,* Matthias (1992): Organisation der Aus- und Weiterbildung, in: Handwörterbuch der Organisation, hrsg. v. Frese, E., 3., völlig neu gestaltete Aufl., Stuttgart, S. 237-252.

Geisman, Julia (2001): If you build it, will they come? Overcoming human obstacles to E-Learning, 18.02.2003, http://www.learningcircuits.com/2001/mar2001/elearn.html.

Geyken, Alexander/*Mandl,* Heinz/*Reiter,* Wilfried (1998): Selbstgesteuertes Lernen mit Tele-Tutoring, in: Multimedia und Telelearning: Lernen im Cyberspace, hrsg. v. Schwarzer, R., Frankfurt am Main, S. 181-196.

Gould, John D./*Boies,* Stephen J./*Lewis,* Clayton (1991): Making usable, useful, productivity – enhancing computer applications, in: Communications of the ACM (1) 1991, S. 74-85.

Greene, William H. (2003): Econometric Analysis, Fifth Edition, Upper Saddle River/New Jersey.

Griffin, Abbie (1997): PDMA research on new product development practices: Updating trends and benchmarking best practices, Journal of Product Innovation Management, 14 (6), S. 429-458.

Griliches, Zvi (1997): Economic data issues, in: Handbook of econometrics 2, hrsg. v. Griliches, Z./Intirligator, M., 4. Aufl., Amsterdam u.a., S. 1483-1514.

Gruber, Marc (2000): Der Wandel von Erfolgsfaktoren mittelständischer Unternehmen, Wiesbaden.

Haack, Johannes (2002): Interaktivität als Kennzeichen von Multimedia und Hypermedia, in: Information und Lernen mit Multimedia und Internet, hrsg. v. Issing, L. J./Klimsa, P., 3., vollst. überarb. Aufl., Weinheim, S. 127-136.

Hagedorn, Friedrich/*Winter*, Bärbel (1999): Marktentwicklung nur durch höhere Akzeptanz selbstorganisierten Lernens, Adolf Grimme Institut, Institut für Medien und Kommunikation, Marl.

Hagedorn, Friedrich/*Michel*, Lutz P./*Heddergott*, Kai/*Behrendt*, Erich (2001): Web Based Training in kleinen und mittleren Unternehmen – Rahmenbedingungen für erfolgreiche Anwendungen. Studie im Auftrag der Staatskanzlei des Landes Nordrhein-Westfalen, Adolf Grimme Institut GmbH, Michel Medienforschung und Beratung, Institut für Medien und Kommunikation, Marl.

Haisken-DeNew, John/*Pischner*, Rainer/*Wagner*, Gert G. (2001): Private Internet-Nutzung: Bildung und Einkommen auch bei Jugendlichen von großer Bedeutung, in: DIW-Wochenbericht (01) 2001.

Hall, Brandon (2001): Learning Management Systems 2001: How to Choose the Right System for your Organization, Brandon Hall, Sunnyvale/California.

Harhoff, Dietmar/*Küpper*, Claudia/*Markart*, Verena (2001): e-Learning in der Weiterbildung – Ein Benchmarking deutscher Unternehmen, Institut für Innovationsforschung, Technologiemanagement und Entrepreneurship, Ludwig-Maximilians-Universität, München.

Harhoff, Dietmar/*Küpper*, Claudia/*Ponomareva*, Natalia (2002): Akzeptanz von E-Learning – Eine empirische Studie in Zusammenarbeit von Cognos und dem Institut für Innovationsforschung, Technologiemanagement und Entrepreneurship, Institut für Innovationsforschung, Technologiemanagement und Entrepreneurship, Ludwig-Maximilians-Universität, München.

Hasenbach-Wolff, Maria (1992): Akzeptanz und Lernerfolg bei computerunterstütztem Lernen, Köln.

Hauschildt, Jürgen (1997): Innovationsmanagement, 2., völlig überarb. und erw. Aufl., München.

Hein, Kenneth (1999): Class Culture, in: Incentive (9) 1999, S. 75-78.

Henninger, Michael (2001): Evaluation von multimedialen Lernumgebungen und Konzepten des e-learning, Ludwig-Maximilians-Universität, München.

Herrmann, Thomas/*Misch,* Andrea/*Moysich,* Klaus (1997): Entwicklung eines Vorgehensmodells zur Akzeptanzuntersuchung bei Neuen Mediendiensten, 20.02. 2003, http://iundg.informatik.uni-dortmund.de/projekte/demes/ergebnisse/DeMeS-Arbeitsbericht-M3.1a.pdf.

Hilbig, Winfried (1984): Akzeptanzforschung neuer Bürotechnologien – Ergebnisse einer empirischen Fallstudie, in: Office Management (4) 1984, S. 320-323.

Hinterberger, Gerhard (2000): Schwäbisch Hall TV – Eine Kommunikationsplattform mit Zukunft, in: E-Learning mit Business TV: Strategie, Kosten/Nutzen, Controlling und Fallbeispiele für die erfolgreiche Integration von Kommunikation und Lernen im Unternehmen, hrsg. v. Christ, M./Frank, G. P./Herold, B., 1. Auflage, Braunschweig u.a., S. 172-191.

Hornung, Christoph/*Schrödter,* Frank/*Wang,* Taofen/*Borgmeier,* Elmar (1998): Lehren und Lernen im Intranet, in: Multimedia und Telelearning: Lernen im Cyberspace, hrsg. v. Schwarzer, R., Frankfurt am Main, S. 19-40.

Hutzschenreuter, Thomas/*Enders,* Albrecht (2002): Gestaltung internetbasierter Studienangebote im Markt für Managementausbildung, in: Zeitschrift für betriebswirtschaftliche Forschung (zfbf) (September) 2002, S. 543-561.

Institut der Deutschen Wirtschaft Köln (2000): Zahlen zur wirtschaftlichen Entwicklung der Bundesrepublik Deutschland, Köln.

Janz, Norbert (1999): Dienstleistungen in der Zukunft – Innovationsaktivitäten im Dienstleistungssektor – Befragung 1997, ZEW, Fraunhofer ISI, Infas, Mannheim.

– (2000): Innovationsaktivitäten der deutschen Wirtschaft: Unternehmensnahe und distributive Dienstleistungssektoren – Erhebung 1999, ZEW, Fraunhofer ISI, Infas, Mannheim.

Jonen, Gerd/*Boele,* Klaus/*Jeuthe,* Eberhard (2002): Das Bildungswesen in der Bundesrepublik Deutschland 2001 – Darstellungen der Kompetenzen, Strukturen und bildungspolitischen Entwicklungen für den Informationsaustausch in Europa, Sekretariat der Ständigen Konferenz der Kultusminister der Länder in der Bundesrepublik Deutschland, Bonn.

Jordahl, Henrik (2002): Essays on voting behavior, labor market policy, and taxation, Uppsala.

Joseph, Jürgen (1990): Arbeitswissenschaftliche Aspekte der betrieblichen Einführung neuer Technologien am Beispiel von Computer Aided Design (CAD): Felduntersuchung zur Ermittlung arbeitswissenschaftlicher Empfehlungen für die Einführung neuer Technologien, Frankfurt a.M. u.a.

Judge, George G. (1985): The theory and practice of econometrics, 2. Aufl., New York.

JUPITA (2002): Was hilft Ihrem Unternehmen bei der Personalentwicklung wirklich? Online-Impulsbefragung anlässlich der Learntec 2002 in Karlsruhe, JUPITA-Wissenstransfer, Hannover u.a.

Kailer, Norbert (1998): Innovative Weiterbildung durch Computer Based Training: Ergebnisse einer europaweiten Studie, Wien.

Kammerl, Rudolf (2000): Computerunterstütztes Lernen – Eine Einführung, in: Computerunterstütztes Lernen, hrsg. v. Kammerl, R., Oldenbourg, S. 7-22.

Kelly, Jim (2001): E-learning on course for strong growth, in: Financial Times, 06.06.01, S. I.

Kerres, Michael (1997): Technische Aspekte multi- und telemedialer Lernangebote, in: Information und Lernen mit Multimedia und Internet, hrsg. v. Issing, L. J./Klimsa, P., 2. überarb. Aufl., Weinheim, S. 24-44.

Kirkpatrick, Donald L. (1998): Evaluating training programs: the four levels, San Francisco.

Kirsch, Werner/*Kieser*, Heinz-Peter (1974): Perspektiven der Benutzeradäquanz von Management-Informations-Systemen, in: Zeitschrift für Betriebswirtschaft (6) 1974, S. 383-402.

Klee, Hans Werner (1989): Zur Akzeptanz von Expertensystemen: eine empirische Analyse der Relevanz und Angemessenheit der Erklärungskomponente, Bergisch Gladbach u.a.

Knepel, Helmut (1995): Datenorientierte Analyse ökonomischer Systeme, in: Sozialwissenschaftliche Methoden: Lehr- und Handbuch für Forschung und Praxis, hrsg. v. Roth, E./Heidenreich, K., 4., durchges. Aufl., München u.a., S. 624-641.

Köllinger, Philipp (2001): Marktanalyse für Deutschland, Humboldt Universität, Berlin.

Kollmann, Tobias (1998): Akzeptanz innovativer Nutzungsgüter und -systeme: Konsequenzen für die Einführung von Telekommunikations- und Multimediasystemen, Wiesbaden.

– (1999): Das Konstrukt der Akzeptanz im Marketing – Neue Aspekte der Akzeptanzforschung dargestellt am Beispiel innovativer Telekommunikations- und Multimediasysteme, in: WiSt (3) 1999, S. 125-130.

Kommission für den Ausbau des technischen Kommunikationssystems (KtK) (1976): Telekommunikationsbericht – Bedürfnisse und Bedarf für Telekommunikation – Anlagenband 1, Bonn.

Kraemer, Wolfgang (2000): Corporate Universities – ein Lösungsansatz für die Unterstützung des organisatorischen und individuellen Lernens, in: ZfB (Ergänzungsheft) 2000, S. 107-129.

Kraemer, Wolfgang/*Klein*, Stefanie (2001): Klassifikationsmodell für Corporate Universities, in: Corparate Universities und E-Learning, hrsg. v. Kraemer, W./Müller, M., Wiesbaden, S. 3-53.

Kraemer, Wolfgang/*Sprenger*, Peter/*Scheer*, August-Wilhelm (2002): Virtual corporate universities, in: Handbook on information technologies for education and training, hrsg. v. Adelsberger, H. H./Collis, B./Pawlowski, J. M., Berlin u.a., S. 599-614.

Kredel, Lutz (1988): Wirtschaftlichkeit von Bürokommunikationssystemen – eine vergleichende Darstellung, Berlin.

Kremer, H.-Hugo (1997): Multimedia: Didaktische Konzepte und Interaktivität, Ludwig-Maximilians-Universität, München.

Kroeber-Riel, Werner/*Weinberg*, Peter (1996): Konsumentenverhalten, 6., völlig überarb. Aufl., München.

Küpper, Claudia (2000): Korrelation und Kausalität, Ludwig-Maximilians-Universität, München.

- (2001): Service innovation – A review of the state of the art, Ludwig-Maximilians-Universität, München.

Leipelt, Detlef (1992): Akzeptanz von EDV in der öffentlichen Verwaltung: eine Studie zur Einstellung und Einstellungsänderung bei zukünftigen Nutzern, Frankfurt am Main.

Lewis, Laurie/*Farris*, Elizabeth/*Snow*, Kyle/*Levin*, Douglas (1999): Distance education at postsecondary education institutions: 1997-1998, National Center for Education Statistics, Washington, D.C.

Littig, Peter (2002): Klug durch E-Learning?, DEKRA Akademie, Stuttgart.

Löbbe, Klaus (1992): Technische Dienstleistungen, Techonolgietransfer und Innovation – Untersuchung des Rheinisch-Westfällischen Instituts für Wirtschaftsforschung, Essen.

Loos, Andrea (2001): E-Learning will gelernt sein, in: Computer-Zeitung (49) 2001, S. 12.

Mandl, Heinz/*Gruber*, Hans/*Renkl*, Alexander (2002): Situiertes Lernen in multimedialen Lernumgebungen, in: Information und Lernen mit Multimedia, hrsg. v. Issing, L. J.Klimsa, P., 3., vollst. überarb. Aufl., Weinheim, S. 139-148.

Mandl, Heinz/*Winkler*, Katrin (2003): Auf dem Weg zu einer neuen Weiterbildungskultur – Der Beitrag von E-Learning in Unternehmen, Ludwig-Maximilians-Universität, München.

Manz, Ulrich (1983): Zur Einordnung der Akzeptanzforschung in das Programm sozialwissenschaftlicher Begleitforschung, München.

Markart, Verena (2001): Einsatz von e-Learning zur betrieblichen Weiterbildung – Eine schriftliche Befragung der C-Dax Unternehmen – Diplomarbeit, Institut für Innovationsforschung, Technologiemanagement und Entrepreneurship, Ludwig-Maximilians-Universität, München.

Martin, Reiner (1993): Einflußfaktoren auf Akzeptanz und Einführungsumfang von Produktionsplanung und -steuerung (PPS), Frankfurt a. M. u.a.

Mc Cullough, Colin/*Smirli*, Eva/*Ward*, Terry/*Harrison*, Tim/*Massy*, Jane (2002): eLearning und Ausbildung in Europa – Umfrage zum Einsatz von eLearning zur beruflichen Aus- und Weiterbildung in der Europäischen Union, Thessaloniki.

Meffert, Heribert (1976): Die Durchsetzung von Innovationen in der Unternehmung und am Markt, in: Zeitschrift für Betriebswirtschaft (2) 1976, S. 77-100.

- (2000): Marketing: Grundlagen marktorientierter Unternehmensführung; Konzepte, Instrumente, Praxisbeispiele; mit neuer Fallstudie VW Golf, 9., überarb. und erw. Aufl., Wiesbaden.

Meister, Jeanne (1998a): Corporate universities: lessons in building a world-class work force, New York.

- (1998b): Extending the short life of knowledge, in: Training and Development (6) 1998b, S. 52-59.

Meyer, Anton (1996): Das Absatzmarktprogramm, in: Integrierte Marketingfunktionen, hrsg. v. Meyer, P. W., Stuttgart u.a., S. 52-83.

- (1998): Dienstleistungs-Marketing: Erkenntnisse und praktische Beispiele, 8. Aufl., München.

Michel, Lutz P. (1998): Bekanntheit und Nutzung von Computerlernprogrammen, MMB Michel Medienforschung und Beratung, Essen.

- (2002): „Bedarfserhebung für ein WebKolleg NRW" – Repräsentativerhebung unter der erwachsenen Bevölkerung in Nordrhein-Westfalen zu Weiterbildungsverhalten und potenzieller Nutzung von E-Learning-Angeboten – Schlussbericht zur Studie, MMB Michel Medienforschung und Beratung; PSEPHOS Institut für Wahlforschung und Sozialwissenschaft, Essen.

Michel, Lutz P.*/Heddergott,* Kai*/Hoffmann,* Hans-Jürgen (2000a): Zukunftsperspektiven multimedialen Lernens in kleinen und mittleren Unternehmen Ergebnisse einer Potenzialerhebung. Eine Studie im Auftrag des Projektträgers Multimedia des BMWi sowie Microsoft und mediadesign akademie, MMB Michel Medienforschung und Beratung, Essen.

Michel, Lutz P.*/Wegener,* Claudia*/Baiocco,* Oliver*/Baum,* Bettina (2000b): Qualifizierungsbedarfsstudie Business TV – im Auftrag der Staatskanzlei Nordrhein-Westfalen, MMB Michel Medienforschung und Beratung und AIM-Koordinationscentrum für Ausbildung in Medienberufen, Essen.

Michel, Lutz P.*/Hoffmann,* Hans-Jürgen*/Haben,* Michael*/Heddergott,* Kai (2001): e-Learning zwischen Euphorie und Ernüchterung – Eine Bestandsaufnahme zum eLearning in deutschen Großunternehmen – Studie im Auftrag von KPMG – Zusammenfassung der Studienergebnisse, MMB Michel Medienforschung und Beratung; PSEPHOS Institut für Wahlforschung und Sozialwissenschaft, Essen.

Mueser, Roland (1985): Identifying technical innovations, in: IEEE – Transactions on Engineering management (4) 1985, S. 158-176.

Müller, Karl-Werner*/Müller-Limmroth,* Wolf*/Strasser,* Helmut (1981): Arbeitsphysiologische Untersuchungen in Mensch-Maschine-Systemen zur Ermittlung der mentalen Beanspruchung : Abschlußbericht. Projekt Mu 103/11/12, München.

Müller-Böling, Detlef*/Müller,* Michael (1986): Akzeptanzfaktoren der Bürokommunikation, München u.a.

Mummert + Partner Z_punkt, GmbH Büro für Zukunftsgestaltung (2001): Technologiekompass 2005 – Trendstudie zur Zukunft der informationsübermittelnden Medien:

Internet, Mobilfunk, interaktives Fernsehen, Mummert + Partner, Z_punkt GmbH Büro für Zukunftsgestaltung, Hamburg.

Nickerson, Raymond S. (1981): Why interactive computer systems are sometimes not used by people who might benefit from them, in: International Journal of Man-Machine Studies (4) 1981, S. 469-483.

Nicolai, Alexander/*Kieser*, Alfred (2002): Trotz eklatanter Erfolglosigkeit: Die Erfolgsfaktorenforschung weiter auf Erfolgskurz, in: DBW (6) 2002, S. 579-596.

Niculescum, Horia (1995): Entwicklung und Effektivität von CBT im Rahmen der betrieblichen Weiterbildung, Frankfurt a. M. u.a.

o.V. (1998): Die erste funktionierende Firmen-Uni, 20.02.2003, http://www.bertelsmann.de/news/press/press_item.cfm?a=1619&id=1619.

o.V. (2000): Cap Gemini Ernst & Young University scoops Corporate University Xchange Award (Press Release), 20.02.2003, http://www.cgey.com/news/2000/1004xchange.shtml.

o.V. (2001): Das Milliardengeschäft mit der Online-Bildung lässt auf sich warten, 20.02.2003, http://www.mummert.de/deutsch/press/a_press_info/012109.html.

o.V. (2002): Was ist ein Virtual Classroom?, http://www.globalknowledge.at/e-learning/default.htm.

Ochs, Christiane (1998): Zeiten für die Weiterbildung: Arbeitszeit oder Freizeit, in: Zukunftskonzepte der Weiterbildung: Projekte und Innovationen, hrsg. v. Faulstich, P., Weinheim u.a., S. 103-117.

Pawlowsky, Peter/*Bäumer*, Jens (1996): Betriebliche Weiterbildung : Management von Qualifikation und Wissen, München.

Payome, Thea/*Gamböck*, Birgit/*Sepp*, Christian (2002): Der europäische Markt für E-Learning 2002, München.

Penzkofer, Peter/*Kölblinger*, Marion (1973): Kommunikative und soziale Aspekte der Diffusionsforschung, in: Zeitschrift für Betriebswirtschaft (1) 1973, S. 1-28.

Pischke, Jörn-Steffen (1996): Continuous training in Germany, National Bureau of Economic Research.

- (2001): Continuous training in Germany, in: Journal of Population Economics (3) 2001, S. 523-548.

Pischner, Rainer/*Wagner*, Gert G./*Haisken-DeNew* (2000): Computer- und Internetnutzung hängen stark von Einkommen und Bildung ab – Geschlechtsspezifische Nutzungsunterschiede in der Freizeit besonders ausgeprägt, in: DIW-Wochenbericht 41/00 2000, S.

Ponomareva, Natalia (2002): Akzeptanz von elektronischen Lernformen in der betrieblichen Weitebildung – Eine Empirische Analyse – Diplomarbeit, Institut für Innovationsforschung, Technologiemanagement und Entrepreneurship, Ludwig-Maximilians-Universität, München.

Pressmar, Dieter B. (1982): Zur Akzeptanz von computergestützten Planungssystemen, in: Unternehmensplanung und -steuerung in den 80er Jahren – eine Herausforderung an die Informatik, hrsg. v. Krallmann, H., Berlin, S. 324-348.

Reichwald, Ralf (1978): Zur Notwendigkeit der Akzeptanzforschung bei der Entwicklung neuer Systeme der Bürotechnik, München.

Rese, Mario (2000): Logistische Regression, in: Multivariate Analysemethoden: eine anwendungsorientierte Einführung, hrsg. v. Backhaus, K./Erichson, B./Plinke, W./Weiber, R., 9., überarb. u. erw. Aufl., Berlin u.a., S. 104-144.

Rogers, Everett M. (1976): New product adoption and diffusion, in: Journal of Consumer Research (March) 1976, S. 290-301.

– (1995): Diffusion of innovations, 4. Aufl., New York.

Rohmert, Walter/*Rutenfranz,* Joseph/*Luczak,* Holger (1975): Arbeitswissenschaftliche Beurteilung der Belastung und Beanspruchung an unterschiedlichen industriellen Arbeitsplätzen, Bonn.

Rosenberg, Marc (2001): e-learning – strategies for delivering knowledge in the digital age, New York.

Rosenstiel, Lutz von (1998): Der Widerstand gegen Veränderung, in: Innovationsforschung und Technologiemanagement, hrsg. v. Franke, N./Braun, C.-F. v., Berlin u.a., S. 33-45.

Rossiter, John R. (2002): The C-OAER-SE procedure for scale development in marketing, in: International journal of Research in Marketing 2002, S. 305-335.

Roth, Philip L./*Switzer,* Fred S. III (1999): Missing Data: Instrument-level heffalumps and item-level woozles, in: Research Methods Forum (Summer) 1999, S. http://www.aom.pace.edu/rmd/1999_RMD_Forum_Missing_Data.htm.

Russell, Thomas L. (1999): The no significant difference phenomenon : as reported in 355 research reports, summaries and papers; a comparative research annotated bibliography on technology for distance education, Raleigh.

Sachsenberg, Marion (1980): Akzeptanz organisatorischer Methoden und Techniken, in: Zeitschrift für Organisation (1) 1980, S. 37-41.

Say, Jean Baptiste (1830): Ausführliche Darstellung der Nationalökonomie oder der Staatswirthschaft / Aus d. Franz. d. 5. Aufl. übers. u. ... glossirt v. Carl Eduard Morstadt, Heidelberg.

Schäfer, Martina (1997): Gestaltungsaspekte für Business TV Anwendungen, in: Business Television: Beginn einer neuen Informationskultur in den Unternehmen, hrsg. v. Bullinger, H.-J./Broßmann, M., S. 35-57.

Scheidegger, Urs M. (2001): Management des Strategieprozesses an Universitäten, Bern u.a.

Scheuing, Eberhard E./*Johnson,* Eugene M. (1987): New product management in service industries: An early assessment, in: Add value to your service, hrsg. v. Suprenant, C., Chicago, S. 91-95.

Schmalen, Helmut (1993): Diffusionsprozesse und Diffusionstheorie, in: Handwörterbuch der Betriebswirtschaft – Band 1, hrsg. v. Wittmann, W./Kern, W./Köhler, R./Küpper, H.-U./Wysocki, K. v., 5., völlig neu gestaltete Aufl., Stuttgart, S. 776-787.

Schmalen, Helmut/*Pechtl*, Hans (1992): Technische Neuerungen in Kleinbetrieben: Eine empirische Untersuchung zur Einführung von elektronischer Datenverarbeitung in Handwerksbetrieben, Stuttgart.

Schmalen, Helmut/*Wiedemann*, Christine (1999): Erfolgsdeterminanten von Neuprodukten deutscher Hochtechnologieunternehmen, in: Zeitschrift für Betriebswirtschaft (Ergänzungsheft 1) 1999, S. 69-89.

Schmidt, Elke Maria (1994): Welche Betriebe antworten, was und wie – Methodische Aspekte und Probleme bei Betriebs- und Panelbefragungen, in: Firmenpanelstudien in Deutschland: konzeptionelle Überlegungen und empirische Analysen, hrsg. v. Hochmuth, U./Wagner, J., Tübingen u.a., S. 201-218.

Schneider, Markus (1999): Innovation von Dienstleistungen, Wiesbaden.

Schnell, Rainer/*Hill*, Paul B./*Esser*, Elke (1999): Methoden der empirischen Sozialforschung, 6., völlig überarb. und erw. Aufl., München u.a.

Schönecker, Horst G. (1982): Akzeptanzforschung als Regulativ bei Entwicklung, Verbreitung und Anwendung technischer Innovationen, in: Neue Systeme der Bürotechnik: Beiträge zur Büroarbeitsgestaltung aus Anwendersicht, hrsg. v. Reichwald, R., Berlin, S. 49-69.

– (1985): Kommunikationstechnik und Bedienerakzeptanz, in: Forschungsprojekt Bürokommunikation, hrsg. v. Picot, A./Reichwald, R., München, S. 15-57.

Schüle, Hubert (2001): E-Learning und Wissensmanagement in deutschen Großunternehmen – Ergebnisse einer Befragung der Top-350 Unternehmen der deutschen Wirtschaft (Vorabversion). Eine Studie im Auftrag der unicmind.com AG, Private Fachhochschule Göttingen, Göttingen.

– (2002): Die Nutzung von eLearning-Content in den Top350-Unternehmen der deutschen Wirtschaft (Vorarbversion). Eine Studie im Auftrag der unicmind.com AG, Private Fachhochschule Göttingen, Göttingen.

Schütte, Stefanie (2000): ASTD-Konferenz: US-Trainer suchen nach einer neuen Identität, in: Wirtschaft & Weiterbildung (07) 2000, S.

Schwaiger, Manfred (1997): Multivariate Werbewirkungskontrolle: Konzepte zur Auswertung von Werbetests, Wiesbaden.

– (2001): Messung der Wirkung von Sponsoringaktivitäten im Kulturbereich – Zwischenbericht über ein Projekt im Auftrag des AKS/Arbeitskreis Kultursponsoring, Ludwig-Maximilians-Universität, München.

Schweizer, Karl-Ulrich (2002): Live E-Learning – Dozentengeführte Seminare am Arbeitsplatz, in: E-Learning – Erfolgsfaktoren und Einsatzkonzepte mit interaktiven Medien, hrsg. v. Dittler, U., München, S. 236-258.

Schwuchow, Karlheinz (2001): Wissensmanagement und E-Learning, in: Jahrbuch Personalentwicklung und Weiterbildung, Neuwied u.a., S. 43-48.

Seibt, Dietrich (2001): „Electronic learning" für Gründungsprozesse, in: Beiträge zur Unternehmensgründung gewidmet Prof. Dr. Dr. Norbert Szyperski anläßlich seines 70. Geburstages, hrsg. v. Nathusius, K./Klandt, H./Seibt, D., Köln, S. 271-318.

Seufert, Sabine/*Back,* Andrea/*Häusler,* Martin (2001): E-Learning – Weiterbildung im Internet: das „Plato-Cookbook für internetbasiertes Lernen", Kilchberg.

Severing, Eckardt (1998): Bildungsmarketing für die Weiterbildung am Arbeitsplatz, in: Zukunftskonzepte der Weiterbildung: Projekte und Innovationen, hrsg. v. Faulstich, P., Weinheim u.a., S. 129-136.

Simon, Bernd (2001): E-Learning an Hochschulen: Gestaltungsräume und Erfolgsfaktoren von Wissensmedien, Lohmar u.a.

Sinz, Elmar J. (1998): Universitätsprozesse, in: Gestaltungskonzepte für Hochschulen: Effizienz, Effektivität, Evolution, hrsg. v. Küpper, H.-U./Sinz, E. J., Stuttgart, S. 13-57.

Sonne, Udo/*Tenger,* Bernhard/*Klein,* Ulrich (2001): Lufthansa startet in die neue Welt des Lernens – von der Lernplattform zum Bildungsportal, in: Corporate Universities und E-Learning, hrsg. v. Kraemer, W./Müller, M., Wiesbaden, S. 503-525.

Stachelsky, Friedrich von (1981): Laborakzeptanz von abrufbaren Bildschirm-Verbrauchsinformationen, Berlin.

– (1983): Typologie und Methodik von Akzeptanzforschungen zu neuen Medien, in: Publizistik (1) 1983, S. 46-55.

Stapf, Kurt H. (1995): Laboruntersuchungen, in: Sozialwissenschaftliche Methoden: Lehr- und Handbuch für Forschung und Praxis, hrsg. v. Roth, E./Heidenreich, K., München u.a., S. 228-244.

Stata Corporation (2001): Stata user's guide release 7, College Station/Texas.

Statistisches Bundesamt (2002): Budget für Bildung, Forschung und Wissenschaft 1999 nach der Finanzierungsbetrachtung, 20.02.2003, http://www.destatis.de/basis/d/biwiku/ausgueb.htm.

Stauss, Bernd (1999): Die Rolle deutscher Universitäten im Rahmen der Corporate University, in: Corporate Universities, hrsg. v. Neumann, R./Vollath, J., Hamburg u.a., S. 121-155.

Stille, Frank (2001): Lebenslanges Lernen – Best Practices der betrieblichen Weiterbildung in führenden Hightech-Unternehmen der U.S.A. – Studie im Auftrag des Bundesministeriums für Wirtschaft und Technologie, Center for Research on Innovation & Society, Santa Barbara u.a.

Storey, Chris D./*Easingwood,* Christopher J. (1996): Determinants of new product performance – a study in the financial services sector, in: International Journal of Service Industry Management (1) 1996, S. 32-55.

- (1998): The augmented service offering: a conceptualization and study of its impact on new services success, in: Journal of Product Innovation Management (4) 1998, S. 335-351.

Thienen, Volker von (1983): Technikfolgen-Abschätzung und sozialwissenschaftliche Technikforschung, Berlin.

Tölg, Christian/*Schäfer,* Martina (2000): Qualifikation für den Mittelstand im Spannungsfeld innovativer Technolgien – Der UQ-TV-Ansatz, in: E-Learning mit Business TV, hrsg. v. Christ, M./Frank, G. P./Herold, B., Braunschweig, S. 118-130.

Töpfer, Armin (2001): Corporate Universities und Distance Learning – Aufbruch in ein neues Lernparadigma, in: Corporate Universities und E-Learning, hrsg. v. Kraemer, W./Müller, M., Wiesbaden, S. 65-88.

Tornatzky, Louis/*Klein,* Katherine (1981): Innovation characteristics and innovation adoption-implementation: a meta-analysis of findings, in: IEEE Transactions on Engineering Management (1) 1981, S. 28-42.

Urdan, Trace/*Weggen,* Cornelia (2000): e-Learning – Corporate e-Learning: exploring a new frontier, WR Hambrecht + Co., San Francisco.

Van Buren, Mark E./*Erskine,* William (2002): State of the Industry: ASTD's annual review of trends in employer-provided training in the United States, ASTD, Alexandria/Virginia.

Vorwerk, Kay (1994): Die Akzeptanz einer neuen Organisationsstruktur in Abhängigkeit von Implementierungsstrategie und Merkmalen der Arbeitssituation, Frankfurt a.M. u.a.

Wagner, Anja (2001): Lernen mit neuen Medien: ein Beitrag zur Flexibilisierung der Weiterbildung in Unternehmen, München u.a.

Wang, Edgar/*Ross,* Alexander (2002): E-Learning-Markt: E-Learning – quo vadis?, http://www.wirtschaftundweiterbildung.de/viewArticle.cfm?articleID=2411.

Web-Based Education Commission (2001): The power of the internet for learning: Moving from promise to practice. Final report of Web-Based Education Commission to the president and the congress of the United States, Web-Based Education Commission, Washington, D.C.

Webster, Frederick E./*Wind,* Yoram (1972): Organizational buying behavior, Englewood Cliffs.

Weckenmann, Martin/*Weisz,* Margarete/*Walter,* Anita/*Jirasko,* Marco (2000): Einflußfaktoren auf Bewertung und Akzeptanz verschiedener möglicher Formen des Interneteinsatzes in der universitären Lehre, in: Neue Medien in Unterricht, Aus- und Weiterbildung: aktuelle Ergebnisse empirischer pädagogischer Forschung, hrsg. v. Leutner, D./Brünken, R., Münster u.a., S. 143-149.

Weeks, Melvyn (1999): Methods of imputation for missing data, Faculty of Economics and Politics and Department of Applied Economics, University of Cambridge-Cambridge.

Weiß, Reinhold (1994): Betriebliche Weiterbildung: Ergebnisse der Weiterbildungserhebung der Wirtschaft, Köln.

- (1997): Betriebliche Weiterbildung 1995: Mehr Teilnehmer – grössere Wirtschaftlichkeit, Köln.

- (2000): Wettbewerbsfaktor Weiterbildung. Ergebnisse der Weiterbildungserhebung der Wirtschaft, Köln.

- (2001): Weiterbildung in Eigenverantwortung: Ergebnisse einer telefonischen Befragung, Köln.

White, Halbert (1982): Instrumental variables regression with independent observations, in: Econometrica (2) 1982, S. 483-500.

Wiendieck, Gerd (1992): Akzeptanz, in: Handwörterbuch der Organisation, hrsg. v. Frese, E., 3., völlig neu gestaltete Aufl., Stuttgart, S. 89-98.

Wieneke, Stephan/*Kern*, Dieter (2001): CGE&Y eLearning Marktstudie 2001 – Management Summary, Cap Gemini Ernst & Young, München.

Winkler, Katrin/*Mandl*, Heinz (2002): Knowledge Master: Wissensmanagement-Weitebildung mit WBT, in: E-Learning – Erfolgsfaktoren und Einsatzkonzepte mit interaktiven Medien, hrsg. v. Dittler, U., München, S. 204-215.

Wissenschaftsrat (2000): Empfehlungen zur Akkreditierung privater Hochschulen, Berlin.

Witte, Eberhard (1972): Das Informationsverhalten in Entscheidungsprozessen, Tübingen.

- (1973): Organisation für Innovationsentscheidungen, Göttingen.

- (1977): Organisatorische Wirkungen neuer Kommunikationssysteme, in: Zeitschrift für Organisation (7) 1977, S. 361-367.

- (1998): Das Promotoren-Modell, in: Promotoren: Champions der Innovation, hrsg. v. Hauschildt, J./Gemünden, H. G., Wiesbaden, S. 11-41.

Wooldridge, Jeffrey (2000): Introductory Econometrics: A Modern Approach, Cincinnati, Ohio u.a.

Zeithaml, Valarie A./*Gilly*, Mary C. (1987): Characteristics affecting the acceptance of retailing technologies: a comparison of elderly and nonelderly consumers, in: Journal of Retailing (1) 1987, S. 49-69.

Zimbardo, Philip G. (1992): Psychologie, 5., neu übers. und bearb. Auf., Berlin u.a.

Zinke, Gert (2002): E-Learning: Potenziale und Interessenlagen in ausgewählten Unternehmen, BIBB – Bundesinstitut für Berufsbildung, Bonn.

Zwick, Thomas (2002): Wann leisten Mitarbeiter Widerstand gegen Innovationsprojekte?, in: ZEW news (April) 2002, S. 2.

Sachregister

Absatztheorie 127
Action learning 49
Adoptionsprozess 31, 32
Akzeptanz 23, 30, 126, 182
– Begriffsbestimmung 132
Akzeptanzmodell 132
– Input/Output-Modell 133, 136
– Input-Modell 133
– Rückkopplungsmodell 133, 140
Akzeptanzprozess 31
Application Sharing 39
Arbeitswissenschaftliche Ansätze 127
Aus-/Weiterbildung 22, 27, 28
Auswahlgesamtheit 77, 162

Barrieren
– des Nicht-Wissens 125
– des Nicht-Wollens 124
Begleitforschung 126
Betriebswirtschaftliche Produktionstheorie 128
Bildungsinnovation 24, 26
Bildungssektor 22
Bulletin Board System 39
Business TV 38, 45
Buying Center 98

CDAX 77
Computer Based Training 26, 42
Content-Provider 37
Corporate University 53
– Bausteine 54
– Finanzierung 58
– Inhalte 57

– Kooperationen 58
– Ziele 56
– Zielgruppen 57
Cronbachs Alpha 187

Datenaufbereitung 82, 166
Deskriptive Analyse 90, 169
Dienstleistungen 21
Dienstleistungssektor 22
Diffusion 30
distance learning 25
Drei Komponententheorie 129
Dummy 87, 189

Einstellung 31
e-Learning 22, 25, 37
– Studien 38
Elektronische Lernformen 37
Elektronische Lernplattform 37
Elektronische Medien 25
Erfolgsdeterminanten 112
Erfolgsfaktoren 107
Erfolgsmessung 108

Falsifikationsprinzip 216
Fortbildung 28

Geordnete Wahrscheinlichkeitsmodelle 198, 200
Grundgesamtheit 77, 162

Humankapital 28
Hypothese 86, 113, 121, 153, 211, 225, 228

Imputation 187
Index 186
- Konstruktion 186, 187, 198
Indikator 186
Informations- und Kommunikationstechnologie 22, 26, 37
Innovation 23
- Begriff 23
- Innovationsart 24
- Innovationsgrad 24
- Innovationsprozess 24
- Produkt- und Prozessinnovationen 24
Innovationsforschung 128
Internet-based Training 43

Job rotation 49

Kausalität 159
Kommunikation
- asynchrone 39
- synchrone 39
Kosteneinsparungspotential 27

Latente Konstrukte 186
Learning Service Providing 37
Likelihood-Ratio-Test 202

Marginale Effekte 199, 214
- Visualisierung 218, 236
Maximum-Likelihood-Schätzung 201
Missing Values 186, 205
Mittelwertberechnung 187, 206
Multikollinearität 203
Multivariate Analyse 186, 198

Online Assignment 40
Online Discussion 40
Online Learning 26
Online Teaching 40
Online Training 43

Online Tutorial 40
Online-/e-Mail-Befragung 77, 163
Operationalisierung 186, 189
Optimiertes Modell 212, 229
Optimierung 205, 206, 223
Organisationsforschung 128

Präsenzschulung 27
Probit-Modell 87
- geordnet (Ordered Probit-Modell) 207, 213, 231
Programmierte Unterweisung 50
Pseudo-R^2/McFadden's R^2 202

Qualifikation 47

Regressionsanalyse 187, 198
- Blockweise 205
- OLS-Regression 198, 213, 231
Rücklaufkontrolle 85
Rücklaufquote 81, 168

Softskills 50

Technische Voraussetzungen 38
- Interaktivität 41
- Kommunikationsbeziehung 39
Lernmethode 40
- Zeitbezug 39
T-Groups 49
Training-on-Demand-System 39

Verbreitung 30
Virtual Classroom 26, 44
Virtualisierung 37

Wald-Test 203, 205, 228
Web Based Training 43
Weiterbildung 28, 46
- am Arbeitsplatz 27, 48
- außerhalb der Arbeitssituation 49
- betriebliche 29

Weiterbildungsbereich 27
Whiteboard. 39

Widerstand 123
Wirtschaftsunternehmen 27

Betriebswirtschaftliche Forschungsergebnisse

Herausgegeben von

Prof. Dr. Ernst Troßmann

Universität Hohenheim

80 **Organisationsentwicklung.** Von W. v. Eiff. 290 S. 1979 ⟨3-428-04395-2⟩ Lw. € 68,– / sFr 117,–

81 **Venture Management.** Von K. Nathusius. 349 S. 1979 ⟨3-428-04380-4⟩ Lw. € 56,– / sFr 97,–

82 **Betriebswirtschaftliche Probleme der handels- und steuerrechtlichen Bilanzierungsfähigkeit.** Von F. P. Müller-Dahl. 277 S. 1979 ⟨3-428-04421-5⟩ Lw. € 54,– / sFr 93,–

83 **Interdependenzen zwischen Produktionstheorie und der Organisation des Produktionsprozesses.** Von H.-U. Küpper. 318 S. 1980 ⟨3-428-04669-2⟩ Lw. € 56,– / sFr 97,–

84 **Grundlagen einer handlungsorientierten Organisationstheorie.** Von R. Franken. 316 S. 1982 ⟨3-428-05222-6⟩ Lw. € 72,– / sFr 124,–

85 **Organisationskultur und organisatorische Gestaltung.** Von D. Matenaar. 160 S. 1983 ⟨3-428-05303-6⟩ Lw. € 46,– / sFr 81,–

86 **Die Anforderungen der Bankenaufsicht an das haftende Eigenkapital der Kreditinstitute.** Von J. Bauer. 145 S. 1983 ⟨3-428-05463-6⟩ Lw. € 46,– / sFr 81,–

87 **Gestaltung der Unternehmensplanung.** Von K.-H. Rau. 352 S. 1985 ⟨3-428-05869-0⟩ Lw. € 68,– / sFr 117,–

88 **Die Wertschöpfung der Versicherungsunternehmungen.** Von H. Weinstock. 209 S. 1986 ⟨3-428-06005-9⟩ Lw. € 52,– / sFr 90,–

89 **Die Verkürzung der politischen Fragestellung in unternehmensbezogenen Forschungsansätzen.** Von J. Wondracek. 166 S. 1988 ⟨3-428-06224-8⟩ € 44,– / sFr 78,–

90 **Investitionsgüter-Marketing mit funktionellen Dienstleistungen.** Von G. Forschner. X, 220 S. 1989 ⟨3-428-06581-6⟩ € 28,– / sFr 50,–

91 **Spielräume und Ansatzpunkte einer ordnungskonformen Gestaltung des Mindestreservesystems in der Bundesrepublik Deutschland.** Von R. Hepp. XII, 161 S. 1989 ⟨3-428-06653-7⟩ € 20,– / sFr 36,–

92 **Unternehmungskultur als Element des strategischen Managements.** Von G. Schwarz. XVIII, 300 S. 1989 ⟨3-428-06754-1⟩ € 34,– / sFr 60,–

93 **Die Ziele der Bankenaufsicht in der Bundesrepublik Deutschland.** Von T. Niethammer. 272 S. 1990 ⟨3-428-06828-9⟩ € 32,– / sFr 57,–

94 **Finanzplanung mit Netzwerken.** Von E. Troßmann. 632 S. 1990 ⟨3-428-06845-9⟩ € 52,– / sFr 90,–

95 **Grundlagen des Beschaffungscontrolling.** Von B. Friedl. 320 S. 1990 ⟨3-428-06920-X⟩ € 36,– / sFr 64,–

96 **Zwischenbetrieblicher Informationstransfer.** Von S. Schrader. XVI, 204 S. 1990 ⟨3-428-06924-2⟩ € 28,– / sFr 50,–

97 **Die Wertschöpfung in den Volkswirtschaftlichen Gesamtrechnungen.** Von J. Sigel. 220 S. 1990 ⟨3-428-07022-4⟩ € 34,– / sFr 60,–

98 **Die Bedeutung der Bewertungsstetigkeit für die Bilanzierung.** Von J. Rümmele. X, 192 S. 1991 ⟨3-428-07182-4⟩ € 36,– / sFr 64,–

99 **Nichtmetrische mehrdimensionale Skalierung als Instrument zur Lösung betrieblicher Entscheidungsprobleme.** Von G. Reiter. 337 S. 1991 ⟨3-428-07308-8⟩ € 68,– / sFr 117,–

100 **Das Management der sozialen Verantwortung.** Von E. Göbel. 393 S. 1992 ⟨3-428-07595-1⟩ € 52,– / sFr 90,–

101 **Die Identifikation strategisch gefährdeter Geschäftseinheiten.** Von A. Kötzle. 356 S. 1993 ⟨3-428-07596-X⟩ € 68,– / sFr 117,–

102 **Kundenorientierte Angebotsabwicklung in der Investitionsgüter-Industrie.** Theoretische und empirische Untersuchung des Zusammenhangs zwischen Wettbewerbsstrategie und Organisationsstruktur. Von H.-J. Hüsch. Abb.; 412 S. 1993 ⟨3-428-07657-5⟩ € 62,– / sFr 107,–

103 **Schätzen und Entscheiden.** Analyse, Kontrolle und Steuerung von Schätzverhalten in der betrieblichen Planung. Von J.-P. Lechner. Tab., Abb.; XI, 287 S. 1994 ⟨3-428-08238-9⟩ € 56,– / sFr 97,–

104 **Effektivität des externen Inkassos.** Ein Beitrag zur Ausgliederung betrieblicher Funktionen. Von C. Stahrenberg. Tab., Abb.; XIV, 244 S. 1995 ⟨3-428-08239-7⟩ € 44,– / sFr 78,–

105 **Die Projektorganisation und ihre Gestaltung.** Von T. Beck. Tab., Abb.; 354 S. 1996 ⟨3-428-08603-1⟩ € 62,– / sFr 107,–

106 **Bausteine einer Theorie der strategischen Steuerung von Unternehmen.** Von S. Scheurer. Tab., Abb.; 477 S. 1997 ⟨3-428-08938-3⟩ € 68,– / sFr 117,–

107 **Preisstrategien bei Ausschreibungen.** Von W. Römhild. 182 S. 1997 ⟨3-428-08638-2⟩ € 40,– / sFr 71,–

108 **Das Rechnungswesen im Spannungsfeld zwischen strategischem und operativem Management.** Festschrift für Marcell Schweitzer zum 65. Geburtstag. Hrsg. von H.-U. Küpper und E. Troßmann. Frontispiz; 626 S. 1997 ⟨3-428-08738-0⟩ € 102,– / sFr 176,–

109 **Das Herstellerimage im Handel.** Eine empirische Untersuchung zum vertikalen Marketing. Von N. Franke. Tab., Abb.; XX, 315 S. 1997 ⟨3-428-09169-8⟩ € 58,– / sFr 100,–

110 **Break-even-Analysen.** Methodik und Einsatz. Von M. Schweitzer u. E. Troßmann. 2., neubearb. und ergänzte Aufl. 522 S. 1998 ⟨3-428-09088-8⟩ € 72,– / sFr 124,–

111 **Theorie und Gestaltung der Selbstorganisation.** Von E. Göbel. 341 S. 1998 ⟨3-428-09434-4⟩ € 72,– / sFr 124,–

112 **Dynamische Koordinationsmechanismen für das Controlling.** Agencytheoretische Gestaltung von Berichts-, Budgetierungs- und Zielvorgabesystemen. Von V. Trauzettel. Tab., Abb.; 257 S. 1999 ⟨3-428-09249-X⟩ € 52,– / sFr 90,–